SHOUXIAN WENSHI ZILIAO

寿县文史资料

(第五辑)

寿县政协文化文史和学习委员会 编

时代出版传媒股份有限公司
安徽文艺出版社

图书在版编目（CIP）数据

寿县文史资料. 第五辑 / 寿县政协文化文史和学习委员会编. —合肥：安徽文艺出版社，2019.12
ISBN 978-7-5396-6697-6

Ⅰ. ①寿… Ⅱ. ①寿… Ⅲ. ①文史资料－寿县 Ⅳ. ①K295.4

中国版本图书馆 CIP 数据核字(2019)第 283781 号

出 版 人：段晓静

责任编辑：张 磊　　　　　　　装帧设计：张诚鑫

出版发行：时代出版传媒股份有限公司　www.press-mart.com
　　　　　安徽文艺出版社　www.awpub.com
地　　址：合肥市翡翠路 1118 号　邮政编码：230071
营 销 部：(0551)63533889
印　　制：安徽联众印刷有限公司　(0551)65661327

开本：710×1010　1/16　印张：25.75　字数：400 千字
版次：2019 年 12 月第 1 版　2019 年 12 月第 1 次印刷
定价：60.00 元

(如发现印装质量问题，影响阅读，请与出版社联系调换)
版权所有，侵权必究

《寿县文史资料》(第五辑)编委会

主　　任:孙业成

副 主 任:徐晓军　李尧利　戴　龙　朱运阔　余澄清　孙纯珠

委　　员:时本放　高善鸿　张应树　李广敏　高　峰　龙　军
　　　　　常远霞　赵士兵　周经玉　戴凤贤　周大兵

主　　编:戴　龙

执行主编:高　峰

副 主 编:李家景

编　　辑:赵鸿冰　王晓珂

图片供稿:王晓珂　宋桂全　王玉明　杨华成　顾　明　顾承志

目 录

序 …………………………………………………… 孙业成 001

峥嵘岁月

淮上中学补习社综述 …………………………………… 朱多良 003
回忆孙一中同志 ………………………………………… 廖运周 005
第一位中共寿县县委书记王影怀 ……………………… 丁志洁 014
茅延桢——寿县黄埔第一人 …………………………… 时洪平 019
王道舟烈士事迹 ………………………………………… 王康成 024
半个世纪的追寻 ………………………………… 潘 超 潘琪武 029
保家卫国英雄孙先有 …………………………… 楚仁君 杨 静 032
我的曾祖父曹克修 ……………………………………… 曹 璇 037
怀念我的父亲曹济堂和叔父曹静烈士 ……… 曹云辉 口述 沈世鑫 整理 041
青年军团政三队在寿县 ……………………… 张正杰 回忆 王尧 整理 044

浩气长存

安徽淮上起义与辛亥革命 ……………………… 廖光凤 张新旭 055
辛亥寿县首义　精神永放光芒 ………………………… 戴克奎 060

汪以道宁死不做汉奸	楚　樵	062
辛亥革命元老——权道涵	廖敏生	064
鲍刚爱国反蒋	鲍广喜　鲍广忠	067
柏文蔚年谱简编	张　雷	071
方振武年谱简编	廖光凤	079
张树侯年谱简编	李家景	085
赵达源誓死保卫古城寿县	周定一	094
血战寿县　魂安立煌	傅　剑	099

桑梓人物

戊戌那年的孙状元	王继林	105
夏尚忠与《芍陂纪事》	陈立松	112
高语罕与民国初期的安徽教育	吴丽娅	115
金克木先生千古	吴小如	120
曹云屏的桑梓之情	曹微微	123
王子香传略	孙以观	126
回忆我祖父祝梦华	祝君烨	128
姚摩霄的金石书画人生	段新建	134
我的养母汪晓峰	丁骏龙	137
许传先生捐献文物事迹概略	许响洪	141
从国民党上校到著名书画家	祝锦玉	146

流年碎影

日军在寿县犯下的大屠杀兽行	张浩德	153
正阳关风情录	时洪平	156
解放前的正阳港	王晓珂	161
仇集幸福大桥诞生记	赵鸿冰	164
司徒越的芍陂情怀	孙以檬	168
写给沈炳麟先生的一封信	高　峰	177

一位母亲眼中的七十年沧桑巨变	余茂江	182
寿州锣鼓走进中央电视台"心连心"	时洪平	186
斗蛐蛐	罗西林	190

史海钩沉

春申君上秦王书及晚楚时期春申君的历史贡献	李家勋　哈余庆　苏希圣	195
从周馥的三篇诗文谈对戴宗骞的历史评价	李文馨　李嘉曾　汪家鼐	203
二十四节气是不是《淮南子》原创	金　好	216
风流寿州城，英雄千古颂	王建国	220
陨落在安丰塘畔的千年古城	卞　宏	225
镇海扬名——抗法名将杨岐珍	姚尚书	228
黄奇士：天启循理　果育英贤	李家景	232
魏士前：捐俸置田　助成盛举	李家景	235
梁巘：书院山长　流泽至今	李家景	237
孙家鼐：寿州孙氏　守望循理	李家景	239
孙传棚：创建公学　开皖先河	李家景	241
寿州碑廊释文	虞卫毅	245

工商史料

淝水岸畔的"化肥梦"	姚善荣	253
回荡在凤凰山的创业之歌	姚善荣	261
寿县纺织厂的曲折经历	沈世鑫	271
寿县商业发展史小考	杜长青	278

近事存档

大国总理题写小学校名	顾　明	283
1954年寿县洪灾	从胜辑	288

1991年抗洪保城纪事 …………………………………………… 余　江　292
1991年李鹏视察寿县抗洪救灾工作纪实 …………………… 赵　阳　294
芍陂屡兴废　古塘获新生 …………………………………… 祝君烨　297
申报千年古县纪事 …………………………………………… 赵　阳　304

文博非遗

青铜器——打开楚文化的一扇窗户 ………………………… 高有德　311
战国寿春遗址出土楚国金钣综述 …………………………… 许建强　316
寿县博物馆的前世今生 ………………………… 赵鸿冰　许建强　330
"空中芭蕾"——正阳关抬阁、肘阁 ………………………… 时洪平　335
寿州孙氏家族书画艺术略述 ………………………………… 夏长先　340
北路庐剧在寿县的艺路历程 ………………………………… 方敦寿　349
京剧之花，寿州蕴香 ………………………………………… 方敦寿　352
蜚声江淮的寿州少林大洪拳 ………………………………… 余　涛　356
寿州古树琐记 ………………………………………………… 高　峰　361
郑以禄和他的寿州香草传承 ………………………………… 高　峰　366
张士宏和玛瑙泉豆腐宴 ……………………………………… 赵鸿冰　375

宗教民俗

寿县近代资产阶级革命者宗教观点略说 …………………… 王建国　381
八公山上"洗山雨" …………………………………………… 楚仁君　384
家乡的流水席 ………………………………………………… 时洪平　387
寿县老盐鹅 …………………………………………………… 老玩童　390
先有古刹庵　后有正阳关 …………………………………… 熊文田　393
古都庙会称"双绝" …………………………………………… 佚　名　398
寿春岁时纪 …………………………………………………… 佚　名　400

后记 …………………………………………………………………… 402

序

孙业成

2019年是不平凡的一年,大事喜事盛事多,全县人民为国家的繁荣富强而欢欣鼓舞。经过编委会的辛勤努力,《寿县文史资料》(第五辑)顺利编辑出版,为新中国成立70周年和人民政协成立70周年献上了一份厚礼。

今年9月20日,习近平总书记在中央政协工作会议暨庆祝中国人民政治协商会议成立70周年大会上发表重要讲话,为新时代政协工作提供了根本遵循。习近平指出:"广大政协委员要坚持为国履职、为民尽责的情怀,把事业放在心上,把责任扛在肩上,认真履行委员职责,不断提高思想水平和认识能力,全面增强履职本领。要积极践行社会主义核心价值观,锤炼道德品行,严格廉洁自律,以模范行动展现新时代政协委员的风采。"正是遵循习近平总书记的讲话精神,我们在编辑第五辑《寿县文史资料》的过程中,始终坚持以习近平新时代中国特色社会主义思想为指导,以弘扬社会主义核心价值观为引领,贯穿爱国主义的主线,发挥政协文史工作资政育人的作用。

《寿县文史资料》(第五辑)内容丰富,涵盖面广,分为9个版块。第一部分"峥嵘岁月",展示了革命先烈和前辈为民族独立、人民解放而英勇斗争的事迹,是献给中华人民共和国成立70周年和人民政协成立70周年的一曲颂歌;第二部分"浩气长存",为人们呈现了民主革命时期寿县仁人志士的奋斗历程;第三部分"桑梓人物",是寿县名流俊彦的局部剪影,他们的非凡表现,照亮了寿县璀璨的文化星空;第四部分"流年碎影",反映的是寿县浩瀚历史中的一个又一个片段;第五部分"史海钩沉",以翔实的史料赞颂了春申君、戴宗骞、杨岐珍等历史人物,还原了寿县教育史上重要历史事件——梁巘执教循理书院,孙传樾创办寿州公学;第六部分"工商史料",详细记录了寿县水泥厂、化肥厂等老工业企业为寿县经济社会发展做出的贡献,留下了许多宝贵的资料;第七部分"近事存档",既有《大国总理题写小学校名》的感人故事,更有寿县获得"千年古县"的荣光时刻;第八部分"文博非遗",

文物和非遗交相辉映,精彩呈现了楚都风采,汉韵流香;第九部分"宗教民俗",对寿县民间的社会生活和风俗习惯进行了生动叙述。

寿县历史悠久、文化璀璨,还有更多的史料隐于典籍,还有更多的史实藏于街市,还有更多的史迹散于乡野,有待于我们从事文史工作的专家、学者进一步挖掘、整理、研究和保护。《寿县文史资料》是一块肥沃的土地,只有辛勤耕耘,才有春华秋实。我们期望借这个舞台讲好寿县故事,传递我们历史文化的价值。

是为序。

2019 年 10 月

(作者系寿县政协党组书记、主席)

峥嵘岁月

淮上中学补习社综述

朱多良

第一次国共合作时期,许多教育家和进步人士提倡教育救国,主张发展平民教育。中国共产党利用这个机会大力发展革命力量。

1924年8月(暑期),吴云、胡萍舟(胡允恭)、黄天伯、吴震、桂超等人受党组织指派,从上海大学回到寿县,在寿县尚(上)奠寺曹家岗小郢孜曹子善家办起了"淮上中学补习社",以招收失学青年为名,培养党的后备力量,发展党的组织。补习社由吴云和胡萍舟负责,推举曹少修负责总务。

曹少修在当地有一定声望,办学地点的选择、经费筹划、课堂、用具以及学员住宿等事项,都由他完成。曹少修兄弟三人,大哥曹光宽和弟弟曹渊都是革命人士。父亲曹守身继承祖业,粗识文字,极具正义感,支持儿孙革命。

淮上中学补习社开学后,吴云等人根据自己的特长,认真进行教学分工:吴云教国文,吴震教英文,李坦教数学,其他教师如胡萍舟、黄天伯、桂超、薛骞等人分别教授不同的科目。

补习社一开办,第一批就招收了寿凤两县四十多名失学青年。教师们除了对学生进行识字教学,还开设了"社会进化史""政治常识""唯物史观浅识"等课程,组织学生学习《共产党宣言》,进行马克思列宁主义的教育,灌输革命思想。通过一段时间的学习,这些青年学生打开了眼界,懂得了一些革命道理。同时,补习社老师们还介绍国内外形势,引导学生阅读《悯农》《蚕妇》等反映社会生活的诗词,增强学生对阶级剥削的认识。在补习社里,他们秘密成立了"皖北青年社"(即共青团组织),建立了淮上中学补习社党支部,推举胡萍舟为支部书记,直属中共中央领导。淮上中学补习社党支部是寿县第二个党支部,是安徽省无可争议的第三个党支部。

经过淮上中学补习社的培养教育,学生们经过三个多月的学习,纷纷要求参加革命。曹少修、李坦等人被接受入党,学生张如屏、曹云露、曹广海等人加入皖北青年社组织。李坦停办了改良私塾,带领他的学生,一起参加淮上中学补习社的学

习。学生中还有一名很洋气的女学生方昕,在闭塞的农村很少见,吴云兄弟便借机宣传妇女要解放思想,号召女同胞走出家庭,追求新文化,打破封建枷锁,提倡男女平等。吴云和方昕在后来共同的革命事业中,迸发出爱情的火花。

1924年11月,胡萍舟、黄天伯奉调返回上海大学,淮上中学补习社由吴云和曹少修负责。冬天,第一学期结束,由于经费紧张,淮上中学补习社搬到凤台白塘庙吴云家里继续办学,由吴云出房子,吴云父亲出经费,寿凤两县学生又到白塘庙继续就学。

1924年冬,上海大学党组织要求吴云和吴震返校。他们走后,从1925年春到暑假,其他学生也陆续考入外地学校,淮上中学补习社停办了。

虽然补习社只办了两期,但还是成功培养了一批革命骨干,许多学生如张如屏、曹广海、曹云露、曹广化、朱侃等都走上了革命道路,有的为革命献出了宝贵的生命,有的为中国革命事业和建设事业贡献毕生的精力。

"五四运动"前后,寿县、凤台革命青年在党的领导下,为了寻求出路,为了寻求救国救民的真理,他们从农村走向合肥、芜湖、上海等大城市。他们在获得革命真理后,根据党的指示又返回自己的家乡进行革命活动,实践他们的理想、理论和初心。在党中央的直接领导下,寿县先后建立了小甸特支和淮上补习社党支部。小甸特支是曹蕴真、薛卓汉等在1923年冬从上海返乡组建起来的。前后两个党支部都直属党中央领导。从此,寿凤两县人民在中国共产党的领导下开展了轰轰烈烈的革命斗争,在中国革命史册上留下了具有重要意义的历史篇章。

两个支部的主要成员在党创立早期乃至以后,为党的事业做出了不可磨灭的历史性贡献,永远值得后人纪念。他们不忘初心,牢记使命的坚强信念永远激励我们踏着先烈的足迹继续前进。

回忆孙一中同志

廖运周

孙一中同志原系南昌起义主力部队二十五师七十五团团长,曾任红六军军长、第二兵团参谋长、红三军参谋长等职;1929年起与贺龙老总共同为创建湘鄂西(洪湖地区)革命根据地做出了重大贡献。我们敬爱的周恩来总理曾赞扬他"静如处女,动如狡兔"。令人痛心的是,在1932年的党内"肃反"运动中,这位智勇双全、风华正茂的青年将军,竟被"左"倾机会主义路线杀害了,当时他年仅28岁!"文革"期间,"四人帮"为了打倒曾在一中同志领导下工作、战斗过的许光达(德华)同志,又给一中同志罗列了许多莫须有的罪名,令人气愤。中共十一届三中全会以后,一中同志冤案才得到平反,《大百科全书》已把他作为我军将领载入史册。

少年的坎坷生涯

孙一中同志,安徽寿县人,1904年生。他和我是同乡,并有点亲戚关系,我俩从小就过往甚密,记得他原名"以惊",入黄埔军校时为了书写方便改名"一中",后在洪湖跟贺老总在一起时曾改名"德清",但大家仍习惯而亲切地叫他"一中"。

一中出生于农民家庭,很小的时候就失去了双亲,与哥哥孙孟久相依为命,艰难度日。念完小学五年级,他就跟一位姓鲍的乡亲到上海给一个纱厂当搬运工,住在同庆里皖春公寓。他曾向我谈起这样的情况,那时他与那位乡亲连换洗的衣服都买不起,洗上衣时可以光着膀子,衣服晒干了再穿;洗裤子时,只好一人光着屁股钻进被窝等着,两个人轮流着洗。

辛亥革命后,孙中山在广州成立了总统府,派许崇智到上海招兵,说是组织孙中山的卫队,孙一中报名到了广州。不久,这个卫队解散,他又从广州回到了上海。

从黄埔军校到北伐战争

1924年春,黄埔陆军军官学校到上海招生,孙一中同志报名参加了考试,被录取为该校第一期学生,毕业后,被分配到教导团第一营一连当排长,参加了第一、二次东征。1925年,他加入了中国共产党,更加自觉地投入拯救中华民族的斗争中。

1926年3月,以蒋介石为首的国民党右派制造了中山舰事件,公开排挤共产党人。孙一中等一批共产党员被迫退出了国民革命军,在周恩来同志的领导下集中到广州大佛寺政治训练班学习。不久,他被调到叶挺独立团第一营当副营长。7月间,北伐开始,独立团作为北伐军的先锋部队,所向披靡。9月初打到武昌城下,围攻武昌。城内守敌数倍于我,又十分顽固,当时天下大雨,城外护城河涨满了水。独立团第一营战士前赴后继,一时攻不上城头。营长曹渊在指挥攻城中壮烈牺牲了,一中同志接任营长,指挥战斗,苦战了一个多月,最后他带领全营官兵搭上云梯,冒着枪林弹雨,登上了宾阳门城楼,突破了敌人的防线,终于打进了武昌城。在这次战斗中,一中同志立下了战功,一时成为传奇人物,受到了大家的赞扬。

我是在一中同志的引导下投笔从戎,走上革命道路的。1924年9月,我正在济南齐鲁大学读书,一中同志从广州来信要我投考黄埔军校,翌年我转到河南中州大学读书,黄埔军校前来招收第五期学生,我报了名,于1926年2月初到了广州。我考入了黄埔军校第五期入伍生第一团,后来改为炮兵科,参加北伐到了武昌。

同年11月间,武汉的国民政府(国共合作的政府)决定成立中央军事政治学校武汉分校,以黄埔军校第五期所属的炮兵、工兵和政治大队等学员为骨干,又招考了第六期入伍生政治大队和女生队新生,还配了一个学兵团。一中同志在学兵团当营长,驻南湖;我们炮兵大队驻平湖门。这样一来,我和他见面的机会就多了起来,在他的教育和帮助下,1927年3月,由一中和靖大康同志介绍,我加入了中国共产党。

参加武汉保卫战

1927年,蒋介石发动了"四一二"反革命政变,武汉的形势也一天天紧张起来。5月17日,驻防在鄂南的十四师师长夏斗寅,伙同驻鄂东的第十五军刘佐龙部与四川军阀杨森部企图乘虚袭取武汉。夏斗寅部很快攻占了距武昌城只有三十华里的纸坊车站。在这危急关头,武汉革命政府命令中央军事政治学校和学兵团等单位,迅速组成中央独立师,以侯连瀛为师长,恽代英为党代表,叶挺任指挥,立即发起了"纸坊战役"。

当时,一中同志是独立师学兵团的营长,他带领前卫部队,发起猛攻,夺回了车站,又向往车站西南山地溃退的敌人连续猛追,使敌遗尸遍野,溃不成军。然而另一座山上敌人的掩护部队防守严密,正面不易攻占。一中同志带领部队从山的侧背迂回过去,歼灭了敌人,攻占了山头,使敌人进攻的部队全线溃退。我方又分路向贺胜桥、咸宁方向追击,夏斗寅部被打得落花流水,向通山方向溃退。此时,杨森、刘佐龙部也动摇畏缩,不敢进犯。在这次战斗中,一中同志率部打退夏斗寅,为保卫武汉发挥了很大的作用。但在指挥部队追击敌人中,一中同志再次身负重伤。子弹从他的左肩穿入,从背后穿出。我到医院去看望他时,他还蛮有兴致地跟大家开着玩笑:"革命尚未成功,同志仍须努力……放心吧,我死不了!"在场的人都深受感动,我也禁不住流下了悲酸的眼泪。

在南昌起义中

面对大革命失败后严重的国内形势,为了挽救革命,中国共产党决定发动南昌起义。

1927年7月,中共中央组织了以周恩来同志为书记的前敌委员会。指定参加南昌起义的有叶挺的二十四师、贺龙的二十军等驻在九江一带的部队。当时留在马回岭的还有十二师和二十五师,而二十五师是预定参加起义的主力之一。该师辖三个团,即周士第的七十三团、孙树诚的七十四团和孙一中的七十五团。七十五团驻在马回岭地区的南浔铁路线黄老门。7月下旬,他们接到了参加起义的密令,就开始了积极的准备工作。就在这时,我由驻在九江的炮兵团,被调到了七十五团任参谋,从此开始在一中同志的领导下进行工作了。

那时,一中同志只有23岁,矮矮的个子,满脸孩子气,爱说爱笑,战士们都爱和他接近。记得有一次,他买了一只鸡,想滋补一下身体(他刚伤愈不久),怕被淘气的战士吃掉了,偷偷藏在床下,但还是被一些战士搜了出来,分着吃掉了,他不但没有生气,反倒笑得直不起腰来。

7月31日晚上,一中同志根据聂荣臻将军的指示(聂将军特地前来拉二十五师去南昌)叫我通知各营:"明日拂晓,全副武装出动打野外。"这是为了蒙蔽张发奎,以此为名把部队拉到南昌去。由于党内早有准备,所以接到这个通知后,大家兴奋得几乎一夜不曾合眼。

8月1日黎明,一中带领全团出发了。在马回岭附近他命令部队停止前进,就地集结待命。随即,他以团党代表的身份,宣布了中共中央立即在南昌举行武装起义的决定。话音刚落,全团群情振奋,欢声连天。接着,他又宣布了七十五团的行动计划,截下张发奎的军车,并利用这列军车把全团人员装备运到南昌去。大家立即分散隐蔽在铁路两旁,等着张发奎军车的到来。火车刚在站上停稳,一中同志就指挥全团一起冲了上去,把里边的人赶了下来,缴了他们的枪。坐在最后一节车厢里的张发奎,也乖乖地被赶了下来。我们乘上火车,浩浩荡荡地向南昌方向开去。到德安县过了一座铁桥,为了防止敌人向南昌进攻,一中命令我们把这座桥破坏了。

黄昏后,我们到达了南昌城下的牛行车站,这时贺龙和叶挺的队伍已拿下了南昌。我党领导的武装在南昌打响第一枪的计划胜利地实现了。贺龙、叶挺和周恩来同志的代表已在车站上等候我们,一中同志随他们一起进了城。次日晨,我们驻城南门附近,担任警戒。官兵们颈上系着三色领巾,就像童子军一般可爱,互相问候,互相祝贺,整个南昌城欢声不停,笑语不绝。午后,二十四师七十团代理团长廖运泽来看望一中同志,同我们一起去参观了起义时敌我双方指挥部,还请我们到百花洲吃了一顿西餐,欢乐的气氛达到了顶峰。

南下途中的艰苦战斗

我们到达南昌的第二天,孙一中同志接到了上级的指示,要部队向广东进军。当时,口号是:"打回广州去,举行第二次北伐!"部队进行了整顿、补充,一中同志仍任七十五团团长,我任团部参谋兼团部警卫连连长,继续待在一中同志身边。

部队出发前,进行了轻装,但要多带子弹,原规定每人带二百五十发,实际上有的带了三百发以上。一中同志为了多带子弹,把自己一副心爱的皮绑腿也精简了。

8月3日,先头部队陆续出发了。二十五师担任后卫,而我们七十五团又是全师的后卫,直到8月5日才最后离开南昌。

南下途中,我们经过抚州(临川)、宜黄、广昌、宁都等地,一路没有发生什么战斗。但快到瑞金时,贺龙的二十军与敌钱大钧部遭遇在壬田市。我军打跑了钱大钧部,占领了瑞金。8月29日,我们二十五师到达瑞金西北地区。因钱大钧部有两个师据守会昌,阻止我军南下,为扫除前进道路上的障碍,中共中央军委命令二十军进攻会昌城东南高地,二十四师攻会昌城北的大山,二十五师迂回会昌迤西,迎击由洛口增援之敌,并相机夺取江南岸的高山。

我团于当日夜间翻过一座大山,次日上午8时才赶到江的北岸。这时二十四师已发起攻击,占领了城北山地。我们到达江边后,一中要我到指挥部去接受任务。我见到叶挺总指挥后,他指着江南的高山命令说:"你们七十五团马上渡江,把这座高山拿下来!"我回到团部向一中传达后,他立即带领部队轻装渡江,发起了攻占这座高山的战斗。这座高山,东、北两面江水环绕,不能攀登,西面有连亘起伏的三个制高点,敌人配有强大的火力。不攻下这三个制高点,拿下这座大山,我们就无法攻占会昌。

"我们的勇敢没说的了,战术也比较灵活。"

"只是经验太少。"

"昨天全军进城休整,城外通敌的要道和据点没派兵警戒,这太疏忽了,今天这场血战,也很危急,我们付出的代价也太大了。"

"如果敌人反扑,谁胜谁负还真难说。"

两人说说停停,停停再说,对问题的看法,使我十分敬佩。最后,他们都站了起来,眼光投向远方。一中深沉地说:"在恩来同志和前委们的指挥下,这一仗使钱大钧部溃不成军,扫除了我们前进道路上的一大障碍,新的战斗,新的考验还在后头,我们记住教训,一起向前闯吧。"

9月24日,前委做出了分兵出击的决定,即当先头部队陆续向潮汕进攻时,让二十五师归朱德军长指挥,留守三河坝以牵制敌人。

10月1日,敌钱大钧部由梅县出动,直奔三河坝向我军发起攻击。我七十三团在江对岸高山占领阵地,七十五团在河坝及其迤西占领阵地,阻击敌人。经过一天一夜多次激烈战斗,敌未得逞。3日,周士第师长密令孙一中同志:"韩江已被敌截断,你团在黄昏后渡江,集中兵力,打击敌人。"我团渡江后,朱德军长召集参谋长们部署阵地,我团参谋长张启图不知去向,一中亲自带着张堂坤团副和我去接受任务,朱德军长命令我们:"七十五团沿江岸构筑阵地,抗击敌人登陆。"下半夜,三十多艘敌船向我军猛冲,大部分被我军击沉。拂晓,敌人又开来了二十多艘船,趁着漫天晨雾强行登陆,占领了滩头阵地的一片竹林。一中同志乘敌立足未稳之际,带领两个营猛扑过去,把登陆的三百多名敌人全部歼灭。在这次战斗中,一中同志左肩被子弹贯穿,又一次负了重伤。

4日,敌人进攻更加猛烈,几次冲锋都被我军打退了。我们的部队伤亡也很大,蔡晴川营长、许德华连长、廖多瀚连党代表等十几个指挥员先后负伤。直到黄昏,七十四团来增援,再次打退了敌人进攻,才使阵地稳固下来。

下午5时,朱德军长决定全军主力和伤员向外转移,命令七十五团接替七十三团的阵地,以掩护全师撤退,限令翌日(5日)凌晨3时最后撤出。身负重伤的孙一中同志,虽经师长周士第同志一再催促,要他和伤员一起先撤,但他一再要求留下来,一时相持不下。团副张堂坤同志含着眼泪对一中说:"团长,你走吧!你不走,别的伤员不会走,损失会更大,请你放心,我们一定完成任务!"一中默然了,热泪在眼眶里滚动着,逐一看了看战友,看了看他刚刚洒过热血的阵地,又紧紧地握着张堂坤和我的手,恋恋不舍地离开了阵地。

一中在战斗指挥上,一贯有着高度沉着、勇敢的出色才能,在这次战斗中表现得尤为突出。部队渡江后,他亲自率领一、二营做正面进攻,让第三营隐蔽迂回到山的东南侧,出其不意,攻敌不备,配合正面进攻的部队,待机发起攻击,占领第三个制高点。战斗打响后,第一营很快消灭了第一个制高点上的敌人,敌兵力集中到第二个山顶上,利用工事疯狂地向我军反击。一中命令第二营从右翼绕到南侧,从后打击敌人。敌腹背挨打,惊慌失措,纷纷向第三个山头逃窜。这时,迂回隐蔽在山东南侧的第三营,也立即发起了攻击。冲锋号声响起,喊杀声震天,山鸣谷应,敌人弃尸遍野,血流满岗。当时,我紧随一中身后,向着敌人最高也是最后一个制高点冲击。

"团长,快把手提机枪拿去……"我们正在往前冲,一中的警卫员覃光中突然身负重伤倒了下去,手擎着机枪喊着一中。一中顾不上回头,对我命令道:"冠洲(我当时的名字),快把机枪拿过来,跟着我冲!"

我团第三营很快攻上了山顶,拔下敌潮梅警备司令部的一面黄旗,插上了我军的红旗。山上的敌人大部被毙,剩下的除了五十余名被我军活捉外,其余的都从岩顶跳进了急流深湍的江中,载沉载浮,像一群落水鸭似的漂满了江面。

我团夺取了这个制高点,摧毁了敌人火力网的枢纽,使我七十三团得以顺利地向会昌城西门进攻。我二十军的左翼部队,下山攻击会昌城南门,同时攻占了江湾,缴获了敌人大量辎重弹药。我团于黄昏时分也进驻城东门内小街。

次日,全军在城内休整。傍晚,敌黄绍竑部由洛口、珠兰铺向城北大山脚下的独立据点进攻,与我二十四师七十二团发生激烈战斗。我团奋勇进击,伤亡很大,同志们仍前赴后继。

天渐渐黑了下来,战斗还在激烈地进行着。我团开始攻占山腰。山坡既陡且险,坡面十分潮湿,又长满苔藓,很滑,加上敌人火力封锁严密,向上攀登十分困难。怎么办?一中同志命令积尸为阶,踏人为梯,抓住树根,屈肘攀登。他踩着我的两肩,爬到了敌人的前沿,发声喊,率部向敌人冲去。守敌还没有反应过来,就被冲得全线崩溃。

天愈发黑了下来,对面不辨人面。我团与二十四师七十二团会师了。真巧,七十二团代团长廖运泽黑暗中听出了一中的声音,马上摸了过来紧紧握手,悲喜交加。看见这种情景,我也十分激动。

阵地静悄悄的,天上的繁星眨着疲惫的眼皮,闪烁出微弱的光芒,血泊反射着黑光,尸体互相叠压,却没有一点恐惧气氛。战士们太疲劳了,有的躺在草地上睡着了,有的在那里打盹。一中和廖运泽二人一支接着一支地吸着纸烟,屈膝在战壕里漫谈着。我见他们谈兴正浓,不便打扰,就在一边倾听着。

寿县岁月

从三河坝阵地下来后,孙一中同志化装转移到福建漳州养伤,于1927年11月赶到了上海。稍后,我和吴秀松同志被营救出来赶回上海,在福建养伤的许德华和廖多瀚也赶来了。我们很快与一中碰到了一起,劫后余生,悲喜交集。

中共中央在上海成立了收容小组,专门收容从南征途中退下来的同志。我们很快找到了他们。不久,我们接到了中央军委的通知,要我们利用私人关系,打入安徽寿县柏文蔚部队搞兵运工作。孙一中和廖运泽同志于12月份先期到达寿县,我与许德华于1928年1月也随后赶到。

柏文蔚是国民革命军第三十三军军长,属武汉系统,蒋介石逐渐对他产生戒心,撤了他的军长职务,给了他"北路宣慰使"这么一个空衔。柏文蔚当然不甘心,仍打算扩充自己的势力,于是办起了学兵团,以培养自己的军事干部。那时,柏与我党的关系还没破裂,中共中央军委通过中共安徽省委负责人尹宽,把一中等同志介绍给了他,他要组建学兵团正需用人,很高兴地把我们留下了。

学兵团于1月15日在寿县中学成立,共编了四个队,计五百多人。一中同志任团长,孙天放任副团长,廖运泽同志任教育长,我和许德华同志任教育副官,组织领导与教学训练,都掌握在我们中共党员手里。

一中同志对办学兵团热情很高,按照黄埔的办学方针,亲自制订训练大纲以及各种教学内容;坚持与学员们一起出操,手把手地教学员们掌握各种军事动作;经常向学员们做时事报告,讲革命史,做思想工作;亲自抓学兵团各区队中共地下党支部的建设、发展组织等工作,把学兵团的工作搞得热火朝天。

当时"左"倾机会主义者把持着中共党的领导权,中共安徽省委根据"左"倾路线领导者的指示,"以赤色恐怖压倒白色恐怖"来对付柏文蔚,要求我们在柏给学员们发枪以后,就举行武装暴动。有人向柏告了密,柏撤掉了孙一中同志团长职务,并要扣押我们其他同志,我们只好撤了出来,原定的"五月暴动"计划流产了。

离开学兵团后,我们接到上级要我们到寿县乡下开展农民工作的指示,孙一中、王影怀、曹广化、薛卓汉等同志被选进中共寿县第一届委员会,我和许德华同志与从学兵团撤出来的干部到廖家湾组织淮上特支。与此同时,一中同志根据安徽特委的指示,派我到阜阳收容"五九起义"失散的同志,又派我和麦连登同志到正阳关动员程西俭搞学兵连暴动。1928年农历六月六日,淮上特支领导发动了四百多名雇农向地主要求增加工资的斗争。斗争坚持了半个多月,迫使地主给每个雇农增加了三分之一的工资,启发了农民的阶级觉悟,鼓舞了对地主斗争的斗志。这就是皖北寿县地方史上所说的"六六大罢工"。

血洒洪湖　英名永存

1928年下半年,孙一中同志和许德华同志一起到上海向中共中央军委汇报工作,我被派到北京,继续搞兵运工作。1929年5月,我和一中同志在芜湖见面,从此我再也没有见到他。

1929年10月,中共中央派一中同志到洪湖地区参加组建红军的工作。在那里,他协助贺龙同志做了大量工作,曾任中国工农红军第六军军长(因病未到职)、第二军团参谋长和第二军军长等职。1931年春,红二军团改编为红三军,贺龙同志任军长,一中同志任军参谋长(兼第七师师长),与贺龙等同志一起率部转战鄂西北地区,连克巴东、兴山、秭归、房县等城,开辟了以房县为中心的鄂西革命根据地。同年冬,他率部重返洪湖地区,参与指挥攻打黄陵矶、文家墩等战斗,对粉碎国民军的军事"围剿",壮大红军和发展革命根据地,立下了不可磨灭的功绩。

一中同志对革命事业无限忠诚,是党和人民的优秀儿子,是我军的优秀将领。然而万万没有想到,他竟被党内"左"倾分子杀害,真是天大的奇冤!那是1932年夏天,我在冯玉祥部搞地下兵运工作,任营长,部队驻扎山西介休。有一天,突然有人捎信告诉我一中同志在洪湖遭"左"倾分子诬陷,说他制造了军阀柏文蔚,叛过党,于是把他杀害。这一消息像晴天霹雳,使我的悲愤之情无以复加。我把这一消息转告营里中共其他地下党员,大家也都十分悲痛。

五十多年过去了,一中同志的冤案终于得以昭雪。洪湖的波浪,始终汹涌连天,如今为实现一中的遗愿掀起了更高的浪头;洪湖的土,掩埋了一中同志的忠骨,如今到处已开遍了更加鲜艳的自由之花;洪湖的歌,越唱越嘹亮,将永远传颂着一中同志的光辉业绩!

安息吧,一中同志,你永远活在我们心中!

1985 年 2 月

第一位中共寿县县委书记王影怀

丁志洁

自幼出身贫苦农家　少年苦读成绩出众

王影怀

王影怀,原名王立德,又名荫槐、映淮,安徽省寿县杨公乡汤王庙染房郢(现淮南市谢家集区杨公镇汤王村)人,1902年3月15日生于寿县东乡一户农民家庭。父亲王多选,为人正直善良,少年时因患腿痈无钱医治而致残,后发愤自学中医而成名,擅长医治疮痈,常免费为周边贫苦农民治病。王影怀深受父辈品德的陶冶,性情沉静,读书十分用功。10岁后,王影怀就读于本村汤王庙小学,成绩为全校之首。1917年,15岁的王影怀考入设在凤阳的安徽省立第五师范学校。在校期间,不仅学业出众,而且还利用课余时间攻书画、修文学,才华出众,深受师长器重。

思想激进追逐马列　声援惨案彰显正义

十月革命一声炮响,给中国送来了马克思主义。俄国十月革命后,马列主义首先在进步教师和学生中间得到了广泛传播和接纳。当时,在安徽省立第五师范学校读书的王影怀,受进步教师以及周边同学的影响,慢慢开始接触新思想。他经常阅读《新青年》《每周评论》《新潮》等进步书刊,逐步树立起了改造中国社会的志向。1919年"五四运动"期间,他积极参与凤阳五师学生举行的罢课和游行示威,并被推选为五师学生会及凤阳学生联合会负责人。此后,每逢寒暑假,他便与同乡学生汤皖香、王培德等人向家乡进步教师和学生宣传新的思想文化,提出取缔私塾,普办学校;提倡白话文,废除文言文等主张。从五师毕业后,因品学兼优,他被留在该校附属小学教历史和英语。

1913年,皖系军阀倪嗣冲督皖,安徽进入长达14年之久的北洋军阀统治时期。当时安徽省内一些军阀为了扩充军费,经常挪用已经少得可怜的教育经费。1921年,安徽教育经费居全国倒数第二位,教育事业奄奄一息。省教育界经多方调查,发现1917年和1918年这两年还结余教育经费77.3万元,于是请将这项节余增补到1921年的教育经费。提交省议会时,财政厅长及省议员等讳莫如深,既而置之不理,甚至准备将其挪用作下届议会贿选费用。其时,倪嗣冲在蚌埠建立生祠,订于6月7日举行落成典礼,多数议员约于2日晚同行赴埠参加庆典。得知这一消息,广大师生义愤填膺,1921年6月2日,安庆省立一师的学生和部分进步教师为反对安徽军阀削减教育经费,向省参议会集体请愿,遭到残酷镇压,造成"六二惨案",姜高琦等学生遇难。

消息传来,时任凤阳五师学生会及凤阳学生联合会负责人的王影怀与孟龄九等被凤阳学联推选为代表,赴安庆参加省学联会议,并到安庆第一师范、六邑中学、法政专门学校了解惨案真相。回凤阳后,王影怀主持召开了凤阳学联及教育界大会,在会上愤怒揭露军阀的罪行,号召凤阳广大教师、学生和工商各界群众举行罢课、罢工、罢市,声援安庆学生的正义斗争。

投身革命光荣入党　　发展党员建立组织

1923年冬,共产党员薛卓汉、曹蕴真等按照上海大学党组织的指派,回到家乡寿县开展革命活动,创建了安徽省内最早的党组织——中共寿县小甸集特支。是年寒假,王影怀从凤阳五师放假回到家乡,其间与特支成员薛卓汉相识并多次联系、商讨学生革命运动。1924年2月,经薛卓汉介绍,王影怀光荣地加入了中国共产党。寒假结束后,王影怀奉党组织的指示返回凤阳,教书的同时,继续从事革命活动。

工作期间,王影怀经常把《新青年》等革命书刊,秘密送给周边以及家乡的进步青年传阅,向广大青年学生宣传马克思列宁主义和无产阶级革命思想。他的住处也成了进步师生经常秘密集会的场所。不久,王影怀在五师及附小先后发展了王培德、王粟一、孟龄九等人入党,并在凤阳五师秘密建立党小组。1925年7月,王影怀等组建了中共凤阳五师暑假工作支部,随后正式成立中共凤阳支部,王影怀任支部书记,筹划指导革命活动。

积极响应投身北伐　名为校长秘密革命

1925年,正值第一次国共合作时期,大革命浪潮滚滚向前,席卷长江中下游地区。是年下半年,党组织派王影怀返回家乡寿县杨公镇汤王村,以汤王庙小学校长为职业,秘密担任中共寿县县委委员和国民党寿县县党部执行委员,并先后发展邹永树、王翠德、王青德等人加入中国共产党。

1926年春,易白沙(即柯庆施)来寿县传达中央指示,要求各地党组织积极做好响应北伐战争的准备工作,并号召共产党员随时奔赴北伐战争的前线。易白沙离开汤王庙时,王影怀与族弟王粟一筹集20多块银圆交给易白沙,以做党的活动经费,并委派王粟一等人护送易白沙到瓦埠方季平处。

同年5月,王影怀与薛卓汉主持寿县各界纪念五卅惨案一周年大会,在会上宣传国民革命,为北伐战争做舆论准备。同年夏,他与薛卓汉、曹广化、廖运周、廖运泽、吕岳、曹练白、石玉鼎、魏化祥、王粟一、王培德、陶秉哲、方季平、吴则鸣、方镁等三十多人奔赴武汉,参加北伐。10月,北伐军攻克武汉,王影怀受党组织派遣,先到武昌黄土坡国民党安徽省党务干部学校学习,结业后,又进入中央军事政治学校学习,并在该校介绍吴则鸣加入中国共产党。

1927年4月12日,蒋介石叛变革命。王影怀参加了在武汉阅马场举行的武汉各界群众声讨蒋介石大会。5月,军阀夏斗寅阴谋袭击武汉,武汉国民政府将武汉政治军事学校和武昌农民运动讲习所及湖南学生团合编成中央独立师,王影怀在该师一团参加了保卫武汉国民政府、讨伐夏斗寅叛乱的斗争。

5月下旬,中共安徽省临时工作委员会在武汉成立。7月中旬,汪精卫又公开叛变革命,武汉形势异常紧张,环境极为险恶。中共中央决定,中共安徽省临委迁往芜湖。王影怀随省临委回皖,随后根据八七会议的精神和省临委的决定,回到家乡恢复和发展党组织,继续进行革命斗争。

8月,王影怀等二十多人回到寿县。他仍在汤王庙小学任校长,王培德、王经德则在该校任教师。王影怀与吴则鸣、王经德三人编为一个党小组,自任小组长。当时汤王庙附近的姚皋地区还没有党组织,王影怀派吴则鸣到姚皋店小学任教,并以学校为基地,从事革命活动,逐步建立党组织。

同年秋末冬初,王影怀打入国民党寿县教育局,担任主管教育经费和行政事务的委员。当时,薛卓汉主持中共寿(县)凤(台)临时县委工作,党的活动经费非常困难,王影怀利用职务之便,把公款800多元作为党组织的活动经费。

反蒋大会怒斥罪行　临危受命坚持斗争

1928年3月4日,中共皖北特委巡视员王竞博来到寿县视察工作。根据寿县各界人民的斗争情绪,在国民革命军第三十三军学兵团的掩护下,中共寿凤临时县委于寿县东大街福音堂举行反蒋大会,各界人士上百人参加。由王影怀及薛卓汉等七人组成主席团,并在会上讲话,痛斥蒋介石叛变革命的罪行,号召各界人民继续奋斗,打倒蒋介石、吴佩孚,夺取国民革命的最后胜利。反蒋大会结束不久,全县第一次党员代表大会举行,选举产生中共第一届县委,王影怀任书记,薛卓汉任组织委员,方贯之任宣传委员,孙一中任军事委员,曹广化、曹练白、孙健、石玉鼎任委员。大会对邵杰、王济川等人的右倾思想进行了坚决斗争。

会后王影怀率县委委员在全县开展揭露土豪劣绅罪行的宣传活动。同时,县委两次发动并领导寿县中学学生驱逐封建校长黄景孟的罢课斗争,并组织"反基督教大同盟",驱逐美国传教士。同年5月30日,县委在城关组织纪念"五卅惨案"三周年活动,并举行示威游行。通过一系列斗争,寿县党组织又有了进一步的发展。

同年夏,由共产党组织掌握的国民革命军第三十三军学兵团被解散,寿县笼罩在白色的恐怖中。中共寿县县委与上级党组织一度失去联系,党的活动被迫转入地下,在极其险恶的环境中,王影怀以顽强的毅力和灵活的方式坚持斗争。八九月份,中共中央派人来寿县巡视工作,对王影怀忠心耿耿为党工作的革命精神深为赞赏。根据中共中央指示,王影怀调任中共安徽省临委委员。离寿前,他召开县委会议,决定将县委工作交给王经德、陈久常、王季雨三人临时负责。

受尽酷刑坚贞不屈　抛却头颅只为真理

王影怀离开寿县,途经蚌埠、南京到达芜湖,在中共安徽省临委工作。不久,因叛徒告密,于9月23日被反动当局逮捕,27日押往安庆,囚于饮马塘监狱。在狱中两个多月,王影怀受尽酷刑的折磨,双脚被"红绣鞋"烙得只剩下几根骨头,但是,他为了保守党的机密,捍卫党的利益,始终坚贞不屈。当时,他的族叔祖王凤栖前往营救,劝他自首出狱时,他说:"与其求生而害义,宁抛头颅以殉节。我为真理而斗争,当死在所不辞。"王凤栖老人见他视死如归,只得挥泪而别。

12月16日清晨,王影怀拖着沉重的脚镣走向刑场,一路上他怒斥刽子手:"你们杀了我,会有千百万人来找你们算账。今天的黑暗是黎明前的黑暗,你们快完蛋了……"最后,他在"打倒蒋介石""血债要用血来还""共产党万岁"的口号声中英勇就义,时年26岁。同时殉难的,还有中共怀宁县委委员俞昌准、省临委交通部长祁金标。

王影怀牺牲时,安庆《民生晚报》对王影怀烈士临死不屈、英勇就义的情况做了报道。上海《时报》和《新闻报》也刊登了蒋介石亲自批准杀害王影怀的消息。

王影怀烈士墓

王影怀,以其短暂而光辉的一生和他无比刚强的革命人格力量打动了无数人。得知王影怀烈士的英雄事迹后,徐向前元帅亲笔题字赞曰:"英名垂青史,光辉照后人。"

群山静穆寄哀思,苍松翠柏慰忠魂。新中国成立后,安庆市人民政府将王影怀烈士安葬在安庆市革命烈士陵园。1998年4月,长丰县人民政府根据其亲属要求,将王影怀同志骨灰由安庆市烈士陵园迁回原籍安葬在烈士的故乡,并修建墓碑,表达对烈士的无限崇敬。后由于区划调整,杨公镇汤王村又被划归淮南谢家集区管辖。如今,王影怀烈士墓已经迁回故乡——谢家集区杨公镇汤王村染坊郢。每年社会各界人士都会到烈士墓前缅怀革命先烈,聆听英烈的感人事迹。

茅延桢——寿县黄埔第一人

时洪平

1924年国共合作创办黄埔军校时，年仅27岁的中共党员教官茅延桢和张崧年（申府）、周恩来、金佛庄等九位首批教官被誉为"红色拓荒者"。不幸的是，茅延桢在北伐出师前遭敌暗杀，成了"为北伐流第一滴血的人"。

茅延桢(1897—1925年)，字致祥，安徽寿县正阳关人。

三报军校早期入党

1897年，茅延桢出生于寿县正阳关花园巷一个中医世家。地处淮河要冲的正

革命先烈英名永垂

徐向前题

一九八九年六月

★茅延桢，1922年7月，在北京经邓中夏介绍加入中国共产党，是阜阳地区第一位中共党员，后到上海开展运动，是上海早期的53名中共党员之一。1924年，孙中山委任他为黄埔军校学生队第二队队长、军事教官，与张松年、周恩来等九位中国共产党早期党员被誉为"红色拓荒者"，首批"红色教官"。1925年，遭反动军阀暗算，英勇牺牲，年仅28岁。

茅延桢

阳关是一座千年古镇,清末时仍是江淮名镇,使一些实时信息和进步思想得以在此内陆小镇流传。8岁即入正阳关公立两等学堂读书的茅延桢,在这里接受了不少进步思想,对时局也有清醒的认识。1911年爆发的辛亥革命,给他的思想带来很大的震动,参军报国的念头也从此萌生。

辛亥革命后不久,听说南京陆军学校招生,当时只有14岁的茅延桢不顾父亲反对,和三名同学偷偷离家出走直奔南京,但由于当时交通不便,等他们到了南京时报名已经截止。这次出走虽未能如愿,但南京高涨的革命热情对其影响巨大,更加坚定了他立志革命的信念。1914年,茅延桢考入阜阳安徽第三师范学校。1916年,已读三年级的茅延桢听说安庆省立陆军学校招生,毅然退学奔赴安庆,但似乎命运又跟这个年轻人开了一个玩笑:等他到了安庆,发现报名时间又截止了。此时已无路费回家的茅延桢,只好在安庆水上警察所当差度日。第二年,正当茅延桢对这个职业感到厌烦的时候,他获悉河北保定陆军军官学校正在招生,于是,茅延桢立即北上,开始了第三次报考军校之旅。这一次,上天没有再和这个热血青年开玩笑,茅延桢顺利地考入位于河北清河的第一陆军预备学校,并在两年后以优异成绩升入保定陆军军官学校,编入九期工科班。"五四运动"爆发后,马克思主义也传播到了保定陆军军官学校。茅延桢和一些同学经常自费去北京听李大钊等人的演讲,寒暑假也不回家,大多住在北京凤阳会馆,生活窘迫时,他甚至不得不当掉自己的衣服,"几个人在一起革命的,只有一条裤子,一件褂子,谁上街谁穿一下"。在军校两年多的时间里,茅延桢如饥似渴地学习军事知识,研究新思想、新学说,探求人生真理和救国救民的道路,终于认识到"只有马克思主义才能救中国"。随着对马克思主义了解的不断深入,1922年春,茅延桢加入社会主义青年团,同年,经邓中夏介绍,加入中国共产党。他常和邓中夏去京郊长辛店宣传革命、指导工运。第二年夏,茅延桢军校毕业,根据党组织安排,到上海从事党的地下工作。当时上海只有53名中共党员,他被编在第三党小组,与他一起工作的还有邓中夏、沈雁冰、林伯渠等人。

安徽才子黄埔精英

1924年1月,国民党"一大"后,第一次国共合作实现,中共积极帮助孙中山创办黄埔军校,茅延桢也被上海党组织派到广州参加黄埔军校的筹建工作。到了广州后,由于茅延桢年轻而有魄力,廖仲恺深为赞赏,把他推荐到孙中山身边工作。一段时间后,聪颖活泼的茅延桢也得到孙中山的赞赏,称他为"安徽的小才子"。

黄埔军校成立后,茅延桢被委任为第一期学生队第二队队长、军事教官,同时还是中共黄埔军校特别支部领导下的学生二队党小组组长。当时,黄埔军校第一期共招三个正取生队和一个备取生队,由吕梦熊、茅延桢、金佛庄任三个正取生队队长,其中金佛庄和茅延桢是共产党员。白天茅延桢忙于军训,和苏联教官们把学员的军事素质提升了很多,夜晚做学生的思想政治工作,向学员们讲解国内外形势,讲述自己对革命的亲身体会,组织他们看进步刊物《响导》《中国青年》,传播马克思主义学说,提高学员们的思想觉悟,许多学员深受启发,思想逐渐倾向共产党。在茅延桢的带领下,队里学员的思想活跃,许多学生深受他的影响和启发,倾向共产党,有的直接加入共产党。茅延桢与学员张隐韬、李奇中、赵楠等共产党员建立了归属中共黄埔特别支部领导的"C、P"小组,发展党员。在二队120人中,半年内就有20多人参加了共产党,其中就有许继慎和曹渊。"C、P"小组还经常秘密开会,交流对形势的看法,把打倒列强,打倒军阀,完成国民革命视为当前紧迫的任务。茅延桢赢得了军校党组织的信任和学生的爱戴,和首批教官张崧年(申府)、周恩来、金佛庄、郭俊、严凤仪、胡公冕、徐坚、徐成章等八位黄埔中共党员被誉为"红色拓荒者"。

一期学员李奇中回忆当时的情景:大约是1924年7月以后的一天半夜里,值星官细声叫起同学们起床集合。大家迅速地爬起来站好了队,队长茅延桢宣布出发到虎门去,但是什么任务没说。同学们心里不免紧张起来,又不敢问,只是互相耳语,瞎议论。茅延桢率领第二队全体学生登船向东驶去,拂晓便到达虎门。只见一条海轮停在附近隐蔽处,待我们乘的小火轮驶近这艘海轮时,才发现挂的苏联国旗。但是为什么这样机密,船上装的什么东西还不清楚。当船上的水手们揭开舱面上盖的油布,放下吊车,露出一些木箱时,茅延桢队长才告诉大家,我们的任务是起卸苏制枪炮武器弹药。同学们立即高兴得跳起来,纷纷同苏联水手握手,会说俄语的还同他们交谈。我们第二队曾先后到虎门起卸枪械三次。自从得到苏联武器后,我们黄埔学生就一律换上苏式步枪和手提机关枪等武器装备。

随着斗争形势的发展,1924年10月,茅延桢受命率部参加讨伐商团叛乱的战斗。1925年2月,中共黄埔特别支部经军校党代表廖仲恺批准,发动教员和学生中的共产党员、青年团员参加,于1925年2月1日成立了公开的群众组织"中国青年军人联合会"。"青军会"中有教职员金佛庄、郭俊、胡公冕,学生中有李之龙、蒋先云、周逸群、徐向前、许继慎、陈赓、王一飞、左权、傅维钰、杨其纲、黄鳌、张际春等人,茅延桢是"青军会"的主要成员。茅延桢坚持用马克思主义学说对青年军人进行思想教育,培养他们革命的观念,受到"青军会"学员们的欢迎。"青军会"出版了《青年人》《中国军人》《兵友必读》等杂志,对全国各色军人进行革命启蒙教育,提高了广大青年军人的觉悟,对推动革命形势的发展起到了一定的作用。由于共产党员的积极推动,"青军会"组织发展很快,从建立到1925年4月,仅三个月时间,"青军会"会员就发展到了两千多人,后来发展到两万多人,在各项革命活动中表现十分突出,影响很大。之后,茅延桢参加了第一次东征。东征的主力是黄埔军校的学生军,茅延桢任中校参谋和代理参谋处长。校军勇猛顽强,加之海陆丰农民的支援,以破竹之势,直捣潮汕。2月15日,茅延桢随教导第一团只用一个多小时就攻克了由两千多敌人据守的水城,接着,参加了平定滇桂军阀叛乱的战斗。是年6月,他率部随东征军回师广州,升任四团二营营长,显示出卓越的军事指挥才能,为广东国民革命政府的巩固发展做出了突出贡献。

出师未捷血洒郑州

茅延桢单身在外,老家的父老兄弟惦记着他,多次去信催促他回家完婚。茅延桢的姐夫胡逊之受茅延桢父亲生前之托,两次前往广州看望茅延桢,但茅延桢终因军校革命工作,无暇抽身回家完婚。

随着南方革命政权的巩固和发展,广东革命政府积极准备北伐。1925年8月,

茅延桢烈士墓

是国民革命军第二军陈文钊师,表面上听从国民革命军,实际受吴佩孚控制。为了将队伍争取过来,茅延桢冒险来到师部,利用保定同学的关系,想说服该师投向革命。但陈表面上佯装答应,夜邀茅延桢同去郑州党部商议,在路过明王公墓时,被师部参谋孔繁熔事先埋伏在此的反动特务从背后开枪杀害。茅延桢壮志未酬,英年罹难,年仅28岁,成了"为北伐流第一滴血的人"。

南方革命政府得此噩耗,即电河南督军:缉拿凶手,并电唁家属,表示哀悼。茅延桢葬于郑州五宫花园前,墓前立有河南省长刘峙题写的"茅延桢烈士殉难处纪念碑"。浸着烈士鲜血的衣服被寄往广州黄埔军校。后茅延桢的亲属将烈士遗骨运回寿县正阳关五里铺老家安葬。

茅延桢是为北伐而牺牲的中共早期党员,茅延桢的牺牲一直激励着后人投身革命事业。

1926年12月21日,广州黄埔军校校刊《黄埔日刊》第200号,在头版头条以显著的位置评论茅延桢与另外两名黄埔教官同时被害时说道,"忆本校第一期队长四人,李队长炜章于杨刘之役,因做秘密工作,死于乱军的枪下,茅队长延桢死于二次东征时为北伐被派赴河南,死于郑州刺客之误击,金队长佛庄同志,又继死于南京,此三同志皆在第一期负担军事基本工作","金、茅(延桢)二队长俱C、P同志,为国民革命而牺牲,死亦无所遗憾","其死难详情及生平事略,自有待于史乘","吾辈后死……唯有更加努力,更加团结,继续先烈牺牲之精神,为先烈复仇,号召全国人民反对军阀与帝国主义勾结之白色恐怖,完成我国民革命工作!以慰先烈于地下也!"茅延桢是我党最早从事革命军事工作的党员之一,他参与第一次国共合作创办黄埔军校,为培养革命军事人才,为发展革命武装力量,做出了一定的贡献。他为北伐战争牺牲了自己年轻的生命,是永远值得人们赞颂与怀念的。1945年,党的七大召开前夕,中共中央组织部编印的军队《死难烈士英名录》,茅延桢被光荣载入史册。1989年6月,徐向前元帅为茅延桢烈士题词"革命先烈,英名永垂"。2007年是茅延桢烈士诞辰110周年,原南京军区司令员向守志上将欣然题词:"革命先烈,红色拓荒者",安徽省原领导王光宇、郑锐等同志也为烈士题词悼念。2007年9月,中国中共党史人物研究会副会长、《中共党史人物传》主编、中共党史学著名教授陈志凌题词"深入虎穴遭暗害,一代英才万古伤"。

王道舟烈士事迹

王康成

王道舟(1903—1934年),名世济,安徽省寿县保义区张罗乡(现堰口镇双楼村)人。少时家贫,5岁丧母,随父(为人私塾教书的穷秀才)读书识字。1928年在安庆读中学期间,王道舟加入中国共产党,毕业后受党组织派遣返乡秘密发展党组织并领导武装暴动。1934年8月,时任中共寿霍中心县委委员、中心县委军事委员、寿县县委委员兼保义区委书记的王道舟同志,在革命斗争中被国民党反动派逮捕。在狱中,面对敌人的利诱和酷刑,王道舟同志始终坚贞不屈,最后英勇就义。新中国成立后,中共寿县县委、寿县人民政府报请国家民政部批准,追认王道舟同志为革命烈士。

童年磨难

公元1903年9月7日(农历七月十六),王道舟出生于安徽省寿县保义区张罗乡(现堰口镇双楼村)的一个贫苦农民的家庭。

王道舟的童年,时值清朝末年,中华民族正处在外患内乱的苦难之中。和千千万万个农民家庭一样,王道舟的家庭也深受封建主义、帝国主义和官僚资本主义三座大山的压迫,过着牛马不如的生活。他全家没有一分地,仅靠父亲帮工教书的微薄薪水和母亲拾巴埂、挖野菜糊口。

家庭的养育对王道舟性格品质的形成有着很大的影响。王道舟的父亲王生鲁是个穷秀才,为了一家老小的生活,不辞辛劳、无论寒暑,到离家十多里远的保义集一洪姓人家教书。其父为人正直刚纯,痛恨腐朽的社会制度,同情劳苦大众,常常为身边的贫苦农民打抱不平。王道舟的母亲温和善良,通情达理,却不畏强暴,虽然自己家里饥寒交迫,还时常接济亲友乡邻。她不仅疼爱和严教自己的孩子,对穷苦人家的孩子也十分关爱。王道舟5岁那年,因地主逼债,母亲气恼得了伤寒。由于家贫如洗,无钱治病,不久就含恨离开了人世。王道舟幼小的心灵遭受巨大创伤,失去母爱的他只得跟随父亲,奔波在坎坷的成长道路上。

少年壮志

为了照顾孩子,王道舟的父亲只好辞去保义洪家的教书职业,转而在离家一公里远的张罗城(镇)一毕姓地主家的私塾里任教。王道舟从7岁起就跟随父亲念书。由于他刻苦用功,加上父亲的严格教育,学业成绩很好,每次考试,他都胜过有钱人家的孩子。他时常在父亲面前说:"我要给穷人争气,长大为穷人办事。"

王道舟小时候就十分厌恶旧社会的恶劣风气,主张破除迷信,寻求生活情趣。他坚持锻炼身体,经常组织小伙伴们开展游泳、跳绳、荡秋千等有意义的体育活动。在他家门口的两棵大椿树上,长年拴着一丈多长的秋千绳子,人坐在上面,用力一荡,有屋檐那么高。这一切令他逐渐形成了钢筋铁骨和坚强意志。他还经常劝告一些少年朋友不看下流戏,不参与赌博和封建迷信活动。有一年,一则张罗城学校院内白果树显灵了的消息不胫而走,许多善男信女纷纷赶来敬香,祈求免灾治病。王道舟认为这纯粹是欺人之谈,义无反顾地拿起扫帚,将香火供物一扫而光,并对香客们说:"不彻底改造社会,光靠求神拜佛,劳动人民是永远不能免除灾难的。"在那封建迷信盛行的旧社会里,这样做是要招惹是非的,但是少年时代的王道舟就敢于冲破封建礼教的约束,表现出了他进步的世界观和斗争精神。

王道舟17岁时念完了小学,家庭却无力供他继续求学,这对于风华正茂的他是多么遗憾啊。他决定向舅舅借钱去念中学。可是舅舅因抽大烟,家道已日益败落。他就对舅舅说:"只要您不吃大烟,省下的钱就够我念书了。"最终,舅舅被说服了,下决心戒烟来资助外甥继续读书。

王道舟在青少年时代,目睹了国民政府的腐败无能,决心以求学来寻求革命真理,为彻底砸碎旧世界,为千千万万受苦受难人民的翻身解放而努力奋斗。

投身革命

1920年,17岁的王道舟来到安庆求学。在学校里,受"五四运动"和进步教师的影响,王道舟接受了马列主义和反帝反封建的思想,并积极参加了共产党组织的一些学生运动。在国民政府的白色恐怖下,他勇敢地作为学生会代表向伪教育厅提出并最终赢得了进步青年的政治诉求:一是允许学生在重大节日上街游行,主张正义;二是允许在校传播马列主义,发行《星期日杂志》等共产党的刊物。

经过风风雨雨的锻炼和考验，1928年，王道舟加入了中国共产党并逐步成长为一名优秀的骨干成员。1930年，受安庆地区党组织的派遣，王道舟返回家乡，先后在众兴、保义、迎河等地以教书为名开展党的地下活动，秘密发展壮大党的组织并策划、领导武装暴动。

1931年，王道舟在保义亲手创建第一个党支部并发展党员数十人、农会会员百余人，开展了针对恶霸地主的抗租、抗捐、抗税、抗丁和缴枪、分粮等斗争。"打死恶霸毕似山，东边红了半边天"，广为流传的民谣，就是当时革命成果的真实写照。不久，由王道舟领导的一支两百余人、百十条枪支的游击队，与瓦东地区曹广海领导的游击队合并为游击大队，积极开展武装斗争。

随着革命形势的不断发展壮大，王道舟又先后创建了开荒支部、汤湾支部、蚂蚁窝支部。他白天教书，夜间还要跑到各支部指导革命工作，召开会议，传达上级指示，拟订工作方案，为了革命事业常常整夜奔波，第二天清晨仍然准时走向课堂。正因如此，我党各支部的地下工作者数年未被敌人发现。

在那黑暗的旧社会，革命是异常艰苦的，国民党警察和便衣特务更是四处打探，稍有不慎就会暴露，不但个人有性命危险，也会给组织带来损失。这一切王道舟都不畏惧。为了崇高的革命理想，他辛勤地战斗在我党的地下战线上，并先后担任我党区委委员、区委书记、县委委员、六霍中心县委委员、中心县委军事委员（中心县包括六安、寿县、霍邱等地）。

被捕入狱

1934年，风云突变。蒋介石从鄂、豫、皖调集了一个师的兵力进驻寿县，清剿仁人志士，破坏我党组织，革命工作进入低谷。这时，一些投机分子和意志薄弱者纷纷变节投敌。

1934年7月下旬，上级党组织为了更好地指导寿县的革命工作，派专员秘密来到寿县。在传达完党中央的指示后，王道舟和另外一名党务工作者方墩善护送其出县。在途经石集（今寿县安丰镇）时，由于叛徒告密，国民党保安大队赶来围捕。为了掩护上级党代表安全脱险，王道舟和方墩善两位革命同志不幸被捕。

威逼利诱

在狱中，国民党安徽省第四行政督察区专员兼寿县县长席楚霖亲自提审王道舟,企图获取党员名单,追查中央专员的去向,并妄想一举全歼我县境内的党组织。为此,他假惺惺地劝告王道舟,如能投靠国民党,可保举他就任专员和第三区区长。王道舟同志面对敌人的威胁利诱和严刑逼供毫不动摇,他义正词严地对席楚霖说道:"我是共产党员,我坚信我们的党。我根本不想当你们国民党的狗官!你们可以杀了我,但是共产党你们是杀不完的。我死了以后还有儿子、女儿,他们长大了也会干共产党,和你们斗争到底。你们注定要灭亡!"

敌人无奈之下,抓来了王道舟的亲属——父亲、妻子、九岁的儿子和未满周岁的女儿,逼他变节。面对流泪的亲人,望着围在身边的一双儿女,王道舟平静地说道:"我是共产党员,我干的是正义的事业,我没有罪。无论如何你们都要坚强,不要流泪,更不用怕。……天就要亮了!"他又嘱托妻子说:"你回去把孩子带好,好好过日子。一定要让孩子认真念书,长大走革命的路,当共产党人。我们家的事今后共产党会关心的。"(这段情节后来被剧作家沈默君先生编入《红灯记》剧情。)

慷慨就义

无论是威胁利诱,还是严刑逼供,国民党反动派都没能得到任何有价值的东西,最后决定对王道舟执行极刑。1934年8月5日上午,一群荷枪实弹的宪兵押着

王道舟烈士墓

遍体鳞伤、戴着镣铐的王道舟和方墩善走上刑场。沿途,两位革命同志昂首挺胸,高唱《国际歌》,并高呼口号:"打倒国民党反动派!""共产党万岁!""人民一定得解放!"我党忠诚的共产主义战士、人民的好儿子王道舟,倒在了敌人枪口下,牺牲时年仅31岁。

新中国成立后,中共寿县县委、寿县人民政府报请国家民政部批准,追认王道舟同志为革命烈士,并为其竖立墓碑。其墓地位于寿县堰口镇双楼村杨郢地界——寿县城南31公里、十字路向东3公里处。每年清明时节,当地党、团组织和中小学都会开展祭扫烈士墓活动。

为缅怀英烈,挽歌英灵,王道舟同志的战友,后任中共寿县县委书记的仇希华同志曾赋诗一首:"临危授命高呼喊,至死守仁不渝前;壮志如君能有几,千秋浩气入诗篇。"

王道舟同志虽然牺牲了,可他为了崇高的信仰而英勇奋斗的动人事迹和坚贞不渝的革命气节,将彪炳千古、激励后人。在和平时期,我们缅怀先烈,珍惜来之不易的幸福生活,更要继承先烈的遗志,把伟大祖国建设得更加美好。

(王康成根据王道舟女儿王永芝、孙子王安祥等提供资料整理)

半个世纪的追寻
——新四军烈属张克纺的辛酸回忆

潘　超　潘琪武

"亲人啊！您在哪里……"

1948年至1997年，这一声声历经半个世纪的呼唤，终于在全国最大无名烈士墓群——安徽省定远县王小庙无名烈士墓前停了下来。

新四军烈属张克纺及其家人倾尽毕生心血寻找亲人张泽国，经受了多少艰难的煎熬，终于追寻到了这个历史答案。

"俺是父亲干革命第四个年头出世的。俺今年65岁了，一生中只和父亲见过两次面。"已经从寿县总工会退下来的张克纺对这两次见面，记忆犹新，恍如昨日。

1912年11月，父亲张泽国出生在寿县张李集一个贫困农家。1931年，他参加了革命，同年加入了中国共产党。由于革命事务越来越多，他回家的时间越来越少。我第一次见到父亲，是1937年5月的一个夜晚，日本的飞机在屋脊上盘旋，一阵急促的敲门声后，父亲走进了家门，赶紧从屋内找出挑稻谷的挑子，一头放俺，一头放上俺哥，随即挑起担子带着俺娘，一口气走了20多公里，在河坝上一个破废庵棚里歇下脚来。

那时俺娘正怀有十月身孕，但她仍坚持跟着父亲向前挪着碎小的步子。刚歇下来，俺娘就一阵腹痛，在水滩边生下了俺妹妹。那时俺哥7岁，俺只有三四岁，刚生下小妹的俺娘极度虚弱。抗战也正等着父亲，他不能久留。后来听俺娘说，父亲把俺娘仨紧紧揽在怀里，默默流了好长一会眼泪，最终还是走向了需要他的前线。

到了11月，已是渐冷的深秋。父亲惦念仍住在野外庵棚中避难的妻儿，在一个深夜，只身来到了河坝上，仍旧用挑子将俺们挑了回去。和上次不同的是，俺这头多放了俺的小妹。但回到家的当晚，在人世逗留了六七个月的小妹就夭折了。

实际上，从那年秋天，父亲外出参加抗战后，就一直未归。俺娘就等于守寡了，带着我们兄妹俩，一直盼望着父亲回家。

"张教导员四年前就为革命捐躯了。"

备受生活和反革命势力双重折磨的俺娘领着俺们艰难度日，终于迎来了家乡的解放。那是 1948 年春天,一支穿灰色制服的长长队伍从寿县张李集大街走过,鞭炮齐鸣,锣鼓震天。许多年没有露出笑容的俺娘开心地笑了。她一手拉着俺,一手牵着俺哥,站在路口上,一个一个地看,眼巴巴地看了几天,也没有见到父亲的影子。解放后,一些跟父亲一起革命的战友都陆续给家里来了信,但俺娘还是没有父亲的消息,此时,一种不祥之感涌上了她的心头。

1948 年 10 月,俺祖父张幼鲁终于收到部队的来信,信中说父亲已为革命捐躯了。祖父只有俺父亲这么一个独子,收到信后,倍受打击的祖父病倒了。

日也盼、夜也盼,盼来的却是父亲去世的噩耗,俺娘哭昏了过去。但她很快就以顽强的毅力克制住了自己,她对俺们说,你爹去世了,你们一定要完成你爹的遗愿,长大后报效祖国!

"你们要找到(你们的)爹葬在啥地方。"

时光流逝。转眼间,俺娘已是 70 多岁的老人,身体一天天地虚弱。1990 年,77 岁的母亲离开了人世。临终时她拉着俺的手,颤巍巍地说:"娘这一辈子有一大半时间在找你爹,这个愿望要靠你们去实现了……你们要找到(你们的)爹葬在啥地方……"俺和俺哥含着热泪将父亲仅存的一件破长衫撕下一半与母亲葬在一起,也算是二老九泉相会了。墓碑上也刻上了"张泽国、程维云之墓"的字样。

自从 1937 年父亲离开家门后,俺娘是日日夜夜期盼着父亲早日回来。1948 年得知父亲已牺牲四年了,别人劝她改嫁,她怎么也不肯。为了找到父亲的葬处,她开始带着我们到处打听,到县城,上省城,寻访父亲的战友。他们都说,新四军二师转战淮南、淮北,历经大小战斗 3000 多次,定远无名烈士墓群中的烈士,几乎都是附近战场中因重伤不治牺牲后埋葬的。

1977 年清明时节,俺全家第一次来到定远,寻访当年附近一些知情人。当年为烈士做棺木的木匠刘中卜老人说,烈士死后,一个人一口棺材,墓前插个木头做成的小牌子,上面记载着烈士的名字,牌子尺把长,天长日久日晒雨淋的,牌子早不见了。

1997 年清明前,曾在父亲受伤时去探望过他的女战友赵竺赶到俺家。她流着热泪告诉俺:"1944 年那个冬天,你爹重伤时我去看过他。由于缺少药物,他受伤的大腿根部都长出蛆来。看到张教导员被折磨得不成人样,我问他想吃点什么,你爹说想吃点白糖糯米稀饭。那时条件艰苦哪,等两天后我好容易端来白糖糯米稀饭时,你爹的床位已经空了……这么多年过去了,我一直惦念这件事,这个清明,我想去看看他……"

就这样,俺全家人又一次来到定远,终于找到了埋葬着我父亲的王小庙无名烈士墓群。几十年了,女儿该有多少心里话要向父亲倾诉,可俺走过一座座坟头,哪座坟头是父亲的呢?

今年10月1日,为缅怀包括俺爹在内的700多位烈士的王小庙新四军无名烈士纪念碑落成了。俺站在碑下,望着一座座坟茔,在心里说:俺爹,先辈们,俺和你们子孙将永远记住你们。

保家卫国英雄孙先有

楚仁君　杨　静

对于历史来说,69 年究竟是一瞬间,还是一个漫长的阶段？当年,那些意气风华、雄赳赳气昂昂跨过鸭绿江的志愿军战士,如今都在哪里？生活使我们遗忘了很多,但对那些用自己的热血和青春谱写过历史的人们来说,69 年前的那场战争是不能被遗忘的。拂去历史的烟尘,去追寻那战火纷飞、激情燃烧的峥嵘岁月,可以从中体悟到英勇的志愿军战士那钢铁般的坚强意志和大无畏的牺牲精神。孙先有,就是这一英雄群体中的代表。

当年忆,斗志昂扬走

1929 年 7 月,孙先有出生在寿县众兴镇湛楼村湖套队一个贫苦农民的家庭,祖上三代受尽地主恶霸的压迫。孙先有十几岁时便帮地主家打长工,整天过着挨打受骂、衣不蔽体、食不果腹的日子。寒冬腊月无工可做时,孙先有只得跟随父母四处乞讨,每天靠讨来的烂菜剩饭勉强充饥。长期穷苦生活的磨炼,使孙先有自小就养成了咽苦吞甘、刻苦耐劳的品质,在非人的苦难中练就了过人的耐力。在痛苦中挣扎的父母告诉孙先有,长大后要为天下穷苦人闹翻身出力尽心,从此在幼小的孙先有心里播下了革命的种子。

"解放区的天是明朗的天,解放区的人民好喜欢。"1949 年 1 月,寿县全境解放,孙先有第一次在家乡的土地上呼吸到了新鲜、自由的空气。新中国的成立,给了孙先有极大的鼓舞和底气,他挺直腰杆,过上了扬眉吐气、改天换地的新生活。在此期间,他积极参加土改和反霸运动,成为当地青年中的先进分子。

1950 年 10 月,朝鲜战争全面爆发,美帝国主义把战火烧到中朝边境,妄图把刚诞生不久的新中国扼杀在摇篮之中。孙先有义愤填膺,摩拳擦掌,决心随时听从祖国召唤,走上战场,赶走可恶的侵略者,保卫无数革命先烈用鲜血和生命换来的和平果实。孙先有积极主动地宣传党中央和毛主席"抗美援朝,保家卫国"的号召,动员伙伴们随时做好报效祖国的思想准备。

抗美援朝战争开始后,鉴于朝鲜前线兵员形势,国内停止军人复员并大量征兵。1951年3月,寿县征集志愿军新兵时,孙先有在村里第一个报了名。作为家里的顶梁柱和独苗苗,父母一心指望儿子传宗接代、延续香火,怎么舍得让他上战场打仗?孙先有跪在父母面前哀求说:"现在狼都蹿到家门口了,哪还有安生日子过?只有把狼打跑了,才能过上你们想过的日子。我年轻力壮,我不去打狼,谁去?"父母拗不过孙先有,只得忍痛让他穿上肥大的志愿军军装,走上抗美援朝、保家卫国的从军之路。

昂首游,峥嵘岁月稠

孙先有随着来自全国各地的新兵,赶赴东北集结地,被编入中国人民志愿军十三兵团五十军一四八师四十二团新兵连。1951年7月,孙先有和战友们经过三个月的短暂集训后,便随部队跨过鸭绿江,参加抗美援朝、保家卫国战斗。孙先有所在的中国人民志愿军第五十军,是由原国民革命军第六十军起义后改编而成,1950年10月25日第一次赴朝参战,先后参加了抗美援朝战争一、二、三、四次战役,1950年3月15日回国整补。此次是第二次开赴朝鲜。

进入战场的腹地,孙先有和战友们看到,朝鲜大地上到处是累累弹坑,一片焦土,空气中散发着浓烈的火药味,还有被打死、炸死的朝鲜无辜百姓的尸体,心中充满了对侵略者的仇恨和怒火,恨不得马上投入到战斗中去,多消灭敌人,为朝鲜人民报仇。看到战场上的惨状,一名同期入伍的新兵有些害怕,孙先有拍着他的肩膀说:"兄弟,别怕,想想美国鬼子杀害这些老百姓,你心里只想着报仇,就什么都不怕了。"

1951年7月,孙先有所在部队按照志愿军总部的命令,驻守在西海岸防线,阻止敌人从侧后登陆,保证全军正面部队的安全。以美国为首的"联合国军"也意识到西海岸战略位置的重要性,集中炮火和兵力,企图从西海岸一带撕开缺口,打开运兵增援的通道。西海岸成为敌我双方争夺的焦点地区,战斗进行得异常惨烈,其状不亚于著名的上甘岭战役。

孙先有和一连八排的战友们驻守在工事里,严阵以待,报仇雪恨的时刻终于来到了,他和战友们的眼里都喷射着复仇的怒火。战斗打响了,敌人集中数十倍于我的兵力,在飞机、大炮、坦克的掩护下,向阵地上疯狂扑来。看着黑压压一大片冲上来的敌人,孙先有一点也不畏惧,在连长的指挥下,沉着冷静地迎头痛击这些侵略

者。孙先有愈战愈勇,直打红了眼,他的苏式转盘机枪前面,倒下了几十具敌人的尸体。敌人又接连发动了十几次进攻,都被孙先有和战友们打退了,他们坚守的阵地岿然不动。

西海岸阵地久攻不下,敌人气急败坏,出动飞机日夜封锁通向阵地的所有道路、水域,企图切断阵地上的弹药补给,困死饿死这里的志愿军。孙先有和战友们没有被狗急跳墙的敌人所吓倒,以革命乐观主义精神面对眼前的一切。阵地被炸成一片焦土,寸草不留,部队已断水断粮,孙先有和战友们咬紧牙关坚持着。身上的皮带,残留的树根,凡是能充饥的东西都被吃光了。口渴,饥饿,疲劳,夜盲症,接踵而至,相互叠加,孙先有身上一丝力气也没有,甚至连扣动机枪扳机都感觉特别费劲。

缺水断粮的困难,对于孙先有和战友们来说还是次要的,最重要的是缺少弹药补给,战至最后,子弹全部打光了,手里的枪支武器都成了烧火棍。在这种情况下,孙先有和战友们毫无畏惧地和敌人展开了激烈残酷的肉搏战。有一次,一个冲到阵地前的敌人端着刺刀,"呜呀呀"地叫喊着向孙先有扑来,他避其锋芒,侧身一躲,但敌人尖锐的刺刀还是刺中了孙先有的前胸。孙先有顾不得疼痛,乘敌人稍一愣神的空当,飞起一脚踢中敌人裆部,在敌人护痛弯腰的一瞬间,乘势夺过枪来,回手将敌人撂倒在地,一刀结果了他的性命。战后一检查,敌人的这一刀离心脏很近,幸亏胸前厚厚的帆布子弹袋挡了一下,救了孙先有一命,他只受了一点皮外伤。经过孙先有和战友们十几个昼夜的鏖战,我军终于取得了西海岸阻击战的全面胜利,部队也付出了惨重的代价,全连仅剩下了三人,孙先有成了幸存者之一。

在朝鲜战场上,孙先有参加过大大小小几十次战斗,在枪林弹雨、战火硝烟中摸爬滚打了四个春秋,可谓九死一生,两世为人。他头部中弹三处,眼部一处,胸部被刺刀刺伤一次,曾经四次命悬一线,都与死神擦肩而过,是共产党和志愿军部队的全力救护,才让他死里逃生。由于孙先有在战斗中英勇无畏,智勇双全,表现突出,在朝鲜战场上荣立三等功一次,嘉奖两次,提升为班长,并在火线入党,志愿军部队还向他颁发了"抗美援朝纪念章"。抗美援朝战争在孙先有身上留下累累伤疤,这每一处伤痕,都是一枚勋章,褒奖他保家护国、浴血奋战所立下的赫赫战功,体现了孙先有自踏上朝鲜战场时,就抱有"马革裹尸还"的决心和壮志。

朱颜逝,珍藏密敛守

1955年4月,孙先有随部队撤回国内,在沈阳军区继续当兵。1958年,孙先有放弃提干的机会,从部队复员回到阔别多年的家乡寿县。一进家门,父母大惊失色,吓得大叫,以为见到了儿子的鬼魂。原来,自孙先有入朝参战后,由于他不会写信(即使会写当时也寄不回来),家里很长时间没有他的音讯。当地有人猜测,孙先有可能在朝鲜战场上战死了。听信谣言的母亲痛不欲生,唯一的儿子死在异国他乡的战场上,连个尸首都没留下,这可让他们做父母的怎么活?可怜的母亲,每天坐在送儿子参军分手时的路口,一边烧纸,一边痛哭,一连哭了三天三夜,最后哭瞎了双眼,什么也看不见了。孙先有听罢父亲的叙述,泪水不禁夺眶而出,"扑通"一声跪在母亲面前,哭泣道:"娘啊,儿子对不起您。您的儿子没死,这不,又活着回来了。在战场上,儿子没给您老丢一丁点脸。"孙先有抓起母亲的手,让她逐一抚摸挂在自己胸前的勋章,母亲喜极而泣,战后重逢的一家人抱头痛哭,闻讯前来看望的乡亲们无不为之动容。

孙先有

保家卫国的英雄凯旋,在孙先有的家乡引起很大轰动。经组织安排,孙先有被分配到当时的众兴区三觉乡任乡长。面对角色的转换,孙先有一时还适应不过来。一来是,孙先有自小没上过一天学堂,扁担长的"一"字都不认识,连自己的名字也不会写,在朝鲜前线立"生死状"时都是摁的手印。二来是,孙先有是行伍出身,挥枪操棒、冲杀打仗还行,要是让他舞文弄墨、当个干部,还真是赶鸭子上架——难为他了。孙先有考虑到自己不是当干部的料,不能给共产党的事业造成贻误,便主动口头向组织上报告,请求辞去乡长职务。组织上最终批准了他的请求,孙先有在当了一个月零三天的乡长职务后,又回到生他养他的故土。

回乡务农后,孙先有并没有以保家卫国的功臣自居,而是以一个志愿军战士和共产党员的标准严格要求自己,在农业生产中时时处处发挥模范带头作用。党和政府没有忘记这位保家卫国的英雄,孙先有经常受邀参加机关、单位、学校组织的各种报告会,向干部群众和中小学生宣讲抗美援朝、保家卫国的历史事实和战斗历程,对广大群众进行爱国主义、国际主义和革命英雄主义教育。1959年10月1日,孙先有作为抗美援朝战斗英雄代表,受邀参加在天安门广场举行的国庆十周年阅兵式,在观礼台上目睹了毛泽东、周恩来、朱德、刘少奇、邓小平等党和国家领导人的夺人神采。对于普通百姓来说,能参加国庆阅兵观礼的人毕竟是极少数,但这次阅兵观礼成为孙先有记忆中的重要时间刻度,是他一生中最大的荣耀,多年来一直珍藏在他的内心深处。

似水流年,石火光阴。六十多年前那场战争的硝烟,已随着时光的脚步渐渐散去,和平的阳光普照着神州大地。对于经历过生与死、血与火考验的孙先有来说,他比别人更加深切地体会到现在和平环境的来之不易,也比别人更加珍惜今天的幸福生活。烽烟滚滚,历史远去,而故人依旧。如今,年近九旬的孙先有在老家过着衣食无忧、颐养天年的快乐日子。儿女们都特别孝顺,无微不至地照料着老人的生活,他们为有这样的英雄父亲而骄傲、自豪。政府每月两千多元钱的优抚补助,足够他的所有生活开支,当地的县镇领导和单位、学校、企业,逢年过节都去登门看望和慰问。这一切,让孙先有很感动,也很满足,他动情地说:"比起在朝鲜战场上牺牲了的战友,我是万分幸运的,也是万分幸福的。对那些为保家卫国而战死的志愿军战士,国家和人民永远不能忘了他们。"现在,在一些庄重场合和特别时段,孙先有喜欢穿着缀满勋章的戎装示人,他不是为了炫耀自己的战功,而是在提醒人们,不要忘了那段烽火连天、壮怀激烈的战争岁月。孙先有,保家卫国的英雄精神不死!

我的曾祖父曹克修

曹 璇

我的祖籍是安徽寿县小甸集,这是一块名不见经传的穷乡僻壤,然而这个地方却是一片红色的土地,从安徽省第一个党支部——中共小甸集特别支部的建立,历经土地革命、抗日战争、解放战争,小甸一直英烈辈出。

从安徽省最早的党支部书记曹蕴真(原名曹定怀),到"一门三烈士,光荣吾门庭"的曹渊、曹云露、曹少修,到开国将军曹广化,到令敌人闻风丧胆的曹门二将——皖北红军游击大队大队长曹广海、参谋长曹云露,到我的曾祖父——淮西地区第一个抗日乡政权寿三区大队长曹克修,再到许许多多投身抗战、为国捐躯的曹家儿女,小甸曹家,满门忠烈。

1923年冬天,共产党员曹蕴真、薛卓汉等在寿县小甸集召开党员会议,成立了安徽省第一个党组织——中共寿县小甸集特别支部,直属中共中央,当时的特支书记是曹蕴真。"星星之火,可以燎原",中共小甸集特支的建立,为寿县党组织的发展壮大奠定了基础。

一门三烈士,光荣吾门庭。曹渊,叶挺独立团第一营营长,在大革命时期北伐军攻打武昌战役中壮烈牺牲,年仅24岁。周恩来赞扬他"为谋国家之独立,人民之解放而英勇牺牲了,这是非常光荣的"。叶挺称他是"模范的革命军人,且是我最好的同志"。

曹云露,曹渊烈士侄儿。1938年安徽工委成立,曹云露任书记,组建了皖北抗日游击队。1939年,曹云露代表鄂东抗日五大队与国民党黄冈地区专员和军区司令谈判,坚持国共合作、一致抗日,被国民党反动派扣留,宁死不屈,壮烈牺牲,年仅29岁。曹云露的牺牲被称为"鄂东惨案"。

曹少修,曹渊烈士二哥——三烈士中参加革命最早,牺牲最晚。曹少修早年参加同盟会,1940年新四军在江北建立民主政权,他被选为参议员,在新四军中人称"老参议"。1947年被国民党逮捕,国民党劝他让其儿子曹云鹤投降,遭到严词拒绝。曹少修就义前写道:"吾弟渊为革命而死,吾侄云露亦为革命死,今吾亦死,一门三烈士,足以光荣吾门庭。"

开国将军曹广化,早年与曹蕴真、曹渊等组织了"爱社",进行革命宣传活动。1926年建立了合肥地区最早的党支部——中共合肥北乡党支部,并在淮河以南组建了安徽最早的农民协会组织。1927年成立中共安徽省临时省委,随后成立寿县临时县委,曹广化任临时县委书记,1931年任寿县县委书记,直至带领游击队员随红二十五军进入大别山区。

曹门二将曹广海为皖北新四军游击大队大队长,曹云露为参谋长,二人既是同族叔侄,又是亲密战友,机智果敢,骁勇善战,屡屡立下奇功,东至淮南,西到霍邱,南抵六安,北接凤台,方圆两百余里敌人无不闻风丧胆。烈士赵策的父亲赵子玉写下赞诗:"智勇双全战术通,曹门二将显神功。而今到处皆春海,百里桃花树树红。"1934年曹广海在舒城壮烈牺牲,1939年曹云露在湖北牺牲。

我的曾祖父曹克修是当时许多投身革命的曹家儿女中的一员,他生于1908年,与曹蕴真、曹渊等同族同根,与曹蕴真是同辈兄弟,比曹渊晚两辈。几人年龄相仿,早年一起接受了先进思想的教育,志趣相投。

1923年建立了小甸集党支部后,曹克修一直在家乡附近从事党的地下工作,传播红色思想,秘密发展党员。当时他的公开身份是米行的账房先生。1936年,曹克修撇下年迈的祖母、母亲和四个嗷嗷待哺的子女,跟随张如屏、曹云露一起带领新四军打游击战。曹克修离家后,家里失去了唯一的劳动力,生活一度陷入绝境,他年迈的祖母带着他八岁的大儿子(我的祖父曹光霞)到下塘集讨饭为生。

1938年春,曹克修带着一支三十余人的游击队回到家中,名义上是"文艺工作团",实际上就是新四军第八团。第八团以曹家为驻点,开展抗日宣传,发动群众,壮大抗日力量。这在当时是非常危险、牺牲极大的事——曹克修的家庭情况从此暴露,为后来家人受到日军及国民党反动派的迫害埋下隐患。

第八团有三十余名中共地下党员,并成立了党支部,团长是曹定律,成员有李家沃、马仁、梅纪松、曹伦、曹措等,其中宋俊、宋茹、石秀华三人为女同志。第八团除了在李山庙、小甸集一带进行抗日宣传、散发传单、张贴漫画等之外,还招收了十几个学生,就在曹家西头一间小堂屋里授课,教唱抗日歌曲,如《救国军歌》"枪口对外,齐步前进。不伤老百姓,不打自己人。我们是铁的队伍,我们是铁的心,维护中华民族,永做自由人!"《救亡进行曲》"工农兵学商,一起来救亡。拿起我们的武器刀枪,走出工厂、田庄、课堂,到前线去吧,走上民族解放的战场!"等。我的祖父曹光霞当时就是听课的学生之一。抗战精神的鼓舞,为他后来走上革命道路奠定了坚实的基础。

1938年冬天，在延安抗大学习的曹云露、张如屏奉中共中央陈云指示，回到安徽开展抗日工作。曹克修率第八团加入曹云露、张如屏的新四军皖北抗日游击大队，转移到杨庙、钱集、新集一带继续战斗。根据祖父回忆，当时日本鬼子已经占领了下塘集，烧杀抢掠，无恶不作。曹克修所率领的游击队有一百余人，条件艰苦，枪支有限，战士们趁着夜色用绳子勒、用棍子打，想尽一切办法消灭鬼子。

1940年1月，原新四军皖北抗日游击队改编成新四军二师新八团，曹克修所率领的游击支队编入这支队伍，驻地为定远县藕塘地区。当时二师师长是与陈毅并肩战斗的罗炳辉，新八团团长是原江北游击纵队司令孙仲德，团政委是杨效椿。新八团当时的主要任务是保护藕塘政权外围，接送从大别山回来的党员和青年知识分子以及对地方群众武装进行集训。

1941年1月，皖南事变后，新四军共成立七个师，新八团改为二师六旅十八团。1941年4月，曹克修随十八团政委杨效椿一起率十八团四连五十余人回到寿县，同寿县县委书记马曙、组织部长杨刚等共八十人左右在寿县地区开展游击战争。1941年冬，随着十八团四连开创寿县抗日新局面，我党建立了淮西地区第一个抗日乡政权——寿三区抗日民主政权，李伯祥任区长，杨刚任书记，曹克修任副区长，至此寿县抗日根据地基本形成。直到1945年，曹克修和他的战友们一直在寿三区进行艰苦卓绝的抗日游击斗争。

由于叛徒告密，曹克修的新四军地下党员的身份引起敌人怀疑，家人因此受到了日军和伪军的迫害。1943年，祖父曹光霞被日军抓到炮楼里，吊了整整一天一夜，严刑逼供，让他说出新四军转移的方向。年仅14岁的祖父宁死不屈，一个字也没说，后来在族人斡旋之下侥幸逃生。一起被抓去的还有曾祖父曹克修的叔父——老地下党员曹共臣。曹共臣被日军杀害，壮烈牺牲。曾祖父年过七旬的老祖母为保守新四军机密，面对日军的盘问拒不交代，被日军用刺刀刺伤。

1945年日军投降前夕，曾祖父随军转移北上，先在山东渤海湾一带，后又在河北沧州一带继续战斗。河北沧州面粉厂曾经供应日军军粮，曾祖父等中共地下党领导沧州工人，千方百计与日军斗争，破坏生产。1947年沧州解放，曾祖父任沧州面粉厂厂长，当时归朱德领导。

1949年全国解放之后，曾祖父任天津市首任供销处企业科科长，后调任天津市橡胶厂厂长、天津市化工机械厂厂长、天津市公安局三处处长、天津市消防研究所所长，1976年光荣离休。1983年曾祖父曹克修走完了他战斗的一生，享年74岁。

在曾祖父病危的那段时间，组织曾考虑将老家的子女调动一个到天津工作，方便照顾他的饮食起居。曾祖父拒绝了,他坚持不给组织增添任何麻烦。他说,比起那些牺牲了的战友,他看到了祖国解放,参加了新中国的建设,过了这么多年的和平日子,已经十分知足了。在他的四个子女中,除了同样参加革命工作的长子曹光霞之外,其他都在农村务农。

　　抗日战争胜利已经七十年了,小甸曹家的那些先烈们、曾祖父曹克修和他的战友们为之付出鲜血和生命的那一幕幕悲壮战事,仍活在人们的记忆中,也活在不朽的历史中。倘若他们得知,他们为追求国家独立、民族解放事业浴血奋战的精神,他们为抗击日本帝国主义侵略誓死斗争的意志,仍在激励着后代子孙们不忘国耻、努力拼搏、致力于国家中兴,也该欣慰了。

　　敬礼,我的曾祖父!敬礼,我的先辈们!敬礼,先辈们伟大的战斗精神!

怀念我的父亲曹济堂和叔父曹静烈士

曹云辉 口述　沈世鑫 整理

我是寿县小甸集人,父亲曹济堂、叔父曹静,都是革命烈士。

父亲曹济堂,1903年生于小甸集小甸村小圩队一户农民家庭,兄弟五人,排行第三。父亲12岁开始上小学,后到民主人士张树侯私塾攻读,19岁在家务农。1923年,中共特支在小甸集成立,在革命思想的影响下,我父亲树立远大理想,1925参加革命,1928年参加了由曹蕴真领导的地下党活动,经常与曹少修(老县参议员)、曹广化(新中国成立后曾任解放军中将)、曹广海(曾任游击队队长)、曹广梅(革命烈士)等人进行革命活动。由于经常回家很晚,有时彻夜不归,遭到父母的误解,认为是在赌博,不务正业,便进行追问、责打,甚至用绳索拴在屋中不让他出门。但他为了保守党的秘密,宁愿挨打受骂,受委屈,也不向父母暴露党的秘密。

1929年6月,端午节期间的一天,趁夜晚天黑,他奉命参加有曹少修、曹树屏(新中国成立后曾任安徽省商业厅副厅长)、张华石等200多人组成的革命队伍,前往寿县县城,准备里应外合,攻打城内反动武装。但由于行进中河湖涨水阻隔,耗时过长,待队伍抵达城南九里沟时,天已破晓,而白天不易行动,错失良机,未能及时投入攻打寿县城的战斗。

1929年农历十月,在上级党组织的指令下,由张华石(时任中共寿县委员,后叛变)、曹少修、曹树屏等领导的五六百人,在小甸镇集结,准备开赴鄂、豫边区,参加秋收起义。曹济堂积极参加,并担任排长一职。临出发前,他向怀孕的妻子张世兰告别说:"我们这次行动,生死难测,我走后,生男生女,都要留下。"然后,曹济堂随部队南下,在途经肥西县赵老庙时,遭遇国民党反动派保安团大批军队围剿,双方进行了激烈的战斗。曹济堂立场坚定,英勇顽强,勇往直前,不怕牺牲,但终因敌众我寡,武器悬殊,弹尽粮绝,在组织突围时,不幸中弹,因流血过多而英勇牺牲,年仅28岁。曹济堂牺牲后,反动派不准收尸。后其尸身被当地群众就地掩埋。

曹济堂烈士证书

　　曹济堂牺牲后,妻子张世兰带着7岁的长子曹云陆、4岁的幼子曹云轩及遗腹子曹云辉,历经苦难,艰难度日。曹云辉长大后,得知父亲的革命事迹,受到党的教育,很早便走上革命的道路。

　　1950年,经人民政府批准,追认曹济堂为革命烈士。

　　我的叔父曹静,1906年生于寿县小甸集小甸村,幼读私塾和小学,后到合肥加谊中学(合肥三中前身)读书,1926年因在校闹学潮,受到留校察看一年处分,21岁时结束学业,1927年参加革命,1928年加入中国共产党,后回到家乡参加地下党活动。由于工作积极,又有文化,他被选为中共堰口区委委员。

　　1932年春天,红二十五军准备东征正阳关,寿县县委地下党组织要求堰口区委为即将到达正阳关的红二十五军筹措粮草。领导研究决定:将这个光荣而艰巨的任务交给曹静和仇西华两位同志负责。通过暗地走访和侦察,他们决定到安丰塘畔的施大郢孜大地主杨家开展扒粮斗争。四月的一天,风和日丽,曹静和仇西华带领的扒粮队悄悄地冲进大地主家,杨家本来有地主武装,但吓得四散逃跑。扒粮队的同志们经过一天紧张的工作,将大批粮食装运好,按照事前部署和分工,有的拉车运粮,有的武装护送,浩浩荡荡向正阳关方向而去。曹静在撤退时,途经安丰塘河坝小学,校内有几位进步教师,是曹静的老同学,便到学校与几位老同学交谈分别情况,并总结这次扒粮斗争经验,当晚住在学校。

被扒粮的杨姓大地主怀恨在心,探知曹静当晚未离

曹静烈士证书

开当地,在河坝小学住宿,便派出20多名反动武装,埋伏在小河沿路上。第二天早晨曹静离开小学,途经小河沿时,遭到反动武装的伏击和围攻。曹静突围时中弹牺牲,年仅26岁。

曹静牺牲后,反动地主武装不准收尸。几天后,其长兄曹许堂去暗地查看,想去收尸,遭到反动武装威胁阻拦。后其尸体被当地群众偷偷掩埋。

新中国成立后"镇反"时,杀害曹静的罪魁祸首恶霸地主遭到人民政府的严厉镇压。

寿县地下党负责人仇西华,为悼念曹静,曾题诗纪念如下:

"结伴西行为党忙,依依一路话衷肠。碧波一路冲锋过,突焰冲天志气扬。生死风云无定数,英雄那料尽夭伤。豪生未付真残忍,誓必挥戈杀尽光。"

曹静牺牲后,遗下妻子董氏和3岁男孩,艰难度日。几年后幼儿夭折,董氏又讨个继子,名叫曹云楚,现已83岁。

新中国成立后,政府根据曹静革命事迹经历,批准其为"革命烈士"。1986年,经县政府批准,在烈士牺牲所在地立坟竖碑,以示纪念。1992年4月,由当地政府主持召开群众大会,对曹静烈士予以隆重纪念,以追悼这位革命烈士。

青年军团政三队在寿县

张正杰 回忆　王　尧 整理

1937年冬,第五战区司令长官李宗仁在徐州大量招收平、津、济、宁、沪一带的流亡学生五千余人,号称"第五战区抗敌青年军团",由李宗仁兼任团长,张任民(第五战区参谋长)兼副团长,潘宜之任教育长,以抗日为名拟培养桂系嫡系人才,扩充自己的势力。然而在青年军团中,也有不少共产党员。

青年军团五千余人,编为十二个政治中队,经过训练,分到各县去实习。由于日军大举侵犯,在撤退中,有几个政治中队被打散,只有政治一队(固始队)、政治二队(息县队)、政治八队(经扶队,政八队后改为政三队)留在敌后。

1938年11月,青年军团余下的三个中队,由国民党潢川专员集中到潢川,于1939年6月,先后开往立煌(今金寨县,抗战时为省府所在地)集训。

政一队、政二队、政三队,合编为一个大队,叫作集训大队。桂系国民党安徽省主席廖磊,为清除青年军团中的共党分子,以便重用青年军团人员,特派亲信何德润(广西人,据说是廖磊、李宗仁亲戚)当训练大队班主任,审查政治队中有无共产党员。

正式训练从7月开始,到8月初结束,共一个多月时间。由于何德润同情、支持共产党抗日,明知集训大队中有共产党组织活动,但向廖磊汇报说政治队中没有共产党。廖磊深信不疑,对政治队加以重用。结业分配时,由廖磊决定:政治一队到阜阳,政治二队到全椒。因何德润被任命为寿县县长,他提出要带政三队去寿县,廖磊也同意,于是政三队随同何德润于8月中旬到达寿县。

由于当时政三队人数少,我党的力量薄弱,青委(中共安徽省委领导下的地下组织)决定将政一队的陈雨田、崔醒亚、程光明调到政三队,何德润欣然同意。青委指定政三队党支部由李德观(女)、陈雨田和我三人组成支部干事会(七大以前党章规定支委会叫支部干事会)。支部由青委直接领导。临行前,省委写了一张介绍信到中共寿县县委,并说明只有我和李德观与县委发生横的关系,但不直接归县委领导,并向我交代,政三队区队长农超谋是党员,单线联系,与支部不发生组织关系。

到寿县后,政三队的一切人员分配由何德润决定,而名单则由支部推荐,只要李德观向何德润提出,何德润无不同意。当时支部研究把工作重点放在第四区(即众兴集区)。全体党员一部分在县城工作,一部分到四区工作,党员和民先队(是党领导的群众进步组织,亦是党的外围组织)骨干都分配担任了重要职务。陈雨田(支部干事)任县政府督导员,协助县长工作。我任第四区区长,刘公望(民先队员)任军法官。李德观(支部书记)任县动委会妇女部长,以便与动委会指导员詹运生(共产党员)联系,并通过詹与安徽省第五、十六、十七工作团联系。

我被任命为第四区区长后,带领党员和进步人员二十余人到了众兴集。留任郭复震、张教诒为区员(张后调任二区区长,王祯干接任区员),郝宝贤为事务员,冯家坦为巡官,并留王德科在区里负责与各乡工作组和各地下党员联系,并出版小报宣传抗日。另外组成两个工作组分别到隐贤集和茶庵集,配合地方党组织开展工作。

翟兑敬(党员)和顾化民(党员)带一个组到隐贤集,蒋国珍(党员)和赵耀先(党员)带一个组到茶庵集。在茶庵集地方党、区委书记江屏的配合下,曾组织数百人参加农抗会、青抗会、妇抗会等团体,积极开展打击汉奸恶霸的活动。当地有个大地主杨论斋(外号土皇帝)私通日伪,把一些禁运物资运往敌占区走私、资敌。由青抗会拦住,将物资连人送往区公所。追问运物人员,供出是杨论斋主持。区公所派出传票人前往传讯杨论斋时,杨家不但不应传到区公所,反而指使家丁殴打传票公务人员。我当即派区中队一个排,前去将杨论斋抓获归案。由区员郭复震负责审讯,因为杨殴打区公所人员,当然对他也不客气,少不了也给他点苦头吃。杨供认偷运违禁品妄图发国难财,在乡里欺压民众等罪行。我决定将他处死。但区长没有杀人权,只好把他送到县政府。我亲自找到何德润,要求他把杨处以死刑。何县长满口答应,但后来因政三队撤退,何德润也出走到新四军去了,未来得及处决这个汉奸,实感遗憾。

区中队(当时叫模范队)有四五十人,由冯家坦负责指挥和训练。但其成员多为兵痞,短期内难以教育好,也未来得及将队员予以更换,虽然听从指挥,但走向革命之路还不能做到。

我到区公所,立志决不贪污,而且教育其他人员一定为政清廉,一个铜钱也不贪污。而当时地下党没有经费,县委书记马曙经常找我求援,我们支部的党费已交青委会,不交地方,我只好掏腰包给予帮助,每次只能给十元、二十元。后来有人批评我,不该这样清廉,贪国民党的钱为我党活动筹点经费有什么不好?而我当时不能接受这种理论,"打倒贪官污吏""打倒土豪劣绅"喊了多少年,难道我们共产党员能去当贪官污吏吗?

当时的寿县,自从何德润率政三队到达后,政治空气十分活跃。政三队党支部在上级的领导下,起到了核心作用,秘密带领这一百多人,遍布各条战线,积极开展抗日宣传,扩大抗日民族统一战线,散发传单,介绍进步书刊,扩大党的影响,在全县范围内掀起了声势浩大的抗日救亡运动。

抗日救亡群众团体迅速建立并积极开展活动。从县到大部分区、乡、保,都建立了农抗、青抗、妇抗、商抗等组织,在文化界也成立了救国会,由于政权掩护下的公开工作与地下党的秘密工作相结合,各群众团体异常活跃。

司法机关也为我党所掌握。刘公望当了法官,也抓了一批汉奸和通敌的恶霸地主,经严格审讯后给以严厉处罚,从而打击了汉奸反动势力的嚣张气焰,推动了抗日救亡运动的发展。

在教育改造旧军队为抗日武装方面,也做了大量工作。寿县的地方武装是县常备队,由何德润兼任总队长,另设专职副总队长,下辖六个常备中队,分驻县城及各区。其中总队副和中队长均系旧军人或地方实力派,为地方土豪劣绅所左右,对何德润来寿县主政颇为不满。于是何德润根据政三队党支部拟定的方案,采取逐步改造。除各中队都派了指导员外,首先从各中队抽出部分队员和精良武器,组成县政府直接控制的特务中队,任命共产党员谢广禧为特务中队指导员,由政三队负责训练,使这支部队成为坚决抗日的部队。1939年九月初六日(旧历),日寇再次袭击寿县城时,特务中队与日寇英勇作战,掩护县政府和人民群众顺利撤退疏散。当时战斗非常激烈,陈雨田和军事科长指挥战斗十分沉着,但因寡不敌众,特务中队被打散了。

日军遭到寿县抗日力量不断袭击,很快又撤退了,县政府又迁回县城。

我们便对常备二中队加以整顿和充实,调整了队长、指导员,装备了轻机枪两挺和八二迫击炮两门,使整编后的第二中队成为政三队党支部掌握的武装力量。

为了掌握敌情,开展对日伪斗争,我们组织了便衣队,设立了情报站。1939年夏秋,淮河水位猛涨,淮、淝和瓦埠连成一片汪洋,县城处于洪水环抱之中。当时我进城是乘船翻城墙进去的。寿县与日军的据点只有一山之隔,随时都有来犯之虞。何德润与政三队人员都是外地来的,人生地疏,消息闭塞,于是何德润指示陈雨田负责组织一个武装侦察组,以便及时掌握情报。

陈雨田受任后,在洞山以南,与日寇占领区接壤犬牙交错的地方,设立两个情报站,派驻情报人员,监视敌情及汉奸行为,收集情报,取得了一定成效。另外还建立了一支由八个人组成的武工队,经常携带短枪出入敌占区,出其不意地打击敌人。一次,他们越过两道铁丝网,潜入田家庵敌人据点,打死打伤两名敌哨兵,日寇惊惶万状,龟缩在炮楼里,乱放枪。

1939年秋,新四军独立团团长魏立诚和江北游击纵队淮南游击大队长方和平等同志,在杨庙、下塘一带筹粮、筹款、筹枪并扩军,以壮大抗日武装。这些地方的土顽劣绅纷纷向县政府报告,要求制止。何德润征得李德观的意见后,一面命令各区、乡政府和民众团体,对抗日友军的正义行动要予以支持,保持团结抗战的宗旨,一面派县政府指导员到这些地区检查落实,使新四军扩军得以顺利进行。

正当寿县的工作轰轰烈烈地开展之时,忽然传来不利的消息。1939年10月,二十一集团军司令、安徽省政府主席廖磊病死了。第五战区副司令长官、第十一集团军司令李品仙继任省政府主席,兼任国民党省党部书记长。李品仙实行独裁,消极抗日,积极反共,安徽的形势开始逆转。

为了解形势变化,我到寿县县政府见何德润。何对我说:"以县党部为首的一些地方势力和一些汉奸恶霸,在我们到寿县后,看到全县抗日运动兴起,他们早就窥测时机,以求一逞。但由于我们工作占了上风,他们不敢轻举妄动。此刻,他们认为时机已到,便私相策划,制造谣言,妄图推翻县政府,赶走我何德润及政三队,他们已向省政府诉告我十大罪状。"何德润一面说,一面拿出传单给我看,其中有任用政三队,任用共产党等所谓的"罪恶"。

何德润接着说:"我已打电报给李品仙,请求辞去县长职务,但回电辞职不准,只好再继续干。你们(指政三队)也要注意,工作不要太过火了。"

这些情况,我及时向党员通报,思想有了准备,上级党组织也及时做出了相应对策。1939年11月,王愧中(政三队党的上级领导)派人到众兴集向我传达了对安徽形势的分析,对李品仙的反动面目做了揭露,要我们提高警惕,继续工作,听候省委指示。

在这一时期,国民党省党部决定,凡党政军的工作人员,必须一律加入国民党,否则不准在党政军部门工作,并通过政三队队部发下入国民党志愿书,令队员填写。我党支部请示上级领导,答复"为了掩护党员继续工作,必要时可以填表",因此在城里工作的中共党员,有的填了表,而在四区工作的党员和队员,因表格发到区公所后,我把它压下来,未再往下发,所以四区的同志均未填表。队部也曾来电话催促,我以地区分散,表格一时收不上来为借口,予以拖延不报,直至撤离寿县也就不用填了。

1940年1月,青委王愧中派人送来亲笔信,内容是李品仙认为政治队有共产党,要把政治队三个队调到立煌集训,实则是投入集中营,我们不能上他的圈套。上级决定将政治队里的共产党员、民先队员和一些能争取的进步青年,尽快撤到新四军去,政三队撤到皖东。

我们根据这一指示,我和李德观、陈雨田三人开了支委会,决定分三批撤退。第一批由李德观率政三队在城内工作的同志,秘密离开寿县,到新四军江北游击纵队驻地合肥县青龙厂,第二批由张正杰率领在四区工作的同志去青龙厂,第三批由陈雨田率领在县政府工作的同志去青龙厂。由于王愧中指示信中特别指示:"对何德润不要抱什么幻想,要严守秘密以防不测。"当时李德观和何德润虽然有了恋爱关系,但为了党的利益,李德观对何德润丝毫也没有泄密。

我回到众兴集,通知党员做好撤退准备,对不可靠的队员则不通知,如区公所的郭复震、郝宝贤均未通知,只和王德科一起研究了撤退方案。

1940年元月,旧历春节以前,地方党的县委书记马曙来到区公所。我向他说明了李品仙要调政三队到立煌集训,想把我们投入集中营,上级已通知准备撤退。他说:"这是反动派要对我党组织下手了,我明天就到皖东省委去汇报,你最好派个人跟我去一趟。"我便派王德科跟他同往。

当时,县政府把一百多支步枪保存在四区,因为没有专门仓库,武器放在我的宿舍里,我和马曙交谈时,产生了把这些武器转移到皖东根据地的想法。于是交代马曙和王德科去皖东省委请示一下是否可以。他们到皖东见到省委书记刘顺元和省委宣传部长喻屏。省委同意这个意见,并决定由马曙动员一批青年带这些枪参加新四军。王德科还带回政二队党支部负责人、原青年军团民先队长陈兰征的一封信,要我早点撤退,他们政二队已撤到根据地了。

1940年春节后,正月初五的夜里,马曙、王德科和我三个人在一起研究怎样搞枪以及如何撤退的问题。我们三人都很年轻,我才21岁,马曙也不过24岁,王德科只有19岁。我们三个绞尽脑汁,在菜油灯下一直研究到鸡叫也拿不出好方案。最后我说:"这部分枪是县政府财政科的财产,在城内不安全,才放在区里的。就从财政科身上做文章。"马曙说:"对,我们搞个财政科的公函来取枪,带上二十个人作为民夫带上扁担绳子来挑枪,不就妥了吗?"最后决定:由马曙同志发动一两百人到石家集旁边等候接应,行动时间定为正月十五,风雨无阻。县政府的介绍信由王德科负责伪造,印鉴用豆腐干刻制,刻好交马曙同志。

布置停妥后,我通知茶庵集、隐贤集的工作队陆续离开四区,以向县城报到准备到立煌受训为名,公开地走了,走到半路折道去青龙厂,并未暴露行踪,也未引起外界注意。我的行李也托他们带走了。

先后到达新四军江北游击纵队司令部所在地青龙厂向皖东省委报到的有：蒋国珍、翟兑敬、赵耀先、郑定远、赵蕴玉、赵蕴华、赵竺、顾化民等；李德观也早已按计划率领城里部分队员范学思、陈宜清、谢广禧、朱绍禹等先期到达青龙厂；四区区员王桢干因赴城内办事，区巡官因手枪走火受伤，在城内养伤，他俩只好待晚些时候随陈雨田第三批撤退。另外二区区员许行南也是党员，因来不及通知，他未能撤退，还有民先队员于慎修、周道谦均因来不及通知，未能撤退。

转眼正月十五到了，根据当时俭朴的情况，也没有什么庆祝活动，老百姓都在家过节。这天一早就降起鹅毛大雪，刮起凛冽的西北风。我们照常吃过早饭，正要开始办公，忽然传达室报告县里有人来了，我说："请他进来！"这时只见一个三十多岁的人，穿着长袍，头戴礼帽，围着一条围巾，手持县政府公函，要求见区长。我见了他，自然心中有数，为了使区公所其他人不怀疑，我接过公函看过后，又把公函交给区员郭复震。我说："县里要把所存枪支取回啊！"郭说："取回就取回吧，免得我们担心保管！"我说："此事非同小可，我必须亲自护送这批武器进城，你派一个班，跟我去护送！政三队有八支捷克式步枪也保存在这里，顺便带回去归还队部好了！"因这时冯家坦不在区里，区中队由郭复震负责指挥，他便派了一个班，不带本来的枪，而将政三队的八支枪背上。"县政府来的人"早已把"民夫"带来了，大家都带了扁担绳子，一齐动手，捆好那一百多支枪，我也准备好了，命令警卫员王平跟我出发，王德科也随我前往。

我们一行数十人，包括民夫、区中队队员，冒着大雪，顶着北风，向县城方向疾行。"县政府来的人"名叫高子佩，是党员。"民夫"也多半是党员。只有区中队十几个人是奉命出差而已。我的警卫员王平当时也还未入党，但他忠实地听从我的指挥，比较可靠。我们走到桓店（石家集南边）街头时，马曙同志已扮成县常备队的副官从茶棚子里出来接应，我们走进茶棚，早已准备来背枪的一两百个青年，七手八脚来背枪，我的警卫员王平见此情况，掏出手枪准备射击，我急忙挥手制止。我立即下令："区中队人员把枪支移交给'马副官'。区中队背来的八支捷克式步枪也交'马副官'带回县城，你们不必护送了，全部返回区公所，告诉郭区员，就说县里有人来接。我到县城去了，区里一切事暂由郭区员负责，你们要听从他的指挥！"区中队队员放下枪，转身往回走。我们这一大队人，欢天喜地呈一路纵队向青龙厂进发。

我们由区公所出发前，已派人把区公所通县城的电话线剪断了。我们走后，郭复震觉得可疑，要打电话向县政府询问，电话早已不通了，到傍晚才修通。郭复震打电话报告了何德润,说:"张正杰带了一百多条枪不知去向。"何德润大为震惊。

何德润早已知道李德观率领政三队的一部分人员离开了寿县。但因李德观未担任县政府行政职务,此时突然离去也没产生什么影响,何德润只表示沉默。但张正杰不同,张是区长,又带走了一百多条枪,此事确实非同小可,自己"用人不当"难逃罪责,将来李品仙是不会放过他的。因为李品仙与何德润素来有隙。早在1938年5月,徐州失陷后,第五战区司令长官部迁往襄樊,李品仙就积极反共。当时何德润在五战区政治部供职,李品仙认为何是左派危险分子,就把他调到敌后的廖磊部。廖磊委托他集训政治队,清理共产党,他却说政治队没有共产党,而亲自率领政三队加以重用,如今政三队大部分人都投奔新四军去了,他如何交代得了。李品仙又当了省主席,他这县长,还不知落个什么下场?因此他毅然决定投奔共产党。

何接到郭复震的电话时,已是黄昏时候。何德润当晚找到陈雨田,开门见山地问他:"前几天李德观和部分同学(指政三队队员)走了,今天又接郭复震电话说张正杰带着一百多条枪和政三队队员走了,不知去向,你知道吗?"陈雨田起初还装作不知道的样子,但何德润早已断定他是知道的。"李德观、张正杰一定是投奔新四军了,对吗?"他又对陈雨田恳切地说明了自己的处境,说不定有掉脑袋的危险,而且直截了当地提出他坚决投奔共产党,决心已定。陈雨田见他非常诚恳,也就答应和他一起投奔新四军。陈雨田决定带便衣队护送他出城,佯称到立煌拜谒新任主席李品仙,并打电话告诉驻军首领,请他们对城防任务代劳。陈雨田连夜通知尚未撤走的政三队党员冯家坦、减丰年、王桢干,还有程亚南(政三队队员、陈雨田爱人)以及两个进步女青年,准备一起撤走。次日晨他们出发。何德润以追赶张正杰为由,取道瓦埠,把政三队控制的常备二中队和特务分队的武装全部带走,向青龙厂方向进发。

2月25日,在我到达江北游击队司令部之后的第三天,接到陈雨田的信,说是何德润率领一批武装已到下塘集,要求投奔新四军。我当即向司令员孙仲德做了报告,孙司令不敢擅自做决定。因当时正值国共合作,国民党的县长公开投过来,怕影响统一战线,他叫我草拟电报向新四军江北指挥部请示,电报以"十万火急"发出,很快就收到张云逸、郑位三、邓子恢三人署名的回电,大意是说:国共合作,统一战线不能破坏,可劝其回去。孙仲德接电后,即派省委宣传部长喻屏同志前往下塘集与何接洽。喻屏到下塘集后,与陈雨田、何德润先后见面交谈,劝其回去,而何德润坚决不回去,担心回去有掉脑袋的危险,最后决定何德润本人和政三队的人员可去新四军,武装部队全部回去,只带四个警卫员,两匹马过来。当即由何德润打电报给省政府:"父母重病,告假返里省亲。"并派人送信到县政府嘱咐秘书代为办理移交,对武装部队则称:"张正杰已逃到新四军那去了,我们也无法追赶,你们各回原防吧!"就这样,两门迫击炮、四挺机枪、数百支步枪都放回去了。何德润等一行,连夜到达青龙厂。

第二天早晨,司令员孙仲德、副司令员郑抱真接见了何德润,并说明青龙厂地处前线,决定把何德润等送往后方——定远县藕塘,然后到津浦路东新四军江北指挥部,派一个排护送他。

就在何德润离开青龙厂的当天晚上,护送何德润的队伍中的一名战士回来了,说他们被敌人打散了,何德润等下落不明。孙司令、我和政三队队员都心急如焚。原来从青龙厂到藕塘,只有一天的路,但途中有个村寨叫谢家圩子,在合肥北部,其中有个恶霸地主,外号谢黑头,他有大批土匪武装,专门与新四军作对(1944年谢黑头被我军击毙)。当时护送何德润的队伍来到此处,虽绕道而行,谢黑头也不放过。他带着土匪武装袭击了护送人员,结果三位女同志因跑不动被敌人俘去,其余人员都跑出来了,被打散的队伍又重新集合,继续前进,当晚到达藕塘(我路西抗日根据地中心)。次日护送何德润的排长带人回来了。孙仲德司令员对排长严厉批评。因为何德润若被抓去,不但他有生命危险,而且破坏统一战线的罪名又落在我军头上,怎样向党交代?!

何德润到路东后,改名贺希明,以后分配到六合县当县长。

至此,政三队的撤退工作基本完成,还有个别人因为来不及通知,是后来自动赶来的。如区队长刘公望,听说何德润、陈雨田都走了,城门已封锁,不准任何人进出,他心生一计:乘坐二人抬的轿子,拿着军法官的证件,城门也不敢拦他,他一个人赶到青龙厂来了。另外,区队长农超谋则由青委直接介绍到皖北根据地去了(以后在灵璧县当县长,在战争中牺牲)。

政三队队长阮玉祥听说大部分队员逃走,骑了马出城去追,结果一个人也没追到。他便带着剩下的几个国民党的"铁杆"队员去见李品仙,政三队已不复存在了。

政一队,大部分撤到淮北根据地。政二队、政三队大部分撤到淮南根据地,整个政治队亦土崩瓦解。

到1940年2月底,李宗仁苦心经营的号称五千人的青年军团也就彻底完蛋了。

浩气长存

安徽淮上起义与辛亥革命

廖光凤　张新旭

武昌起义后,安徽寿县籍同盟会员张汇滔、袁家声,凤台籍同盟会员岳相如、廖海粟、廖少斋等,随即组织四乡农民举行武装起义,组建淮上革命军,光复沿淮州县,策应合肥等地的独立,成为逼迫安徽巡抚朱家宝在安庆宣布独立的决定性因素。这种自下而上夺取政权的做法,是辛亥革命在安徽的一大特色。

一

淮上军以农民为主体,并有部分士绅、会党及具有民主革命思想的知识分子参加。他们在张汇滔等人的领导下,于1911年11月4日(农历九月十四日)夜,分数路向寿州进军。寿州城内的清朝知州、总兵等军政官员闻讯潜逃,驻兵一部分在吴民寿、王寿亭等的带领下倒戈策应,淮上军遂兵不血刃,一举光复寿州。次日召开大会,正式成立淮上革命军总司令部,推王庆云为总司令,张汇滔、袁家声、岳相如、张纶为副司令,张汇滔兼参谋长。同时,组织军政府(下设民政、财政、军械、审判等局),张贴布告,招募新兵。四乡民众自动剪去发辫,报名投军十分踊跃,一时有两万多人,遂连同原有人员编成步兵十八营,马队一营,炮队二营,下设队(连)排。淮上军经过改编扩充后,分数路向江淮各地挺进。张纶(石泉)领队伍攻下正阳关;权养之(道涵)、段云(子祥)等带王寿亭(后叛变)部南进六安、舒城;王占一带吴民寿部进军合肥;岳相如负责光复凤台,东进怀远;袁家声、廖海粟率领廖梓英、王绍九、廖璞纯等部光复颍上,并于11月20日与岳相如部汇合光复怀远,随即于12月2日在蚌埠阻击由浦口败退的清江防军,在蚌埠小南山附近发生激战,双方伤亡很大,淮上军第八营营长廖璞纯等80余人牺牲。张汇滔率孙多荫部沿颍河西上,进军颍州(现阜阳)、蒙城等地。半个多月时间,淮上军即光复寿县、凤台、霍邱、五河、天长、六安、英山、泗县等21个州县。在淮上军起义的推动下,方绍舟起义于定远,田仲扬、田淑扬起义于凤阳,孙万乘等在合肥宣布独立、成立军政分府。

与此同时,同盟会员程恩普在颍州组建淮北国民军,和张汇滔部协同作战,先后光复蒙城、涡阳、太和等县。由于淮北及江淮之间绝大多数州县已为淮上军控制,极其顽固的安徽巡抚朱家宝,不得不听从省咨议局童挹芳等人的劝告,宣布安徽独立。

颍州等地光复后,张汇滔、程恩普的战略意图是待机西进河南,侧击平汉线,牵制清廷南下兵力,支援武汉民军抗击清廷武装反扑。对此,清廷内阁总理袁世凯深感不安,不惜破坏民军与清军就地停火的协议,悍然派河南布政使倪嗣冲,率北洋第六镇十余营两万多人,由河南周口出发向颍州反扑。12月初,太和、蒙城、涡阳相继失守;12月12日,倪军进犯颍州,淮上军凭城坚守,英勇抵抗,终因固守无援,加之投降的清军又于城内倒戈,虽然拼死巷战,仍遭失败。倪嗣冲进入颍州后,以滥肆屠杀有功,获得清王朝赐予的"额尔德穆巴图鲁"称号。

张汇滔突围回到寿州,被推为淮上军总司令。程恩普则赴安庆、南京请兵。安徽都督孙毓筠及北伐军第一军军长柏文蔚对倪嗣冲违约进攻及其暴行极为愤慨,立即派遣卢镜寰(慈甫)、段志超、刘文明等率部与淮上军在颍上会师,协同北上讨倪。1912年元月下旬,两军在颍州四十里铺、十八里铺激战。联军士气旺盛,同仇敌忾,猛打猛攻。倪军抱头鼠窜,被联军追至颍州城下,倪嗣冲差点被俘虏,从此龟缩城内不敢迎战,并向袁世凯紧急求援说:"今日战败,退至城下,危急万分,请火速派员,或有一线生机。"河南巡抚齐跃琳的电文也说:"万恳速调大支军队援救,以保颍州,不然豫南必危。颍失陷,大事去矣。"但由于联军在胜利中失去警惕,且又缺乏统一指挥,致遭倪嗣冲的胞弟倪毓棻率队偷袭,节节败退至正阳关一带。不久,清帝退位,南北议和告成,倪军与联军遂隔河对峙。

淮上军西进河南的战略计划虽然未能实现,但其政治作用和影响极为深远。袁世凯在镇压淮上军的同时,又以淮上起义、颍州战役为筹码,向清廷施加压力,以遂其政治权力上的最大野心。具体表现为其心腹不断致电清帝,要求实现共和政体。段祺瑞等北洋将领,始则电称:"……安徽之颍寿境界……均已分兵进逼,而我皆困守一隅,一筹莫展。"此后又说:"现在全局危迫,四面楚歌,颍州则沦陷于革命,徐州则小胜而大败","谨率全体将士入京,与王公剖陈利害"。这些事实从另一个侧面证明,安徽淮上起义掀起的巨浪,确实汇合于全国革命浪潮之中,形成不可抗拒的民主革命洪流,从而结束了清王朝的封建统治。

二

辛亥年,寿凤农民起义并组建淮上军席卷江淮大地,并不是偶然的。甲午战争后,寿县一批热血青年如柏文蔚、孙毓筠、薛子祥、张之屏、朱金甫等,目睹"倭寇益逞,中国人民在清政府重重压迫下,过着极其贫穷和痛苦的生活",乃相与"研究新学","研究救亡图存之道"。这里所说的新学,系指鸦片战争以后由西方传入的资产阶级文化,内容主要为自然科学和社会政治学说。在当时,新学是同封建思想做斗争的武器,反映在政治上,其一般要求是反对封建专制。柏文蔚等不仅创立"阅书报社",自己研习新学,而且组织"强国会""天足会",通过提倡妇女放足等活动,启发民智,把反封建的思想灌输到群众中去。1901年《辛丑条约》的签订,进一步暴露了清政府的昏庸腐朽,中国的半殖民地的程度加深了,深重的民族危机使一批具有民主思想的知识分子逐渐认识到不推翻帝制,中华民族不可能有振兴之日。这时柏文蔚赴省城安庆投考安徽大学堂深造,孙少侯等在寿县创办"蒙养学堂""乙巳俱乐部",宣传反封建,倡导学生剪辫,并分别送出一批学生到南京、安庆上学。稍后,常恒芳、袁家声、李兰斋等在寿县创办芍西学堂,联络同志,宣传革命。邹容的《革命军》以及《扬州十日记》《嘉定屠城记》等书籍广为流传,反帝制、反封建的民主革命思想在淮上得到进一步传播。

柏文蔚到安庆后,反清活动并未中止。他曾与留日归来的陈仲甫(独秀)、潘赞化等组织"青年励志学社",并发起演说会,就帝俄侵占东三省一事,揭露清政府的卖国行径。遭清皖抚通缉后,柏文蔚又赴南京与赵声等组织"强国会",密谋推翻满清政府,因事泄又回到安庆,加入武备练军充当兵,并发起组织革命团体"同学会"。当时投考武备练军的,寿凤人很多。柏文蔚、陈仲甫等很重视这部分力量,遂于1905年初秋约"宋少侠、王静山、方健飞诸君作皖北之游,遍访江湖侠义之士"。桐城人潘赞化在《辛亥安徽革命回忆录》中也写到了这件事,指出皖北"诸同志多热心奔走,创办学校、开通民智、灌输革命思想,大有一日千里之势,会党兄弟、绿林豪杰,群相附翼"。又说陈仲甫等"徒步长淮与柏文蔚、郑赞臣、王龙亭、张孟介、孙毓筠诸友人相结合",其结果是"从此,淮上诸同志深相契合,革命思潮遍于乡里"。从潘赞化的记述中可以看出,这次游访是革命力量的一次大联络,是革命思想的一次大普及。通过这次游访,推进了皖北的革命形势,为后来寿州起义打下了基础。

寿州起义成功,除政治思想原因外,当时的社会经济因素亦极为重要。在封建

制度的重压盘剥之下,寿州一带早已民穷财尽,尤其是连年的自然灾害,使群众特别是农民群众苦不堪言。1910年9月《大公报》报道:"安徽大雨成灾,皖北水灾实为罕见,宿、灵、涡、蒙、怀、寿、泗、霍、颍、凤等二十余州县被水,尤以宿、灵、涡、蒙、亳、怀最惨。"同年十一期《东方杂志》刊载的教士罗炳生的《皖北灾象报告》,进一步讲述了灾害程度和可能引起的后果,报告说:"今年夏秋交之暴雨,实为历史记载中所罕见。故秋禾悉被淹没。核其面积,约占七千英方里之广。人民之被灾而无衣食者,约有二百万。近数月来,死亡之惨,日甚一日。非有大量赈济,不能出此灾民于死亡,而弭大局之隐患也。"因此,一经革命党宣传、鼓动,革命影响迅速扩大,群众性的抗捐、抗税、扒粮斗争次数迅增,范围加广。1910年9月,涡阳、蒙城、凤台饥民起事,初仅三千人,后增至四万余人。群众反抗的浪潮促使地方上层势力分化,一部分人也参加了斗争。这些都为起义创造了良好的群众基础。

在酝酿起义的过程中,被推为省咨议局议员的同盟会员王庆云,以警卫地方为名领得毛瑟枪七百余支,与张纶、朱宝珍、邹尤亭、程华亭等在寿县城东马厂集成立团防局。王庆云任团防局局长,并在各乡成立团防队,又通过农会,组织联庄会等途径和办法,以保家为名,筹集武器,训练人员,从而为淮上起义准备了基本武装力量。

更重要的是这次起义有一批训练有素的干部队伍。常恒芳、张汇滔、袁家声等,或在安庆武备练军当过学兵,或在安庆督练公所当过管带、队官,或者参加过1908年熊成基在安庆领导的马炮营起义。总之,他们接受过军事训练,有带兵和起义的经验。特别是张汇滔,1906年在东京被同盟会总部派遣回国,本拟在长江中游组织力量策应湖南萍、浏、醴起义。由于湖南这次起义失败,张汇滔回到故乡寿县活动,原计划于四顶山传统庙会(农历三月十五日)期间组织起义,以事机泄露,乃与熊成基约定,"安庆发难,淮上响应"。这次"响应"虽因马炮营起义失败而宣告流产,但张汇滔乃乘清廷准备立宪之机,组织农会、教育会,利用这些合法组织为掩护,发动群众,待机起义。1911年春,孙中山、黄兴等决定组织广州起义,张汇滔奉命在安徽组织人员参加。待张汇滔随同第二批人员岳相如、廖梓英等到达香港时,广州起义已失败。张汇滔在香港参加赵声的追悼会和葬礼后,立即回到寿凤聚集力量,图谋再举。未几,武昌举义成功,张汇滔、袁家声、王庆云、岳相如等联络怀远、凤阳等地革命志士,议决首取寿州。当时,寿州城内空虚,而起义又有广泛的基础和充分的准备,故而一举赢得了胜利。

通观辛亥革命在各省的发展情况,大都是革命党人的运动,新军士兵宣布独立。像安徽以农民起义而夺取基层政权,最终推动全省光复的现象,不能不说是一大特色。在近代史研究中如何认识这种特色,到目前为止,似乎研究不够,重视不够。

三

淮上军组建以后,如前所述,遭到清王朝内阁总理袁世凯派兵镇压。清帝退位后,淮上军处境仍然十分困难。这时袁世凯已窃取中华民国临时大总统的职位。他凭着合法地位,以节省饷需为借口,逼迫革命党人所控制的南方各省裁军。在一片交枪声中,被改编为柏文蔚第一军第四师第七旅的原淮上军张汇滔部,只留下一部分人组成屯垦团,由原淮上军营长毕靖波率领,在滁县、寿县一带开荒屯垦。为支援武汉而调离安徽的淮上军两营,到达南京时,南北议和告成,队伍即留驻南京浦口,这时也被遣散。对缩编后的军队,袁世凯又以扣饷、停饷等伎俩,百般刁难。这支由起义农民组成的军队,度过了和平时期的艰难岁月。中山先生发动"二次革命",他们又成了安徽讨袁军的基本队伍。袁家声被任命为安徽讨袁军前敌指挥兼第二支队队长,率部由怀、蚌急驰寿凤;张汇滔由沪返皖任安徽讨袁军前敌司令后,立即召集旧部及屯垦团,组成第一支队并自兼队长,集中于正阳关、颍上一带。第一军第五独立团团长廖少斋(原淮上军营长)、水上警察厅岳相如(原淮上军副总司令)等,亦纷纷率队参战。尽管淮上军此时不过三万人,装备又差,但仍然与倪嗣冲统率的二十余营袁军英勇作战,相继在正阳关、凤台的丁集、桂集抗击倪军,特别是在寿州四顶山附近大战十余天,重创敌兵,表现出革命军队英勇无畏的精神。后因安庆胡万泰叛变,安徽讨袁军总司令柏文蔚被迫离皖,讨袁军失去统一指挥。因此,张汇滔、袁家声等不得不放弃淮河防线,南撤合肥。在合肥又遭到驻军营长夏友伦的袭击,淮上军军官廖少斋被杀,张汇滔、袁家声等侥幸脱险,逃往上海避难。岳相如率队退往六安。因王寿亭叛变,岳氏兄弟及淮上军多人被杀,复又退至芜湖,与在芜坚持抵抗倪军的张永正、裘振鹏等汇合,最后亦去上海。随着"二次革命"的失败,淮上军作为辛亥革命中的一支武装力量最后也被全部解散。倪嗣冲由袁世凯任命为安徽都督,开始了对革命党人和淮上军及其家属的疯狂镇压。

淮上军不存在了,但这支队伍中的不少人积极参加了后来的抗日战争,参加了新民主主义革命,在安徽的历史上继续留下光辉的业绩。

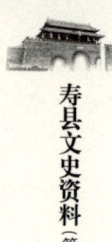

辛亥寿县首义　精神永放光芒

戴克奎

一百年前的辛亥革命,是20世纪初中国这块古老土地上爆发的一场震惊世界的伟大革命,是中国历史上第一次以反帝反封建为目标的资产阶级民主革命。这场革命对推动中国历史的发展和进程,产生了重大而深远的影响。辛亥革命给中国带来了一次史无前例的思想大解放,为随后的"五四"新文化运动,马列主义在中国的传播,中国共产党的诞生,奠定了重要基础。尽管辛亥革命本身属于资产阶级民主革命性质,但没有辛亥革命,不彻底砸碎清王朝这台旧机器,就没有后来真正意义上的中国现代化。

人们常说,只有牢记历史、正确看待历史、善于总结历史经验的民族,才是一个优秀的民族、有希望的民族、不断奋发向上的民族。在中华民族五千年历史上,辛亥革命无疑是一座历史丰碑,永远值得后人敬仰。

回顾辛亥革命,各省独立几乎都爆发在省府或中心城市,像湖北首义在武昌,湖南首义在长沙,陕西首义在西安,山西在太原,而安徽在全国却有一独特现象:最早光复不是在省府安庆,而是在寿州(即寿县)。寿县首义打响了安徽独立的第一枪。

寿县首义是安徽辛亥革命发展的结果。安徽辛亥革命的第一声——安庆藏书楼演讲——有寿县人柏文蔚等爱国青年学生慷慨激昂的声响;安徽第一个革命团体"青年励志学社"由寿县人参与组建;安徽第一个资产阶级革命组织"岳王会"由寿县人参与发动,该组织成立在芜湖,酝酿在寿县,其总部在芜湖,由陈独秀负责,其分部设在南京、安庆,分别由柏文蔚、常恒芳负责。中国早期同盟会员960人,安徽省的59人中就有21个寿县人,一个县级区域有如此多的革命党人,全国罕见。安徽第一把革命烈火是1903年张树侯、卞秉鬶在安庆点燃;在安徽,乃至在全国,把革命组织"同学会"建在新军中的第一人是柏文蔚;在南京,从日本归来发动淮上起义的寿县革命党人孙毓筠、段云、权道涵把炸弹投向清朝大员端方。在寿县,这里早在1906年就有孙中山领导的同盟会的分支机构"信义会",誓词和中国同盟会完全一样。这里有革命志士聚会场所"乙巳俱乐部",联络进步青年100多名;这里有培养革命力量的基地,寿县蒙养学堂、寿县芍西学堂;这里更诞生了一支摧枯拉朽的革命武装力量——淮上军。

寿县首义,直接推动和影响安徽光复。1911年9月4日寿县的率先光复,似春雷惊动长淮两岸、大江南北,如闪电划亮了八皖大地上空。安徽著名的近代史学家沈寂先生说过:"长江以北的府州县,几乎均由淮上军所光复。"事实正如他说的一样。1911年11月4日安徽寿县光复后,很快就成立一个名曰淮上军的革命劲旅,这支革命武装总共有18个营2万余人。淮上军东征西讨、南征北战,从11月5日出征到12月10日南北停战议和,在不到40天的时间里光复23个州县。在南北和谈中,淮上军英勇顽强,成为抵制袁世凯扼杀南方革命力量的中流砥柱;在"二次革命"中,淮上军率先树起义旗,为捍卫辛亥革命果实做出英勇无畏的牺牲。安徽光复后,左右安徽政局的前三位人物均为寿县人:孙毓筠、柏文蔚、孙多森。

为有牺牲多壮志。在辛亥革命中,寿县籍革命志士做出了巨大的牺牲。黄花岗72烈士墓中就有寿县人石德宽;安庆"三路、一祠"标牌上、九烈士墓志铭上、蚌埠小南山阻击战丰碑上镌刻着寿县人范传甲、薛哲、张汇滔等烈士的名字。在颍州保卫战中,寿县人一次就牺牲了584人,仅张汇滔一个家族就有57人捐躯。

烈士长眠,国魂不死。淮上寿县古老又充满活力。古代,历史上的寿县又叫寿春、寿阳、寿州,2600多年前,楚相孙叔敖修建了比四川都江堰还早300多年的大型水利工程安丰塘,使古往今来的寿县人民大受恩泽。千百年来的辉煌,沉淀了丰厚的文化底蕴,成就了寿县为国家历史文化名城。近代,站在厚重的历史上,安徽辛亥革命中寿县首义,直接推动和影响全省光复,翻开了安徽近代史的崭新篇章。现代,为完成辛亥革命志士的未竟事业,浇开幸福自由之花,寿县人又接过民族民主革命的接力棒,中共安徽第一个党组织在寿县小甸集诞生,第一面红旗点亮了安徽新世纪的曙光。今天,在纪念辛亥革命一百周年的日子,我们重温这段历史,缅怀先烈功绩,就是要把辛亥革命精神发扬光大。

汪以道宁死不做汉奸

楚 樵

汪以道,字觉民,1873 年出生,寿县城关人。幼年读书,曾经中举,及壮即为民族革命奔走。善书法,与乡人张树侯齐名,曾为著名革命党人、安徽都督柏文蔚秘书。后投身教育,曾讲学于北平、天津、南京等校近 20 年,常以民族思想教育后生青年。晚年回归故里,仍以教书为业,并热心地方慈善公益事业,乡人敬之爱之。1938 年,日寇渡江北犯,淮上各县相继沦陷。日机昼夜轰炸,当局政府布告人民疏散。汪以道慨然曰:"衰朽残年,不能荷戈杀敌,负国已甚,若犹奔避,不亦耻乎?"遂留居县城。

不久寿县城沦陷,日本人闻汪以道乃地方人望,且年事已高,准备利用他,押他到仓林联队司令部,逼迫他出头担任维持会长。深晓民族大义、看重个人气节的汪以道严词拒绝。敌人将其囚于空屋,持续威胁、利诱,但他始终坚贞不屈,骂不绝口。日本强盗被激怒,6 月某日,竟将这位 66 岁的老人乱刀刺死。

柏文蔚、吴忠信等人将汪以道壮烈殉国的情况及革命事迹上报国民党中央,获得特别褒扬,并拨恤金以慰其家人。

有纪念文章《汪以道》一篇传世:

安徽寿县,古之寿春也。昔楚考烈王移都于此,未久楚为秦灭,当时有谣曰:"楚虽三户,亡秦必楚。"故是地民风强悍,往往豪杰诞生。降至清季,有志青年,纷起投军,献身革命,因而破家亡命,为国成仁者,亦不下数千人,如范传甲、薛哲、张劲夫、石德宽、张孟介、陈传经等,其尤著者。自七七抗战以来,慷慨赴义,不为威迫,不为利诱,以死表我民族正气之旺者,则有汪以道烈士,其尤具亡秦之决心乎。

烈士名以道,字觉民,寿县人。幼读书,明大义,壮年奔走革命,宣扬主义,与乡人张树侯齐名。民国元年,柏文蔚为安徽都督,烈士任秘书。迨癸丑讨袁失败,即投身教育,讲学于北平天津南京各校,近二十年。所至恒以民族思想,晓谕青年，勉其为学以致用。晚年则息影故居，喜襄理地方慈善公益事业，邑人德之。(民国)二十七年，敌寇渡江北犯，蚌埠沦陷，淮上各县，情势仓皇，益以敌机不时轰炸，当局布告人民，老弱妇孺，首宜疏散。烈士慨然曰："衰朽残年，不能荷戈杀敌，负国已甚，若犹奔避，不亦耻乎？"遂留居县城，殆骂敌殉国之念决矣。未久，县城沦陷，倭寇闻以道为地方人望，且年事已高，虑易牢笼，即逮至仓林联队司令部，趋令担任维持会长，以道严词拒绝，骂不绝口，然敌酋犹妄冀其迟以就范也，遂囚之空屋。逐日遣人说之，或威吓，或利诱，迄不能屈，终于民国二十七年六月某日，惨遭倭寇乱刃以死，年六十有六。以道被害时，身卧血泊中。彼时倭寇暴行，无人敢为收殓，十余日后，倭兵退却，会当盛暑，尸体腐化，虽经孑遗指示被害地点，而遗骸终莫能得，此又身后之惨劫也。以道生平淡泊自甘，不治产业，每有所余，悉以周济贫苦，故终身无一亩之田，一石之储，事经柏文蔚、吴忠信等以殉国情形及革命事迹上闻于中央，特予褒扬，并拨恤金。庶乎忠魂亦可慰矣！

辛亥革命元老——权道涵

廖敏生

权道涵，字养之，安徽省寿县人，生于1878年，清末秀才，能诗善文，尤精书法，与凤台县廖氏为两代姻亲。其岳父（也是舅父）廖鸿钧先生是凤台县廖家湾人（现属淮南市），为甲午举人，曾任颍州守备。清末，权道涵在安徽寿县认识柏文蔚、张树侯（之屏）、石德纯（寅生）、孙毓筠、常恒芳等进步青年，开展反清活动。1902年，石寅生、权道涵先后出国，在日本结识孙中山、黄兴、宋教仁、秋瑾、徐锡麟、廖仲恺等革命志士，从事反清活动。1905年8月，孙中山及百余名仁人志士于东京成立了中国同盟会。在日的安徽留学生权道涵、石寅生、袁家声、孙毓筠、张汇滔等人加入了该会，是首批会员。其中权道涵参加同盟会时的主盟人是黄兴，而权道涵是张汇滔参加同盟会时的主盟人。权道涵被孙中山任命为江淮分会安徽同盟会分会主盟人。

权道涵与凤台县廖家湾（距寿县城15公里，现属淮南市）的廖氏子弟关系十分亲密。廖氏族中知识青年同时受到新思想的影响。1905年秋（光绪三十一年乙巳年），权道涵17岁的内弟廖楚珍（传珩）偕同堂兄廖海粟（传琪）、廖璞纯（传昭）、廖梓英（传信）、廖盘箴（传铭），告别家乡淮南廖家湾去省城投考安庆武备练军学堂。当时的安庆已成为长江中下游地区反清革命秘密活动的中心，廖氏兄弟在柏文蔚、熊成基、常恒芳的介绍下先后加入同盟会，把自己的命运同反对清朝封建统治的民主革命紧密联系在一起。

中国同盟会曾在中国多处组织起义，试图推翻清政府，光绪三十二年（1906年）十月，同盟会策动萍乡、浏阳、醴陵地区会党和矿工发动武装起义。是冬，同盟会总部派人分往长江沿线苏、皖、赣、湘、鄂等省运动新军起义以图响应。孙中山在东京自己的寓所设宴饯行，亲派权道涵、段云、孙毓筠等到苏、皖等省发动起义，以图响应。

翌年，权道涵、段云、孙毓筠与时任南京防营管带的柏文蔚谋刺两江总督端方，但事泄未成，权道涵、孙毓筠、段云被捕，柏文蔚难以存身，遂离职潜逃吉林。权道涵、段云被判终身监禁,解送原籍关押于寿州监狱。

1911年10月辛亥年武昌首义后,廖氏九兄弟等踊跃参加淮上寿州起义,从大牢里救出了已被关押五年的权道涵、段云。不待恢复,羸弱的权道涵、段云立即投入轰轰烈烈的起义之中。权道涵和廖氏兄弟皆为辛亥淮上革命军中骨干。

淮上军是资产阶级革命派的一支劲旅,在辛亥革命历史上写下了光辉的一页。淮上军统领权道涵光复皖西,率领其部驻六安期间曾亲游当地名胜双塔,所赋赞诗颇显豪壮:"佛地浮屠近地遥,城南城北耸高标。凛然深信出尘远,峙也常看带雾飘。仙路迢迢迷幻影,灵光隐隐锁重霄。挥师淠上肃清道,戎马倥偬壮志豪。"

1912年元月,中华民国宣告成立。为纪念牺牲的淮上军将士,特在蚌埠廖璞纯烈士牺牲处竖铁像建造纪念碑一座。碑文由师友张树侯亲自书丹撰刻。孙毓筠被各派势力推举为皖省都督,邀石寅生任秘书长。4月,柏文蔚代孙毓筠署皖督,陈独秀为秘书长,廖楚珍任督府副官长,廖瑞然为督府文书。孙毓筠、权道涵、石寅生以同盟会安徽代表赴北京任参议员。

"二次革命"失败,袁世凯通缉孙中山、黄兴、李烈钧、胡汉民、柏文蔚等人。柏文蔚和廖楚珍兄弟逃亡上海法租界避难。此时,在北京的老革命党人已发生了分化,孙毓筠受到袁世凯赏识,担任筹安会副理事长,晚节不保。不赞同帝制的权道涵受到监视不得南归,被贬去西北任甘肃盐运专使。石寅生辞去议员职务,应权道涵邀请同赴兰州、宁夏协助办理公务。匿居上海的廖楚珍同廖瑞然等亲友多人也应权道涵邀请潜赴兰州。为了谋生,他们同时还在西北从事商业活动。

1923年,权道涵改任江苏兴化县县长,后权道涵调任安徽铜陵县县长。1926年国民革命军再次北伐,柏文蔚以淮上军为基础,组建国民革命军第三十三军,柏文蔚任军长。廖楚珍等廖氏兄弟和淮上军旧部皆为其中骨干。石寅生拿出从西北经商带回的数十万元购买枪支弹药运回寿县老家,联络旧友打出"豫皖国民联军"的旗号,自任总司令,配合北伐阻击奉军。北伐成功后,联军改编为"国民革命军暂编第六军",石任军长,驻兵霍邱。同时,权道涵也脱离了政界住闲南京、苏州昆山研习书法自娱。因多年奔波革命,廖氏兄弟健康严重受损,廖盘篪、廖瑞然皆英年早逝,廖楚珍退归家乡养病。后经大姑母(权道涵妻)帮助,内侄廖中威(廖楚珍长子)入南京三民中学高中就读。1933年,廖中威考入南京国立体专,在宁求学六年之中受到权道涵家多方关怀帮助。

1937年12月,上海、南京相继失陷。权道涵举家自南京避难家乡,在廖家湾由内弟廖楚珍接待月余,会见诸多老战友、同志,商谈抗日保家卫国。石寅生召集旧部号召民众成立"皖北人民抗日自卫军",石自任指挥官。次年春,改番号为"安徽人民抗日自卫军第一军",石为司令,权道涵即参加了抗日自卫军。1939年,安徽省临时参议会成立,安徽省主席廖磊聘任石寅生为副参议长,权道涵等为省参议员。

1944年,石寅生抱病主持安徽省参议会会议,不幸逝世,终年66岁。权道涵和常藩侯、袁家声等人领导寿县临政会,发动民众积极支持抗日。

1948年,淮海战役节节胜利。权道涵和表侄吴伯安、常持青等皖北名人谈论局势,极力称赞共产党纪律严明,英勇善战,动员支持子弟兵起义。

新中国成立后,年已古稀的权道涵被人民政府任命为寿县中学第一任校长,1953年,调往合肥任安徽省政协委员、民革中央安徽省委员会秘书长,在省文史馆工作。

权道涵在合肥研习书法,晚年墨迹较多,求书者甚众,几乎有求必应。1954年,权道涵在合肥去世,享年76岁。

鲍刚爱国反蒋

鲍广喜　鲍广忠

鲍刚（1897—1940年），谱名鲍汝刚，号纪三，安徽寿县城南高家庄人。鲍刚幼年家贫，14岁许，始得亲友帮助，就读于私塾。

辛亥革命后，军阀连年混战，民不聊生。迫于生计，18岁时鲍刚与同乡孙一中离家到上海务工。两年后（1917年），两人同赴广州在粤军许崇智部当兵。后鲍刚又投入冯玉祥西北军方振武部，因勇敢善战、屡建战功，升任营长。1924年10月"北京政变"后，冯玉祥部改成国民军。1926年4月国民军撤出北京，方振武率国民军第五军退守口北，在南口被吴佩孚、张作霖以50万之众包围3个多月，苦战中鲍刚益受方振武器重，旋由营长升任团长、旅长。

鲍刚

1926年9月17日，冯玉祥在五原誓师后，国民军东出潼关，配合北伐。鲍率部先后攻克同州，以一个旅击溃敌4万之众攻占磁涧，由登封小道奇袭密县，协同北伐军攻克郑州，6月1日与北伐军在郑州会师。

1928年春，"二次北伐"后，方振武部被蒋改编为第一集团军第四军团，方任军团总指挥，鲍任该军团九十一师师长。5月初，北伐军进抵济南后，驻济南日军蓄谋制造了"五三惨案"。惨案发生时，司令部就设在城内的一条大街上，日军在对面"亨得利钟表店"大楼上架起重机枪，封锁了司令部的大门。鲍刚挺身而出，率部奋勇出击，打得日军措手不及，仓皇逃窜。是年冬，鲍刚在德州附近收编了鲁军两个师，进驻惠民。

1929年1月，蒋介石以"编遣"为名，行削弱异己之实，把方部第四军团缩编为两个师，方振武任四十五师师长，辖三个旅，鲍刚任副师长兼一三四旅旅长。不久，

蒋介石委任方振武接替陈调元任安徽省政府主席。这年9月,方振武在南京被蒋介石扣押。鲍刚在芜湖召集方部驻皖团以上军官秘密开会,酝酿起兵反蒋。经过与二七〇团团长刘子彬、中共地下党员廖运周周密计划,快速将部队集结芜湖,10月8日晚,向韩德勤的新三旅发起进攻,经一夜激战,缴获了韩部许多枪支。蒋介石十分震怒,立即派部队和军舰前往增援。由于众寡悬殊,鲍部不支,10月反蒋遂告失败。鲍刚辗转上海,用药把右脸颊上的黑痣除去,化装后由廖运周护送,乘日轮抵达天津。

1930年,蒋、冯、阎中原大战爆发。之前,冯玉祥于1月召见鲍刚,称赞他敢于反蒋,是好样的,要他召集旧部,成立队伍,倒蒋抗日。鲍即派人到河北、江苏、安徽等地,找到王占林、刘子彬、乔明礼、余亚农等人,组建了一个旅,任王占林为旅长。5月初,鲍刚率廖运周、高袭明(中共地下党员)、刘子彬、余亚农等人,到郑州见冯玉祥。冯委任鲍刚为独立第二师师长,兼黄河河防司令,师部驻彰德。当时官多兵少,只得到处招募。后冯玉祥拨来3000新兵,鲍又派廖运周到开封找鹿钟麟领取了2000支枪,部队才像个样子。

10月,阎、冯倒蒋失败,鲍刚率部随冯玉祥退到山西晋城。冯玉祥倒蒋失败,所部先后被蒋介石收编。宋哲元派阮玄武动员鲍刚接受宋的改编,把二师编为宋部二十九军的一个师,鲍仍任师长,被坚决拒绝。经冯玉祥与阎锡山接洽,鲍刚、张人杰两部开驻介休、孝义两地。1931年鲍刚率部抵达介休、孝义后,成为蒋、冯、阎三不管的队伍,饷械十分困难,官兵每人每天只有2斤小米,每月只有1块银圆的菜金,其他需用一概无着。这时鲍刚毅然决定,倾家中之积蓄以助军饷。为解决枪支不足问题,部队又成立了修械所,用铁轨打大刀、造火枪。

鲍刚治军甚严,在旧军队中是尽人皆知的。他常说,军纪是军队的命脉,无论处境怎样困难,军纪必须维持,扰民的事万万不可做。有一次,部队退至绥远,一个士兵吃了人家的西瓜没给钱,老百姓向他告状,他从严惩处了这个士兵,并重申,今后如再发现扰民或克扣伙食费、吃空名的,一经查明,立即枪毙。他十分注意对部队的教育和训练。冯玉祥提出"九一七"新生命,即戒烟酒嫖赌,去骄惰奢侈,保卫国家,爱护百姓等,他在部队认真贯彻实行,揭露新军阀的罪恶,宣传反蒋抗日,晚间,官兵都要读书、写字。每天早晨出操、跑步、练刺杀,一天训练达8小时。他还规定连、营长定期考试,必须会三大件,即杠子、大刀、拳术。

1932年10月,方振武到介休找鲍刚、张人杰商量,决定组织抗日救国军。12月25日,在介休举行了抗日救国军誓师大会,除方部之外,还有当地机关、学校等各界人士参加,共约2万人。方振武在会上讲话,慷慨激昂,表示决心率部北上抗日。这天大雪纷飞,寒风刺骨,但会场气氛庄严热烈,热血在人们心中沸腾。次日,部队分两个梯队出发,经平遥、襄垣、黎城,出东阳关、涉县、武安,沿平汉线西侧向张家口进军。方振武、鲍刚分率第一、二梯队,沿途动员群众参军。

当鲍刚率第二梯队抵达襄垣时,阎锡山打电话给他说,何应钦有令,不准鲍部离开山西。同时蒋介石的第九师也到武安堵击。鲍刚在襄垣进退两难。经多方活动联系,10天后才将部队秘密集中到东阳关,遂以一部佯攻武安,主力急行军占领沙河县车站,截断了平汉铁路。蒋的第九师惊慌失措,急由武安调头向沙河进攻。但鲍部已于夜间向太行山边转移,昼伏夜行,继续向石家庄以西急进,经阜平、灵寿到达涞源县。

1933年,鲍旅开驻河南卢氏县,划归河南省主席刘峙指挥。鲍部经过两次整顿补充,到军校受训的营连长也陆续回队,鲍即按正规军的方法加强了部队训练,整肃了军纪。刘峙亲莅点验,表示满意,对鲍也颇为信任,为其补充了经费、武器装备和青年军官。1937年上半年,鲍旅开至南阳地区整训。

不久,"卢沟桥事变"爆发,抗战全面爆发。汤恩伯十三军与日军战于南口,国防部命鲍旅速开至南口,归汤指挥。鲍部开到承德时,十三军已先退此整补。汤以鲍旅官兵精壮、士气旺盛,但武器太差为借口,拟将该旅分散编入汤部,显然,要吃掉四十六旅,扩充自己的实力。鲍刚一面组织人向刘峙及何应钦、张治中请愿,要求全旅到前线抗日,一面对汤佯装服从,借口忧急成疾,住进了医院。若不是保定失守,战事有变,四十六旅防守正定,险遭汤恩伯缴械。

四十六旅到达正定后,归商震指挥,无异于"刚出虎口,又进狼窝"。正定背靠滹沱河,前后方交通全靠铁路桥。商把自己的部队部署在正定城核心防御阵地,令鲍部前出大沙河,部署在长寿、新安之线的前沿阵地。10月初,日军南犯,鲍指挥廖运周团顽强抵抗,日寇正面进攻五日未得逞,又向鲍部右后方迂回。商令廖团转移到城东南小林湾村阵地,令辛少亭团入城增援。第七天,敌猛攻正定城,商令他的守城部队撤到滹沱河南岸,城内只留辛团和四十六旅旅部。敌炮摧毁了东北角城墙,同时以数十辆坦克进攻小林湾村阵地,战斗十分激烈,双方展开肉搏,伤亡惨重,但我阵地并未动摇。次日,日军突进城内,坦克也冲进小林湾村。辛团抢占了制高点,廖团登上房顶掷手榴弹和浇上汽油、点着火的棉被,炸、烧敌人的坦克,进行英勇抗击。黄昏,商令鲍部渡河向石家庄转移,因铁桥已被商下令破坏,只得泅渡,加之天黑,人马沉溺死伤者甚多,有的绕道灵寿境内才过了河。第十天在石家庄集结时,仅剩1800多人。旅参谋长吴实明电告南京:"鲍刚部固守正定完成任务,而伤亡殆尽。"但不久接到军政部电令:"该旅既已伤亡殆尽,立即停发经费。"

正定激战,商震在石家庄率两军一师,不仅不派兵配合鲍部,连炮火也不支援,却全师而还,退避河南。鲍刚率部守城有功,却落得这个下场,这对他的思想是一次沉重打击。

10月下旬,鲍旅奉刘峙命令,退往武安、涉县休整待命,沿途收容国民党溃散官兵千余名。由于蒋介石消极抗日,当时很多国民党军队畏敌如虎,蜂拥后撤。鲍刚见此情景,极为愤怒。

阎锡山要四十六旅扼守东阳关,加紧构筑阵地。鲍即命把东阳关到响堂铺的道路全部破坏,深沟高垒,断绝交通,受到阎的嘉奖。在鲍部到达东阳关之前,八路军先遣分队和工作队已进驻黎城、东阳关等地。鲍部到达后,他们便主动和鲍旅廖团联系,到旅部开座谈会、联欢会,帮助筹饷,宣传《抗日救国十大纲领》。当时四十六旅的中共地下党员有廖运周、廖宜民、廖继绍、杨世忠、张察恩、李树荣、张铭山等同志,还有一些同情共产党的官兵,如鲍允超、戴汝昌、孙寿堂、闵金锡、刘顺亭等,他们和八路军来往较多。不久,鲍刚前往八路军驻地参加一个会议,见到了前来参加座谈的朱德总司令,他报告了正定作战经过,受到朱德总司令的赞许。岂料这件事后来竟成了汤恩伯等辈陷害鲍的导火线。

12月23日,洛阳战区电令鲍部开赴河南焦作,整编为一一〇师(补充第二师),鲍刚调任十三军副军长。1938年3月,鲍刚调任汤恩伯三十一集团军高参,参加台儿庄会战。他多次冒着纷飞的炮火亲临第十三军一线阵地视察,鼓舞士气。不久,武汉会战时鲍刚又随汤部开赴江西、湖南参战,后调任湖南战区后勤部司令。1939年8月,汤任命鲍刚为鄂豫皖边区总指挥。他采用游击战术,化整为零,避强攻弱,迭挫日寇。他注意军纪,爱护百姓,颇受当地群众欢迎,因此队伍发展很快,有四五万之众。

蒋介石、汤恩伯早就想置鲍刚于死地,此时开始密谋,"伺机处置"。汤假惺惺地征询鲍的意见,调任高参,免去了他的职务。接替鲍刚职务的陈某,按照汤恩伯的授意,在湖北随县一个深山里将其秘密杀害。一颗爱国将星就这样陨落了。

鲍刚早年从戎,后投身冯玉祥、方振武西北革命军,参加过"五原誓师""二次北伐",英勇善战,屡建战功。抗战时期,他屡次受蒋排挤,仍以民族利益为重,率部北上,英勇杀敌,参加过"正定防御战""台儿庄大战"和"武汉会战",是一位爱国反蒋的革命将领。人民永远不会忘记他,并且深深怀念他。

柏文蔚年谱简编

张 雷

1876 年

6月8日出生在安徽省寿县南乡柏家寨。(柏文蔚《五十年经历》)

1885—1890 年

在乡间读完《山海经》《尔雅》及《四子书》等,并能背诵七经。(《五十年经历》)

1892 年

十六岁起,在父亲开设的私塾里"常代父授课,同学亦皆守秩序",达三年之久。(《五十年经历》)

1897 年

二十一岁,参加科举应试,"至州城府试,五场皆中"。九月院试,考取秀才。(《五十年经历》)

1898—1899 年

先在乡间务农,后与乡人孙毓筠、张树侯等在寿县城内创办"阅书报社",并创立"天足会"。(《近代史资料》1979 年第 3 期)

1899 年

考入皖省求是学堂(后改名为安徽大学堂,在安庆),于6月入校,肄业。(《五十年经历》)

1900 年

与爱国青年赵声、张通典、江彤侯、汪荆本、杨作霖等在南京联合当地进步会党,组织"强国会",宗旨是推翻清政府,抗御外侮。组织刚成立,不慎事机泄露,遭到镇压。(《中国近代史辞典》第 493 页及《淮南文史资料选辑》第 3 期)

1901 年

入安庆武备学堂练军充学兵。(《五十年经历》)

1902 年

安徽巡抚招募新军三百人,柏文蔚、杨譬龙、胡万泰、张树侯、倪映典、熊成基等报名参军,并在军内组织"同学会",秘密宣传品有《扬州十日记》《中国魂》等。(《安徽大事记资料》上册)

1903 年

时二十七岁,与陈仲甫(独秀)等人遍游皖北,广泛联络革命志士,宣传革命。(《五十年经历》)

1905 年

应安徽公学(在芜湖)校长李光炯邀请任教员。(《五十年经历》)

6—7 月,与陈独秀、常藩侯等在芜湖成立反清革命组织——安徽岳王会。总会设在芜湖,陈独秀任总会长,柏文蔚、常藩侯分任南京、安庆分会会长(南京"岳王会"是 1906 年成立的)。(《安徽大事记资料》上册)

9 月,应南京三十三标第二营管带赵声(伯先)之邀,到宁充任该营前队队官。(《五十年经历》)

1906 年

秋,率领南京岳王会全体会员加入"同盟会"。是时,赵声升任三十三标标统,柏文蔚与伍崇仁、林述庆皆升任管带。(《五十年经历》)

是年底,因与孙毓筠等拟炸两江总督端方事泄,柏文蔚离宁投奔吉林胡殿甲吉强军。(《五十年经历》)

1907 年

3 月,由胡殿甲推荐,到延吉厅任吉强军文帮带兼马步队总教习。

8 月,吴禄贞帮办吉林边务,柏文蔚被吴举荐为二等参谋。

1908 年

5 月,吴禄贞任新军一镇镇统,遂委任柏文蔚为屯田军一标标统。

1909 年

在奉天督练公所参谋处任二等参谋。(《五十年经历》)

1910 年

上半年,奉参谋处之令,赴俄国边境调查军事,沿东清线经哈尔滨、满洲里西抵伊尔库茨克,折回至伯力、马日马、虎林厅、海参崴、宁古塔、依兰、九站,回至哈尔滨。经十阅月回奉天报命。(《五十年经历》)

1911 年

9 月 1 日,为响应辛亥武昌起义,应范鸿仙、郑赞丞、陈其美等电邀,从东北返回上海。2日,和黄兴一起在陈其美(英士)家开会研究,决定黄兴负责武汉,柏文蔚负责南京。3日,柏文蔚离沪回宁。(《五十年经历》)

9—11月,动员新军第九镇统领徐绍桢举行起义,并和林述庆等人一起指挥进攻江宁的战斗,赶跑张勋。

11月,任国民革命军第一军军长兼北伐联军总指挥。

年底,将第一军军部由浦口迁至蚌埠。(《五十年经历》)

1912年

1月,率北伐第一军沿津浦路攻击前进,张勋部节节败退,直至徐州光复。

月底,因接南京参、陆两部南北议和电,派冷遹第九师留守徐州,率余部回宁。(《五十年经历》)

4月27日,袁世凯准安徽都督孙毓筠辞职,任命柏文蔚署安徽都督。(《申报》1912年4月29日)

5月6日,署皖都督柏文蔚与日商三井洋行签订借款二十五万元合同,以铜官山铁矿为担保,并言明该矿由中日合办。(《中华民国史资料丛稿·大事记》第1辑)

5月27日,安徽省军械遭浔军抢劫一空,现在改编军队,教练巡防军械更不敷用,故在沪订购快枪三千支,柏文蔚派杨耆龙往沪提运回皖。(《申报》1912年7月29日)

6月3日,延聘洪思亮、黄书霖二君为顾问官,邓艺孙、童挹芳为高等顾问官。(《申报》1912年6月5日)

6月10日,安徽自光复以来,各业均极凋敝,唯土膏独形发达,安庆城厢内外之挑膏售土店,已百数十家之多,盖因前禁烟公所曾订有牌照捐章,故若辈得以公然营业也。现柏文蔚都督以烟禁为富强要政,若仍爱惜捐税,静等各铺自由营业,对内无以迅除烟害,对外无以履行条约,民国前途关系颇巨,特通饬各属土膏牌照委员一律取消,禁卖、禁吸两端将以强制力实行。(《申报》1912年6月)

7月1日,袁世凯正式任命柏文蔚为安徽都督。(《申报》1912年7月5日)

任命陈独秀为都督府秘书长。(柏心瀚《柏烈武事略》)

7月26日,安徽都督柏文蔚任命郑芳荪署内务司长、司推恩署财政司长。(《安徽公报》第1期)

8月8日,闻保安会颇有扰家公安情事,柏都督饬令取消本省各县所有保安分会,希一律勒令解散以靖地方。(《安徽公报》第1期)

8月31日,柏都督公布禁烟简章十一条。(《申报》1912年9月3日)

9月10日,充任安徽省参议院议员选举监督暨众议院议员选举总监督。(《近代中国国内外大事记》第664卷)

10月23日,下午4时,孙中山乘"联鲸"号兵舰抵安庆,当由柏(文蔚)都督偕同五司暨师旅各团长以及绅商学界均齐集于江干,欢迎至都督府。在安庆都督府欢迎会上发表演说,称赞当地政府和人民焚烧英商鸦片的正义行动,并指出"兴利之事亦多很,最要紧的就是修铁路,开矿业,讲求农业改良工艺数大端"。演说毕随即回轮上驶,仍由柏都督及各界并令军乐队欢送,沿街各商铺均张灯挂彩,颇称热闹。(《申报》1912年10月27日,《民立报》1912年10月29日)

10月27日,取消设在正阳的皖北厘务总局。该局原由柏(文蔚)都督之弟柏文佐为局长。(《申报》1912年11月)

12月30日,任命江日韦(通侯)为安徽教育司长,肖展舒为安徽都督府参谋长。(《申报》1913年)

1913年

1月8日,导淮一事计需款一千万元。闻拟举张謇为督办,苏皖两省均设会办,苏为许鼎霖,皖为柏文蔚。(《申报》1913年)

2月18日,救国社安徽支部成立,有数千人参加成立大会,公推柏文蔚为名誉社长,正副社长为薛子祥、袁子金、陆成机等。(《申报》1913年)

3月26日,孙中山返抵上海,当日与黄兴、陈其美、戴季陶、居正、钮永建、柏文蔚等密商对策,主张"联日""速战",先发制人,武力讨袁。黄兴等以兵力有限为由,力主"法律解决"。(《辛亥革命大事志》)

4月23日,柏文蔚都督日前以事赴宁,旅居大中桥,本日夜间,突有枪弹飞入卧床,柏适如厕,未遭伤害。(《东方杂志》第9卷第12号)

4月28日,通电反对善后大借款,电中指责政府借款不由议院议决通过,此乃"蔑视议会",申明"政府今日之所为誓死以为不可",要求袁世凯"为国法计,为人心计,立罢前议,以解天下之疑"。(《中华民国史资料丛稿·大事记》第2辑)

6月30日,袁世凯调安徽都督原同盟会成员柏文蔚为陕甘筹边使,任命孙多森为安徽民政长兼安徽都督。(《中国近代史词典》第799页)

7月1日,通令一律取消凤、寿、亳等县尚武戒烟总分社。(《申报》1913年7月)

7月15日,在南京被举为临淮关总司令。(《中华民国史资料丛稿·大事记》第2辑第62页)

7月16日,黄兴与柏文蔚等在南京举行军事会议,决定以武力讨袁。(《中国

近代史知识手册》第219页）

7月17日，讨袁二次革命爆发，安徽宣布独立。柏文蔚在宁被举为安徽讨袁军总司令，并举第一师师长胡万泰暂行代理都督，孙多森仍任民政长。（《中华民国史资料丛稿·大事记》第2辑第65页）

7月27日，携胡万泰自南京抵安庆，组织讨袁军队。（《中国近代史大事记》第380页）

8月7日，驻安庆第一师师长胡万泰、第一旅旅长顾琢塘等倒戈拥袁，率所部进攻都督府，并与讨袁军激战于城郊狮子山。历四时，讨袁军失利，柏文蔚率众二百余向大通方向转移，旋抵芜湖。胡万泰在安庆通电取消安徽独立。（《中华民国史资料丛稿·大事记》第2辑第76页）

8月19日，应江苏讨袁军总司令何海鸣之请，是日夜率部两千人自芜抵宁。芜湖仍由龚振鹏防守。（同上）

8月20日，率军入南京城，临时都督张尧卿及革命总司令何海鸣当即开会欢迎，并举柏文蔚为江南大都督，王宪章为军务部长。（《民主报》1913年8月24日）

8月29日，因与何海鸣、张尧卿意见不合，离宁潜赴芜湖，旋抵上海。不久，离沪赴日本。（《中华民国史资料丛稿·大事记》第2辑第80页）

9月15日，袁世凯下令通缉孙中山、黄兴、李烈钧、柏文蔚、廖仲恺、朱执信等人。（《中国近现代史大事记》第83、84页）

1914年

1月1日，倪嗣冲通缉图谋独立之革命党人柏文蔚、管鹏、岳相如、张孟杰、龚振鹏等十七人。（《申报》1914年1月4日）

是年，在日本参加孙中山组织的"中华革命党"。孙中山先生要求柏氏任中华革命党军务部长，柏恳辞留待黄兴担任。（《五十年经历》）

1915年

5月，和黄兴等人在东京发出通电，谴责日本的侵略要求和袁世凯的卖国罪行。（《五十年经历》）

是月，离日抵南洋，与白楚香等人组织"水利促成社"，并以该组织名义筹措军资。不久又被唐继尧聘为南洋筹款总代表。（同上）

年底，袁世凯复辟帝制，孙中山联络会党组织护国讨袁，蔡锷在云南起义。柏文蔚回国在上海和常恒芳等人成立反袁机构，又于次年初分头回皖联络旧部，组织"救党护国军"。（《中国近代史大事记》《五十年经历》）

1917年

1月19日,特任李烈钧为桓威将军、胡汉民为智威将军、柏文蔚为烈威将军。(《近代中国国内外大事记》第666卷)

1918年

任靖国军川鄂联军前敌总指挥。(《五十年经历》)

1920年

兼任鄂军总司令。(同上)

1921年

任长江上游招讨使。(同上)

1922年

任建国军第二军军长。(同上)

1923年

偕陈独秀和越飞赴广州,同孙中山见面,共同研究第一次国共合作问题,后被孙中山先生指派为临时中央执委,参加党务改组工作。(柏心瀚《缅怀柏烈武将军》)

春,出资主办《新建设日报》。(《安徽大事记资料》上册)

1924年

1月20日至30日,中国国民党第一次全国代表大会在广州正式召开,柏文蔚在大会上作了军事报告,并当选为中央执行委员。(《江苏文史资料选辑》第15辑)

1925年

12月,任国民革命军第二军河南军校校长。(《中国革命纪事〔1925—1927年〕》)

1926年

1月1日,中国国民党"二大"在广州召开,柏文蔚仍当选为中央执行委员。(《江苏文史资料选辑》第15辑)

8月,在李烈钧等人支持下,在武汉成立北伐国民革命军第三十三军,任军长。军部设在武汉。(《中国革命纪要〔1925—1927年〕》)

1927年

3月28日,中国国民党中央监察委员紧急会议在上海召开,会议审查了中央执行委员,认为柏文蔚是"甲类:本党忠实分子"之一。(《江苏文史资料选辑》第15辑)

8月22日,"痛陈之事"之"巧电"在汉口《国民日报》上发表,蒋介石大为恼怒。

1928年

2月1日至7日,中国国民党二届四中全会在南京召开,柏文蔚被选为中央执行委员、中央军事委员会委员和国民政府委员。(《江苏文史资料选辑》第15辑)

是月,因通电反蒋,被迫辞去三十三军军长职务,只落个北路宣慰使的空衔。(《五十年经历》)

是月,以北路宣慰使署名义,创办"寿县学兵团",其团长是孙一中(中共党员),廖运泽任教育长,廖运周、许光达(中共党员)任教官。(《淮南文史资料》第4辑)

1930年

抵西北协助冯玉祥倒蒋。

1931年

12月22日至29日,在南京召开的国民党四届一中全会上,仍当选为中央执行委员。(《江苏文史资料选辑》第15辑)

1932年

10月,参与营救陈独秀。(《晨报》1932年10月26日)

是年,五十六岁,先住南京玄武湖"柏园",后在沪赁屋而居,有时返安徽枞阳鱼湖小住,筑屋数间,名曰"松柏山房",自称"松柏居士"。在此期间攻读佛学,参禅访道,著有《松柏居士日记》数册。还在枞阳创办了民生、宏实小学。(《五十年经历》)

是年,"淞沪抗战"发生,柏文蔚向各方发电联络,呼吁增兵援助十九路军。(同上)

1934年

12月,为烈士郑赞丞作传并亲书墓志铭。(《安庆文史资料·淮上军起义专辑》)

1935年

11月12日至22日,中国国民党"五大"在南京召开,柏文蔚当选为中央执行委员。(《江苏文史资料选辑》第15辑)

1940年

在湖南花垣(原永绥)县保释被关押的中国共产党党员和爱国人士,其中有杨宗珍、杨金龙等。(《淮南文史资料》第4辑)

1941年

3月,在湖南永绥县主持纪念孙中山先生大会,并发表讲话,指责汪精卫等人的卖国投降罪行。(《淮南文史资料》第4辑)

1937—1945年

抗战爆发后,请缨抗日,"当局不准"。闲居湘西永绥期间,撰写了一本约七万余字的自传《五十年经历》,其间还写了许多诗词和楹联。(同上)

1945年

5月5日至21日,在国民党"六大"上当选为中央执行委员。(《江苏文史资料选辑》第15辑)

6月,在湖南永绥过七十寿辰,林森、蒋介石、于右任、居正、何应钦、吴敬垣等人贺电并送寿帐、寿屏等。

8月,开始撰写《松柏居士日记》。(《淮南文史资料》第4辑)

重庆谈判期间,写信给邵力子、张治中等友人赞同国共合作。

是年,到贵州花溪看望张学良将军,并赋诗一首。(同上)

1946年

6月,返安徽枞阳"松柏山房"故居,咏诗一首"一别山房整十年,归来松柏已参天。湖光倒影寒星中,江山东流任变迁。大难临头泯礼义,疮痍满目遍林泉。何当恢复真民生,凿井耕田乐自然。"(同上)

冬,为王荣懋、松斋《导淮全书辑要》一书作序文。(《淮南文史资料》第4辑)

1947年

2月,登报声明辞去国民党中央执行委员和国民政府委员等职。(《淮南文史资料》第3辑)

4月26日,因心脏病医治无效,逝世于上海南洋医院,终年七十二岁。(同上)

1948年

5月,南京政府决定为柏文蔚举行"国葬"。(同上)

方振武年谱简编

廖光凤

1885 年

农历正月十二日出生在安徽省寿县瓦埠镇。

1905 年

投考安庆武备学堂,毕业后入南洋新军第九镇第三十一混成协炮营当兵,开始行伍生涯。

1908 年

11 月,安庆熊成基等率马炮营起义,方振武等参与其事。失败后,被捕入狱,后逃脱赴南京,改姓名入第三协冷御秋部当兵。

1911 年

方随部队参加辛亥革命,参与光复南京的战斗。因勇敢善战,升为辎重营营长。

1912 年

随军追击张勋部至徐州,为第一军第三师先锋营营长。

1913 年

7、8 月间,方随师参加二次革命,曾与张勋、冯国璋率领的北洋军激战于徐州、利国驿等地。作战中身负重伤,入徐州陆军医院治疗,伤愈出院,与铜山人高玉昆结婚。

年底,讨袁失败后,随冷御秋东渡日本,入日本尚武陆军学校,并谒见孙中山先生,次年参加中华革命党。

1917 年

由日回国,奔赴广州,参加海军陆战队,被任为司令。

1921 年

10 月,孙中山举兵北伐,方任北伐军大队长。

1922 年

随军由江西到达皖南。陈炯明叛变后,方所率北伐军在浙江被收编,方只身前往上海。

1924 年

9 月初,江浙战争爆发,方投奔浙江卢永祥,被委以别动队司令。卢战败,赴日本,方率队回上海,将残部交上海总商会。

9 月中旬,第二次直奉战争爆发,直系军阀大败,奉军进关,第二军张宗昌部进驻河北,方投张部,充任先遣第二梯队司令。

1925 年

年初,张宗昌率部南下,方率第二梯队为先锋,先后攻克镇江、常州、苏州,进入上海,驻防闸北、昆山一带。

5 月,张宗昌部由江南撤往苏北,第二梯队到达徐州以东集结待命。张宗昌任山东督办后,方率部进驻济南警戒。

秋,方被任为第二十四师师长,部队开往陵城驻防。

1926 年

1 月 15 日,在肥西举事,脱离张宗昌,投奔冯玉祥领导的国民军,任国民军第五军军长,部队西进河南濮阳休整。

2、3 月,直奉联合阎锡山等进攻国民军。方率部转移至北京附近的长辛店。

4 月,因国民军三面受敌,冯玉祥被迫宣布下野,赴苏联考察。不久,国民军放弃北京,退往南京。方率国民五军与奉军激战后退驻宣化休整。

直奉联军发动晋北战役,方为国民军东路副总司令,率部在天镇、阳高、应县、浑源等地同直奉联军作战。

8 月,国民军总退却,方率部移驻五原。

9 月 15 日,冯玉祥从苏联回国,在中国共产党的支持下,重整国民军,于 17 日举行著名的五原誓师,成立国民军联军总司令部,冯为总司令,集体加入中国国民党。重整后由方振武率领的国民五军辖三个师,师长分别为阮玄武、鲍刚、张兆丰,政治部主任卢绍亭,苏联顾问安铁而斯。

9 月 27 日至 29 日,国民联军举行国民党全军代表大会。会上成立最高特别党部,选出方振武、刘伯坚、王一飞、张兆丰、石敬亭等 11 人为执行委员。冯玉祥、徐谦、史宗法、于右任等为监察委员。

11 月,五原誓师后,吴佩孚所属刘镇华部围攻西安甚急,根据李大钊的提议,冯亲率部"入甘援陕"。方部从五原出发,在猴儿寨大败刘镇华部,并由北路向西安进击。11 月 27 日,被困八个月之久的西安得以解围。

1927年

5月,蒋介石与冯玉祥联合出兵"北伐",方振武被任命为国民革命军联军(总司令冯玉祥)第一方面军(一说第三方面军)总指挥。方部出潼关后,沿陇海路东进,先后攻占洛阳、郑州等地,沿途收编不少队伍。

6月,方率部到达襄樊一带,脱离了冯玉祥的领导,被蒋介石任命为国民革命军中央直属第九方面军总司令。

1928年

4月初,蒋介石进行所谓"二次北伐",方部改编为第一集团军第四军团,方任军团总指挥,辖三个军,一个骑兵旅,率部由湖北襄阳出发,沿京汉线到达郑州,不久进入山东。4月21日攻下济宁。4月27日占领肥城。4月30日各路军聚齐,向济南发起总攻。

5月1日,方率部与第一、二、三军团部进驻济南,方兼任济南卫戍司令。5月3日,日军侵入济南,方部曾奋力抵抗,但旋即奉命退出济南。

6月,奉军败走山海关。6月4日张作霖回奉在皇姑屯被日军炸死。方部沿津浦路北进到达天津附近。6月15日南京政府发表宣言,宣布"统一完成",方振武率部进驻北平。

方部中共地下党组织归顺直省委领导,代号"方钧",联络部设在北平西单威英胡同,负责人有王梓木、高夕明、张兆丰、史直斋,共产党员有廖运周、刘昭、郭槐玉等。

12月初,方部开赴古北口、石匣镇一带,准备向热河进攻奉军。

12月19日,按《全国编遣会议条例》,方部由三个军缩编为两个师,即第四十四师,师长阮玄武;第四十五师,师长初为方振武兼,后为鲍刚。

12月29日,张学良发出通电,宣布易帜,方部停止前进。

1929年

3月,蒋介石与桂系矛盾公开化,蒋下令"讨伐",委任方为"讨逆军第六路总指挥"。由于桂系内部分化,讨桂之役未战即告结束。

4月下旬,蒋介石与冯玉祥因接收济南和胶济路发生矛盾。蒋派方振武去郑州联络反冯力量。方与韩(复榘)、石(友三)、唐(生智)乘机在归德秘密开会,准备联合反蒋。

5月1日,蒋允诺方振武为山东省主席,方奉命沿津浦路南下赴任,经禹城到达黄河北岸王家镇时,突然接令与安徽省主席陈调元对调。

5月10日,方率卫队一营南下至南京谒蒋,蒋促其早日赴任。

5月18日,方振武在安庆的省府举行就职典礼,表示决心"肃清土匪,澄清吏治"。

7月,全国反蒋气氛日浓,冯、阎、李南北策应,纷纷派代表来皖活动。韩、石、方、唐以召开军事会议为名再次会晤于郑州,密谋反蒋,但事机泄露,为蒋所知。

8月初,方以维护地方治安需要为由,多次要求将第四十四、四十五师调来安徽,蒋介石对方愈加疑忌。在调防中将方部高桂滋旅调往山东归陈调元指挥,并调亲信方鼎英、韩德勤部来皖。

9月25日,蒋介石以召开会议为名,电令方振武去宁。是日,方乘专轮赴宁谒蒋,当晚即被软禁。

9月20日,余亚农率一三三旅全副武装集合于集贤关,扣押蒋嫡系第六师师长方策,举行兵变,经潜山、太湖转入五祖山。蒋介石派重兵"追剿"。余部一直坚持到次年4月。

10月8日,鲍刚率领驻芜湖、当涂、宣城的乔明理、刘子彬两团,联络新三旅第五团各营于晨三时兵变,通电要求释放方振武。南京政府立即派重兵向鲍部围击,鲍部退至绩溪、旌德、歙县一带,一直坚持到当年10月底。

11月,蒋介石委任石友三为安徽省主席,29日,石赴宁谒蒋,力保方振武,蒋不允,并令石改调广东省主席。石自知受骗。

12月7日夜,石友三率部在浦口兵变。蒋介石立即派部队"追剿"与截击。石部驻安庆之第五十旅亦同时兵变。蒋疑余、鲍、石兵变为方振武所策动,因此,将方加以手铐脚镣,投入汤山陆军监狱。

1931年

"九一八"日军侵占东北后,全国抗日救亡运动汹涌澎湃。11月,蒋介石迫于形势,不得不将方振武等释放。方去沪,住法租界,不久即去欧洲考察。

1932年

当年夏回国,为抗日救亡到处奔走呼号,不断写信给老部下,鼓励抗日救国,并与驻山西介休县的鲍刚独立二师联系,经常派人送去抗日救亡宣传品和一些经费。

12月初,方变卖在沪住宅和财产,决心毁家纾难,抗日救国。在军需处长孟芸生陪同下,秘密到达山西介休,组织队伍。

12月25日,方召集旧部张人杰、鲍刚、李勇等在山西介休举行誓师大会,成立"抗日救国军",方任总指挥,通电抗日。

1933年

3月,冯玉祥与中国共产党合作,在张家口酝酿组织民众抗日同盟军。方振武获悉后,立即通电响应,并亲率队伍向张家口靠拢。

4月,方率两团及卫队出东阳关。蒋介石电令何应钦阻方北上。因此,方率队改道沿内长城徒步奔赴张垣,于月底到达宣化,受到各界民众的夹道欢迎。次日到达张家口。

5月8日,《大公报》发表冯玉祥致全国民众团体、申明志愿抗日函。5月10日,方振武等发表了援察电。

5月中旬,中共河北省委成立前线工作委员会(简称前委),组成人员有邹春生、王少春、柯庆施等,柯为书记,直接对抗日同盟军实行政治领导。

5月26日,在中共前委的帮助下,察绥民众抗日同盟军成立,冯玉祥任司令。

5月31日,蒋对日妥协,签订《塘沽协定》。冯、方、吉通电坚决反对。以方振武为前敌总司令,吉鸿昌为前敌总指挥,率部向多伦进发,坚决抗击日军,收复失地。

6月9日,何应钦按蒋介石指令,电促取消抗日同盟军,冯、方等电,严词拒绝。

6月11日,民众抗日同盟军召开第一次代表大会,选出军事委员35人,组成军事委员会,冯玉祥、方振武、宣侠父、吉鸿昌等11人为常委,确定了政治纲领,通过了军事、财政、政工等决议案。

6月22日至7月中旬,方、吉率部与日军激战,22日收复康保,7月1日收复宝昌、沽源。7月7日分三路向多伦挺进。经五天浴血战斗,攻克多伦,并乘胜追击,将日寇全部赶出了察省。

7月20日,蒋介石召集庐山会议,力主对察用兵。

7月27日,抗日同盟军总部在张家口召集会议,成立"收复东北四省计划委员会",方出席了会议,并被推选为委员。

8月7日,抗日同盟军在蒋介石和日、伪军的夹击下,孤立无援,处境艰难,此时日军又占多伦,冯玉祥不得已,辞职下野。方振武、吉鸿昌声明继续抗日。

8月9日,宋哲元的第二十九军开进张家口。在中共前委的指导下,方振武、吉鸿昌所部15000多人撤往张北。

8月16日,方振武在张北通电就任抗日同盟军代理总司令。

9、10月间,方、吉部队会师独石口,部队易帜为"抗日讨贼联军",方为总司令,汤玉麟为副司令,刘桂堂为右路总指挥,吉鸿昌为左路总指挥。方率部南下,9月底到达怀柔附近。何应钦部署十数倍兵力堵截,日寇又从古北口向密云增兵,在日、蒋夹击下,抗日讨贼联军弹尽粮绝,致使全军覆没。

10月16日,方、吉残部由商震缴械收编。商震派兵乘汽车押送方、吉去北京,路上方、吉先后侥幸逃脱。方潜赴天津,吉即逃亡香港。蒋介石悬赏十万缉拿方、吉。

11月,国民党十九路军联合李济深、陈铭枢等在福建成立"人民革命政府",方发电报支持,并表示愿意参加福建政府。

1934年

方居香港,继续进行抗日反蒋活动,联络各方人士,组织"国际联军",并先后访问英国伦敦、意大利威尼斯等地。

1937年

"七七"卢沟桥事变以后,蒋介石接受了第二次国共合作,许下"各党各派共赴国难"的诺言,取消了一些通缉令。方在海外闻讯后,即同秘书及华侨张蔓华等由威尼斯经仰光、香港回到桂林,然后到长沙乘兵舰经武汉到达南京。

10月,方由张群陪同谒见蒋介石,申请到抗日前线,但不为蒋所重用,仅委"军事参议院参议兼办公厅主任"的空衔。

12月,南京沦陷前夕,方与李济深等乘轮船撤往汉口。

1938年

7月,方振武与李济深等撤至桂林。方在桂林开办了一所垦牧场,专门收容安徽及其他各地沦陷区逃亡的青年、学生,准备组织训练一支队伍,奔赴抗日前线,但因蒋特破坏,未能如愿。

10月,方抵达重庆,但因不能实现抗日的愿望,遂离渝返香港。

1941年

12月18日,香港被日军占领,不久,方化装潜回广东,欲回内地参加抗日战争,在中山县境内被国民党特务逮捕,旋被蒋密令杀害,时年56岁。

张树侯年谱简编

李家景

按:《张树侯先生年谱简编》以树侯先生外孙杨慕起的两篇文章为底稿,考之以树侯先生及同时代人的著作、文章,订之以清末民国的文献史料,漏者补之,误者正之,疑者缺之,粗成七千余字,求教于方家。

1866年　1岁

树侯名之屏,寿州邢家铺小迎河集南岗(今属于双庙集镇迎河村)人。小迎河集张氏始祖张庆忠于明洪武年间由杭州迁来寿州,树侯为族谱作序,赞曰:"悠悠我祖,本自武林,有明洪武,迁于寿春。"

树侯"生于有清同治五年,父兄均隶籍黉序"(《淮南耆旧小传·自撰小传》)。树侯出生于书香世家,父张善元(字子兰)为秀才,就馆寿州城内。树侯行三,幼年从父兄读书,父亲去世后,依靠母亲与兄长之翰(字西园)、之苑(字阆仙)抚养成人。

1890年　25岁

"树侯二十五,始列胶庠,以乡贡终。中年父兄均殁,村居课生徒、督耕织。"(《淮南耆旧小传·自撰小传》)此时,树侯渐渐接触反清运动,产生革命抱负,因而放弃科举仕途。为了便于进行革命活动,树侯将老母、妻子迁依寿州瓦埠岳父母家。

1895年　30岁

此年间,树侯与州人柏文蔚、孙毓筠、薛少卿、朱金甫等人于州城创办"阅报书社"。《马关条约》签订后,清廷腐败,丧权辱国,国事日非。树侯等人救国之志勃发,为振兴中华,推翻清廷,宣传发动民众,创办此社。社址设在州城内树侯住处。

1898年　33岁

此年间,树侯于州城内创办"强立学社",自撰社联"强国造福永锡尔类,立天休命夙夜惟寅"。学社由武举马纯文、贾冥千等人对学生进行武术训练,用以强健体魄,为反清活动做准备。"(卞秉燊)曾参加张树侯办的'强立学社',结识了石寅生、权养之、段自强、孙少侯、柏烈武、李白申、郑赞丞、张子嘉等,经常与他们讨论时事,偶议反清,开始了革命活动。"(卞纯一《忆父亲卞秉燊》)社址设在州城内树侯住处。

与此同时,树侯与城内革命志士孙毓筠、柏文蔚等创办"天足会",改良藏书楼,借以传播革命思想。"余与邑人三五知己,如孙少侯(毓筠)、薛少卿、张树侯、朱金甫等,创立阅书报社,借以研究救亡图存之道。彼时上海只有《申报》一种,油印甚劣。又梁启超在湖南创立《湘学报》,印刷亦同《申报》,吾人皆视为金科玉律。此外有郑观应之《盛世危言》,吾人皆作为岘上天书。惟当时新势力未张,旧势力仍强,维新派仍不敢畅所欲言,行所欲行。惟于紧要问题,积极地以谋改革,如改良藏书楼,创立天足会等,揆时度势相机行之而已。"(柏文蔚《五十年经历》)

此年间,皖北哥老会首领、太和人郭其昌来到寿州城内钱李巷马纯文家(马、郭为同科武举,又同为哥老会首领),与树侯结识。树侯劝郭其昌以反清为职志,当下一拍即合,于是共谋在寿州发展组织。由于哥老会早为清廷所注意,为了避人耳目,乃沿用寿州原有之岳王会的名称,招收会众。本年十月,岳王会成立,会首为柏文蔚。当时强立学社学生多数入会,卞秉燊就是其中之一。六安的杨端甫、盛云卿以及霍山的姚相甫等经卞秉燊介绍入会。其他如霍邱的徐遇亭、李白申,英山的尹介甫,寿州的杨鼎鼐、朱金甫、李德元等人,都是岳王会会员。

1903年　38岁

此年春二月,安庆武备练军营招通晓文学者入伍,树侯率弟子张子嘉、吕宪集、吕竣泉、孙卓如等十余人应募,由柏文蔚介绍入营。树侯后转任安庆鸣凤学堂教席,以住处为秘密接洽会所。其间,与颍州人卢镜寰、霍邱人徐清泰等人联系,日以光复相期。

1905年　40岁

其时,哥老会首领郭其昌因事被囚安庆狱中,树侯前往探视。由于郭的手下中有多人在北洋军队中任职当兵,且其家乡亦有徒众隐藏于民间,安庆的军界之中亦不乏其人,势力在万人以上,于是,树侯通过郭其昌的关系,乃串联青阳、望江、怀宁等处的会帮,作为急进先锋队,密谋暴动。

事不密,为清廷探之。"(七月)初六日起更时分,由安庆府裕厚带同怀宁县士奎密禀:本日典史赴监收封,有先与郭其昌同禁一监之朱沛霖密告,郭其昌暗令其弟郭老三潜来省城纠人放火,乘机劫狱,事在旦夕等情。提讯该犯,供情历历。时届三更,复于司监提出郭其昌,讯其有无暗令其弟郭老三纠人放火、乘机劫狱各情,该犯俯首认罪,但乞恩施……当饬将该犯郭其昌立予处死。"(《安徽巡抚诚勋奏省城会党屡次纵火图谋乘机劫狱片》,光绪三十一年七月十三日)

同日晚间,官兵至鸣凤学堂树侯住处前来抓捕。幸为卞秉綮事前知悉,急告树侯。树侯立即逃走,同前来抓捕他的官兵,仅隔前后门而已。树侯《晚菘堂谈屑》中记有:"时将天晚,在院纳凉,悉讯后,为避人疑,手持芭蕉扇一把,伪为大便,光脊而出。"

当时郑赞丞及李白申在皖南广德筹办矿务局,树侯遂奔就之,暂且隐避。清廷下令通缉,一时风声险恶。树侯怕致郑、李受累,乃潜走杭州,依西湖韬光寺暂避,化名"尹其康"。

1906年　41岁

清廷通缉之事稍懈,树侯始返芜湖,就任皖江公学经学讲师,得与吴旸谷等相结识,后经吴旸谷介绍加入同盟会。

本年十月,孙毓筠从日本回国,谋刺两江总督端方。值张树侯、陈淮生住南京,遂在张的寓所共同策划议定:由张树侯、陈淮生以献画《八骏图》为名至端方府邸察看路径;由孙毓筠、段云、权道涵与新军赵声、柏文蔚等携炸弹寻机行事。其后事泄,孙毓筠、段云、权道涵、李发根、杨卓五人被捕,柏文蔚避嫌走关东。张树侯、陈淮生遭通缉,潜回皖西,在六安麻埠被密探发现,转道流波奔往燕子河。在黄树岭再遭追捕,陈纵身跳崖,树侯蹿入密林逃生。其后,树侯经燕子河出英山到陈的妻弟江厚明家避风。

树侯分析当时形势后,认为清廷对南方戒备有加,北方尚有隙可乘。适有卞秉綮、杨端甫在吉林胡殿甲处供职。胡是寿州人,任吉祥军统领,兼吉林陆军小学总办。经卞等向胡推荐,聘树侯为陆军小学教习。本年冬,树侯毅然出塞,并约有六安彭卓甫、霍山朱则羲等人同赴东北。

1907年　42岁

树侯和柏文蔚(本年正月至吉林)在吉林省进行革命活动,密谋大举,惜在事将成熟之时,为吉林长官达桂侦悉,派队逮捕他们,幸在胡殿甲的保护下,得以脱险。树侯和卞秉綮夜走吉延岗,不能立足,乃潜越国境,到朝鲜清津投靠陈其顺。陈其顺为东北人,时招募吉林边境流民(中、朝均有)两万余人,在清津为朝鲜拆城筑路。树侯以同胞身份投效,得为陈其顺办文牍。树侯向陈其顺宣传革命道理,动员其率领拆城工众参加起义,深得陈其顺欣许。于是,一面派卞秉綮往日本,谒孙中山先生商筹款械,一面又派工长某东北人与有关方面相约,计划进扑吉林并策动胡殿甲为内应。不料卞秉綮到日本,恰逢孙中山先生外出,等待时间较久,清津拆城筑路已告竣工,不得不将工众遣散,起义计划没有实现。

树侯遄返家乡,就芍西学堂教务,以革命思想灌输学生,同时与家乡革命同志相联系,曾撰学堂联曰"天上飞熊惊冀北,人间侠士会芍西"。教学间隙,树侯至六安麻埠,欲将从外地带回的四支步枪藏于白云庵,因不慎被密探发觉,后在众人掩护下机警逃脱。

1908年　43岁

熊成基、范传甲安庆举义失败。熊来寿县,访树侯于芍西学堂。树侯意欲留熊在寿,相约同志举民团以应之,而熊认为皖省环境险恶,乃远走吉林,不幸身亡。

本年夏,树侯着手编撰《寿州乡土志》,九月完稿付印。他在自序中言:"若夫县邑志乘,卷帙既苦于浩繁,记载尤嫌于芜杂,用是汰其繁、撮其要,勒为一书,共分八类:曰建置,曰坊堡,曰道路,曰水利,曰物产,曰形势,曰古迹,曰名胜。虽不无遗珠之憾,要以为大辂之椎轮可耳。"

1909年　44岁

本年春,树侯离芍西教职,与郑赞丞同赴上海,在沪组织革命机构,寓李少川家。李家为苏、皖间同志的联络机关,树侯专任各方联络工作。

是年树侯与于右任初识于沪上。

1910年　45岁

因需加强群众基础,为起义做准备,树侯遂与张汇滔、管鹏等先后转回寿州。树侯等人来往城乡各地,联络乡里武装,为辛亥的淮上军开创了基础。其间,陈淮生接受从上海运军火至武昌的任务,经南京转蚌埠,至六安交付给树侯。为避水运检查,树侯委托燕子河人刘西筹、刘仁辅走山路经团风运到武昌,其本人从水路先期到达接应,支援了其后的武昌起义。

1911年　46岁

春,各方革命志士群集广州,将谋大举。树侯与董少亭动身前往,及至九江,得悉广州起义失败,乃回。

是年秋,武昌首义,淮上军崛起寿州。十一月五日,树侯与瓦埠的方振九率乡里子弟自瓦埠湖东,迂回到湖西各集镇。城乡兵未血刃,寿州光复。嗣后,淮上军出师毗邻各县时,树侯先则率众到合肥与孙品骖相会,继而奔赴六安,与张汇滔、权道涵等人,共策整军安民计划。六安光复之时,段云为六安淮上军政分府司令,权道涵为参谋,皆欲请树侯担任要职,树侯辞而不就。淮上军所到之处,军政府印多为树侯所刻。

本年冬,省内各县相继光复。各地军政分府林立,形同割据。树侯闻知孙中山先生为临时大总统,为平靖地方以安民生而助新政府事权统一起见,亲去南京谒见孙中山先生。见面时,孙中山先生问以皖督人选何人为宜,树侯力荐孙毓筠,于是孙中山先生果断任命孙毓筠出任皖督。孙中山先生面邀树侯任总统秘书,树侯力辞。为促成孙毓筠出任,树侯约请范鸿仙、龚振鹏、蒯若木、管鹏等共同支持孙毓筠,并劝柏文蔚不要离开陆军第一军,暂由孙毓筠安定地方秩序,待事权统一后看形势再说。树侯随孙毓筠至安庆任职,船到大通,为黎宗岳所阻,树侯又回南京向柏文蔚请兵,然后他们才顺利地到达安庆。孙毓筠欲任树侯为官,树侯以在野可以为革命多做贡献,不愿就职。

1912年　47岁

元月,淮上起义民军因司令王庆云不告而别,淮河南北一时群雄无首,舆论哗然,张汇滔临危受命,主持大局。树侯等致电《民立报》转孙中山、黄兴等人,以安抚民情,"民立报馆转大总统、大元帅、各省大都督、各军政分府暨各报馆均鉴:寿州司令王龙亭于元月五号托故远行,久无音问。其密友李诱然代理,深居简出,不办一事,及涡阳被围,人心风鹤,竟于月之十九夜,席卷逃去,军帐一空,民情惶惧万状。适淮上倡义元功张孟介至自宁,同人遂公推为总司令,再三辞让,幸北伐参谋官管昆南、淮上参谋长徐迁亭,责以大义,张君始肯亲事。人心大定,市面如常。恐未周知,谨电以闻,并请查办。参谋张树侯、孙旨美、周佐卿,军官毕少帆、廖海粟、彭卓甫、张会要、孙鹤堂等三十二人公叩。元月廿三号。"(《民立报》一九一二年一月二十五日,"南京电报")

本年内,时局剧烈动荡。南北议和,清帝退位,孙中山辞职,袁世凯继任为第二任临时大总统;省内孙毓筠辞职北上依袁,柏文蔚接任皖督。建元之初,昔日斗士变而争官、争利,喧嚷一时,而树侯坚持不走宦途。树侯曾自题小照诗云,"试把余生付金石,更将遗恨托芳编",大有借书画以了天年之概。

九月,树侯撰并书《廖璞纯烈士神道碑文》。

石德宽烈士专祠在安庆建成,树侯撰《安庆烈士祠石烈士碑文》以记之。

1913年　48岁

袁氏叛国,七月十七日,安徽宣告独立,柏文蔚为安徽讨袁军总司令,树侯与陈淮生、郑赞丞等踊跃奔忙。七月二十六日,袁世凯任命倪嗣冲为皖督兼民政长。八月七日,皖军第一师长胡万泰率部叛变,柏文蔚被迫出走安庆,倪嗣冲从此执掌皖省大权。倪嗣冲仇视革命党人,东南五省通缉张树侯等人的命令齐下,树侯被迫先匿肥西童茂倩家,后离肥潜走六安,随陈淮生至流波,再后辗转于寿县、肥西、舒城等地。

1916 年　51 岁

本年正月,树侯离肥潜走六安,经鄂入川。当时的川督陈宦系肥西童茂倩的学生,树侯对其指陈利害,策动川督陈宦归附讨袁军。九月初,树侯返回家乡。

树侯在《晚菘堂诗草》自序中言:"民国五年正月泛舟入蜀,抑郁无聊,家乡同人虽众,非淫于博即癖于阿片者,风雅之士杳不可得。困时惟以短讴自遣。九月上旬即抵家,检点行箧,凡有所作者皆手录存之,亦九阅月中之小史也,爰识其端。"

他在《抵家》一诗中写道:"人生久别须欢乐,漫把闲愁搅我心。壁间古画犹高揭,架上书籍森成列。人生百年已过半,从此不作风尘客。"继此,北洋军阀当道,国事日非,树侯决心不参与军政活动,遂隐居教学。

1918 年　53 岁

九月,应友人杨端甫之约,树侯撰《寿春杨氏创修宗谱序》。

本年冬,因段云介绍,树侯至北京女师大教书,讲授经学与书法。

1919 年　54 岁

继续在北京任教。"(民国)八、九年间客京师,多有学子相从问字,又乞余编讲义,乃取《说字》分类,诠次授之。用示后进之途,且证前人之误。"(《书法真诠·自叙》)

时值"五四"运动爆发,树侯助蔡元培等反对北洋政府,并亲为学生写标语、传单。在女师大学生游行示威时,树侯亲撰写一联供学生队伍高举在前列,其联曰:"敌忾同仇,爱国无罪;普争主权,虽死亦荣",并题本人名字的落款。

1920 年　55 岁

居京任教。树侯年事渐老,目睹时艰,本年内愤然归里,不与当世合作,遁迹于寿县、六安、肥西、舒城等地乡间,或教书,或著书聊慰迟暮,以酬壮志。

1922 年　57 岁

本年端午节,树侯与谢允升相晤寿县保义集,作竟夕谈,煮茗清话,欢聚多日。树侯为其书数纸,刻印数方而去。

1923 年　58 岁

安庆西门外九烈士墓重修竣工,成立纪念会,定于三月六日举行致祭典礼。先期,孙中山派代表张秋白,日本东京国民党本部派代表郝兆先联翩来皖。六日上午十时,纪念会举行开会式,推选张树侯为大会主席,宣布宗旨。树侯与张秋白、郝兆先三人先后发表演讲,随后举行祭奠,至烟把山植树纪念。(事载一九二三年四月十一日《申报》)

六月十三日,曹锟迫总统黎元洪出京,政变消息传至安徽省,举省哗然,以教育界反应最为激烈。六月二十一日,在省教育会召开国民救国大会,下午四时,公推张树侯为大会临时主席,报告开会宗旨。随后蔡晓舟登台发表演说,提出三项建议。大会指派树侯等人为起草员,起草全部电文,声讨逆行。(事载一九二三年六月二十五日《申报》)

1925年　60岁

仲冬,树侯游合肥紫蓬山,作《西庐长老元公传》。

1926年　61岁

符离集人李鑫尧欲修复寿州涌泉庵,谋之于树侯,树侯慷慨解囊并出面募捐,共得千元,由李鑫尧董其事,期年而工竣。九月上旬,树侯作《重修涌泉庵碑记》记其始末,刊石于庵。

1927年　62岁

四月十二日,以蒋介石为首的国民党新右派在上海发动反对国民党左派和共产党的武装政变,大肆屠杀共产党员、国民党左派及革命群众。肥西童茂倩写诗寄给蒋介石,规劝其不应倒行逆施,引起蒋氏的反感,示意安徽当局监视童茂倩,并有杀害之意。童无力对抗,因树侯有较高声望,故邀请树侯去他家设馆,以资掩护,树侯应邀前往。

期间,树侯之子曙云(自上海大学随周恩来至广州入黄埔,加入共产党)在北伐军总部任编辑,来信问时事,树侯复信道:"当今青年,如大海孤舟,方向为主,一时逆风起处,澎湃狂澜,则飘荡中流,不知所止,尔曹其勉乎哉。"

是年,权道涵向树侯请教时局大势,树侯预测中国共产党必得天下,"养之问曰:宁汉分裂,蒋汪合流,玉阶举事南昌,前景如何?余曰:总理联共,非为一党之私,乃天下为公之至意。中共主义,仲甫为余道之甚详,然以世界潮流合吾国国情观之,共产主义适为吾国所需。总理倡苏俄为师之说,吾意民生主义之实例,非中共莫属。设吾及身见之,必书'德奉三无,功安九有'八字为中共颂。余老矣,君如身践其世,当谓余之预意不虚也。"(《晚菘堂谈屑》)

1929年　64岁

本年正月,树侯携弟子游肥西紫蓬山,与住持梦东谈,作《胜因楼记》《碧溪精舍记》。

树侯撰《寿州方旭初神道碑》。方旭初乃方振武之父,此碑文涉及方振武早期革命事迹较多。

1930年　65岁

树侯应友人李少川约去上海，居沪三载，多结翰墨之缘。曾与岳相如、袁家声等帮助老友王亚樵脱险。

1932年　67岁

居上海。本年九月十二日，树侯代表安徽旅沪同乡会参加国民党元老田桐移榇祭奠。九月十三日《申报》报道云："湖北旅沪同乡会及安徽旅沪同乡会张树侯等，昨在湖北会馆榇所公祭，鄂同乡会系陈豪生主祭，均备极哀悼……"

树侯书画篆刻之名日见隆显，诸多好友为其代拟润例刊登于十月二十四日的《申报》上，"寿州张树侯先生，淮南老名士也。眼冷海桑，垂垂七十。襄阳耆旧，细数无多。乱世文人，例合槁饿。小山招隐，结庐犹在人间；大雅清游，曳杖更来海上。先生沉酣八法，精研篆刻，以倒海屠龙之手，写暮年伏枥之心。现由于右任、许世英、杜月笙、戴戟、王一亭、陈其采、屈映光、黄涵之、柏文蔚、常恒芳、高一涵、王仲奇、王亚樵、李立民、关云农、李少川、唐尧钦、李次山、冯学芬、余空我、谢芸皋等代订润例，劝其问世。计书画四尺纸十元，增长一尺加二元，榜书卷册另议，撰文另议。石章每字二元，牙章加半。收件处本埠各大笺扇号，通讯处昇平街润德里七弄一百九十五号李宅云。"

秋，树侯《书法真诠》出版，《自序》中曰："归里后检阅旧稿，觉其中漏略，仍复不少，遂重加增订，共成十八章。自第一至十一，为初学者指导其方法；自十二至十八，与识书者畅论其旨趣。其他厄言碎义，悉附于谈屑。书既成，颜曰《书法真诠》，付之剞劂氏，期与海内淹雅之士共商榷焉，是为叙。"

1933年　68岁

居上海。八月，应淞沪警备司令旌德人戴戟之邀，书丹并刻石《一·二八纪念堂碑》，碑文谢芸皋撰写。

本年初冬，树侯应安徽省烈士省葬委员会之请，为辛亥以来安徽死难烈士撰刻碑文而迁居安庆。

时任安徽省立图书馆馆长、合肥人陈东原拜访树侯，"初冬，先生以五烈士省葬事来安庆……余欲诉之先生求助，因振衣往谒。先生方僦居北门内一小楼上，陋巷蓬门，非士大夫乐居之所，而先生安然居之。既登楼，先生蔼然相迎。体干魁梧，高几及楼顶，须发苍苍，而精神矍铄，望之绝不类行年七十之老人。承与纵论本省文化，隽语横溢，高见迥澈。欢谈向暮，不见有俗人所谓怪者。因益信先生欹奇磊落，志怀远洁，非常人所易窥见，大智若愚，大直若憨，非其然与？"（《淮南耆旧小传初编·合肥陈东原叙》）

本年，好友陈淮生在上海病逝，树侯闻讯赶去为其料理丧事。其后，陈氏第三子求文辗转至安庆，树侯遂留之于身边，形影不离，传授诗文书画篆刻，视若亲生子女。

树侯撰并书《烈士张君子刚墓志》、撰《烈士骈君绣章墓志》。

1934年　69岁

树侯六十晋九寿辰，柏文蔚诸人发启事寄给国内外友人，启事中有"鲁殿灵光，民国人瑞……不忮不求，尝窃林壑之志"等语，意为树侯奔走革命多年，不在宦途上钻营。寄发的启事，附有空白宣纸斗方，盖有"晚菘堂"压脚印。朋辈为之欢欣，由国内外寄回的斗方近千张，咸以诗文寄颂。记有陈独秀、林森、齐白石、于右任、孙科等人。

冬，蒋介石派于右任至安庆，请树侯去（奉化）写神道碑。树侯严词拒绝给蒋家树碑立传、歌功颂德，反而大骂蒋氏，斥责于右任不该来。于右任归后不久，来信称赞树侯高风亮节，自愧不如。

树侯所著《淮南耆旧小传初编》刊于《学风》杂志，连载于本年一、二、三期。

十二月，安庆南庄岭烈士墓建成，刘文典撰《张烈士汇滔墓志》，树侯书丹，张辅伯刻石；树侯撰并书《郑君赞丞墓志》。

1935年　70岁

年初，树侯撰《九烈士墓碑记》成，"九烈士曰吴樾，实导革命先声；曰范传甲、薛哲、张劲夫、李朝栋、张星五、胡文彬、周志峰、刘志贤八人，范领导之，太湖秋操起义，同死事于安庆者也。"

四月十八日拂晓，树侯在安庆南庄岭省葬委员会内住处逝世，时孙张楠与外孙杨慕起在其侧。先生身后，纸笔一束，清风两袖。老友柏文蔚、权道涵、孙传瑗、江彤侯等缅怀旧谊，为之集资公葬于安庆城西烈士祠后院内（老火药库的旧址）。

《学风》杂志在《安徽文化消息》一栏刊登树侯去世信息，文曰："寿县张树侯先生名之屏，生前清同治五年（一八六六）。壮岁以国事日非，奔走革命。尝走杭州，客吉林，屡濒于危。民国成立，退居乡里。未几，袁氏叛国，参与淮上民军进行讨伐。事败，走避巴蜀。既而，客燕京，任教务，旋复归里，息影林泉。生平力学，至老不衰，于金石文字，好之尤笃。三代篆籀，暨汉唐以来诸石刻，搜罗甚富，刻意效仿，故其书法篆刻，至为工致。著有《尚书文范》《淮南耆旧小传》《书法真诠》等书。二十二年冬，以五烈士省葬事来省，曾将所著《淮南耆旧小传初稿》交由本刊发表。在省年余，求书者日夕盈门，有洛阳纸贵之势。本年四月十八日，天未晓时，突无疾终，享年七十。十九日正午入殓，柩寄五烈士祠内。身后闻甚萧条，士林无不同声惋叹云。"（《学风》一九三五年第五卷第四期）

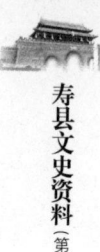

赵达源誓死保卫古城寿县

周定一

抗日战争进入相持阶段以后,古城寿县虽曾两度失陷,但仍掌握在我方手里,对近在咫尺、已沦入敌手的淮南线和煤炭基地,构成严重威胁。日军既不能"巩固占领地区",也不能放手掠夺煤炭资源,更难以实现"以战养战"的反动战略方针。因此,尽管当时敌人因战线拉得太长,兵力十分紧张,也不得不四处抽调部队,组成重兵来犯。以驻合肥的矶谷十四师团1000余名步、骑兵,辅以山炮两门为主力,以淮南线和蚌埠占领军及绥靖军王学儒团为配合,总计出动兵力达6000余人,于1940年4月12日来犯古城。在这次古城保卫战中,国民党军安徽省保安第九团全体官兵英勇顽强,浴血奋战,以劣势装备,打得敌人尸横遍野,直至弹尽援绝,全部壮烈殉国,为古城谱写了一曲正气之歌。

这场保卫战的指挥者,是保九团团长赵达源。赵达源,字德泉,云南省大理县人,生于1911年,早年投笔从戎,于1926年考入云南讲武堂步兵科,毕业后开始军旅生活。其以军功由见习排长,逐级提升为排长、区队长、连长、营长、团副、保安警察大队长、上校团长,在安徽寿县壮烈殉国时,年仅29岁。

赵团长虽然年轻,却是名副其实的杀敌能手。1938年初,日军南北对进,企图会攻徐州。为配合友军切断沿津浦线北上之敌,阻止敌人前进,赵达源率所部600余人,由和县主动出省,开赴江苏乌衣东、西葛一带作战,并于3月20日,一举收复江浦县城,使南京之敌大为震惊,怕后路被切断,命北上主力南撤,在淮河南岸与中国军队对峙,使李宗仁领导的第五战区得以从容调遣军队,取得鲁南台儿庄大捷。1940年初,在合肥西郊大蜀山,赵达源部曾与友军新四军四支队等部密切配合,协同作战,取得歼敌500余人的胜利。这次在接受保卫古城任务以后,他深知以武器低劣到连刺刀都未配全的所部一团兵力以及武器更低劣、又从未参加过正式战斗的寿县县队一个中队,去对抗装备精良、数倍于已的敌人,若不舍生忘死,古城难保。因此,在临战以前,他一面用东晋"淝水之战"以少胜多的战例,激励士气;一面督导战士加固城防工事,同时给已率领非战斗人员撤离前线的团军需主任方醒初写了一封遗书：

醒初兄：

  余在病中，奉命守城。已下最大决心，与城共存亡。若有不幸，善后一切，希兄妥为料理。余之少数积蓄，皆系薪金积聚而来。请以一半寄回家中，赡养老母，一半留给曼玲。曼玲年轻，产后可不必守，但也勿入匪人之手。希为我报仇雪恨，杀尽汉奸倭奴。

赵达源顿首
民国廿九年四月十一日夜

  为抗击强敌，赵达源调整了兵力部署，拿出一个营到淝水入淮口的赵家台和城北、城东山地各要点布防，负责拦击水上与陆地进犯之敌；第二线在淝水西岸的东津渡一线，由城内另派一个加强连把守；城西北角，北有淝水、西有城西湖水，可做天然屏障，险情较小的地段，交县队黄传兑中队防守；其余四门三方，交由高占元和熊××两营防御。各部得令以后，立即分头行动，加固工事，增挖掩体，还在主要街巷增筑街垒，临街房舍开凿射击孔。"向敌人讨还血债""誓与古城共存亡"的口号，成为全体守军的共同心声。

  12日拂晓，从田家庵倾巢而出的日军，兵分四路，首先逼近平山头、鸭背铺防线。接火以后，敌人只猛烈射击，逐步进逼，而不采用其惯用战术，快速冲刺。其用意在于将我方的注意力吸引到平山头这一线上来，以便让其南北两路避实击虚，顺利前进。为避免敌人飞机侦察，埋伏在山地的我军，始终紧伏未动。待到南北两路之敌，分别进入射程以内，立即开火，一场激战便开始了。到上午7时左右，双方损失都很惨重，终因敌人的武器、兵力均占上风，致使我城外第一线守军伤亡殆尽，支持不住而后撤。敌趁势绕过火线，首先冲到东津渡，守备在这里的官兵奋起抵抗。激战中，连长不幸中弹牺牲，敌军趁机在东津口南北两里长的战线，同时发动冲锋，抢津渡、泅淝水，越过我方第二道防线，抢占了东门城河外堤牛尾岗高地。敌人有了立足点以后，其后继部队源源而来，很快全城被严严实实地包围起来了。

  自牛尾岗高地被占领起，双方形成隔城河相对峙格局，激烈的枪炮对射持续约半小时以后，占领北山之敌，也在珍珠泉附近山头发炮配合，顿时，城内火光冲天，浓烟滚滚，未待城破，已变废墟，城头迫击炮阵地亦被摧毁，无法还击，守军伤亡惨重，渐呈难支之势。古城告急。

  赵团长急电驻在南门九里沟做外线指挥的四一二旅旅长龙炎武请援，龙不但不肯发兵支援,反而严词训斥:"无论如何危急,你得坚持到明天上午 10 时,否则城池有失,定以军法问罪!"龙炎武是想等赵团将敌人弹药、士气消耗殆尽,自己再参战,坐收渔利。

请援落空,城东南角告急电话来了,说:"牛尾岗之敌,在十多挺重轻机枪、多门迫击炮和掷弹筒的密集炮火掩护下,所发起的约两个排兵力的冲锋,已被全部消灭在城河里。但是对岸人头攒动,迹象表明敌人正在准备第二轮冲锋,请增援。"赵团长放下听筒,命令团副黄怒涛率领警卫排的两个班,奔赴告急阵地。他抓起电话再向龙炎武请援。回话仍和前次一样。在万般无奈的情况下,只好由南门防线再抽出两挺机枪,他亲自率领奔赴东南防线。刚到达时,适逢敌人第二轮冲锋开始。这时阵地机枪已增至八挺,火力相当集中,在猛烈的扫射下,敌人所发动这一轮和下一轮冲锋,均以失败而告终。敌人发疯了,紧接着又动了近百人的第四轮冲锋。尽管大批敌人中弹落水,但还有三四十人活着爬上了内堤,贴近城墙根下或踏着墙根堆积的女墙砖石,或架支梯强行登城。据当时主动为前线战士送饭的群众鲍汝松等老人回忆,正在啃他们送去烙饼的战士们,丢下烙饼,立即投入战斗,当敌人开始爬城时,有刺刀的用刺刀刺,没有刺刀的用枪管捣,枪托捶,石块砸,就靠这些武器,将敌人赶下城去,接着用手榴弹,将赶下去的敌人彻底消灭了。

对岸敌人阵地上,又在组织第五轮冲锋了,赵团长不失时机地抓住战斗间隙,鼓励战士们抓紧准备砖石,随时迎战。就在此时,通向作战指挥部的电线被敌人炮弹炸断。团部通讯兵跑来,向正在说话的赵团长耳语:"南门附近出现了膏药旗……"团长镇定如常地以"誓死不让一个鬼子登城"结束了谈话,便飞身上马,沿钱李巷直奔南门阵地。这时,负责守卫古城西北角的县中队官兵无法抵抗,一见敌人汽艇开来,纷纷跳墙蹚水西逃,致使西北角一线变成真空地带。不多时,敌人便顺利靠岸,登陆爬城。

在无线电的联系下,南、北、东三线的敌人,也同时冲刺登城。其中以我重点守卫的城东南角,和赵团长刚赶到的南门西侧的火线最为激烈,东南角这次是第六轮冲锋了,我方八挺机枪有三挺因射击时间过久,在此关键时刻炸膛了,两挺子弹射不出去,火力顿减,敌人趁机突入城内;南门以西防线强行登城的日军,在赵团长的亲自指挥下,被赶下城去。然环顾阵地守军,伤亡枕藉,能够再战者,为数已极有限。而机动兵员早已用光,在此千钧一发之际,赵达源一面大声鼓励士兵再战,一面向不满十名随从说了一声:"跟我来!"便转身疾奔西门南侧,率先顺城墙滑了下去,以城墙为依托,向南冲去,打算从侧后袭击,以解南门之危。可惜他的战马不识主要意图,从马夫手中挣脱缰绳,也跟着主人跳下城去。战马着地的响声,惊动了正在城西湖游弋的汽艇上的敌人，艇上一梭机枪子弹射来，赵达源身中数弹，跌入城河。北战南征、驰骋沙场多年的年轻团长，光荣地了却他的报国心愿。团副黄怒涛也在激战中光荣牺牲。

赵达源墓址遗迹

下午2时以后，四门都被突破。城头守军八面受敌，不得已转入巷战。巷战中，以南门杨叉巷、棋盘街和东门北侧的灌木林三处进行得最为激烈。初期还有子弹，最后只有枪管、枪托、拳头和牙齿可以利用，但战士们仍坚持厮杀，直至全部倒下。躲在九里沟的龙炎武，袖手旁观，既未"袭击敌人田家庵老巢"，也未发一兵一卒夹击敌人，而是在得知城防被敌人突破时，明白大势已去，再也摘不到"桃子"了，还是逃命要紧，率部溜之大吉。

敌人入城以后，实行了疯狂的报复，稍有军人嫌疑者，格杀勿论。由于敌人搜查仔细，赵团2000余人最后只幸存高营长和军医主任张子宪等20多人。

2000多名战士的血，千余群众的血，700多个敌人的血，沿内河汇入泥水，流进淮河。几条河道的水,一时为之变赤,晴朗的夜晚,夕阳斜照,反射到八公山上,山亦因之映红。

部属孤军血战,死而后已;长官袖手旁观,临阵脱逃,形成鲜明对比。消息传出,舆论哗然。赵达源之妻曼玲悲愤异常,曾多方哭诉,直至抗战胜利,国民政府还都南京后,还去南京告状。但国府大员们或忙于瓜分"胜利财",或忙于筹备内战,又有谁愿意来管这等"小事"呢?最终不了了之。而人民对抗日英烈没有忘记,曾有人写了一副长联,歌颂了赵达源,讽刺了龙炎武,还侧击了蒋介石政府。对联题为《代赵达源赠龙炎武联》:

神州陆沉,边陲请缨,共赴国难,江浦试泰阿,援徐州,石头城中,敌酋肝胆惊破,众周知;蜀山下,公为梯队,友与我作前锋,三方勠力,五百胡虏归冥府,委座勋章独授尔,荣乎耻乎,百姓心中自有秤;

南北告警,始发冲冠,分头抗倭,沙场挥吴钩,扬正气,芙蓉国里,兽军泥足深沈,人共晓;淝水滨,君屯郊野,部共吾守寿春,孤军奋战,两千壮士谒轩辕,中华青史应录谁,功耶罪耶,千秋定论待明时。

血战寿县　魂安立煌
——记抗日英雄赵达源将军

傅　剑

四月份的一天,吴孔文老师打电话问我,可知道国民党军队的一名团长,叫赵达源,据说埋葬于古碑冲的地方,具体什么位置,让我帮打听一下。我立即回答,你问我,算是问对人了,这名国军团长,就埋葬于我家老屋后面,后冲的山上。而且,那山,老辈人称呼为赵团长山。

对于赵团长,我打记事起,就听本湾老人们提过他的事迹,却不甚清楚。到上学的年龄时,每天放学回家,便提着竹筐子打猪菜、捡松树球、捡干枝丫等等,有时会到赵团长山去,但那是极少的;不过遇到放牛的时候,我们本湾子几个孩子,会把牛赶到老岭湾闲放着,让它们自在地吃草。我们便在赵团长山上,远远地随时瞄着,只要牛儿不害庄稼,我们就能尽情地玩着游戏。有一次,我从家里偷偷地带个耳锅子,用罐头瓶子装满清水,与另一个放牛的好伙伴,在赵团长山上挖个土坑,架上耳锅子,放满从梯地边刚摘来的豌豆荚,倒上预备的清水,塞上干柴松毛,火柴一划,万事大吉,只等着尽情享受山野间的美餐佳肴了!那时直至现在,对于赵团长是怎么死的,为什么葬我们这里,我无从知晓。

我本湾一位王姓老哥,今年已经七十八岁,身体好,精神好,记忆力也好!我曾向他询问关于赵团长的事迹。他说,赵团长牺牲的那年,他也不过刚几岁。但解放后的五几年时,他已是少壮青年。对赵团长坟和赵团长山,都有一定的了解。他说,他见过赵团长坟前竖的碑,是一块高约一米五,宽约一米,厚约十几厘米的青石碑。碑后,用青砖砌成一座一丈四五尺高的塔身,下为四方形,顶为三角形,碑立正面,紧靠塔身,迎向前方。他清楚地记得碑上正中刻着赵达源之墓,字大引目。两边刻有云南大理人和职位、事迹、经历等等。塔身的一面,刻有赵团长下属军官的名字,包括他的亲信士兵等等。可惜,1958年大办钢铁时,人们毁坏石碑,拆毁塔身,把青砖运去修砌炼铁炉了。也有一说,塔身毁于"文化大革命"红卫兵之手,因他是一名国军军官。但王姓老哥否定了后一种说法。

一天,我正好回老屋有事,碰巧看到本湾一位张姓老人正坐在门口磨菜刀。论亲戚关系,我喊他姨爹,他也是近八十岁的人了。我走到跟前,向他打听赵团长的事迹,他高兴地敞开话匣子,边磨刀边向我叙起来……

我小时候,没钱读书,我父亲便教我认百家姓,赵钱孙李,周吴郑王。当我放牛、拾柴、打猪菜,从赵团长山过来过去时,我一看碑上的第一个大字赵(趙),与我认字的百家姓上一模一样,我就知道这坟里葬的人姓赵。解放后,大集体时代,我们在老岭湾开梯地,种粮食,经常在赵团长山歇息纳凉,有时闲聊到赵团长,听说他是在寿县与鬼子干仗,负伤而死,被埋葬在我们这里。

我父亲曾说,这个赵团长,是个勇敢的血性男儿,在国民党的部队里,可谓很少。那次,寿县城被日本鬼子围攻时,上级命令赵团长一个团和另一个团,共同守护寿县古城。然而,另一个团的团长贪生怕死,临阵脱逃,趁日本鬼子还未合围之际,率全团人偷偷地溜了。害得赵团长一团官兵孤军奋战,弹尽援绝,直杀得天昏地暗,血流成河,全团人马几乎全战死。赵团长只好率领身边仅有的几名士兵,从西门突围。刚冲到城门外,却不幸被敌机枪迎面扫射,中弹跌入护城河里,壮烈牺牲,英勇殉国!

老人突然停下磨刀,扭头定睛问我:"你知道赵团长在寿县战死,为什么送这么远,葬在我们这里?"

我摇摇头:"不知道。"我好奇地问他:"为什么不在寿县安葬呢?"

老人又继续边磨刀边细说道:"这个赵团长,有个老婆,是随军家属,饱读诗书,颇有胆识与心计,便雇车把赵团长拉到安徽省政府驻地立煌县来向省政府告状!她要告那位逃脱的团长,贪生怕死,违抗军令,弃城而逃,置友军安危于不顾,视寿县民众生命于不顾,直至友军尽殁,城落敌手。其罪恶滔天,神州共愤,实该千刀万剐,以敬天下!

"可是,蒋介石统治下的王朝腐败透顶,由于此事惊动了南京政府,蒋令安徽省政府好好调解此事,重抚家属,安慰军心,追加赵达源晋升为少将军衔,并嘱于立煌县就地择穴安葬,不得有误,违者枪毙,并令赵团长所葬之山,称为赵团长山。"

五月五日,寿县文史部门的领导,金寨县文史部门的领导,在槐树湾乡党委书记的陪同下,来到响山寺村部。由我做向导,带路前往赵达源将军的坟墓,实地察看。

时令初夏,万物葳蕤,百草丰茂,群山苍翠,树荫婆娑,山空林静,鸟语花香,四野寂寂,万籁无声。没想到,此地竟安葬着一位如此大义如此热血的抗日英雄:赵达源!半个世纪过去了,他默默无闻地安卧于大别山深处、史河岸边一个山沟沟里,任时光流逝,任岁月遗忘。

从山上拍照下来,回到我老屋的大湾子。在我原先的邻家水池边洗手时,寿县的高峰老师问我邻家大嫂:"你家屋后面葬的赵团长,你可知道?"

邻家大嫂爽快地回答:"知道!我每年的正月十五,给他上灯、烧纸;清明到了,给他插纸幡、烧纸钱,还叩头呢!都说赵团长灵得很,又是个大官,能保佑本湾人畜平安。"

20世纪60年代至70年代,据传赵团长坟前的小沙沟总有一汪清水凼,水质清澈,常年不涸,能治病。为人治病,倒是没听说过;但是哪家的猪生病了,不吃食,主人便到赵团长坟前的小沙沟里,用瓶灌满清水,回家煎开凉透给猪喝,立马便好!四乡八邻,越传越神,好多人慕名而来,一探究竟!此水凼,我小时仿佛恍恍惚惚地见过,后来什么时候干涸了,已记不得了。

此后,我向高峰老师索要赵达源团长在寿县战斗的信息资料,他微信里发了两条链接给我。我才对赵达源将军事迹略知一二。

抗日战争时期,日寇为了控制江淮腹地,掠夺资源,三次进犯寿县。1938年6月3日,日机对寿县进行轮番轰炸,守城军力不支,次日凌晨古城陷落;1939年11月2日,日寇千余人第二次向寿县县城发动进攻,守城的部队不战而逃,兵力单薄的自卫队稍作抵抗后便南撤,古城第二次陷落;1940年4月12日,日军第三次来犯,守城官兵英勇奋战,直至弹尽粮绝全部壮烈殉国,古城方才失守。

日寇三次进犯寿县,城内的军民做怎样的阻击?

第一次沦陷后,百姓目睹日寇暴行,抗日情绪高涨,各抗日武装在寿县城乡和交通沿线,昼伏夜袭,声东击西,打得日寇坐卧不安。在民众抗日怒潮包围下,不久,日寇退出寿县,龟缩淮南、合肥。由共产党员曹云露、赵筹等领导的安徽抗日自卫军第一路军第三大队先期回防古城,一方面重整城防工事,一方面发动群众开展锄奸,同时妇抗、农抗等各类抗日组织也迅速恢复活动,积极支持抗日。

国共两党的抗日武装在古城第二次陷落前后,多次粉碎敌人的扫荡,并不断派出小部队深入敌后,相机拔除据点,直接威胁日军占领的淮南线和淮南煤炭基地的安全。

1940年4月,日寇重兵来犯。这是日寇第三次进犯古城。4月12日,敌军出动占据合肥的日寇矶谷十四师团的千余骑、步兵,拖着山炮、迫击炮及十多挺重轻机,纠结蚌埠占领军及绥靖军,总兵力达6000余人,兵分四路,向寿县古城扑来。寿县守军是安徽省保安第二支队第九团,团长是赵达源。保卫战打响前,赵达源预知这场战斗凶险,他立下遗嘱,"下最大决心,与城共存亡"。

赵达源,云南大理县人,1937年升任安徽省保安九团上校团长。赵达源据城固守寿县,他和九团官兵深受广大民众爱国情绪的影响,国难家仇激起了军中爱国人士的抗日斗志。赵达源积极部署城防,在城墙上抢修工事,在郊外的四顶山等要地安排兵力,组织守城军民达 1700 余人。4 月 12 日拂晓,战斗打响,至当日下午十个多小时里,赵达源率部击退敌军近十次攻城冲锋。城内军民同仇敌忾,浴血奋战,战斗异常激烈。赵达源的九团面对强敌,孤军奋战,但终因寡不敌众,日寇还是突破了城墙的拐角楼,赵部大部分士兵阵亡。赵达源率团部警卫排仅剩的六名士兵沿城墙向西门南侧转移时,遭遇日寇机扫射,不幸中弹坠入护城河中,为国捐躯,年仅 29 岁。

寿县古城人民永远怀念为抗日献身的赵达源等英雄。抗战胜利后,古城人民曾在古城西门南侧的殉国处立碑纪念,碑文云:"公以劣势装备誓与城共存亡,展开守土战,自辰至午,致弹尽援绝,阵地仅东南城垣,公仍循阵抵抗,不幸弹中要害……今河山再造,仰浩气兮永存,缅怀忠烈,感慕何穷,用勒贞义,永垂不朽云尔。"

我被深深地震撼了!29 岁,多么富有朝气和前途的青年军官,多么美好的青春年华,就这样为了保家卫国,抗击日寇,血战寿县,壮烈殉国,义冲霄汉,气贯长虹!

桑梓人物

戊戌那年的孙状元

王继林

2018年是戊戌年，离上上个戊戌年逢双甲子，120年。戊戌变法运动发生在清光绪二十四年（1898年），自四月二十三（1898年6月11日）清廷颁布《明定国是》诏开始，到八月初六（1898年9月21日），慈禧太后突然从颐和园赶回紫禁城，将光绪皇帝囚禁于中南海瀛台，然后发布训政诏书，再次临朝"训政"，"戊戌变法"以失败而结束，历时103天，史称"百日维新"。

一、《明定国是》诏强调了孙家鼐的筹学堂折

寿州孙家鼐（1827—1909年），字燮臣，寿县人，咸丰九年（1859年）一甲一名进士，寿州人称"孙状元"。有关他的事迹，我曾有《当皇帝的老师》《督办或创办》等几篇文章。孙家鼐与戊戌变法运动有着很多关联，他部分践行着《明定国是》诏的精神，特别在教育方面贡献不一般。1996版《寿县志》这样写道："二十四年，光绪帝下诏推行变法，废八股，兴学堂，办报编书。命他主办京师大学堂（今北京大学），研究欧美日本国家办学体制。他提出'以中学为主，西学为辅；中学为体，西学为用'的主张。计划京师大学堂设十主科，十附科……并大声疾呼各省要多办中学、小学堂。嗣后，令其子孙先后在故乡寿州办了很多学堂。"

戊戌变法在《清实录·光绪朝实录》有记载，《恽毓鼎澄斋日记》也是研究戊戌变法不可或缺的史料。恽毓鼎（1862—1917年），字薇孙，一字澄斋，河北大兴人。光绪十五年（1889年）考中进士，历任日讲起居注官，翰林院侍讲，国史馆协修、纂修、总纂、提调，文渊阁校理，咸安宫总裁，侍读学士，国史馆总纂，宪政研究所总办等职，担任晚清宫廷史官达十九年之久。光绪二十四年（1898年），恽毓鼎三十六岁，任日讲起居注官。日讲官，顺治年置，起居注官康熙年置，雍正年，日讲官和起居注官二者合而为日讲起居注官。由原翰林院、詹事府官员兼任，官阶虽不高，但凡皇帝御门听政等重要场合，日讲起居注官需侍班；凡谒陵、校猎、巡狩皆随侍扈

从。按年编次起居注,送内阁庋藏。恽毓鼎日记中有关戊戌变法的内容如下:"光绪二十四年三月初六日,政府以旅顺、大连湾予俄,并许其山海关外驻兵,于今日画押。外患日迫,国势将危。英、日启衅责言,恐速瓜分之局矣。"甲午战争后,列强掀起了瓜分中国的狂潮,光绪二十四年三月初六,清总理衙门大臣李鸿章、张荫桓与俄国驻华代办巴布罗夫在北京签订了《旅大租地条约》。规定将旅顺口、大连湾及附近海面租与俄国,租期二十五年。同年闰三月十七日,又在圣彼得堡签订中俄《续订旅大租地条约》,共六款,进一步确定俄国建筑铁路及在租借地附近的独占权。从此,东北全境成为俄国的势力范围。

又过十天,三月十六日,恽毓鼎在日记中写道:"闻俄国使臣此次觐见,竟登宝座中阶,直逼御案,呈递国书。又各国使臣欲我皇上起立受书。"四月二十四,戊戌年殿试,状元夏同龢,榜眼夏寿田,探花俞陛云。就在前一天,光绪二十四年四月二十三(乙巳日),即公元1898年6月11日,光绪帝颁布诏书(《明定国是》诏),恽毓鼎因病而日记失记。此诏书标志着戊戌变法运动的开始,现根据中华书局1958年版《光绪朝东华录》第四册将诏书摘抄如下:

  光绪二十四年四月二十三日内阁奉上谕:数年以来,中外臣工,讲求时务,多主变法自强。迩者诏书数下,如开特科,裁冗兵,改武科制度,立大小学堂,皆经一再审定,筹之至熟,妥议施行。惟是风气尚未大开,论说莫衷一是,或狃于老成忧国,以为旧章必应墨守,新法必当摈除,众喙哓哓,空言无补。试问时局如此,国势如此,若仍以不练之兵,有限之饷,士无实学,工无良师,强弱相形,贫富悬绝,岂真能制梃以挞坚甲利兵(语出《孟子》)乎?朕维国是不定,则号令不行,极其流弊,必至门户纷争,互相水火,徒蹈宋明积习,于时政毫无裨益。即以中国大经大法而论,五帝三王不相沿袭,譬之冬裘夏葛,势不两存。用特明白宣示,中外大小诸臣,自王公以及士庶,各宜努力向上,发愤为雄,以圣贤义理之学,植其根本,又须博采各学之切于时务者,实力讲求,以救空疏迂谬之弊。专心致志,精益求精,毋徒袭其皮毛,毋竞腾其口说,务求化无用为有用,以成通经济变之才。

  京师大学堂为各行省之倡,尤应首先举办,著军机大臣、总理各国事务王大臣会同妥速议奏,所有翰林院编检、各部院司员、各门侍卫、候补候选道府州县以下各官、大员子弟、八旗世职、各省武职后裔,其愿入学堂者,均准其入学肄习,以期人才辈出,共济时艰,不得敷衍因循,徇私援引,致负朝廷谆谆告诫之至意。将此通谕知之。钦此。

《明定国是》诏是光绪帝为维新变法颁布的改革纲领,标志着戊戌变法的正式开始。诏书首先肯定了全国变法自强的大好形势,说明改革是经过深思熟虑、反复讨论的结果。同时明确指出,已颁的改革诏书,遭到了不同程度的抵制和拒不执行。诏书对反对者严厉斥问,晓明"国是不定"的严重后果,并以三皇五帝、上三代"夏商周"作例,为新法辩护,再次重申"变法自强"是"国是",是治国和救国的基本方略,将创建和办好京师大学堂作为特例加以强调,表明国家对人才的渴求。

二、孙家鼐的"中体西用"陈奏的源流

　　查阅由北京大学和中国第一历史档案馆合编的《京师大学堂资料汇编》一书,孙家鼐在京师大学堂创办前后所上奏折及皇帝谕旨共二十多件,这些文件见证了孙家鼐主持京师大学堂创办的过程,其中光绪二十二年八月二十一日(1896年8月11日)的《工部尚书孙家鼐奏陈遵筹京师建立学堂情形折》至为重要。在奏折中,孙家鼐详细说明了京师大学堂的筹备情况,并归纳为六点精要进行呈报。《明定国是》诏有关京师大学堂的部分,基本思想是从孙家鼐的《遵筹情形折》而来。那么孙家鼐为什么要进呈这道折子呢?这还要从刑部左侍郎李端棻《推广学校折》说起。李端棻(1833—1907年),字芯园,衡阳人,历任山西、广东、山东等省乡试主考官、全国会试副总裁、云南学政、监察御史、刑部左侍郎、仓场总督、礼部尚书。光绪二十二年五月初二(1896年6月12日)《刑部左侍郎李端棻奏请推广学校折》赫然排在《京师大学堂资料汇编》的首列,是京师大学堂创办的肇始,也成就了李端棻"北京大学首倡者""戊戌变法领袖""中国近代教育之父"等盛名。

　　就在《推广学校折》奏请的当天,《著总理衙门将李端棻折妥议具奏谕旨》下发到总理衙门落实,七月初三日(1896年8月11日)《总理衙门奏覆遵议李端棻推广学校条陈折》将推广学校工作落实到工部尚书孙家鼐的头上。孙家鼐的《遵筹情形折》开句为:"奏为遵筹京师建立学堂谨将大概情形恭折具陈仰祈圣鉴:事本年七月十三日准总理各国事务衙门咨开议复刑部左侍郎李端棻奏请推广学校以励人才折内京师建立大学堂一节……"总理各国事务衙门,咸丰年设立,光绪二十七年(1901年)改外务部,位列六部之上。总理衙门大臣是恭亲王奕䜣。

　　孙家鼐的《遵筹情形折》罗列"六事"分别是:一曰宗旨宜先定;二曰学堂宜建造;三曰学问宜分科;四曰教习宜访求;五曰生徒宜慎选;六曰出身宜推广。孙家鼐在"宗旨宜先定"的陈述中,完整地陈述了"中体西用"的思想:"今京师创立大学堂

自应以中学为主、西学为辅,中学为体、西学为用,中学为经、西学为纬,中学有未备者以西学补之,中学有失传者以西学还之,以中学包西学不能以西学凌驾中学,此立学宗旨也。"

孙家鼐"中体西用"的思想不是无源之水,其《遵筹情形折》除遵承李端棻《推广学校折》外,另一本与京师大学堂创办有密切关联的书是冯桂芬的《校邠庐抗议》(注:邠bīn,冯桂芬在上海的寓所为"校邠庐")。冯桂芬(1809—1874年),晚清思想家、散文家。冯桂芬为改良主义之先驱人物,最早表达了"中体西用"的指导思想。

《校邠庐抗议》作于咸丰十一年(1861年),距戊戌年(1898年)已有37年。它是一本政论之书,分为上、下两卷,上卷23议,下卷24议。"抗议"二字语出《后汉书·赵壹传》,即"位卑言高"之意,与现在的词义并不相同。这些言论涉及政治、军事、文化、生产、经济等各个领域,指出了向西方学习的时代方向,集中体现了作者的开放思想。

关于"中学为体,西学为用"提法的来源一直争议很大,张之洞的《劝学篇》系统阐述了"中体西用"的思想。《劝学篇》分为内、外两篇,内篇9章,外篇15章。内篇第七章《循序》:"今欲强中国,存中学,则不得不讲西学。然不先以中学固其根柢,端其识趣,则强者为乱首,弱者为人奴,其祸更烈于不通西学者矣。"张之洞的《劝学篇》于光绪二十四年(1898年)三月刊行,为维新变法鼓与呼。但作为完整表达,"中学为体,西学为用"并不是张之洞提出的,而是在光绪二十一年(1895年),署名为"南溪赘叟"(沈毓桂)在《万国公报》上发表《救时策》一文,首次明确表述了"中学为体,西学为用"的概念。前文已经提及,光绪二十二年,孙家鼐在《遵筹情形折》中再次提出,并将它作为京师大学堂立学宗旨。

综合以上,"中体西用"思想来源于冯桂芬的《校邠庐抗议》。《校邠庐抗议·采西学议》:"夫学问者,经济所从出也,太史公论治曰:'法后王。为其近己而俗变相类,议卑而易行也。'愚以为在今日又宜曰:'鉴诸国'。诸国同时并域,独能自致富强,岂非相类而易行之尤大彰明较著者?如以中国之伦常名教为原本,辅以诸国富强之术,不更善之善者哉?且也通市二十年来,彼酋之习我语言文字者甚多,其尤者能读我经史,于我朝章、吏治、舆地、民情类能言之,而我都护以下之于彼国则瞢然无所知,相形之下,能无愧乎?于是乎不得不寄耳目于蠢愚谬妄之通事,词气轻重缓急,转辗传述,失其本指,几何不以小嫌酿大衅。""法后王",为取法于近世;"鉴诸国",即向西方学习。"如以中国之伦常名教为原本,辅以诸国富强之术,不更善之善者哉?",是"中学为体,西学为用"最初原型。

冯桂芬、张之洞、沈毓桂、孙家鼐的"中体西用"思想是一脉相承的，冯桂芬的学生叶昌炽在《缘督庐日记》里写有"（光绪二十四年）六月十四日，复昆中堂师，直告之夜读张孝达（张之洞的字）文《劝学篇》，极简明，极平正，拯乱之良药也。《校邠庐抗议》发各衙门加签，翰林院分四十本"云云。

冯桂芬的《校邠庐抗议》是在近代中国图存、自强、革新的环境中应运而生的，然而，本书最闪亮登场的是戊戌变法中孙家鼐的进呈。恽毓鼎在日记中写道："（光绪二十四年）六月十一日，晴。孙燮臣（孙家鼐）师相以冯林一中允（冯桂芬，字林一；道光二十年中进士，补右春坊右中允，故名'中允'）所著《校邠庐抗议》进呈，有旨刷印一千部，发交各衙门分阅，签出可行不可行，注简明论说，会交军机处，分别多少人份数，进呈御览。"

三、孙家鼐在戊戌变法中表现出"古大臣"的风范

据陈东原《中国教育史》等有关资料：《推广学校折》的上奏、《京师大学堂章程》的起草以及管学大臣的选定是京师大学堂创立的三个重要步骤和阶段，但若没有孙家鼐的内外周旋，京师大学堂不可能顺利开办。其在戊戌变法及京师大学堂创办中奔波操劳的情形，已经无法详知，只能通过只言片语侧面了解一些。

《清史稿·孙家鼐列传》云："二十四年，以吏部尚书、协办大学士，命为管学大臣。时方议变法，废科举，兴学校，设报编书，皆特交核覆，家鼐一裁以正。其所建议，类能持大体。及议废立，家鼐独持不可。旋以病乞罢。"有关孙家鼐辞官一事，刘体智在《异辞录》中有记载，原因并非言皇帝废立，而与进呈《校邠庐抗议》一事有关。

刘体智（1879—1962年），字晦之，晚号善斋老人，安徽庐江人，晚清重臣四川总督刘秉璋之子，孙家鼐的女婿。《异辞录》第256条《孙家鼐请罢官》："甲午之后，慈眷大替，不得不屈于麟相。孙文正素性严正，戊戌变法，时有献替。及慈圣听政，谗者以公曾进《校邠庐抗议》一书，遂有官制之改革，撷拾书中节目，上达天听。慈圣闻之，微愠云：'不意孙家鼐亦附和。'外间揣测，以为公将得罪。是时公为吏部尚书，兼管顺天府尹。东海徐相，以大学士管吏部，恒借故排挤。公上疏乞罢，温诏慰留，再请乃允。李文忠戏曰：'请罢官而反得奖谕，吾亦胡不可以为此请也。'然徐相竟以庇匪得罪以死，公复出，仍绾铨政，天道好还如此。"

《清稗类钞·容止类》有一篇《孙文正少食》："寿州孙文正公家鼐食量甚小。光绪中，管京师大学堂，尝与教习同案用膳。孙性喜食面，一日，适食米饭期，孙

不乐食,令仆买油炸桧来,取一枝,劈其半置碗中,以蛋汤少许泡之,食讫,便辍箸。或曰:'公所食毋乃太少乎?'曰:'即此已足,吾每饭皆然。'"此段话虽不足以说明孙家鼐宵衣旰食,但作为古稀之年的他也算是尽心尽力,励精图治了。

百日维新期间,正值戊戌夏日,天气跟时事一样炽热难当。恽毓鼎在日记中写道:"光绪二十四年六月廿四日,晴,酷热不可耐""六月廿八日,仍热。伏案作字,辄挥汗如雨"。燥热情形一直持续到变法尾声,"光绪二十四年八月初六,阴。壮热殊甚,傍晚呕吐两次。闻步兵统领至南海馆逮康有为,已于昨日远飏,系其弟广仁以去。晚阅邸抄,皇太后仍训政,初八日御勤政殿受礼。朝局大变"。

戊戌那年的恽毓鼎不过是无足轻重的史官,二十四年八月初十是他三十六岁生日,也就在当天,"京官所裁各衙门一律复设",一切回到变法前。不仅如此,维新的旧账尚需清算,在此暂略去变法义士的遭际,回到孙家鼐的去留问题上来。李家景先生提供的邑人孙传櫺《寿州孙文正公年谱》一书可以考察孙家鼐参与戊戌变法的本末。

"二十四年戊戌,公七十二岁……又奏劾主事康有为才华甚富、学术不端,所著《孔子改制考》最为悖谬。请如湖南巡抚陈宝箴销毁其书……""二十五年己亥,公七十三岁……自去年康梁始祸政变以后,宫廷因之多故。公知事不可为,遂以病两次奏请开缺,弗允。但赏假十一月,疏三上始奉准开缺,仍赏食全俸""二十六年庚子,公七十四岁……时京津乱民假拳术、符咒,仇教以扶清灭洋为名举义,于是各国联兵内犯,两宫西狩。时公养病在都,赀斧荡尽。两宫在西安特旨起为礼部尚书授翰林院掌院学士"。自光绪二十六年(1900年)被重新启用至宣统元年去世,孙家鼐备极殊荣,但除了作为学务大臣在敦行实学、端靖学风方面以及在载振受贿纳优问题(本人有琐记《孙家鼐审理的两桩案子》)妥善处理上面有所闻听外,戊戌变法的风云际遇已一去不返。《清史稿》这样评价:"家鼐简约敛退,生平无疾言遽色。虽贵,与诸生钧礼。闭门斋居,杂宾远迹,推避权势若怯。"寿州孙家鼐似乎给人以保守持重的印象,但细读《工部尚书孙家鼐奏陈遵筹京师建立学堂情形折》,又一个风华秀润、雷厉风行的形象曝于眼前,"总古今,包中外,赅体用,贯源流。风会既开,英才自出。所谓含宏光大,振天纲以收之也。虽草创规模尚烦开拓,而目张纲举已足致广大而尽精微"。

回想那个戊戌年,甲子双至,今又戊戌,和那个夏天一样,阳光炽烈,晴空万里。遥想一个时代的沉沦、奋起,回味那个人,那个与我们有特别关联的人,历史似乎触手可及,虽无声息,但足可敬畏。

后　记

　　写完《戊戌那年的孙状元》，闲暇时间我开始阅读《日本史》（吴廷璆主编），我试图弄清楚中国的戊戌变法（1898年）和日本的明治维新（1868年）的异同。我认为古稀之年的孙家鼐承担起大学堂的创建之责，不是历史的巧合。鸦片战争之后，国势云诡波谲，道险途艰，前程未卜，此消彼长的世界局势，叫人无法不打开窗子去认真观察这个世界，而"帝党""后党"之争，积重难返的落后面貌，加之风起云涌的改革诉求，无不将孙家鼐这位吾乡故人推向时代的波峰浪尖。

　　孙家鼐在奏折中陈述创建学堂的急切，"泰西（指西方国家）各国近今数十年人才辈出，国势骤兴，敷奏明试，实事求是。不取浮文，不徇情面，故能争雄竞长，凌抗中朝，由其人才奋兴，非仅船坚炮利为也"，而州、郡建立学堂一直到辛丑年（1901年），寿州公学的兴办人、孙家鼐的侄子孙传櫆，在《创建寿州公学记》中写道："维光绪二十有七年（1901年），岁在辛丑。天子始诏州郡立学，其时拳匪构乱乘舆西狩，朝野震动""今日欲图自强，恢远略，以与列强相角逐，岂乡曲之士惑溺俗学者所能希冀其万一哉？"可见两代人分别在甲午战争、义和团运动之后，都在思考着国家或地方上的教育未来。

夏尚忠与《芍陂纪事》

陈立松

五代时伏滔在《正淮论》里,这样评论寿阳(即寿县):"彼寿阳者,南引荆汝之利,东连三吴之富;北接梁宋,平途不过七日;西援陈许,水陆不出千里;外有江湖之阻,内保淮肥之固。龙泉之陂,良畴万顷,舒六之贡,利尽蛮越,金石皮革之具萃焉,苞木箭竹之族生焉,山湖薮泽之隈……"寿县除了地理位置重要外,水利条件优越更让古人刮目相看。芍陂就是位于寿县西南30公里处的安丰塘。1988年,安丰塘(芍陂)被国务院命名为国家重点文物保护单位;2015年,安丰塘(芍陂)申报世界灌溉工程遗产成功。

芍陂是楚相孙叔敖带领楚国人民开挖的一个距今已经2500多年的水利工程。中国科学院地理研究所研究员钮中勋先生在《夏尚忠的〈芍陂纪事〉》一文中介绍:"据目前所知,前人有关芍陂的专著仅有二种,一是清康熙年间颜伯珣的《安丰塘志》,一是清嘉庆年间夏尚忠的《芍陂纪事》。前者只叙其七载之经营与一时之述作,而外此无征焉,而后者则较为完备系统。"

在寿州这块土地上涌现的官吏和文人可谓浩如烟海,有的人或事都随着时间的推移而被湮没,而夏尚忠作为一个落拓文人为什么如一颗亮丽的恒星在寿州历史的天空熠熠生辉?光绪《寿州志·人物》载:"夏尚忠,字绍姒,号容川,文生,博学,工词翰,修桥梁,好施与。嘉庆十九年饥,倡捐以赈之。尤留心芍陂水利,谓有五要、六害、四便、三难、二弊,皆切中窾要。著《芍陂纪事》二卷。知州朱士达奖以'安丰硕彦'匾额。"

关于夏尚忠的相关文字记载少,仅有县志记录。新编《寿县志》和光绪《寿州志》记载夏尚忠内容是一样的。但是,夏尚忠是寿县保义夏氏当属无疑。据夏长先跋夏氏族谱序:"吾夏氏,禹为始祖。先祖临公自赣徙寿,六百余载。时代变迁,盖夏氏宗族人才辈出,文攻武略者代不乏人。"保义夏氏宗谱在1949年以后由名儒夏墨如先生主编,编成后正赶上"文化大革命",毁于一旦。因此,造成保义夏氏宗谱断代。

保义有一位夏老先生幼承家学,2005年辞世前将自己搜集的有关夏尚忠的资料转交给又一位文化老人夏元澍先生。我于2006年在夏元澍先生的家里见到这份珍贵的资料,夏老先生让我把资料带回家里保管,我推辞了,当即在夏老先生家里抄写了这份材料。由于该资料几乎成了介绍夏尚忠的孤证,姑且在这里用一下,以飨读者。

夏尚忠系清代乾隆朝举人。先世卜居芍(安丰塘)北,故称"芍北(陂)居士"。忠之祖父夏进酷爱文学,与查嗣庭最为知己,彼此友谊深厚,情同手足。后,查下狱死,进痛不欲生,终演成疯癫而死。其嗣,父交子往延续数代,亲密无间,颇有高山流水之谊。因而忠在乾隆后期中举时尝有人告发,请求除名举人严加惩办。诉状呈:"……忠之先世与查嗣庭有旧交,历经数代,往来频繁,友谊仍不减当年,定有朋党之嫌……"幸经查,忠无逆行,才格外恩典,诏赐"保留功名,不予出仕,以昭圣明"。从此,夏尚忠便著锦名归田,并立志为民兴利除弊,以报君王。忠为人刚正,严于律己,有除暴济民之举。因此,当时百姓近而敬之,远而慕之,声明颇著。

夏尚忠逸事很多,曾有这样一个故事在群众中广为流传,解放前夕还有不少老人在议论着、传颂着。那是发生在嘉庆十二年(1807年)间的事,当时寿、凤一带遭受一场旱灾,庄稼普遍歉收,穷人生活倍加艰难。保义西街后有一家黄氏贫民为生活所困,想利用秋收时节拾点粮食以济燃眉之需。一天早晨,黄姓贫民带领孩子们出门捡拾收割后遗在地里的粮食,到中午已拾到不少豇黄绿豆等粮食。因秸秆太重,不便携带,就在空田里铺下被单,放在阳光下曝晒。不意祸从天降,刚晒开不久,就被一豪强发现。豪强与家奴不分青红皂白,硬说黄姓贫民捡拾的粮食是偷他们家田里的。黄姓贫民再三辩解无用,豪强不容分说指使家奴将黄姓贫民打得遍体鳞伤,造成腿部骨折,还尽收所拾之粮。黄姓贫民告状无门,既无钱疗伤又无米下锅,而乡保又不管不问。夏尚忠闻讯后,愤愤不平。他觉得在这光天化日之下,一个无辜贫民遭此横祸,是可忍孰不可忍,便出来仗义执言,为黄姓贫民申诉辩解,并写好诉状向公堂起诉。还记得在诉状中有"康庄大道,行人尽贼。五谷成熟,遍地皆赃"等语句,以驳豪强之狡赖。官司最终判决:"黄氏无辜受害,豪强出银80两,为黄氏疗伤糊口。"夏尚忠在这件事上伸张了正义,颇得百姓赞颂。

这些手抄记录,传承百年,证实了夏尚忠做人刚正不阿。由于皇帝亲诏永不出仕,他只能做一位乡绅。他常说:"我氏祖先禹王,勤于治水,珍惜寸阴,造福后代,流芳百世,吾辈后裔当效之。"

由于当时豪强纷纷围垦造田,安丰塘(芍陂)面积越来越小。夏尚忠一边与豪强做斗争,一边勘察安丰塘(芍陂)水源的来龙去脉,耗费十年心血写出了《芍陂纪事》

夏尚忠著的《芍陂纪事》

一书。该书成书于清嘉庆六年(1801年),写成后遭到围垦造田的豪强封杀。此书遇到第一个贵人便是代理凤(阳)颍(州)六(安)泗(州)兵备道职务的任兰生。光绪三年(1877年),40岁的任兰生代理凤(阳)颍(州)六(安)泗(州)兵备道,刚刚上任还没有转正,就刊印了《芍陂纪事》这本书,跨度76年才刊印出来。而正当《芍陂纪事》一书面临只存世两本的时候,1975年,此书遇到了第二个贵人,时任寿县博物馆馆长的司徒越顶着巨大的压力,翻印了这本关于安丰塘兴废的《芍陂纪事》。盛世兴水利。2016年,安徽省代理省长李国英来到安丰塘(芍陂),这位专家型的领导2011年在水利部当副部长的时候就来过安丰塘(芍陂),李国英省长对淮南市和寿县的干部说,一定要保护好古塘,利用好古塘,宣传好古塘。2016年,39万字的《〈芍陂纪事〉校注》一书出版发行。这是夏尚忠和《芍陂纪事》遇到的第三位贵人。

《芍陂纪事》最有价值的部分,一为上卷《芍陂论一》《芍陂论二》,一为下卷《容川赘言》。前者是作者对芍陂兴废及历代经营所发的一些议论,后者系作者对芍陂管理维修的经验介绍。这些内容对研究芍陂的历史及今后治理芍陂,都有参考价值。虽然现在的芍陂(安丰塘)已得到最好的保护和治理,但夏尚忠呕心沥血撰写《芍陂纪事》一书还是值得我们纪念的。

高语罕与民国初期的安徽教育

吴丽娅

高语罕原名高超，号一羽，笔名赤羽、素心，1887年出生于安徽寿县正阳关，早期中共党员，安徽著名的教育家、社会活动家。

从1916年开始，高语罕便倾力投身于安徽的教育事业。他创办职业学校、普及平民教育、宣传革命思想；在教授学生文化知识的同时，把学生组织起来同恶势力做斗争，支援社会上各种进步运动，并且在斗争中把教育和革命结合在一起，起到了很好的效果。在民国时期，高语罕的教育思想不仅在青年一代中产生了积极的影响，同时也为当时的安徽教育发展做出了巨大的贡献，是安徽教育发展史上不可缺少的关键人物。

20世纪初期，安徽的教育发展较之其他省份比较缓慢，有的地区甚至出现了倒退现象，其根本原因是当时安徽经济基础薄弱，教育经费投入不足，严重制约了近代教育事业的发展。1923年，全国26个省市，各级学校学生数比较结果显示：安徽省的高等教育学校学生数居第21位，中等学校学生数居第15位，初等学校学生数居第19位。若以各省人口与小学学生数百分比进行比较，则安徽的小学生仅占全省人口的0.49%，在全国居第25位，仅比新疆略高一些。

从1916年高语罕在安徽省立五中任教开始，就呼吁教育界重视安徽教育落后混乱的现状，提倡改革旧教育模式，普及平民教育，提高国民素质，为民族复兴培植根基，并且身体力行地致力于安徽省的教育事业发展。他不但筹集经费创办学校，还在教学中大胆革新教育形式和内容，极大地推动了安徽教育的进步，使得安徽的教育状况出现了逐步的改观。

第一，为普及平民教育，创办了商业夜校和工读学校。

自1916年始，高语罕在芜湖省立五中担任学监，兼授英语。当时的芜湖是长江沿岸的重要商埠，是我国的四大米市之一。"十里长街，商号林立"，各商店的学徒几乎均幼年失学，缺乏知识，受到东家的百般凌辱。他们之中的很多人都有着对知识极为迫切的渴望，而当时的教育制度则是优先于一些富裕家庭，平民百姓很少

高语罕故居

有人上得起学,更不用说这些人身自由都受到限制的学徒工们。针对这种情况,高语罕在五中校长刘希平的鼎力相助下,多方奔走,筹集资金,在1920年前后创办了两所商业夜校,主要招收各商店店员、学徒及其子弟。夜校设有国文、英文、商业通论、数学、簿记、商业历史、商业地理等课程,高语罕亲自任教,并编写通俗易懂的教材。这两所商业夜校的开办,为当时芜湖商界的青年在学习文化知识方面提供了很大的便利条件,也开创了在业学习的先例,引起了省内外教育界人士的关注。

为了"试验其理想的教育","消除学界工界的隔阂",高语罕在创办商业夜校的同时,又联络刘希平、王肖山等人,筹备创办芜湖工读学校。1920年下半年,芜湖工读学校建成,开始招生。学校设有制造、手工、木工等科,半天学习、半天做工。工读学校的办学宗旨是:"一边要打破旧社会安坐而食的习惯和旧社会轻视劳工的观念,一边要增高一般社会的生活欲望,使精神文明随物资文明以俱进。"据高语罕的学生李宗邺先生回忆,该校学生有一百多人,大多是无钱读书的平民子弟,这样客观上为广大平民百姓学习知识创造了途径。芜湖工读学校的创建在社会上引起了强烈的反响,当时上海《民国日报》副刊《觉悟》发表文章称芜湖工读学校"在芜湖是一个年龄最轻、活泼可爱的孩子,他的前途希望很大"。

除了自己创办学校以外,高语罕还发动并指导学生筹办义务学校。芜湖学生联合会和省立五中分别办有义务学校,有半日课,也有夜课。从学生中推选成绩较好的学生担任教师,当时高语罕的几个较为优秀的学生胡苏民、蒋光慈都在义务学校担任过教师。义务学校所采用的教材是由授课老师自己编选;学生则是贫民窟的一些工人子女。据李宗邺回忆,这两所义务学校创办以后,来学习的人很多,并且能够持久不懈,为普及平民教育做出了努力。因此,商业夜校、工读学校和义务学校的创办,结束了安徽单一的教学模式,在安徽教育史上翻开了不可磨灭的一页。

盐店巷

第二,革新教育形式和教育内容,尝试"理想教育"。

首先,学校针对学生的不同情况设立在校生班和校外生班,在安徽率先采用函授教学的方式。在商业夜校的办学过程中,由于学徒和学员的特殊身份,曾招致一些店家的抵制,他们限制学徒和店员的自由,不准他们去夜校听课,很多学生便没有办法继续学习,使得当时夜校的生源大大减少。其后,学校开始增招校外生,采取函授教学的方式,校外生和在校生一样领取各科讲义,但是校外生是通过邮寄的方式同教师沟通和学习;每个星期日晚上7点50分至9点50分,校外生可以到学校听特别讲演。这样既缓解了一些学徒和商号之间的矛盾,保证了学徒能够尽量自由的学习生活,又保证了学校的生源。

其次,改革学校制度,组织学生创办自治会,让学生参与学校管理。1917年秋天,高语罕在省立五中创办了安徽省第一个学生自治会,全面参与管理学校的各种事务。由学生监督厨房,改善学校的伙食状况;由学生审查、管理学校的财务和卫生;引进竞争机制,由学生评论教师的授课能力。此后,高语罕在创办商业夜校和工读学校的过程中,许多方面都采用了学生自治的方法,比如部分教师从优秀学生中选出,教材则由任课教师自己编选,种菜、做饭、洗衣均由学生自理等等。这种以学生自治的方式,让学生参与到学校各种大小事务中的做法,大大地改善了学校混乱无序的面貌,也锻炼了学生的组织和协调能力,同时也解决了学校师资力量匮乏的问题。

再次,针对当时的社会环境,高语罕亲自编写《白话书信》《劳动诗歌》《语体文做法》等教材,宣传启蒙思想。当时轰动全国的《白话书信》是高语罕在商业夜校任教时所编,内容涉及家庭、社交、工商以及论学四个方面。此书表面看来是教授青年学子如何用白话文书写信件,"和人往来和论事,论学的书信,不过十分之一;其余皆是'亡是公','乌有先生'。但是每篇皆含有社会亟待解决的问题,或描写社会的真相,抉出人心的隐秘。时或有戏曲的趣味,时或有小说的意思,时或有诗歌的情感。所说固有'老生常谈',然高小三年级和中学一二年级的学生或将引为亲爱的伴侣"。此书旨在对青年知识分子和普通劳动阶级在思想上进行启蒙,在社会生活上予以进步性指导。同时高语罕在教学过程中还经常把《新青年》《新生活》《新潮》《星期评论》等进步书刊给学生传阅,让学生及时了解社会动态,关心社会关心国家,启发学生积极地参与社会运动,为革命培养了一些人才。

最后,使学校教育与社会教育相结合。高语罕把学校教育与社会教育的关系概括为"学校是社会教育的教室,社会是学校教育的实验室"。他主张:学生不能只局限于书本的知识,那是远远不够的,他们要走出课堂,走进社会,把平时学到的东西,拿到社会"这个大的实验场里试验试验";他组织学生参加各种运动和学潮,了解当时混乱的社会、无能的政府和罪恶的军阀,并且号召广大师生团结起来同恶势力做斗争。他还号召青年人莫错过机会,努力在社会的教育中奋起。高语罕这种富有革命性的见解,对于当时正处于社会动乱和学潮中的青年学生,无疑是一种鼓动和鞭策。因此,1919年"五四"爱国运动在北京爆发以后,高语罕立即组织省立五中的骨干学生,到各校进行联络,举行大型的游行示威活动,声援北京的学生运动,使得五四运动的热潮在芜湖迅速得到响应并且高涨起来,以至于上海《申报》《新闻报》把芜湖学潮的消息作为安徽学生运动的特例连日刊载出来;在安庆爆发"六二"学潮之时,芜湖的青年学子在高语罕的带领下,相继举行罢课,进行游行示威活动,抗议马联甲等人的血腥镇压。总之,受高语罕这种教育思想的影响,芜湖的学生在安徽较早地觉悟起来。

第三,成立"芜湖"学社,集资创办《芜湖》半月刊。

一直以来,芜湖都是安徽重要的城镇。其人口众多,商业繁盛,相较于其他地方教育事业比较进步,但是当时的社会环境使得许多青年学子在谈论新思潮、新主义时往往一知半解、源头莫辨。为了抵制军阀专制的反动统治,宣传进步思想,1921年高语罕等人发起组织"芜湖"学社,创办《芜湖》半月刊。"芜湖"学社的主要成员大都是当时芜湖教育界、文化界德高望重的人士以及由上海聘请来的外省籍教员。他们名为改造青年学子的思想,"养成他们思辨的能力,研究的兴趣和慎重的态度",实际上从创刊以来,《芜湖》半月刊就以尖锐的政治敏感和政治主张展现在读者面前,和全国各地新文化运动紧密地联系在一起。

高语罕等人创办的《芜湖》半月刊的言论基本可以归纳为三个方面的内容:一是对五四运动的再认识。当时正值"五四运动"两周年之际,在经过两年的实际斗争之后,重新回顾和认识这场运动的历史意义及其影响,并且展望今后的斗争,具有现实意义。二是对教育腐败的揭露。芜湖学社同人大多数为教育界人士,他们深感教育的腐败,因此,对教育现状的抨击,以及如何改造和革新教育,成了《芜湖》半月刊上的一个重要议题。三是声援安庆学潮。《芜湖》半月刊第2号出版两天之后,安庆爆发了举国震惊的"六二"学潮。当时高语罕正执教于芜湖省立五中,听到消息后立刻率领由十七人组成的芜湖学界请愿团赶赴安庆,慰问受伤学生,并于6月16日前往省长公署,向省长聂宪藩请愿,再次申明力争教育经费,惩办"六二"主凶的决心。与此同时,《芜湖》半月刊第3号以多个版面,集中刊登了以声援安庆"六二"学潮和北京"六三"学潮为主要内容的言论和一首反映"六二"学潮的诗,实际上是一期"学潮专号"。《芜湖》半月刊因为反封建反军阀的政治态度不久就被查禁,"芜湖"学社也遂解体。虽然该刊存在时间不长,但是它的影响远远超出了芜湖教育界的范围,事实上已经波及全省乃至全国。

高语罕从1916年到1923年在安徽从教不到八年时间,但他以独特的教育风格、新颖的教育内容赢得了省内外教育界的一致认可,不仅传播了新思想、新文化,而且为安徽教育界树立了进步的典范。通过高语罕及其同人的努力,20世纪20年代的安徽教育较之晚清时期有了很大的进步,因此,高语罕为民国时期安徽的教育发展做出了巨大的贡献,是安徽近代教育发展上的关键人物。

金克木先生千古

吴小如

公元 2000 年 8 月 1 日,金克木先生刚过完他的"米寿"诞辰;8 月 5 日,他就从容而寂寞地走了,走得那么突然。无情的肺癌夺去了这位聪明睿智老人的生命。金老生前早有遗命,身后不举行任何追悼仪式。家属遵从遗嘱,8 月 9 日就把丧事办完。及至噩耗见报,并由电台广播,一切早成明日黄花。即使与金老极熟的人,想为他送别也来不及了。过了没有几天,《中华读书报》发表了李春林同志的悼念文章(这是我见到的最早的一篇),以朴素流畅的文笔勾勒出这位博古通今、辩才无碍的老人的音容笑貌,读了使人益增哀恸。

金克木先生是北大东方学系(原为东方语文学系)教授,本职工作是教梵文和印地语。晚年退休,这位博学多能的老人却一直笔耕不辍。他用平易疏朗、深入浅出的笔触写了大量阐释人生、发挥哲理的散文和冷隽幽默、静观世相的随笔。他通晓各种东西方文字,举凡中西文化、文学艺术、哲学美学、历史地理,几乎无所不精,在每个学术领域都有发言权。他还是诗人、小说家、翻译家。他晚年偶然说起自己对天文学未能进行深入研究。其实金老早在武汉大学执教时,即已写过有关《古诗十九首》中"玉衡指孟冬"的考证论文,足见他对天文学并非完全生疏。那篇文章发表在当年开明书店发行的《国文月刊》上,题目已忘,只记得文章开头处写他与程千帆先生(这位老人不久前也遽归道山了)秋夜闲坐庭中,观天象而引发出一番议论。虽谈的是专门之学,读来却如娓娓闲话,可读性极强。这是我第一次接触金克木先生著作,所以至今仍有印象。

进入新时期,金老年近古稀,而他却以最快的速度和惊人的勤奋吸收新思想、新学问,而且事事追本溯源,究其来龙去脉,绝对不停留于耳食皮相的肤浅表面。20 世纪 80 年代初,我听他谈符号学、信息论、诠释学、史料学、谈解构和结构,谈宏观与微观,谈分析与综合,无不侃侃而谈,如数家珍。当时是改革开放伊始,新名词、新术语、新概念、新模式,或来自欧美,或来自东瀛,一时纷沓而至,听者真像鲁迅所说,头脑中似被马队践踏过一样。浅学如不佞,顿觉晕头转向,不知何去何从。

而每与金老晤谈,则立时有披沙拣金、去伪存真、汰粗识精之感,既使人耳目一新,又感到豁然开朗。他对新知识、新学问,如逢旧雨,如忆往事,讲得头头是道,字字珠玑。听之者一闻謦欬,便如沐春雨,如坐春风,使人乐而忘倦,如饮醇醪。李春林同志文中盛赞金老聊天本领,谈锋所到,胜义迭出。而我则认为,金老之善谈,更在于其机锋之锐、思路之捷与内容之博,乃至博到了多层次与全方位,无远弗届,无孔不入。犹记1997年金老八晋五华诞,启功(元白)先生和我同往祝寿。金、启二老所谈,内容涉及文玩字画与诗词古文;而掉话题,金老又同我谈到小说戏曲与文坛佳话。盖金老与来访者接谈,几乎因人而异,悉根据来访人员所从事的职务与行业,随时变换话题,循循善诱。我同金老对面晤谈的机会并不很多,但每次话题极少重复雷同。对于年轻人(我比金老少十岁,也算是后辈),金老在谈话中总是时时处处与人为善,谈学问十有八九都是"能近取譬",不端学者架子,不摆权威面孔,用言传身教做传道授业的楷模。半个世纪以来,在我所接触的师友中,学问之渊博,襟怀之坦荡,言语之幽默精警,义蕴之含蓄精深,兼而有之者似并世已无二人。金老走了,后死者纵有万语千言,亦难摹状金老的精神面貌于万一,夫复何言!

在这里,我想追述一下金老同我本人直接有关的两次面谈和一次文字交流。80年代中期,金老知道我在指导一个日本早稻田大学戏剧系毕业的女硕士,她准备从我进修两年回国攻博士学位。她的主攻方向是中国戏曲,重点在传统京剧。恰值某日进城开会,金老和我同车返校。当时金老很感慨地对我说:"你一定要把自己掌握的全部中国戏曲知识都无保留地教给这个女孩子。等将来我们研究戏曲的人才绝了种,还可以派人到日本去留学,把这一套知识和本领重新学回来!"表面上看似说笑话,其实这话的背后是含着眼泪的。我听了之后,也怃然不怿者久之。

与上述那次谈话相距不久,金老知道我把版本目录、校勘考据之学的手段用到京剧唱片的研究上,大为高兴,逢人便为我吹嘘,使我很惶恐。后来金老遇到我,竟郑重严肃地对我说:"不要把研究京剧唱片当成不足观的小道,这是一门前人没有做过的学问,你应当认真地、善始善终地搞下去!我说的是正经话,不是开玩笑。"我听了很受鼓舞。后来我开始写《京剧唱片知见录》,实是受金老启发。可惜这项工作刚开了个头就搁下了。主客观原因都有,这里不想多赘。只是辜负了金老对我的一番鼓励和期望。

进入90年代,我在天津《今晚报》上发表了一篇小文,其实是"炒冷饭"。我因读王安石的全集,发现他那首《船泊瓜洲》中的名句"春风又绿江南岸"原本作"自绿"。作"又绿"仅见于洪迈的《容斋续笔》卷八。古往今来,不知有多少人都据洪迈之说大做文章,包括当代的大家如钱锺书、周振甫等先生亦如是说,实际上却近

于以讹传讹。我的小文不过从版本和修辞的角度摆出事实,并无什么个人见解。金老读到了拙文,他在《今晚报》上写了一篇谈这句诗的文章,却是从历史大背景和洪氏父子的经历身世来谈问题,深入腠理,竟怀疑洪迈这段"随笔"具有他个人的创造性看法,不惜改动了王安石的原句。不管金老这一想法是否接近事实真相,反正比我的小文只罗列现象要深刻、透辟多了。我除了更写小文向金老致谢外,还学到了如何独立思考的治学门径。事后对金老当面谈起,他只一笑置之。可惜今后再没有这种机会向金老请教了。

附记:

这篇短文是在金克木先生逝世后十余天内写成的,随即寄给上海《文汇报·笔会》。屈指算来,现已距金老之逝一百天,拙文迄今未见发表。几次催询,并说不用即请掷还,结果是既不退又不登。照章办事,文章寄出三个月尚未发表者,可以改投他处。因此把拙文略作增补,寄往太原。由于间隔时间较长,有些琐屑情况需要在这儿做些补充。

金老逝世后,其女公子木婴同志曾惠临寒斋,提到一件与我有间接关系的小事。1947年,舍弟同宾携沈从文师亲笔介绍信(写在从文师的一张名片上)到武汉面谒金先生。事过半个世纪,金老居然发现这张名片,打电话叫我到他府上亲把名片取回。我随即寄还兆和师母。为此我还写了一篇文章,详述始末,先在报端发表,后来收入今年出版的拙著《常谈一束》中。后来沈师母在从文师遗物中找到金克木先生40年代从国外寄给沈先生的一封长信,通过我问知金老电话和通讯地址,由虎雏师弟把这封信寄还金先生。木婴来访,即让我帮助认清金原信手稿的字迹,并告知我,此信将收入金老尚未付梓的一本散文遗著中。这该是一段可纪念的佳话。此外,三联书店了解金老病危,赶印了金老一本虽题为小说而实属回忆录的《孔乙己外传》,结果还是没有来得及,书印就时金老已辞世了。因此木婴(也包括出版社)希望我能为《孔乙己外传》写篇书评。我说这是义不容辞的,但不宜率尔操觚,等考虑周到成熟再动手。这是后话了。

金老逝世后,从各方面看,还是相当寂寞的。北大的领导竟无一人到金宅唁慰家属,悼念文章也寥若晨星。有的报刊为了"应景",仅发了两篇旧日谈金先生的文章充数。听到这些,都是令我鼻子发酸的。这就是海内外知名大学者的"寂寞身后事"。

岁在庚辰立冬后三日定稿后记

曹云屏的桑梓之情

曹微微

回忆起我的伯伯曹云屏,还要从童年说起。小时候,受家庭影响,耳濡目染,我对中共寿县小甸集特别支部、曹门三烈士等,就有深刻的了解,小小的心灵里,为家族里出了这样一位了不起的革命先烈——曹渊,感到无比骄傲和自豪。

我的家乡寿县小甸集,坐落在美丽的瓦埠湖岸边,曹渊爷爷就是从这里走出去的中共早期党员之一,黄埔军校第一期学生。1926年,曹渊任叶挺独立团第一营营长,北伐军攻打武昌时,率军攻城,壮烈牺牲。当时,其子曹云屏只有3岁。1938年初,14岁的曹云屏给父亲曹渊生前好友叶挺和周恩来分别写信寻求帮助,后被顺利接往延安学习、生活,从此走上革命道路。新中国成立后,曹云屏历任广州市计委主任、市政府秘书长、广州市顾委副主任、广州新四军研究会常务副会长、广东省黄埔军校同学会顾问等职。离休后,他更加深切地怀念父亲,铭记桑梓,收集资料,著有《求索》一书。

我与云屏伯伯结识很晚。2011年3月,因为要参加全省革命文物讲解大赛,我想讲一讲曹门忠烈,想讲一讲曹渊爷爷。于是,通过家叔,我了解到了云屏伯伯的联系方式。我很忐忑,总觉得一个素未谋面的后生,直接打电话是不是太冒昧。电话接通,伯伯声音很温和,慢声细语。我跟他表明身份和来意,他爽朗地笑了。首先,他非常礼貌地表示歉意,说年纪大了,久未回来,亲人们都认不上了。听我说要在全省讲解比赛中宣讲曹渊爷爷的英勇事迹,他非常高兴,说让长子海星哥哥跟我联系。放下电话,我长吁了一口气,心想,百忙之中的伯伯会不会把我的事给忘了。

但是,次日我就接到了海星哥哥的电话和邮件,周到地把我需要的曹渊爷爷的材料,包括周恩来、陈毅等领导人的信件照片,都传送于我,让我得以有幸目睹这些手札资料,并嘱咐我好好准备。我深深感动于伯伯的言而有信和平易近人。7月,我在讲解大赛中骄傲自豪地讲述了曹渊爷爷的革命事迹,展示了这些珍贵的照片,并取得了全省第三名的成绩,我立即把消息告诉伯伯,他高兴得不得了,竟然孩子一样笑出声来。

此后，伯伯一直记挂着我。他给我打来电话，认真询问我的通讯地址，先后三次给我来信，寄来大量珍贵的文史资料及书籍。信息时代，网络如此便利，他老人家却选择这种最朴素的方式来与我交流沟通。80多岁的老者，这一笔一画，其中倾注的心血与真诚让我分外感动。我仔细看来，字体工整清晰，段落清楚明了。伯伯称我为"同志"，伯伯是不是视我为新时代革命路上的同路人呢？这真令我骄傲。每一封信的结尾，都写上"努力"二字，不大，却让我觉得分外有力。伯伯给我解释过这两个字，他是想让我努力学习，学习专业知识，研究革命史；让我努力工作，更好地宣传我们的博物馆，我们的家乡。而我也常常想到这两个字，这更是伯伯一生的工作精神和生活态度，时刻引导、激励着我进步。

2011年10月20日，伯伯回来探亲了。我早早就接到他的电话，他跟我相约在博物馆见面。上午10时，伯伯准时到达，我早已等候在门口，只见一个个子高高，头发花白，精神矍铄的老者，在众人的陪同下走过来。我仰头认真看他，朝他迎过去，他一把拉住我的手，看着我的眼睛，一点也没有生疏感，满面微笑，朗声说："微微好，早就该见见了。"又拉过旁边的一位中年女子，跟我介绍说："这是你大姐姐，以后要多走动，家里的亲戚不走就生疏了。"我用普通话向伯伯问好，他又笑，说："我离开老家很久，虽然家乡话不会说了，但是我还能听懂，你说寿县方言吧。"一句话把大家都逗笑了。

伯伯兴致勃勃听我介绍博物馆，一路看，一路问，他虽已是88岁的高龄，但是神清气爽、耳聪目明，跟我一直谈论寿县的历史与发展，步伐矫健轻快，这应该得益于早年生活的磨难和锻炼，让伯伯有了强健的体质。到最后一个展厅，伯伯突然有些失望，他问我："为什么博物馆不设置近现代革命文物展？"我告诉他，因为小甸集镇有革命专题展馆，寿县博物馆是以楚文化为主要内容的。伯伯很语重心长地跟我说："你在博物馆工作的这个平台特别好，要利用好，不仅要记住我们家里的英雄，更要弘扬的是千千万万的革命先烈，没有他们就没有我们今天的生活。"我心里瞬间就升起了一种荣誉感，一种自豪感。

岁月静好，是因为有革命先辈们为我们流血牺牲、负重前行，而我的骄傲也来源于我们曹门三烈士，我意识到自己是忠烈之后，我身上流淌着英雄祖辈沸腾滚烫的鲜血。平日里总是在书本上和宣传片上看到这些英雄事迹，真的英雄就在身边，切身感受到有血有肉的存在之时，会更触动你的灵魂。伯伯告诉我，他毕业后认真努力工作，业余时间做了很多记录，寻找、搜集曹渊爷爷和革命战友们的可歌可泣的事迹，手头存有大量资料，以后会陆续寄给我收藏、整理和宣传。我佩服伯伯坚持不懈的韧劲，同时更敬佩他的人格魅力，感恩他的付出，让我们这些后人得以凭

曹云屏

此缅怀先烈、景仰英雄、铭记革命先辈,更热爱我们的伟大祖国。

伯伯说过:"我深深思念着故乡的人民,故乡的山河湖泊,故乡的一草一木。愿家乡人民继承先烈的遗志,发扬革命传统,坚定信心,为振兴寿县而努力奋斗。"这段话一直萦绕耳畔。只是未曾想到,这仅有的一面,也就是永别。如今,伯伯去世已四年多了,此后的日子里,虽未能再见他的音容笑貌,但我深深怀念他,他积淀的革命精神将永远激励我。

谨以此文纪念我的云屏伯伯。

王子香传略

孙以观

王子香，名荣桂，世居寿南王家壑，生于1872年。幼失怙恃，依祖父母成长。祖父王春浴，咸丰己未举人，治理学，性豁达，不求仕进，家居讲学，额其草庐为"养正书屋"，负笈从其学者不远数百里，道德文章为一时之望。子香自幼至长，随侍其侧，受其教育熏陶，弱冠进学，食廪，立身行己，颇具祖风。书屋旧悬有"重游泮水"匾额，为其祖父咸丰壬辰入泮六十周年州官吏颁此文，乡里悬匾称贺，是年为光绪壬辰，而子香恰在是年进学，诗书世家远近传为佳话。

清末废科举，继京师大学堂之后，安徽创办安庆大学堂。子香与邑人柏文蔚一起考进该学校学习。毕业后，复考取赴日留学，以清政府不予支持作罢。后经凤阳府学堂聘为教习，有乡邻青年祝鸿兴（梦华）家贫好学，无力深造，子香毅然亲携其入凤阳府学堂，长期资助，直到祝毕业后考入"南京龙门师范"（官费，相当于师大）。阙后，祝饮水思源，不忘其提携培育之德，每于其友人函件往来中常称："梦华对桑梓教育能稍有贡献，皆子香夫子所赐。"

民国初，子香首任县教育会会长。北洋军阀倪丹忱进城焚杀抢掠，子香将教育会存款银洋数百元缝入衣内，亲负跑反，乱后返城，如数交公，分文不少，知者皆称其廉。

子香在教育上推崇颜元李功实用之学，大力提倡发展体育。凤阳府举办淮泗道体育运动会，子香当时兼任师范讲习所国文主讲教习，亲率学生代表若干人前往参观学习，归来积极筹办县第一个体育运动会。

北洋寿州公学设"师范传习所"，子香受聘任国文教习。当时新文化运动在全国各地展开，寿县首先响应者为王子香，举凡讲习所内学习、写作和作业批改，子香要求一律改用语体并亲自带头，对此教习中多做观望，甚或反对，而子香大声疾呼，倡导更力，常说："蔡子民翰林、梁任公举人都在倡导，我辈何必死守旧的一套！"讲习所学生今尚在者有洪君烈，已八十八岁高龄，每谈此事，崇敬赞叹不止。

初春浴孝廉，就长淮水患，奔走调查数十年，作《导淮论》，主蓄泻兼施，疏防并重，献诸当路。子香继承祖志，具体写出《导淮意见书》，其中谈防护造林尤为详尽。20世纪30年代初，柏文蔚"导淮委员会"成立，函邀子香，并收其《导淮意见书》，取作参考，后因抗日战争而搁置。

子香遵循其祖父治学精神，修习钻研宋明儒学，尤于明儒王阳明"良知良能"说有所探索，论者认为彼时淮上讲陆王之学首推子香。治学尚精纯，立身主诚敬，尝书"如理作意"四字于座右，显见其慎独功夫。平时静坐自修，寡于言笑，家居课徒教子，淡泊明志。尝以语录体诗诫其二子：

"至在两儿子，晚年汝始生。斜阳光有限，扶翼恐无成。呴俞须似我，学业要如人。俭是传家宝，廉为处世根。但求心正直，不望识聪明。"

子香承渊源家学，贯之于识见，数十年几席讲坛，循循然善诱之，入门弟子受业成名者多，令闻广誉，益彰其教，德愈隆，望愈重，学人争列门墙以为荣幸。

私塾名师王子香名较早，稍后寿县东南有徐子香、邓子香皆设帐教学，桃李盈门，亮节清标，与王伯仲，时人称为"寿南三香"。

1944年夏，王子香病卒于王家墊老家，寿七十三岁（虚岁）。生平著述手稿，大部分毁于日寇，残留者因水灾，荡然无存。

回忆我祖父祝梦华

祝君烨

祖父是家乡寿县教育界前辈和开拓者。他的生平及创办家乡现代教育的事迹《寿县志》和《隐贤中学校史》有载。今年是农历己亥年,我1947丁亥年生,虚度七十三春矣。祖父逝世时我正读小学五年级,那一刻却永远难忘。

岁在己亥正月初四(1959年2月21日)中午,我放学到家,祖父突发脑溢血,医生到时,公已仙去了。短短十几分钟,竟与亲人阴阳异路,带着他教育的夙愿和家乡赤子之诚魂归故里,悲乎!泪咽却无音,忆访只拾零,春催桃李盛,景仰祖父名。祖父辞世整整六十周年矣!

清明节吊祭先人,缅怀英烈,民族大义,精神传续,正如白居易《寒食野望吟》的悲凉、肃敬之情:"乌啼鹊噪昏乔木,清明寒食谁家哭。风吹旷野纸钱飞,古墓垒垒春草绿。棠梨花映白杨树,尽是生死离别处。冥冥重泉哭不闻,萧萧暮雨人归去。"著名作家冯骥才也说:"中国的精神文化传统,往往就是依靠一年一度的节日继承下来。"正是笔者此时此刻激荡之情!

堰口祝圩村是祖父出生地。公小时家清贫,祖上系明初人口大迁徙的移民。公幼时目睹清末腐败,民生凋敝,社会动荡,国祚日衰,便立下刻苦读书,学成后兴教兴邦的志向。我叔蔼祥是祖父第四子,退休前是湖南省煤矿设计院高级工程师、副总工程师、中共党员,现已91岁高龄仍思维敏捷,记忆力甚好,叔一直随祖父在本县从小学读完高中。父子情深,叔工作后与祖父仍多书信交流,不少有关对祖父的记忆多是叔在信中或来寿时告诉我和弟君燧的。我心知叔父对后辈鞭策的良苦用心!

祝梦华

叔在信中写道："祖父（梦华之父）子珍公告诉他，你父幼时即聪慧过人。读私塾时就如饥似渴，常半夜才入睡，早起又读。塾师是他长辈，甚严，但你父从未受过戒尺之责。"十岁入太平府中学堂攻读七年（学堂在当涂县，明清两代叫太平府，学堂系清后期主张变法维新的两江总督张之洞创立），毕业后以优异成绩保送入张之洞创办的南京"两江优级师范高等学堂"又攻读四年，教育救国之愿更坚。祖父毕业到安庆谋职，回来说："有两个职位，一是当官，二是教职。我不想当官，只谋教职……"还说，"像我们这样的家庭当官难，做清官更难。不求闻达于诸侯，只求清正做人……"云云。这是祖父受民主进步思想影响，立志教育救国的人生之始。

1921年初，祖父辞去外教工作，毅然回乡，创办真武小学。学校后来发展成完小1—6年级。学校落成后，祖父特请寿州名儒、同盟会会员张树侯老前辈书写校门楹联曰"大厦落成十年十月；群才蔚起八恺八元"，取上古尧帝时高阳氏有八位才子，时称八恺；高辛氏有八位才子，号称八元。意蕴深长，有寄望学校人才辈出之意。学生最多时有一百多人，以附近四乡八集农家子弟为多，有学生家贫者，学校还酌免学费。1923年祖父创办寿县县立初中后，学校由校长张祉善继办。

创办中学时，祖父广交州内有名望、有一定开明思想的乡绅助学。选聘师资必文德兼优。公治学严谨，有教无类，期望多出人才。原寿县中学副校长孙骊方，寿县三中教师周纪生以及全国多地的一大批人才皆从本县的学校出身。

祖父思想开明，不"顽固"，更不"反动"，眼光远大，因时因势利导，既坚持原则，不乏灵活，又一丝不苟，身体力行。他常教导师生：时值现代，不能死读书，读死书，勿忘圣贤教，"学而不思则罔，思而不学则殆"，要有新思想、新见解方能终有大用。公之学虽根植儒道传统，却能顺应时代潮流，办现代教育不断融入民主进步思想。记得我母亲张善玉（字蕴菁）先后在真武小学及初中教国文，曾告诉笔者及弟燧说："你祖父学富五车，治学严谨，诲人不倦。"告诫真武小学教师说："师者如医者，必以德为先，再苦累也不能误人子弟。"因师资少，一段时间采取复式教学，确实忙累。母亲还说过，你祖父说过《道德经》中的一句教诲"是以圣人常善救人，故无弃人；常善救物，故无弃物"。还用白话解意：在圣人眼里没有无用之才，关键是造就。同样也是物尽其用之理。公的前进思想可见一斑。那时，乡里老人有称他为"圣人"者。

祖父不嫌贫，不偏袒纨绔学生。任中学校长期间，有少数县城政界、商贾子弟，往往以家资丰、人际广、社会地位高而凌人或混文凭者，公毫不势利，对学生一视同仁，发现不良事，公不仅严训，同时也会循循诱教，故深受师生爱戴。对有些家贫的学生都尽力给予帮助。

王耕阳君是霍邱县籍学生,品学兼优,因家贫想中途辍学。公得知后,视其才能为他在校安排一份兼职,使他以优异成绩毕业。王耕阳君后回本县工作,延续多年拜问恩师(王君语),那时学生还极少称师为恩师的,足见爱戴之情。1943年祖父任寿县中学校长时,一位在十一临中读高一的学生定远人萧礼虎,家在沦陷区,十分穷困。公为他在寿春中学谋一兼职。有一年,萧君还在我老家祝圩村度过一个暑期,其感谢之情不再赘述。

祖父早年受民主革命进步思想影响,北伐后又辞官不做,回家乡继续办学。北伐军第三十三军系寿州人柏文蔚领导下的国民革命军,柏文蔚先生曾任安徽督军,民主进步思想浓厚,《寿县志》有详记。祖父受邀任该军秘书主任,主管军旅文秘。正因此,祖父受过国民政府诠叙。他本人又是当时知名的民主人士,故以他的身份和名望更利于保护思想进步学生。无论是面对上级督学和县行政及教育部门,公都能机智妥善处理所谓"激进"学生"闹事"和一些暗中活动,故深受师生景仰并传语他人,从一件大事可以证明。

我县东乡一位叫曹定球的学生,1949年初寿县刚解放,他就把祖父的学识、人品介绍给他的族长辈、时任堰口区长的曹仙渡老前辈。两位老人遂成益友,后辈们至今延承。当曹老前辈得知祖父的长子、我父芝祥公系工科土木工程系毕业,曾在导淮委员会和外省市城市建设部门从事工程技术工作,更了解到我们在重庆解放前夕,国民政府以官俸胁迫去台湾而偷回家乡,愿为家乡新中国建设尽绵薄之力后,立即推荐我父芝祥公到县政府建设科。时科里仅三人,我父是唯一的工程技术人员(技士)。后成立水电局,父为家乡寿县的市政和水利建设事业奋斗终生至光荣退休,先父也已离开我们二十八年矣!

祖父常教导子孙们,人一定要真,要善,做人一定要光明磊落。记得有一年春节,祖父为我家所写春联,时间太久,大概是:忠厚和善传家远,诗书礼仪继世长。叔父信中还写过,1945年抗战胜利,那年是农历乙酉年。祖父为我老家(祝圩村)所写春联是"乙燃良夜,酉祝丰年"。"乙"者,草木也,"酉"者鸡也,十二生肖之一,又为时钟;"祝"者,我姓也。祈福激动心情跃然于联。除夕夜引点木柴,阖家辞旧迎新,欢庆胜利,祝福国泰民安。虽点滴小事,也是"桃李不言,下自成蹊"。

祖父感恩为寿县教育事业做出重大贡献的石寅生前辈,更敬其人品。1943年,祖父参与创办寿春中学(现隐贤中学)并任校长。1944年石公逝于立煌(金寨县),灵柩经淠河运回隐贤集。祖父率全校师生素服恭迎。后,祖父带头捐资并募集,在校内为石公建一木结构的"石公亭"。祖父亲写碑文楹联以祭,师生静肃瞻仰。惜"文革"时亭被毁,不知学校还有文稿乎?重建乎?惜哉!多么珍贵的文史资料,多么鲜活的教育后人的真实教材!

祖父平生重修身立命为治世之本。公推崇《易经》,蛊卦上九爻词"高尚其事""不事王侯",尊重自身价值和谦卦"位高不傲"的谦虚教导,以所学恩泽乡里,振作民风,施德教,培德行,默默奉献(叔父蔼祥回忆),以谦慎虚怀善学敬友为诚,以为人师表是宗。他与寿县教育界老前辈方景略、黄荫庭、孙坚如等才子们过往甚密,公从不轻人傲己。还有本县洪君烈等比他年稍小一点的教育界前辈们皆为同道好友。常听他们或称梦华公,或称慎吾兄(因祖父又字"慎吾")。笔者还记得,20世纪50年代初、中期,我家住县东街钱李巷29号街道公房,祖父另住一间,面积不到10平方米,下午常有五六老者在祖父所居"斗室"聚首,交流吟诵,谈古论今。青衫白发,以文促谊,堪为后人楷模。还有一位远在异乡的与祖父在师范学堂同窗的刘佩宜公,其深情厚谊值得多赘。

刘佩宜老前辈,苏州人,善辞章。祖父诗文并重,尤以近体律绝诗见长,广受同道之羡,人称"几近成家"者。刘公毕业后在上海江海关从事文秘工作,中华人民共和国成立后仍多书信来往忆怀。祖父曾有一首《赠刘佩宜君》的诗:"白下相逢岁月多,相思天际渺如何。龙洲一卷君能赋,马齿六旬我已过。计拙图穷悲杜甫,时衰客去叹廉颇。春来怀旧添惆怅,遥忆淞江涨绿波。"寿县城不比大城市,祖父从刘公信中得知将出版《闻一多文集》,心羡仪之,因书出版迟,祖父生前未获。祖父辞世后刘公连吊唁信及文集一并寄来,信中写:"效季子挂剑"云云。季札乃春秋时吴国贤达人,三辞王位,甘当辅佐,"光大吴国",时称延陵季子。刘公用此典,足见二人深情厚谊,可敬,可羡!

祖父为人深明大义,在国难当头,民族危亡之秋,报国之志弥坚。日寇侵华,国土沦陷,公虽年逾五十却报国之心犹如青年人之壮,豪气冲天,正气凛然。

祖父任十一临中教导主任时,在为动员十一临中学生投笔从戎、抗日救国的文告中写道:"请缨有愿,终童才弱冠之年;投笔立功,定远固傭书之子。繄古以昭,于今为烈……我淮上健儿,向以勇烈英声著天下。昔桓宣武之经略中原,戚元敬之剿灭倭寇,固皆我武维扬,后先辉映。而徐、常、蓝、沐诸杰,率濠梁子弟之兵,追随明主,驱逐胡元,尤为民族复兴之光,猗欤尚已……洎自抗战军兴,民气昂扬,举国同仇。我淮赴义之士,云涌风起,揽辔澄清,气吞东海,挥戈慷慨,义炳南天……"这篇抗战檄文如今也记不全了,可惜!后来与笔者同办公室、公的学生、《寿县安丰塘志》主编顾应昌前辈在世时多次提到此段历史说,他仍记得当时校园内、操场上师生群情激昂的场景,并随口背出此文大部分,足见学子们的忠勇豪气为文告所激励。

祖父生于光绪十六年（庚寅年正月十九，公元1890年2月8日），一生节俭，家教甚严。祖父的父、祖辈即笔者的曾祖、高祖也略有文墨。耕读之家清贫，曾祖父青年时常推独轮车为他人送货到六安及附近城镇，祖父从小养成节俭良习。祖父老弟兄三人，也只能供他一人升造，上师范类学堂也能减轻一点经济负担。那时我们老家称"祝家荒"，地薄，人口多，早年更是靠天。祖父除了买书舍得以外，衣食从简。他常告诫子孙：一粥一饭来之不易，暴殄天物，神人不容。还记得我们小时，只要一见我们掉落米粒菜叶在桌上，必叫我们捡起吃掉。我未入学就会背"锄禾日当午，汗滴禾下土。谁知盘中餐，粒粒皆辛苦"。诗是祖父教的，至今不忘。如今生活好了，我们兄妹八人从不追求奢华，不事虚荣。听母亲说过，你祖父重仪表而不刻意时尚，一件长衫穿多年还干净整洁，从不轻言丢弃。回老家时总会带些小蜡烛头给家里照明。顾应昌前辈也说过，有一次到他屋内，案上的蜡烛即将燃尽才点另一支，真是"蜡炬成灰"。祖父高度近视，镜片如玻璃杯底厚。

祖父虽严虽威，也慈祥和蔼。我最小的弟君烈（淮南五中退休教师）1958年刚两周岁多，一次母亲带小弟刚进屋，祖父拉着小手逗他玩，随口哄他说：我家有个小老祝，身体好精神足，一天蹦跳几十次，不贪嘴不好哭……六十一年过去，那一幕含饴弄孙的场景有时还在脑中浮现，怎不勾起对先人的情思！

祖父思想开明，对现代文化同样融会贯通。有的白话文作还被孙坚如选入寿县中学教材，包括那篇文告。我清楚记得，祖父的书桌放有语言学家王力和曹靖华教授的著作，以及语法学家吕叔湘、朱德熙合著的《语法修辞讲话》等书籍，我还偷看过。还有我族兄从福建前线陆续寄来的刚出版的《毛泽东选集》一至三卷，扉页上总写：四叔祖惠存。侄孙君杰赠。兄小学就读真武小学，名字也是我母亲给取的，意在勉励他将来有所作为。兄参加新四军游击队后，一直是陈毅元帅四野所部，少将衔，已逝多年矣。

呜呼！笔不尽意，心存依旧。先人已逝，风范犹存。祖父一生光明磊落，与同时代的寿县教育界前辈们共同为家乡教育事业做出了重要贡献。1998年的一天下午，我局副局长黄士启同志曾告诉我说：县委、县政府在一次副科级以上干部会上对你祖父的评价是："祝梦华先生是一位开明的民主人士。"黄副局长对我父及家庭极了解，岁已耄耋仍健在，其子强、刚二位仍在本局上班。我常想，或许前辈们都心照不宣，以《易经》君子要自强不息、应厚德载物为座右铭吧？笔者敬而悟之。

祖父在20世纪50年代初曾把他珍藏的一部分珍版书（记得有一套殿版二十四史，书箱上的字是"廿四史"）捐送给县文化部门。"文革"前祖父的书稿还得以保留，可叹在一场文化浩劫中余书及祖父的文稿悉数被抄焚。当时我家十分艰难，终日惶惶。我虽已是高二学生,是本性刚直不趋势,还是太笨愚,不识通变,竟没有保住祖父珍贵的文物,后悔,追愧。只有泪水和着火中的纸灰在眼前飘散。子孙愧对先人,更间接背负毁史料的罪名。忽然忆起我父在20世纪70年代中期所写一首悼念我祖父的诗"一代诗文集其成,长淮不减东流行。八公山下留遗韵,淝水岸边泪几泠"。笔者不才,也邯郸学步拙写一首祭吊祖父和与祖父同时代的寿县教育界前辈们:斗转星移天地恒,波涛激流过眼云。先人已逝寅年梦(祖父属虎),华年犹叹锦瑟鸣。春秋一页留史绩,访忆拾零祭忠魂。寿州自古人杰地,楚风汉韵千古名。

如今欣逢盛世,迈步新长征,更寄望后人与时俱进,实现伟大中华民族复兴梦是十三亿中华子孙义不容辞的职责。路虽漫漫,国运昌盛,坚信必定早实现,告祭祖父及与他同时代的寿县教育界老前辈们,你们九泉之下定然笑慰!

2019年清明

(作者为寿县水利局退休职工)

姚摩霄的金石书画人生

段新建

　　两千年岁月骈臻,忆楚风汉韵,淝水八公春烂漫。七十载乾坤扭转,看北旅南工,书乡翰墨气恢宏。

　　古城东大寺巷,素有"文风巷"之称。巷内住着一位百岁老艺人姚摩霄先生。姚老名国凌,字摩霄,1912年生于寿县城关一个普通家庭,排行老三。其父亲开了个小磨坊维持家计。其时,此巷住有前清秀才达7人之多,其中吴秀才就是当时远近闻名的大书法家。姚老摩霄先生就投吴秀才门下学书法,先写"影幌"。早上到私塾要描"影幌",再请先生画圈,日复一日,年复一年。

　　记得有一年"祭灶",恩师姚摩霄的父亲对他讲,我看见街上有一个8岁小孩拉开方桌在写春联,写一张,卖一张,周围观看的、求春联的不断地喝彩,称字写得好。他跑过去一看,写字的孩子被围得重重叠叠,挤进去一看,见那孩子人小而隶书字写得很工整。他觉得心里很惭愧,回到家,也想写一副春联,就让父亲买来红纸,便认真写下平生第一副春联"堂上生萱茂,阶前玉树荣"。东乡亲戚和周围的邻居见他能写春联,也纷纷买红纸,从年二十三一直写到年三十,整个东街都是他写的春联。事后才知,那写春联的小孩,他父亲是教书法的老师。

　　来年,姚摩霄先生9岁时执意拜宋国鹏先生为师。宋国鹏先生是一位清末秀才。宋老师教写字,早上临帖,每天要临帖200字以上,下午写小楷、大字,讲课时,他把学生的字都摆在桌上,有针对性地分析,细细地讲解。第二年,他跟着宋先生学习魏碑、隶书。就这样学了四年,手写出了老茧,纸写了一大堆,当时他在二十几个同学中,成绩名列前茅。

　　19岁那年,姚摩霄先生喜得一本《说文解字》,开始学习篆书。他先后又拜金石篆刻家岳东美、朱海舟、耿仲夷为师学习篆刻。岳老师讲,刻印要有三法,即书法、刀法及章法。不懂三法的人,是不能刻印的。老师的话字字入耳,句句铭刻在心,从那时起,他天不亮就早早起床,苦学勤练秦篆、钟鼎文,他以自己勤奋的涓滴之水,昼夜不舍地滴坠,终于磨穿了篆书这块石头。据初步统计,姚老一生治印四

姚摩霄

千多方,他刻印所用的石头,可以堆成一座山。

　　恩师姚摩霄年轻时勤奋好学,为他的金石篆刻和书法艺术奠定了坚实基础。新中国成立后,他又在寿县刻字社工作几十年,九十多年如一日,从不停笔、停刀,勤奋不辍,书艺、刻技精进,很受书界同道的好评。他认为自己的金石成就高于书法。

　　寿州古城曾三遭日寇蹂躏,那时古城成为空城,为了糊口,他利用刻印技术为别人刻章,刻一个章5分钱,5分钱够吃一天。当时国民党县政府、军队都要刻章,生意很好。后来,弟弟开石印馆,他刻字,每天都与金石打交道,练就了一身好技能。

　　寿州人只知道姚摩霄先生的金石及书法,殊不知他的画技也是极佳的。他有个好朋友叫宋国英,画画有天赋,他画的人物形象逼真,栩栩如生。宋家比较富裕,宋国英南下到上海美专上学去了。宋国英每次假期回寿,姚摩霄都要去看画,取画经,补己之短。15岁时与同学宋国美(台湾著名书法家)相约报考了上海美专,怎奈家中清贫,无力负担学习费用,未能同行。

老城区里的原寿县三中在20世纪30年代是民众教育馆。他常常跑去看石炼百馆长画画，石馆长不让他看，他就躲在树后弯着腰偷看。岁月漫漫，他对丹青之爱仍存于心，闲暇时，仍泼墨作画，时常邀上三五好友，随品随赏，以娱清目。

乾隆御下第一大才子刘墉曾经说过："我平生有三艺，题跋为上，诗次之，字又次之。"恩师姚摩霄先生，在书坛耕耘近百载，他的艺术之树也绽开三朵美丽之花。按老师的话说："金石为上，书法次之，国画又次之。"他的一幅《秦篆条屏》在省民政厅、新华社安徽分社、省老龄工委、省书协、省美协联合举办的"安徽省首届老年人书画艺术展"荣获金奖。

姚摩霄先生书写的"福""禄""寿""喜"四个大字（1.5米×1.5米），曾悬挂在合肥华侨饭店的大堂中。这四个大字敦实淳朴，神足骨硬，铁画银钩，力透纸背。前来下榻的旅客，到此皆要驻足凝视一番，赞不绝口，不舍离去。这是华侨饭店老总梁先生1994年亲自到寿州登门向姚老师求取的。2001年，县里拿出5万元经费，专为老人出版书画篆刻作品集，但被老人婉言谢绝了。老人一生不贪图虚名，很少对外投稿或参与展览，而对艺术有利的事，老人却乐此不疲，积极参与。姚老善交朋友，只要喜爱他的作品，有求必应。一位浙江人，慕名专程来寿，求姚老刻一方印章，第二天要赶回浙江，老人连夜为他刻好，临走时留下润笔费，被姚老婉言谢绝。

花香蝶自舞，到寿州向姚摩霄先生求字、求印者，岂止是省内外一些书法收藏家，还有北京、上海、厦门、广州、香港等近20多个城市的一些名人、名流及日本、新加坡等外国友人。这些前来求书求印者人托人、人求人，以求到姚老的墨宝为快事。

我作为姚老师的入室弟子，很荣幸为恩师筹办了九十大寿、百寿等寿诞，请来了省电台、市电台、地方媒体及省内外知名人士，为恩师祝寿。记者问到姚老的长寿秘诀，老人笑着回答，没什么秘诀，人要心态好，不图名，不图利，豁达开朗，清心寡欲。老年人多练练书法，多与朋友聊聊天，每天到澡堂泡个热水澡，多吃些稀流食，比如稀饭、面条等。简单说来，姚老平时就是粗茶淡饭，生活很俭朴，平易近人，性格开朗。

至今我耳边常回响着恩师爽朗的笑声和他的谆谆教导，眼前经常展现恩师慈祥的面容。

我的养母汪晓峰

丁骏龙

1978年10月的一天,古城寿县的微风中弥漫着稻米的清香。是夜,位于小城东街的红星剧场的红漆木门上挂着一块方形的硬纸板,上面写着"客满"两个字。大门虽已关闭,而门前依然是人头攒动,三五成群地聚在一起,时而侧身倾听从剧场内传来的微弱的锣鼓管弦之声,时而指着立于街边的广告牌,谈论着海报上写的名字和戏。这张海报上写着"今晚演出京剧古装戏《打渔杀家》,主演汪晓峰"。

剧场内,1070个座位已然坐满,中间的过道加了座位,两边过道上的人只能站着,四个安全门的门口挤满了人,气氛异常热烈。

京剧《打渔杀家》,讲述了北宋年间,好汉肖恩归隐江湖后,父女俩相依为命,打鱼为生,被恶霸欺诈,又遭官府责打,一怒之下杀尽恶霸上梁山的故事。剧中人物肖恩为老生应工。

在清脆的锣鼓声中,戏开场了。黄羨华饰演的肖桂英唱西皮导板:"摇橹催舟顺流下……",养母饰演的肖恩内喊:"开船呢!"养母的这一开嗓直教人头皮发炸,浑身起鸡皮疙瘩。当长髯飘洒,一身渔夫打扮的肖恩摇橹出场,在九龙口一亮相,台下的掌声如暴风雨般袭来,久不能息。此时的肖恩却忽然一转身下场了。台下的观众忽然安静了下来,台上台下所有人的目光都聚集在了上场门(演员上场处)她站立的地方……面对熟悉的舞台,久别的观众,此时的她百感交集,泪水涟涟。此情此景,台上台下无不动容。这场景,让我刻骨铭心。那晚,她让13岁的我在上场门给她拿着毛巾和捧着茶壶,行话叫"饮场"。此时,她向我要过毛巾,蘸拭了泪水,平复了情绪,向鼓佬(司鼓)示意要再次上场。当这位老英雄再次登台时,全场再次响起了潮水般的掌声,这掌声中有一睹她风采的期待,有对她人生境遇的同情,有为她能重登舞台的欣慰。

汪晓峰(1913—1988年),祖籍湖北蕲春,生于江苏南京。我所知的居住地址是南京市上浮桥彩霞街17号的一座大宅院,今属秦淮区。(1982年,她在南京住院期间,剧团派我去护理,我就住在这个宅院里,当时养母的姑妈依然健在。)她的父亲汪金玉,酷爱京剧艺术,亦有所成。养母自幼从师学艺,工老生,当时乾旦坤生是一种潮流。12岁,随其父去往上海,先后在文明大舞台、天蟾舞台(今天的天蟾逸夫舞台)搭班唱戏。20世纪二三十年代的上海京剧舞台可谓是星光璀璨。以通天教主王瑶卿为代表的四大名旦、四大须生、周信芳、杨小楼、姜妙香、李洪春、盖叫天,各个流派的名家汇集于此,各领风骚。通过搭班演出,使她开阔了视野,加之自身努力,技艺大进。1934年,养母与武生演员贾凤麟结为夫妻,时年21岁。

贾凤麟(1907—1969年),北京市人,7岁学艺,身怀绝技,与盖叫天、李吉来、赵松樵均有合作,后又拜武生名家白玉昆为师,人称小白玉昆。夫妇俩一文一武,在上海渐渐站稳了脚跟。

30年代中后期,上海天蟾舞台的老板,素有"扒手之王"之称的青帮头目顾竹轩,邀请周信芳先生常驻天蟾约角儿演出。天蟾舞台演员最多时有200多人,集聚了南北名家,各个行当,蔚为大观。但由于顾竹轩常常克扣和拖欠包银(工资),使周信芳先生入不敷出,难以为继,演员渐渐地流失。贾凤麟和汪晓峰于1940年前后返回南京。此时其父汪金玉是南京明星大剧院(原址在南京四象桥,今属秦淮区)的经理。

回到南京后,有了剧场,就有了地利之便,遂购置了一些服装箱笼及设备,自己组班演出,时而外出搭班演出,经常活动在上海及长江中下游南北两岸,声动江淮,颇有名气。直到1950年陈永亮到来,使养母的人生轨迹,彻底地改变。

陈永亮(1927—2014年),北京人。据本人讲述,其于1940年毕业于中华戏曲职业专科学校"永"字科,1949年在南京搭班演出时,因偶然的机遇,随华东野战军某师北上,来到了寿县,在90师工作。1950年10月,90师转为水利部建制后,因其有文化,能写作,被推荐参加皖北文联创作组,后就留在了寿县工作。

1950年,经寿县当地政府领导、组织,由陈永亮牵头,发动群众,组织义工建起了一座规模较大的剧场,即今天的红星影剧院。

有了剧场,就要有演出,组织上就指示陈永亮聘请演员来寿演戏。经人介绍,陈老几经辗转,在南京见到了养母,通过一番游说之后,养母遂携夫贾凤麟,子贾骏威,儿媳张婉秋,琴师杜凤山,跟包周元明等一行人,随陈老来到了这座小城,正是舍却金陵繁华,宁做淮上人家。

随着养母一行人的到来,再加上其他演员如张俊先、张美玉、张发启等人的加入,寿县成立了第一个受政府领导的专业文艺团体——红星剧社,后改为红星剧团。到1959年,将庐剧团、文工团合并,正式改为寿县京剧团。

从1951年到1963年这十三年间,养母与同事为寿县的观众奉献了很多经典的传统剧目,并且还创排了现代京剧《野火春风斗古城》《台湾来客》等现代剧目,受到了寿县各界尤其是广大观众的普遍好评和爱戴。1964年以后,因时代的特殊原因,养母被动员提前退休,赋闲在家,并于1970年被勒令下放至寿县保义公社清湖大队公庄生产队,名曰"劳动改造",直到1976年10月粉碎"四人帮"。

1977年回城之后,在党和国家相关政策引导下,政府为养母恢复名誉,补发了工资。之后,文化局派专业创作人员上门请养母口述传统剧目的唱腔和念白,并进行收集、记录、整理。团里很多青年演员上门讨教。一时间,家里人来人往,好不热闹。但一间住着三口人的13平米的小屋,实在是太局促,京剧团经研究,拨款800元,在院内的隙地里盖起了一间红砖瓦房,养母甚是欢喜。在赋闲的七年时间里,养母经过两次大手术,双乳已被切除,颈椎也有伤。此时的她已是一位步履有些蹒跚的68岁的老人,还有哮喘病,每天要用喷雾维持。但当团里提出希望她能重新登台时,她高兴地应了下来。她亲自安排角色、文武场、服装道具等等事宜,经过数天的排练,《打渔杀家》公演了,于是就有了文章开头的那一幕。

自此之后,她又自排自演了《秦香莲》《四进士》《打銮驾》等剧目。她的《四进士》极富麒派风采,这应该与她当年在上海天蟾舞台搭班演出的经历有关。《秦香

汪晓峰(中间白衣者)在京剧《四杰村》中饰演骆宏勋

莲》《打銮驾》二出戏,养母饰演包公。包公在京剧行当中是铜锤花脸应工。而养母虽也揉黑脸,勾月牙,戴黑相雕,但她演出少了花脸的火气,却多了一份文官的沉稳与儒雅。尤其是包公的出场,她是在四击头之后的吊钵里出场,到九龙口时,缩腹、提臀、抓袖、跐脚跟、耸右肩亮相,动作一气呵成,不仅显得身材高大,不怒自威,且气场强大。后来因体力不支,她就把这几出戏交给了团里的年轻人,只排戏不演戏了。

自1979年到1981年,她为京剧团陆续排演了《猪八戒招亲》、《甘露寺》、连台本戏《狸猫换太子》等等。她当时从事的工作,现在叫导演,但在我们京剧行里排传统戏,叫"说戏"。说戏的人,生旦净末丑,狮子老虎狗,外带上下手,要文武全才。剧中人是要唱西皮还是二黄,昆腔还是拨子,唱的感情是高兴还是悲哀,都得说出来,上场下场的唱念做打,用什么锣鼓经,怎么和演员配合,都得说出名堂出来。武戏用什么器械,是单打双打还是打档子,剧中人的服装、扮相、脸谱等都要门儿清,有了这些本事才能排出好一台戏。养母说戏时,团里给她备了一把藤椅,她坐在台口,鼓佬、京胡、场记在身旁,演员在舞台上听她调度,她一场戏一场戏地往下说,思路清晰,表达准确,听者明了,实实令人钦佩!

1982年秋的一天,她的脖子忽然抬不起来了,在县里、合肥的医院都诊断不出什么病,后来在南京铁路医学院被诊断出为"重症肌无力"。从此,养母告别了心爱的舞台和热心的观众,并于1988年的春天,永远告别了这个世界,享年76岁。

许传先先生捐献文物事迹概略

许响洪

文物保护志愿者、先父许公传先先生(1920.4.20—2001.3.15),溘然离世近20年,而先父生前向寿县博物馆、安徽省博物馆总计捐献587件文物,迄今更有30余年!回顾先父晚年保护、捐赠文物义举,不禁想起今春拜谒寿县博物馆第二任馆长王老文江先生时,曾亲聆他关于先父的评论:

许传先

"他爱好文物是为了保护文物,他为了保护文物才去爱好文物。他为文物所做的一切,都是为了一个目的——将这些文物陆续收集、保护起来,捐给国家,让它们能够进入国库,得到国家保护。我认为他是建国以来,寿县最早意识到寿县城乡文物散落严重,亟待保护,并最早身体力行走向基层,用自己的时间、金钱和辛苦劳动,将当时大量散落在民间、无人介意的国宝陆续收集起来,无偿捐给国家的人。无论从他保护文物的数量还是质量看,他都是国家文物保护的功臣!都是一位为国家和寿县文物保护做了重要贡献的人!他自觉做的一切,确实不一般!了不起!"

先父生平述略

先父祖籍寿县原瓦埠镇仇集乡。上溯三代,由外乡避乱落户,从此亦耕亦渔。

先父6岁入塾,11岁失怙,12岁习国术,15岁学徒寿州城,17岁逢国难,在四周一片"不做亡国奴"的呼声以及瓦埠同乡抗日将领方振武威名的感召下,慨然以独子之身,悄别孀居母亲孙氏多兰,经淮南、转蚌埠,至汉口,先入抗敌演剧队,再热血报名参加抗日名将宋希濂部,勇赴沙场,转战南北。因表现优异,文化尚佳,由团部保送河北保定军官学校学习。毕业后,随部作战湖北房县期间,因蒙县城名望并巾帼塾师陈氏桂森女史青睐,纳为爱婿。由此,先父得淮上文化开蒙、军事文化训练,再有幸亲得南国女史亲炙。而在这里,先父亦首次大开文物眼界,见识并浸润南国文化人家以不同房间分门别类收藏古本书籍、陶瓷玉器和琴棋字画等"场面"。而诸等文物置于当时"亡国亡种"背景下,更令先父深切感受到文化盛衰与民族存亡之关系!

抗战胜利,先父告别军旅,携眷归乡尽孝。不久有缘结识中共寿六霍游击队领导人赵凯、曹云鹤等同志。新中国成立初(1950年),经时任安徽省府领导成员赵、曹等同志推荐,先父赴皖北行政干部学校一期学习,毕业并参加土改工作后,偕先母一同工作于中共安徽省六安地委文工团、安徽省治淮指挥部、安徽省六安地区行署交通局及其下属单位六安地区公路站、六安地区汽车总公司、寿县汽车站(队)等单位,直至1979年荣休。

先父义举述要

先父荣休伊始,便慨然以老骥之身、千里之志,节衣缩食,寒来暑往,自发义务

搜集、整理和修复了大量文物之后,又倾其所获,先后两次两批向寿县博物馆和安徽省博物馆总计捐献文物580余件! 具言之:

1980年2月4日,先父向寿县博物馆捐献陶瓷、玉器和青铜等文物200余件;

1984年4月20日,先父向安徽省博物馆捐献陶瓷、玉器和青铜等文物300余件(个中文物,部分由安徽省博物馆划拨皖西博物馆)。

第一批所捐文物,2006年经国家文物局专家组鉴定,其中珍贵文物74件(二级2件、三级72件),馆藏文物21件,一般文物112件。

第二批文物捐赠时,安徽省委副书记袁振同志专为批示,又亲自主持捐赠仪式和授奖,并参观展览。而该批文物价值,专业圈更是交口称誉。以"寿州窑青釉贴塑陶瓷罐"为例,如今已纳为国家文化市场调查评估中心特别公示对象,再被选于公开出版的《中国器物图解词典》,中国社会科学院官网称之为"六朝青瓷的杰出成就";另一件"黑釉执壶寿州窑黑陶釉",则是安徽省文旅部门以及安徽省博物馆介绍安徽灿烂文明史的重要佐证实物之一,中国社会科学院官网则称其为"唐代寿州窑黑瓷中的精品之作"。

有鉴于先父保护、捐赠文物方面的突出贡献,除省、地、县文化部门和博物馆先后颁发奖状或通报表彰,省内外媒体多有宣传和报道外,2009年10月,寿县文广局、寿县博物馆,为号召和鼓励家乡更多公民积极参与文物保护、捐赠,特在县博物馆专辟永久对外开放的"许传先先生文物捐赠陈列室"。

先父义举动因和缘由

像先父这样,以一人之力,将自己辛苦搜集、保护的580余件青铜、玉器和陶瓷等全部珍贵文物,不予私藏而予全部捐出,全国亦鲜闻! 至于先父所以如此或必然如此的动因和缘由,以我后人眼光看,可从主、客观两方面理解:

(一)主观方面

1. 先父幼读私塾,一生主线未离过爱国爱乡! 先父常念于怀而启于唇者,亦是"天下兴亡,匹夫有责""君子谋道不谋食,君子忧道不忧贫",等等。

2. 先父一生阅历丰富,曾经沧海,不惊宠辱,念叨的财产名言,即《增广贤文》一句话:"良田万顷,日食不过三餐;广厦万间,夜卧不过八尺。"

3. 先父始终认为,文物的真正意义和价值,不在是否"值钱",而在它本身所依附的历史性、唯一性、民族性、文化性、地域性和不可复制性等等。因故为了物尽其用,先父认为,文物最好的归处还是捐于国家。他从来认为,私藏条件无论多好,都

许传先在修复文物(1982年)

终究无法比肩国家!

(二)客观方面

1. 作为一名抗战老兵,先父直至"文革"结束并荣休,才有可能发挥比原本职业更大的能量。对此,先父亦倍感珍惜和努力!

2. 先父义举无疑需要全家理解和支持,并首先需要先母理解和支持。而先母出身名门望族,幼读私塾,对于文物的见识远胜于一般女性。为防止子女因天性而觊觎文物的"财产性",先父涉猎文物之初,便给我们反复"上课",不是说著名京戏《一捧雪》中因宝惹祸的惨痛教训,便是说抗战时期,先外祖母交与先父随箧携藏之祖藏"诰封"遗失于兵荒马乱之事,让我们兄姊六人不断从中悟得庄子"物物而不物于物,则胡可得而累邪"之真谛!亦因此故,我们兄姊六人,不仅在先父生前,个个"大彻大悟",并如先母一样,无条件理解和支持先父,即便是在先父母过世之后,亦无一人对于先父义举有异议、有遗憾!

3. 1964年底,先父调到寿县家乡工作后,开始与五六十年代即已认识的老友、著名书法家、文博专家孙老剑鸣先生恢复交往,"文革"后期,更是过从甚密。二人所谈,难免涉及城乡文物四处散落、频遭损毁、亟待保护等共同关心的话题。这类话题日多,便日渐启发和推动先父自发自觉自愿走上文物保护、捐赠之路!而先父最早开始搜寻、阅读文物知识,亦自此开始。

4. 1978年,先父因臂工伤休息,一人时常前往距家不远的东津乡牛尾岗散步,其间不断发现不同时期文化土层,由是又开始搜集伴随土层出现的不同时期碎陶烂瓷,并开始陆续尝试写点研究文章,请孙老先生指正。1979年荣休,先父走出家门,开始文物保护行动不久,恰逢六安地区于寿县开办文博培训班,省文保所考古工作队亦入驻寿县城郊,进行田野考古调查,先父意趣浓烈,随伍学习,既学理论,又有实践,颇为受益,始渐入门。

5. 先父作为六安地区"老交通",既有出行方便之"地利",亦有熟人多之"人利",又因先父生性豪爽,热心助人,在宣传、组织和发动群众方面,早有着丰富的理论知识和工作经验,故每入基层,无不能很快开展工作,并得到城乡干群普遍信任和帮助。这时再加上先父有非凡的意志并付出不懈的努力,短短数年间,自能在文物保护上收获常人一生亦难以达到之成果!

先父义举意义和价值

先父保护、捐赠文物事迹,虽已过去30余年,但家乡迄今没有忘记先父及其贡献。2019年春,寿县政协文史委员会将先父事迹纳入本年度文史资料选题。作为后人,我们当然格外珍惜家乡之情,亦愿借此机会,将我们对于先父当年义举意义和价值的三点思考,进献如下,但愿于家乡建设和发展,或有参考:

其一,城以人名,人以城荣。名城离不开名人辉映,名人离不开名城滋养。

其二,家乡既有"地下博物馆"美誉,除了继续需要体制力量保护文物,亦需要依法建立一支民间志愿者队伍,借以在文物大县构筑出科学、完善的文物保护体系,让体制内外、上下各级,都能为国家文物保护做贡献!

其三,尊重越多,干劲越足;鼓励越大,活力越强。一切人,只要真心实意、合法合度为家乡做贡献,都是难得的"自家人",都能得到真诚呵护和鼎力支持!

行文至此,我谨代表兄姊各户献上七言绝句一首,以表达我们子女对于先父的理解和纪念。诗曰:

烈士暮年志未休,且将豪气竞风流。
费寻瑰宝捐国库,朗笑余生不再忧!

从国民党上校到著名书画家

——祝传鼎的坎坷人生

祝锦玉

祝传鼎,字仲禹,1913年1月出生在寿县老庙集一个贫民家庭。7岁开始,祝传鼎随父在芍东小学(今老庙小学)读书,当时其父在芍东小学任校长。小学毕业后因家庭贫困,无力升学,祝传鼎转入私塾读书。

祝传鼎在芍东小学读书时,张树侯(晚清秀才,近代著名书法家,辛亥革命元老)在此任教,时间不长,约一个学期。张树侯是其父在安徽讲武堂同学,在此结下了金兰之谊,并都是同盟会成员,追随孙中山先生革命。张树侯的书画名扬海内,著名书法大师于右任有诗赞曰:"天际真人张树侯,东西南北也应休。苍茫射虎屠龙手,种菜论书老寿州。"幼小的祝传鼎非常聪明,书画才情过人,深得张树侯钟爱,在书画艺术上得到了张树侯很多指导,影响了祝传鼎一生。当时,张树侯常到祝传鼎家做客,并送了很多墨宝,除中堂楹联外,还写了很多字帖及画了八开的一大本梅花,号称"铁枝梅"。字帖有隶书《石门颂》等两本,还有正楷一本、篆字一本等。这为祝传鼎学习书法绘画提供了范本。

1929年,16岁的祝传鼎被聘为老庙小学教师。1937年日寇入侵,一时激于义愤,祝传鼎投身抗战。同年秋他考取淮泗师管区第二补充营文书上士,在寿县正阳关的淮上军部队担任文书,后在西北军将领张自忠(国民党陆军二级上将、著名抗日将领)随营学校学习并任机枪手。1939年,祝传鼎转任汤恩伯机要秘书兼办公室主任,1948年转任陈大庆办公室主任,当时是上校军衔。后来,国民党失败,汤恩伯部队接到命令,深夜退守台湾。因祝传鼎居上海城郊,离司令部较远,清晨上班看到司令部内狼藉一片,方知内情。上海解放时祝传鼎投诚。1950年春,祝传鼎回到家乡,在寿县青莲小学任教,历任教导主任、校长等职,在多年的小学教学生涯中,为家乡培养了很多人才。正如他在《重游青莲学府书感》诗中写道:"回溯青莲瞬息间,八年滥竽愧执鞭。手栽松柏皆成器,青出于蓝胜于蓝。"1961年5月,祝传鼎退职赋闲,在寿县老庙集家中,以书法、绘画为生。

党的十一届三中全会以后，国家进入新的历史发展阶段，科学文化事业逐步复兴，祝传鼎把所有的精力投入到书画艺术创作中。他在人生感言中写道："我想，一个人生在世上，对人类多少要有一点贡献，如果不思进取，与草木同腐，是有愧于炎黄子孙。我认为只要做一点对人类有益的事，就是奉献。因此，我决定在我力所能及的书画艺术方面，走出一条路子，在精神文明方面实现我的理想。"他是这样想也是这样做的，六十岁以后得《芥子园画谱》，仍临习不辍。

祝传鼎博才多艺，精通诗文书画，文底深厚，常以自作诗词入书，味美字佳。现存有《随录卷》两本，一本存有诗词近百首，一本存有文章数十篇。如读到《司徒越书法选》时他写了一首诗："识荆有愿恨难从，捧读法书似相逢。翘首云天祝剑老，身心长健寿如松。"如晚年回忆少年恩师张树侯时写了一篇《惊会书法大师张树侯先生》，文中把张树侯热爱书法且书法造诣深等很多鲜为人知的细节写得惟妙惟肖。祝传鼎书法各体兼备，魏、楷、隶、行尤为擅长，功夫扎实。大小字体均佳，如画中题字，秀气劲道。大字遒劲有力，如用四尺整张宣纸给其学生温雪涛题写的四个大字"艺海秋实"，字字大气，力透纸背。绘画题材广泛，山水花鸟均佳，加之书法功底深厚，出手挥写，作品格调非凡。祝传鼎作品多次参加省、市、县书法美术作品展，1991年作品入选由中央电视台、《中国老年报》等联合举办的"洛玻杯"中国老年书画大赛，作品被"洛玻杯"艺术世界收藏。

祝传鼎的作品更多的藏于民间，深受人民群众所喜爱。20世纪80年代和90年代，祝传鼎名满一时，求画者络绎不绝。他生性温雅，人品高尚，不求名利，甚至儿童求画也笑赠之。当时，他写了《索画书感》一首诗："东施效颦学丹青，十年寒窗煞费神。索画盈门何所对，涂鸦满纸愧虚名。"诗中"索画盈门"可见当时索画人之多。祝传鼎和书法家马平和关系很好，现在整理先生遗稿时发现不少书信，是合肥、六安等外地人通过马平和向先生求要作品。当时，我在寿县三中任教，我的学生家长中有多人时任县和县直单位领导，我家访时发现他们几个家里都有他的作品，每次看到我都被深深吸引。经时任寿县一中教师祝绍德（先生侄孙）介绍，我将先生请至家中写字作画数日。先生生活简朴，烟基本不抽，滴酒不尝，主食以素为主。此后，县城又有多人通过我向他求要作品，每次他都有求必应。他给我画了山水中堂，并配有对联"水为善下方成海，山不矜高自极天"，我深知先生写这副对联的用意，是教导我要胸怀广阔，不骄不躁。

祝传鼎山水画　　　　　　　　　　祝传鼎书法

　　1992年,祝传鼎的作品被中央民族学院"民族魂"丛书编辑委员会收录到《秋实集》,编辑部让他谈谈创作体会,他深有感触地谈道:"从事书画艺术者,首先要有高尚的品德修养,如果一个书画工作者不具有一定的道德水平,就很难表现出艺术的美好境界,同时也就很难取得人民群众的共鸣,势必降低作品的效果。其次要具有启发人民群众爱国思想的生动力。凡创作一幅作品,其内容一定要健康向上,讴歌时代风貌,描绘祖国大好河山,抒发豪情壮志,才能给人民群众以感受,从而升华爱国思想。"先生有如此高的艺术境界,我们今天的书画工作者无不为之折服。

祝传鼎画室简陋,茅屋柴门,条件艰苦,然他不改其好,并还带有学生,从学者数人,都受益匪浅。如温雪涛16岁开始,跟随先生学画十余年,现作品多次入选省、市、县展览,现已是省级美术家协会会员。2002年冬祝先生离世,但他留下的宝贵的精神食粮让人欣赏感怀。

祝传鼎一生经历坎坷,颠沛流离,跌宕起伏,他的命运与国家的命运紧紧系在一起。为此,我们每一个人都应该更加珍惜今天的幸福生活。

(本文在撰稿中得到了祝传鼎老先生侄孙祝绍德、孙子祝绍宗、学生温雪涛等大力支持,并提供了有关资料,在此一并致谢。)

流年碎影

日军在寿县犯下的大屠杀兽行

张浩德

抗战时日军曾三次占领古城寿县,每次占领都杀人。日本鬼子第三次占领寿县时间最长,达到五年,杀人也最多。

1940年4月,日军矶谷师团纠集驻在怀远地区的皇协军,也就是老百姓说的二鬼子,共6000多人,配以飞机野炮,气势汹汹地进攻古城寿县。当时保卫寿县的是安徽地方部队保安九团。战斗从4月12日早上打到下午3点钟,由于敌强我弱,敌众我寡,最后保九团弹尽粮绝,而且孤军无援,鬼子终于进了城。由于保九团官兵的顽强抵抗,鬼子虽进了城,也付出了沉重的代价。

鬼子进城后便疯狂地进行报复杀人。他们首先杀的是保九团的伤兵和俘虏。

由于伤兵太多,医院无法容纳,不少伤兵就睡在大街上,鬼子见到伤兵就杀。有一个伤兵睡在地上,鬼子来了,他大骂鬼子,四个鬼子上来,用刺刀穿透伤兵的肩窝和两条大腿,然后把伤兵举起来,在街上游走,伤兵大骂不止,直到最后一息,当时看到的人无不掩面而泣。鬼子把抓到的伤兵和俘虏驱赶到东南墙下,强迫俘虏和抓来的市民挖坑,把俘虏和伤兵掩埋到大腿深处,然后鬼子用刺刀练活靶,屠杀之前鬼子强迫市民观看,以此吓唬市民不要抗日。杀人前有的鬼子还吸烟,最后把烟屁股塞到俘虏耳朵里,鬼子在一旁狞笑。鬼子杀人时,市民们看到为保卫古城而遭到鬼子杀害的中国军人,无不哭泣,有人甚至当场晕倒。鬼子就这样断断续续杀了三天,到底有多少伤兵和俘虏被鬼子杀害,谁也不知道。国际法和《日内瓦公约》规定,战争时期不准屠杀战俘,但日本鬼子是一伙披着人皮的豺狼,哪管什么国际法!

鬼子进城后,保九团的官兵脱下军服,换上便装,有的躲藏在市民家里,有的穿上袈裟在寺庙里当和尚,甚至也有的当尼姑。鬼子见到青壮年男子先看看右手食指有没有老茧子,如果有就认定是长期扣步枪扳机造成的,再看看头上有没有戴军帽留下的痕迹,如果有,就认定是军人。

市民们如果家里藏了中国军人,同样会被鬼子抓去杀掉。我家对门一位老大

娘,鬼子怀疑她家藏有军人,老大娘说没有,鬼子就叫来狼狗,老大娘吓得爬到大方桌上,狼狗就撕咬老大娘的脚和腿。有一位姓王的老头,家里很穷,父子俩靠砍柴卖柴为生。一天,父子俩到北山砍柴,草丛里有一套军衣,老头把军衣藏在柴里带回了家,放在床底下,打算买点染料染成黑色,留着穿,但想不到第二天鬼子来家搜查,发现了这套军衣,鬼子认定王老头家里藏了军人,王老头一再说衣服是砍柴拾的,但鬼子不信,便把王老头抓走,和俘虏一起杀掉了。

那几天,鬼子枪杀居民就好像做游戏。4月13日早晨,鬼子在我家附近就枪杀了五个人,两位菜农早上在地里挖菜,鬼子嘭嘭两枪,两位挖菜的应声倒地。一个老人早上起来开门倒便壶,鬼子开枪了,老人应声倒地,血和尿流在一起。一家两人准备出门办事,一个刚跨出门,一个在门里,鬼子枪响了,一个被打死在门外,一个被打死在门里。鬼子们打死了人,互相讲讲笑笑然后就走了。

西北城墙外,13日这一天,鬼子集体屠杀了六个人。此地离我家只有一里多路,当天我二哥和几位邻居都去看过。

鬼子走到哪里,居民们就互相喊"鬼子来了,快跑"!在武家巷,有个约五十岁的聋子听不见,鬼子到了他近前,他才发现,想跑,已来不及了,鬼子用刺刀捅他的胸口,他本能地用双手抓住刺刀,鬼子猛地往回抽刺刀,他双手流血,就这样鬼子反复多次,他的双手和胳膊已血肉模糊,最后鬼子玩够了,才把他刺死。后来家里人来收尸体,看见这位聋子的尸体,不知被鬼子刺了多少刀。

当时城内有所医院,叫春华医院,是美国人办的,院内挂有美国国旗。当时珍珠港事变还没有发生,美国算是中立国,所以日军进城前老人、妇女、儿童多往这里跑,我和母亲就是在前一天来到这里。13日上午有个人走在路上被鬼子看见,他就往医院跑,鬼子在后面赶。快跑到医院,他右转身,就要跨进门,鬼子开枪了,子弹从右腹进,左腹出,肠子流了出来。医院外科医生杨吉凌院长闻讯赶来,把肠子给他塞进肚子里,抱起他上了手术台。由于抢救及时,这个人得救了。当时我也在医院,知道这件事,但没有见到这个人,想不到二十二年后,在皖西一所医院里,我们意外地见了面。那是1962年春天,我因哮喘病发作,住在医院里。一天医院来了一位胃痛病人,他的胃开过刀,他向医生介绍了二十多年前胃部被鬼子打伤的经过。我一听,他原来就是当年被杨吉凌救活的人,便上来告诉他,那天他受伤时,我也在医院,他得知我是老乡,便上来紧紧地拉住我的手,久久不放。

也有人著文说北城墙的东涵洞,是鬼子屠杀市民的场所。其实,当时鬼子杀人,并没有固定场所,而是随时随地杀人。20世纪70年代初,午收期间,我和学生到北山下生产队参加午收,劳动休息期间,一个老农指着山下一条大水沟说,1940

年春天日军攻打县城时,村里人都跑了,不知谁家有个六七岁的小女孩,一个人在路上一边跑,一边喊着妈妈。这时来了两个鬼子,抓住小女孩,然后两个鬼子各扯小女孩一条腿,最后把小女孩活活劈成两半,再把尸体扔到大水沟里。老农讲述时,听的人无不恨得咬牙切齿,大骂鬼子没一点人性。当年八路军进行百团大战时,曾有两个日军小女孩,父母被炮弹炸死,两个小女孩无家可归,两个八路军战士收留了她们。聂荣臻将军知道后,还找来个农妇,专门收养这两位日本小姑娘,后又派人把两位小姑娘送还给日本人。与聂荣臻将军和八路军战士相比,日本鬼子还算人吗?鬼子兵就是披着人皮的豺狼!

鬼子第三次攻打古城寿县时,杀了多少人,谁也说不清楚,也无法说清楚。本文所述,有的是当年本人亲眼所见,有的是当时听人说的,这仅仅是鬼子杀人的冰山一角。

鬼子占领寿县后,在城内搞了两个司令部,一个叫警备司令部,在当时安徽第六女子职业中学,简称六职;一个在十字街口西北,叫宪兵司令部,即今寿春镇政府办公楼旧址,是专门捕杀抗日分子的,老百姓称其为"魔窟"。那时鬼子抓进去的人没有能活着出来的,白天抓了人,杀掉后,用麻袋装起来,夜晚运出城外,扔到大河里。

这是古城寿县一页惨痛的历史。对此,古城老百姓永远不会忘记,也不能忘记!

正阳关风情录

时洪平

我的故乡正阳关，是位于淮河中游南岸的一个千年古镇。千里淮河自河南桐柏山出发，穿山越壑，经丘陵洼地，以吸纳百川的力量，从上游裹挟着"七十二水"，在这里自西北向东北拐了四个将近90度的倒"几"字大弯，积水面积9万多平方公里，骤然形成一条宽阔的主干流，浩荡东去。当年苏轼以太常博士直史馆出为杭州通判，一出颍口，面对着水天相连的广阔长淮，耳目为之一新，精神为之一振，写下了千古名篇《出颍口初见淮山，是日至寿州》。也恰在这个倒"几"字大弯上，从南部大别山迤逦而来的淠河和穿越西部沃野而来的颍河，一前一后注入淮河。清澈的淠水和淮水，形成了清浊可辨、蔚为壮观的场景，淠水注入淮水的地方就叫"清河口"；而颍水与淮水交汇的地方，因水上起沫，又叫"沫河口"。正因为"长淮三面八百里，七十二水通正阳"，把正阳关带进了千帆竞发、物丰人富的繁华年代。明清或更远的年代，这里成为鄂、豫、皖三省二十四县商品集散中心，往来船只络绎不绝，各地商贾接踵而至。明成化元年（1465年）在此设立征收税赋大关，直属户部管理，"正阳关"因此得名。全国有"两湖会馆""浙绍会馆"及江西、山西、河南等十五省在此设立会馆，英、美、法、德等国派人在此传教行医，七十二座寺庙遍布古镇各个角落，人口最多时达八万之多。那时的正阳关不仅有"小上海"的美称，还有"皖北秦淮"的名声。

我虽未见过正阳关当年的盛景，也未曾谋过大小西门和诸多码头的面，但我至今依然清楚地记得，来自蚌埠港、阜阳港、南照港以及河南省淮滨港的一列列驳船、一群群白帆从波光潋滟的远处驶来。宽阔的河面上，帆樯林立，绵延数里，炊烟四起，人声鼎沸，灯火辉煌，通宵达旦，热闹非凡。即使在三年自然灾害时，轮船码头依然通宵达旦，十分热闹。码头上站满了翘首以待接亲戚的人，打着马灯的店家匆匆奔跑着，招揽着旅客住店。候船室门口，咕嘟嘟的杂烩锅，里面虽没有了大鱼大肉，但有豆腐、白菜和血晃，生意依然红火。

虽经过了1954、1956年两场大水的冲击和浸泡，镇上多数房屋已倒塌毁圮，还有些幸存的古建筑,仍可见当时正阳关市井之一斑。古镇沿淮河从西北向东南蜿蜒逶迤,风格各异的南北大街、圈门街、三元街、新街、后街、木匠街、断街等57条街巷向东南西北延伸。街心青石铺路,中间石条车辙深陷,默默无声地向人们诉说着古镇繁华兴旺的昨天。大街两旁,明清民国时的商铺、民居随处可见;古色古香的"四合院",玲珑别致的亭台楼阁,鳞次栉比;照壁、天井、石桥、假山、太平缸、火焰山、考究的门楼及灵兽等随处可见,煞是壮观。房屋的结构也多是辅梁辅柱,镶嵌"三雕",绝不亚于皖南徽州民居,屋面比之皖南瓦椽上的"干插瓦",还多了一层望砖,既美观又隔热防潮;砖砌的墙体,与寿州城里"里生外熟"的墙也大有不同,牢固美观;商铺多前店后作坊的格局,门前干净整洁,各具特色的招牌和幌子,一个比一个显眼;街巷和深宅大院桑枣榆槐、椿皮楝柳,枝叶繁茂,花香诱人;断壁残垣上湿漉漉的,长满了青苔,开满了牵牛花、扁豆花、葵花,爬满了南瓜、冬瓜、豆角秧;蝴蝶、蜜蜂在上面飞舞,蟋蟀在砖缝中歌唱,时不时地还会蹦出一只蛤蟆来,逗得孩子们追着、逮着,引来阵阵银铃般的笑声……人们依旧还能嗅到古镇特有的味道。镇上人也多以经商为生。我家居住在古镇中心的圈门街和新街子口,四邻街坊从圈门街西往东来有刘家水锅、翟家豆腐店、杨家牛行、黄家鱼行、清真宰牛组、张家理发店、刘家竹器店、周家豆腐店、甘家糖坊、黄家酱园、袜子店、麻绳店、菜市、杂货店,还有一个幼儿园。我的发小和今天的一些同学都住在这里,吃饭端着碗满街跑,你夹我碗里的一块菜,我喝你碗里一口汤;夏天纳凉,哪家地方宽敞、凉快,都一起往那凑,挤在一起听大人们讲牛郎织女和《聊斋》的故事;一家有事,四邻街坊都第一时间赶来帮忙;卫生轮流值日,有个小木牌,传到哪家这天就由哪家负责,不仅要打扫卫生,还要在"辖区"高喊"穷锅门,富水缸,防火防特防小偷"。这在今天看来仍不失借鉴意义。此外,还有闻名沿淮的"二月十九迎水寺庙会",怪异热闹的"中元节盂兰会"等等,正阳关因水而生,因水而盛,形成了独具特色的民间文化。

我四五岁的时候,每到端午节那天,轮船码头挤满了看热闹的人。码头上泊着几艘不同颜色的龙船,旌旗招展,龙头有一站立击鼓者,龙尾有一掌舵人。只听一声令下,众划手在锣鼓声中,呼着号子,手持划桨,往前猛划,远远望去,其速如飞,场面极其壮观。最先冲到终点,便是引人注目和喜出望外的获胜者。接着"抢鸭子"开始了!就见在鸭子的脖子上划一刀,扔河里。刹那间,人声鼎沸,"扑通!扑通!"水性好的男子一个个跳下水去,鸭子被弄得昏头转向,拼命拍打起翅膀。这时候,站在船上或岸上的观众大声呼喊,示意捉鸭人鸭子逃向何处、在附近还有另一只鸭子等等。那鸭子虽鼓足了劲头,在水中左闪右避,最终因体力不支被捉。后来才知道:赛龙舟起于越王勾践。他卧薪尝胆,终于报仇雪恨。而在雪耻过程中,他

五月五日成立的水师起了重要作用。他这种坚强的毅力和决心,感动了不少人,后来人们为了仿效他,以五月五日划船竞渡以示纪念。屈原死后,人们便把端午赛龙舟与纪念屈原联系在了一起。而"抢鸭子",寓意为"龙飞凤舞",象征着以后的日子越过越红火。在鸭嗉上划一刀,再撒上盐,鸭子因疼痛会在水中拼命扑腾,增加"逮鸭子"的难度。

至于正阳关灯会什么样子,我不怎么记得了,倒是听了老人们不少绘声绘色的描述。那时,正阳关交通运输业和手工业发达,造船业、排业、搬运业、水运业、渡口业、渔具业、木业、竹业、铁业、五金业、鞋帽业、衡器业、印刷业、药业,五花八门,一应俱全;加之有客货码头多处,码头搬运工人近千人,每年的正月十五元宵节、二月十九迎水寺庙会都要玩灯。1976年"文革"结束,沉寂了多年的正阳关灯会重又焕发出青春。那年正值我从部队回家探亲,有幸目睹了原汁原味的正阳关灯会。

那天晚上,天公作美,月明风清,是个玩灯的好日子。一里长狭窄的街道两边,挤满了四乡八集来看热闹的人。此时,正阳关万人空巷,灯火辉煌,人头攒动,人山人海,好不热闹。长长的灯会队伍,从南街搬运站发灯,在镇委会门前宽阔的街面集中表演,到北门外木匠街拐结束。一般情况下,便于行进的灯在前,精彩的灯安排在中间或靠后压阵。排灯开路,最前面是学校的"军鼓""秧歌""腰鼓""连厢",紧随其后是造船厂"狮子灯"、木器社"杆连灯"、街道的"抬阁""花鼓灯""犟老婆骑犟驴""大头娃娃戏刘海"、竹器社"龙灯"、水运社"旱船"、建筑社"高跷"、铁器社"穿心阁四老爷打面缸"和搬运站"肘阁",各有特色,完全符合"文艺源于生活,又高于生活"这一原则。玩灯的队伍,足有半里长。为防拥挤影响表演,每盘灯都事先做好了围栏,有年轻力壮的人护卫,作为预防事故的安全措施。

那次灯会给我印象最深的是,抬阁《三打白骨精》,穿心阁《四老爷打面缸》和高跷。抬阁上,唐僧师徒四人、白龙马、白骨精、山川河流、亭台楼阁,流光溢彩,栩栩如生。在多人的簇拥下,"前进一步九寸二,后退一步八寸八,两目平视观六路,耳听八方心不惊","提脚轻似风,落脚稳如钟"。面抹铁灰的四老爷,手拿酒壶,骑在类似跷跷板的独杆轿上,一起一落,上上下下,做一些滑稽动作,幽默风趣,让人忍俊不禁。"高跷"更为出奇,足有丈八高,休息时就靠在房檐上。有的扮成戏剧人物,有的扮成神仙鬼怪,手执扇子、旱烟袋和彩绸,既有单人表演,也有集体对舞,既惊险又滑稽,引得人们翘首仰望,欢声雷动。

当然,最吸引人的还是重头戏——肘阁。《水母娘娘沉泗州》《王三姐赶集》《打樱桃》《打渔杀家》《孙悟空打金钱豹》《青蛇白蛇爱许仙》,在月光、烛光和灯光的辉映下,伴着锣鼓和笙箫笛管的细吹细打,更显虚无缥缈,美轮美奂。当肘阁过来时,人群骚乱起来,人流像潮水般地拥向近前,想看个究竟。好客的店家和主人要接灯,将事先准备好的鞭炮点燃,并将包好的香烟和糖果高高举起,并挑逗表演者尽情展示技巧,费一番周折前来摘取,以示感谢和犒赏。

玩灯的人都是街坊邻居,自娱自乐,特亲切有劲、快乐有趣。那次我的亲友都参加了灯会的组织与表演。那时玩灯不像现在,大街上光线很暗,只有街面上微弱的灯光和烛光,玩灯时"戳灯影子",有种看不清、摸不透的神秘感,使灯会的味道发挥到极致,所以人们撵着肘阁上的小演员看是真人还是假人。

说到正阳关,人们自然会想到远近闻名的"三子":蒿子、蚬子和鸠子。正阳关的蚬子不同于其他地方的蚬子,以清水河口和上游溜子口为佳,呈匕首形,肉质细腻,鲜美异常。鸠子比鹌鹑小,是一种水陆两栖候鸟,每年春天才在正阳关周围的芦苇荡、蒿子丛内出现十八天,卤好的鸠子皮嫩骨酥,是一道下酒美味。我虽常吃蚬子,也见过卤鸠子,但只有打蒿子是亲力亲为。

春季,当蒿子长出之后,邻居们便会三三两两相邀去孟家湖打蒿子。那时我还小,跟着姐姐和邻居们一起,早早地起来,带上干粮和水,过南船塘,翻南堤,再走两三里路,从清河口过河,穿过一片芦苇荡,沿着蜿蜒的林中小路,向湖底走去,那里是盛产茎又短又粗又嫩的蒿薹"坐地炮"的地方。孟家湖辽阔寂静,树木茂盛,芦荻丛生,叫天(云雀)在空中歌唱,野鸡、野兔在草丛、树林中飞舞、跳跃,逗得我们追啊、撵啊,好生快乐。

这蒿子对正阳关人来说,可有救命之恩。三年自然灾害时,等不得蒿子长出嫩芽,连蒿根子都挖出来做糊糊和蒿饼子吃了。当时流传着这样一首歌谣:"蒿根子,吃了养孙子;蒿薹子,吃了养儿子。"人们把它视作延续生命、传宗接代的宝贝。史书记载,我国很多地方,都有"吃春"的习惯。所谓"吃春",即人们取那些先得春风的最鲜最嫩的东西来尝新,象征着新的一年的开始。皖西人的吃春之物,既有荠菜、头刀韭,也有竹笋、香椿头之类,但人们用得最多的则是野蒿。皖西野蒿的精品在寿县,尤以正阳关孟家湖的蒿薹为最佳。孟家湖水来成湖,水去成滩,湖地肥沃,加之春风能够浩荡,细雨能够广播,所以蒿薹长得又壮又嫩,蒿香浓郁,迥异于别处,为蒿中上品。后来孟家湖好多地方都种上了庄稼,蒿子生长的环境发生了变化,我也离开了家乡,再也没有去过孟家湖打蒿子。但每年蒿薹上市时,我是不会忘记一定要买些回来,自己品尝或馈赠给亲友。

纵观一些地方的兴衰,与一个地方人的聚散和交通条件密切相关。后来陆路交通彻底取代了水路交通,正阳关很快失去了昔日的繁荣与热闹。那些一直如影附形、如水就岸般陪伴着我们的乡风民俗,忽然烟消云散,把我们的身体和心灵赤

裸裸地抛撒到一片苍茫之中。也只有在这个时候,我们才会情不自禁地怀念那些熟稔的风俗,就像一个游子怀念家乡,也像鱼儿怀念河流、鸟儿怀念树林、虫子怀念草丛。现在,故乡正一天天改换着她的模样,我离故乡也越来越远,如同人眼将花一样,对故乡的记忆越来越模糊。只有在夜深人静的时候,一次次地吟诵李白的诗歌"举头望明月,低头思故乡";只有在想家的时候,一遍遍听着阎维文的歌曲,期待着家乡月来抚摸我的头,家乡柳来拉住我的手,让乡情淡淡融进杯中酒……

解放前的正阳港

王晓珂

站在正阳关淮河大堤上,司徒越先生手书的"正阳港"今犹在。远望淮水,滔滔波澜,心潮如涌,在这不到三公里的港口上,多少灿烂的文化,千年的故事,在这里流淌,思绪万千……

正阳关,古名羊市,别称来远镇,位于淮河之滨,南贯大别山,东御史沛河,西濒颍河,北汇长江,在过去,是淮河上中游交通运输重要的枢纽港口,也是一个知名码头,向有"七十二水归正阳"之称。三国时此地就有了城池,有舟船往来。淮河正阳关段水域中,盛产淮王鱼,肉嫩而鲜美,营养丰富。

正阳港

明嘉靖年间的《寿州志》记载："汉刘昭烈帝（221年）筑城屯兵于此。东接淮颍，西通关陕，商贩辐辏，利有鱼盐，淮南第一镇也。"早在1700多年之前，这里就已成为军事、经济、政治的重要港口了。

到了清同治十三年（1874年），正阳城又进行了修建，立有一碑，碑上记说："州之西六十里，为正阳据淮流之上游，舟车四达，物盛人众。……户口殷繁，市廛饶富，列屋而居者，绮纷而绣错栉比，而云连，而估帆，市舶出入于洪涛……"

到了清咸丰年间，正阳关开始有了船行，民国五年（1916年），形成了杨世英、唐树德等七家船行。这些船行时分时合，开设时都是经过当局的批准，并且到县"领帖"，方得开业。同时，正阳关的造船业也得到了飞速发展，个体造船厂蓬勃兴起，开始的船都是木材打造，到抗日战争时期，造船厂已达十八家，工人近千人。到了清朝末年，淮河岸边的蚌埠，轮船业也发展迅速。从1910年起，蚌埠以赵佩五为首成立"淮河河公公司"，第一条轮船是"泰亲"号，开辟了青江至正阳的客货运输的线路，1912年成立"通大轮船公司"，1929年寿州人孙家鼐后人购买"仁昌""兴昌"两轮船加入了"利淮河公公司"。之后如雨后春笋，在蚌埠陆续成立了"兴淮""复淮""便商""裕淮"等轮船总公司，正阳关委托张巨五、丁子清两人代办。到抗日战争爆发前，这些轮船公司由陈树成、穆子君、刘捷山等三人联合组成了"民营长淮轮业合组公票处"，正阳关设立分处，由姚敏斋、丁子清负责。在当时，大别山区的大批的茶叶、麻、竹、木材等山里产品沿沛河源源不断地输送到正阳，又经正阳输出到各地。水水沟通，船货不息，这种情况一直延续到抗日战争爆发的前夕。

那时，正阳关港口的繁华，难以描述。正阳关上从清河口，下到沫河口，短短的六华里航道两岸，每当夜晚，千条泊船，樯帆林立，舟楫穿梭，人行如蚁，聒声嘈杂，通宵达旦。正阳南门外淮河岸边建有月牙形的水月寺，庙联曰：水月寺鱼游兔走，山海关虎啸龙吟。而在北门外迎淮激流而建的迎水寺，庙宇高大，雕梁画栋，凤趾龙阁，五光十色，常年有人朝拜，游人流连，庙联写着：五六月天无暑意，二三更时有渔歌。清同治丙寅年（1866年）正阳关建立两个船塘，北门外的北塘，全堤长二百零二十丈，宽五丈；南门外的南塘，全长二百零十丈，宽五丈，作为来往船只避风的港湾。在正阳南，有南湖晴光，为正阳八景之一。汤鼐曾有诗句："满载冠盖入垂杨，隔溪风渡藕花香。"湖的北边是南堤，昔日有"观澜亭""酌棋亭""羹美舫"等游息场所。观澜亭旧有联曰："烟水茫茫豪士胸怀名士恨，亭台草草元人图画晋人诗。"其时，正阳关镇上的人口已三万人以上，开设有名望的大商家，诸如护货行、官监行、粮行、什货行、大饭店、大旅馆等各行各业，有三十一家之多，一时声震淮河，波及宁沪。

1931年,我的爷爷就在正阳关镇的北街上开着一家"刘家瓷器店"及布店,四间店面,店后面有个小院,两排两层木楼,我的母亲就出生在那里。店铺在1951年公私合营的时候,变成了集体制的糖果厂。母亲回忆小的时候,每逢正阳关农历二月十九和九月九玄帝庙会期间,正阳关一些民间艺人,为增加节日的喜庆气氛,便纷纷上演舞龙、肘阁、抬阁等一些民间技艺表演,精彩纷呈,人头攒动。庙会期间,每一家店铺门前都摆上各种糕点、糖果、烟酒等等礼品,作为犒赏舞龙、肘阁、抬阁的表演队伍。当他们经过的时候,谁家摆放的礼物越丰富,摆的越多,舞龙、肘阁、抬阁在他家店铺门前表演的时间就越长。古街二层木楼窗口也都伸出了密密麻麻的人头,店主点燃鞭炮,龙腾飞舞,场景十分壮观。这种繁华的景象一直延续到1938年。

　　抗日战争开始以后,国民党政府为加强政治和军事统治,除设有一个区党部、七个区分部外,还派调138师、172师、77军74师、第八绥靖区正阳指挥所等长期驻扎,那段时间,国民党军队布满了正阳港。1945年秋,正阳关设立淮南铁路局正阳关营业所,隶属于淮南铁路局营业处领导,设有电台一部,到1948年春天撤销。河下有轮船5—6艘,铁驳和货驳(属于淮南铁路局淮河轮运所领导),有一个警班轮流押船。当时淮南铁路局利用几条破旧轮船开办正阳关至田家庵客运航线,在凤台设立一个轮运站,职员每年发两套卡其布制服,冬天发蓝呢子制服,戴大檐帽,帽子上有"淮南"字样,证章上署名"淮南矿路公司淮南铁路局",还发有"服务证"。到了1949年1月正阳关解放了。1949年2月,"民营长淮轮业合组公票处"改组,重新组成了"民营公司"和"五轮公司",1956年公私合营时转入淮河轮船运输公司。正阳港口在党的领导下发生了翻天覆地的变化,港口逐渐改变了工人肩挑人扛、张帆摇橹的笨重劳动,机械化程度大大提高,挂机声隆,船舶增加,港口得到了飞速发展。

　　转眼百年过去,岁月沧桑,随着铁路与高速的发展,如今的正阳关的水路也失去了优势,港口已没有昔日的千帆竞发的场面。现今引江济淮工程的开启,对淮河来说是一次新的机遇,正阳港也会随着淮河的发展变化,迎来新的春天!

仇集幸福大桥诞生记

赵鸿冰

2019年4月7日上午,一个阳光灿烂、春风送暖的日子,我来到东大寺巷三步两桥附近的寿县信德养老中心,采访当年带领干群建起仇集幸福大桥的组织者吕仰正老先生。

91岁的吕仰正此时正微眯双眼,在养老中心院子里晒太阳,享受退休后的晚晴时光。听说采访仇集建设幸福大桥的事,吕老顿时来了精神,滔滔不绝地叙述起来。

1976年岁末,吕仰正服从组织安排,从县直单位来到原瓦埠区仇集公社任党委书记。负责接洽的区委副书记王明帮送吕仰正上任。当时从瓦埠到仇集的途中,要乘小船过渡。他们作为干部不好意思与群众抢,连续两趟都没有坐上船。在等船的过程中,吕仰正看到,过渡的水面很大,遇到风浪,行船也很危险。这时,同样没有跟上船的一个老奶奶说,这要是哪个当官的行行好,修座桥就好了。吕仰正听了,感觉有道理,就反问道:这么宽的水面怎么修?老奶奶说:不能两边打上坝子吗?吕仰正听了,茅塞顿开,说:这我怎么没有想到呢?对呀对呀!

吕仰正和王明帮几经周折到了公社,在渡口建桥的念头就再也挥之不去。他征得王书记同意,就把建桥的事纳入议事日程,投入紧张的筹备中。

作为一名入党多年的干部,吕仰正深知,建桥这样的大事,不是他和公社干部几个人就能完成的,必须走群众路线,团结群众、依靠群众、发动群众,赢得他们的支持,才能干成事。吕仰正得知王明帮书记熟悉当地情况,就请他一道做工作。他们首先找到村书记,听取村里和群众对建桥的意见和看法。老李一听是这事,高兴地说,这是天大的好事,要人给人,要钱给钱。不仅我们村带头参加,其他几个村肯定也会参加。这让老吕看到了希望和曙光,建桥工作就雷厉风行地干起来。

20世纪70年代末,科技还不发达,也没有挖掘机、铲车、搅拌车、吊车等现代化机械设备,但蕴含在群众中的智慧却是无穷的,确实能够改天换地。

当初,没有技术顾问,没有专业人员,全是土法上马。到八公山打石头由李传水负责,建桥由李家余负责,瓦工由董光武负责。为使大桥建得牢固,干部和民工将渡口两边打上坝子,用水车抽干水,扒尽淤泥,挖桥的基础,一直挖到瓦埠湖底的红石层,才把石头放下去,打桥基。

整个桥设计为三个孔,三孔上面分别留有四个泄水口,以减少洪水对桥身的冲击。当时没有机械作业,只有笨方法,把三个桥孔部分用土垒起来,在上面用石头砌成桥孔的形状,待水泥凝固以后,再把桥孔里的土清理出来。

在建桥过程中,公社干部和社员、民工同工同酬。干部每天补助半斤粮食,民工也是。当时仇集公社有个水上运输队,有一只轮船和八条小划子,负责每天从八公山运石头,那时石头不要钱,就需要买炸药的钱和轮船的汽油钱。打石头放炮需要有技术的人,吕仰正有个老乡叫王浩珍,利辛人,当时在城南公社,吕书记就请他来帮忙打石头。

石头运到瓦埠湖大桥湾,再用小划子转到建桥的工地。真是历经了千辛万苦。在那样艰苦的环境下,男子汉们能干的事情,女同志也不甘示弱。当时涌现了以陈兰英为首的铁姑娘战斗队,她们与男子汉们同吃同劳动。还有以年轻人为主力的青年战斗队,把汗水洒在工地上。

为了使大桥美观,起到振奋人心的作用,大桥护栏上的柱子上全部用方方正正

幸福大桥

的宋体字刻出语录和口号。这些口号和语录是从哪里来的呢？吕仰正告诉我们，是公社的文教干事刘志伟整理出来的。兹列举如下：时代不同了，男女都一样。工业学大庆、农业学大寨。提高警惕，保卫祖国。全世界无产者联合起来。抓革命，促生产。以粮为纲，全面发展。一不怕苦，二不怕死。中华人民共和国万岁。自力更生，艰苦奋斗。

在标语口号的旁边，是用水泥绘成的各种图案，有喜庆的灯笼、成行的树苗，有田田的荷叶和莲蓬、栩栩如生的飞马等。吕仰正介绍说，当时，有个青年学生叫李传同，他高中毕业没有工作，就在工地上用水泥雕刻了这些图案。

大桥经过紧张的施工，1977年1月份动工，到8月份就完工了。从桥上"为修桥""一九七七""水上大队"的落款和吕老的叙述中，我们可以得知大桥仅用了8个月时间就建成了。

时任县委书记冯建华在大桥建设后期，曾到工地检查，对吕仰正说："这次我到北京开会，一回来就直接到你们这里。"吕仰正明白，领导没有明说，主要是要看建桥的速度。时任县长乔传秀在建桥期间和大桥建好后，也给予充分肯定。

大桥建成后，像一道长虹横卧在大顺和瓦埠的湖水之上。人民群众奔走相告。总得给大桥起个名字吧？吕仰正召集公社干部和村干部一合计，决定用仇集人民大桥命名。有一个干部提出，这座桥给当地百姓带来了幸福，不如叫仇集幸福大桥，大家一致称好。

为庆祝建桥成功，公社举行了隆重而简朴的表彰活动。根据建桥过程中的表现，发展党员10名、团员20名，表扬了一批先进人物，陈兰英的铁姑娘战斗队等团队受到表彰。当时发放了编号1到200的搪瓷茶缸。

一桥飞架南北，天堑变通途。至今，仇集幸福大桥依然屹立在瓦埠湖畔，方便着人们的出行和生产生活。人们不禁要问，当时建桥的费用从哪里来？吕仰正说，当时从救济款中解决建桥的费用，主要就是购买炸药及船用汽油、柴油等。干部们都说，要向上级争取资金。吕老总是说，等桥建好了，国家自然会拨钱的。后来，县里拨了2万元。地委书记胡坦得知仇集自力更生建大桥，给予高度评价。

把人民群众利益放在心中的人，人民永远感激他。当地干部李家余建议给吕老竖一个碑，吕老没有同意。吕老在仇集工作了5年，回到县城，在寿县卫计委工作，后来又调到寿县县委党校任副校长直至退休。

吕老调离仇集后，始终没有忘记仇集人民，每年都要到桥上走一走，看一看。吕老说，1991年发大水，桥两头被淹，中间没有上水。吕老一直铭记在心，不能释怀。

退休后吕老闲不住,组织一帮老年人管理楼道卫生,制止青少年学生上网吧,倡导文明新风,继续发挥余热,被中央文明委授予"中国好人"称号,在全省各地巡回演讲。

如今,吕老已经进入耄耋之年,回忆起当年的峥嵘岁月,仍然充满激情和感动。诗人臧克家说,给人民当牛马的,人民永远记住他。吕老就是这样的人,那顶天立地的幸福大桥铭记着吕老那一代党员干部的无私奉献精神,就像不朽的丰碑永远耸立在仇集人民的心中。

司徒越的芍陂情怀

孙以櫽

国家历史文化名城寿县古城东南方30公里处,有一个2600年前由春秋时期楚国令尹(丞相)孙叔敖主持兴建的水利工程"芍陂",这就是号称"天下第一塘"的安丰塘。这颗镶嵌在寿县大地上的明珠周长25公里,面积34平方公里,蓄水近1亿立方米,灌溉面积7万公顷,在当地的农业生产中发挥着不可或缺的作用。

塘西北方的堤上矗立着一块碑,上面镌刻的是寿县本土书法家、安徽省书法家协会副主席司徒越(孙剑鸣)题的"芍陂"二字。

安丰塘以其"古",以其"大",吸引了世人的眼球。1976年,联合国大坝委员会主席托兰曾亲临安丰塘考察;1983年,有客自北京来,看了烟波浩渺、水天相接的安丰塘后说:"这叫安丰塘?叫它安丰海不也行吗?"(司徒越《关于芍陂(安丰塘)始建时期的问题》)的确,北京人常说的"海"和它相比,只能算个小水瓢罢了!

且看看安丰塘的前世今生:

"'芍陂'之名,始见于《汉书·地理志》……何以名为'芍陂'?北魏郦道元的《水经注》云:'肥水东北经白芍亭,积而为湖,谓之'芍陂'。'并云:'芍陂周一百二十许里,在寿县南八十里,言楚相孙叔敖所造……陂水北经孙叔敖祠下……'"《后汉书》成书后的1500多年间,一般都认为芍陂是楚相孙叔敖所建。隋唐以后,当地设为安丰县,芍陂因而改称安丰塘,并沿用至今。

"从1975年起,出现了新的意见……"(司徒越《关于芍陂(安丰塘)始建时期的问题》)所谓"新的意见"有数种(本文不详叙)。尽管它们不尽相同,但在否认寿县境内的"芍陂"是孙叔敖所建这方面,"新的意见"却是一致的。

厘清芍陂(安丰塘)的"身份",对于学界、对于古塘本身都是个极其严肃、重要的问题,而安丰塘所在的寿县甚至安徽人民更迫切地想知道答案。

1986年5月,中国水利史研究会、水利电力部治淮委员会、安徽省水利史志研究会在寿县联合召开"芍陂水利史学术讨论会"。时任中国水利史研究会会长姚汉源和水科院水利史室主任周魁一等三十多位水利史方面的专家学者云集寿县,为的就是解决这个困扰人们千余年的难题。

其实,早在1975年,学界就有人提出孙叔敖主持兴建的水利工程在河南固始县而非寿县。安徽为了应对这个挑战,就从省、六安地区、寿县三级政府各抽调两人成立了"安丰塘历史研究小组"开始了芍陂历史的研究工作。当时在寿县博物馆工作的司徒越入选其中,从此开启了他对芍陂(安丰塘)的研究。"研究小组"工作一年后,虽然还未得出最终结论,但迫于当时的形势只得下马解散了。

司徒越回到博物馆,这时他早已过了退休年龄,尽管有领导想挽留再干几年,但司徒越不为所动,还是设法办好手续离开了博物馆。只是他始终未能忘情于家乡的古塘,一直关注着这方面的动态,而与一个美国学者的会见又触动了司徒越心底的芍陂情结。

在南京大学做访问学者的华盛顿大学历史系副教授、美国驻沈阳总领事馆新闻文化领事孔为廉博士(克洛威尔,孔为廉是其中文名)为研究安丰塘而到寿县考察。他听说司徒越对安丰塘做过研究,就想见此人谈谈。当时司徒越因股骨骨折卧床在家,孔为廉等人于是登门拜访。

1980年五一节的晚上,司徒越坐在床上会见了客人。这个"长发、大胡子"的老外能说一口流利的普通话,两人的交流毫无障碍。客人围坐床前,司徒越娓娓道来,他详细介绍了芍陂的历史沿革和国内的研究现状。司徒越渊博的学识、儒雅的风度彻底征服了大洋彼岸的博士。孔为廉等人认真地听着、记着,"他们偶尔插问一两句。到将近结束,孔为廉以手抚头说:'原来没有想到有这么多问题,回去还得好好动脑筋。'"(司徒越日记)不知不觉中,两个多小时悄然流逝。夜已深,孔为廉"当时实在不想走",但又怕时间长了司徒越身体吃不消,他放弃了准备好的其他问题,在祝愿司徒越早日康复后依依不舍地告辞了。

孔为廉的寿县之行收获满满。古城数千年的文化积淀令他震撼,古城人的淳朴热情让他感动。"孔为廉简直被寿县吸引住了,说他还要再来寿县住上几个月。"他赞赏"渊博""逻辑性强""观点明朗"的司徒越给予的帮助(司徒越5月2日、3日日记),他欣赏司徒越的书法,想请司徒越给自己写幅字,面对坐在床上的司徒越时,他知道这时不该说。离开寿县前,孔为廉终于忍不住说出想请司徒越为他写字的愿望。司徒越听说此事,伤愈后欣然挥毫为孔为廉写下"中美友谊万古长青"。

孔为廉不知道的是,他走后司徒越在为一个外国人不远万里来到寿县研究芍陂感到欣慰之余,更多的是深深的触动。"安丰塘历史研究小组"半途而废的工作又浮现在他的脑海中。作为安徽省考古学会理事、一个曾经研究过家乡古塘历史的寿县人,难道坐等别人拿出成果?他决心把这个课题再捡起来,继续下去。腿伤痊愈后,司徒越开始工作了,他奔走于博物馆、图书馆查找文献资料,往来于安丰塘实地考察,工作紧张有序地进行着。随着研究的一步一步深入,他的观点也更趋清晰、明确,最终在此基础上形成《关于芍陂(安丰塘)始建时期的问题》。

司徒越的老朋友,省文物工作队副队长、省文物考古研究所名誉所长殷涤非曾主持1959年安丰塘的考古发掘,并据此撰写了《安徽省寿县安丰塘发现汉代闸坝工程遗址》一文,发表在1960年第1期《文物》上。亲身的经历让他坚信安丰塘就是古代的芍陂。了解司徒越正在进行的工作后,殷涤非找出保存多年的资料送去并鼓励他:"我们要为你摇旗呐喊!"司徒越的论文完成没几个月,很快就在《安徽文博》(1985年总第5期)上首次面世。

距"芍陂水利史学术讨论会"开幕不到一周,司徒越正全身心地投入大会筹备和个人发言的准备时,省政协副主席朱农突然打来电话,请他陪同"全国政协安徽省政协文物考察组"参观寿县的文物古迹,司徒越只得放下手头的工作当起"导游"。

司徒越匆匆赶到安丰塘水管处,这是"考察组"来寿县的第一站,客人已先他而至。"北京来的是单士元(故宫博物院三十多年的副院长,已逾八旬)、罗哲文(文化部国家文物局总工程师)、郑孝燮(城建部总工程师),同来的还有方一清(省政协)。单老和我寒暄一会……然后就由我做安丰塘历史的介绍,我说得很乱,实在像毫无准备的一样。但单老仍给予好评,说他同意我的意见。"(司徒越5月18日日记)听到单老这样资深的学者赞同自己的结论,司徒越倍感欣慰,随后他陪客人参观安丰塘并做了介绍。离开安丰塘前,罗哲文执笔题词:"楚相千秋绩,芍陂富万家。丰功同大禹,伟业冠中华。"

1986年5月23日上午,"芍陂水利史学术讨论会"开始。会议不搞什么繁文缛节,主办方首先就把与会人员拉到芍陂实地考察。

5月的安丰塘微风拂柳,轻涛拍岸,"最是一年春好处"。专家学者们兴致勃勃地漫步于堤岸之上,观芍陂壮阔,仰楚相遗风,不时交流着各自的观点。他们"在芍陂碑前照了好几张相,还录了像。然后去水管处休息。午饭后又小睡了一小时,才去孙公祠。"(司徒越日记)这是1500年前,当地老百姓为了祭祀为民造福的孙叔敖在芍陂北岸建的一座祠堂,里面保存着孙叔敖线刻像碑、传略,以及历代安丰塘碑记、明代石刻塘图等文物。

第二天上午,与会的专家学者又专程到寿县博物馆参观"芍陂史料室"。这是为本次会议特地布置的展览,展品有寿县博物馆所藏,另外还从省博物馆借了不

芍陂水利史学术讨论会

少。安丰塘不同时期的出土文物琳琅满目,吸引了这些非同寻常的观众,"他们看得很仔细"(司徒越日记),丰富的展品给持正面观点的专家学者以有力的支持。

大会发言当天下午开始,正、反方的交锋拉开序幕。20世纪80年代中期是个思想解放、百家争鸣的时期,由于发言人太多,主席团限定每人只能讲半个小时。第一个发言的是中国水利水电科学研究院教授、中国水利史研究会会长姚汉源,他带来的论文是《泄水入芍陂试释》。姚汉源先生的观点很明确:寿县的芍陂就是孙叔敖所建的水利工程。

司徒越携论文《关于芍陂(安丰塘)始建时期的问题》参加这个学术讨论会并入选大会主席团,他要在会上展示多年的研究成果,决心通过自己的努力破解困扰史学界多年的难题,并最终确定家乡古塘的"身份"。

司徒越的发言安排在第二天上午,开会前"执行主席宣布对于杨钧和我的发言不受限制,所以过了时间,也不要紧,我讲了一个半小时左右"(司徒越日记)。用今天的话来说,他的发言就是会议的"主旨演讲"。

一个半小时内，司徒越"重点谈的是《淮南子》"(司徒越日记)。当时，他并非为这部人们顶礼膜拜的"千古奇书"点赞，恰恰相反，他批驳了书中关于芍陂的谬论。因为在多年的研究中，他发现不少反方学者的论据源自此书，驳倒《淮南子》中的相关谬论，反方学者的论点也就不攻自破了。司徒越引用"芦泉刘氏"、班固等古人关于《淮南子》的"其文驳乱，序事自相舛错""淮南王安亦好书，所招致率多浮辩"的差评，并列举自己从《淮南子》中找到的一系列荒诞不羁的文字，用以批驳反方的论点。从现场的反映看，他的目的达到了。尽管司徒越自认为"谈得也不够全面"(司徒越日记)，但与会者中大多数人同意他依据历史文献记载和考古发掘成果得出的结论：

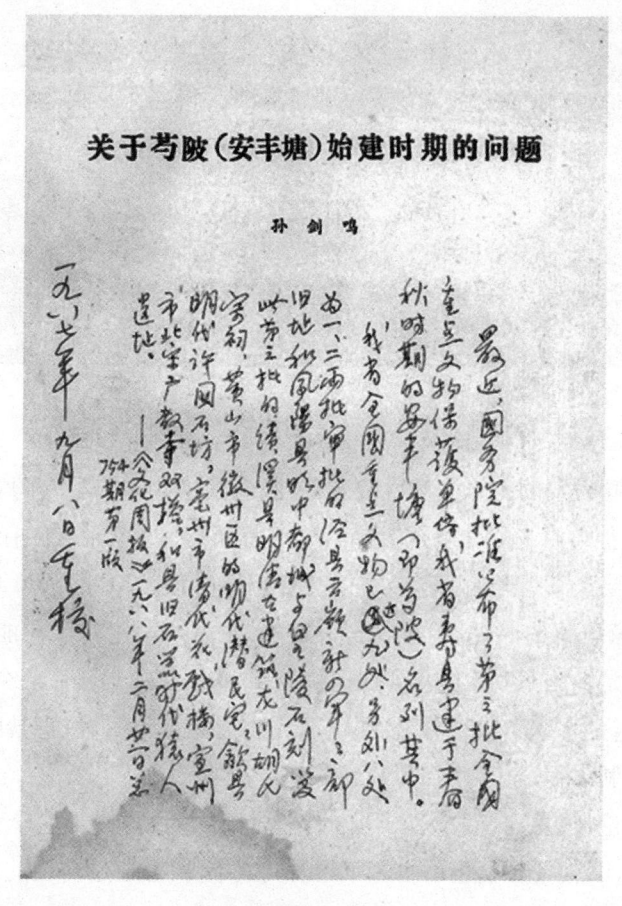

孙剑鸣手稿

"坐落在寿县城东南方，现在仍发挥灌溉作用的'安丰塘'就是孙叔敖建于2600年前的水利工程'芍陂'。"(司徒越《关于芍陂(安丰塘)始建时期的问题》)

会议继续开着,反方的论点、论据一个个展开,好一派争鸣气象。讨论仍在进行,实际上大局已定。"下午朱更翎(1978—1983年水科院水利史研究室负责人之一)首先发言,他说:'我们这个工程是第一了,这不仅是寿县的事,也是国家的大事'……康复圣(《淮河志·第一卷·淮河大事记》作者之一)说:'芍陂是孙叔敖所建,已无异议,应写入(这次会议的)《纪要》'……六安地区水利志办公室主任吴江说:'全国最早的水利工程之一'的'之一'二字可以删去了。"(司徒越日记)

寿县的考察、讨论结束后,与会人员又奔赴河南固始县,实地考察了那里的一个水利工程。个别专家认为这个工程是孙叔敖当年修建的,但是,大家看了后并没有改变他们在寿县得出的结论。

会议期间还有个轻松的小插曲,水电部黄河水利委员会的专家到安丰塘参观时看到司徒越写的"芍陂"碑和几幅字后,请司徒越为他们正在编写的《黄河志》和《黄河史志资料》题书名。司徒越毫不推辞,答应开完会后就写了寄去,对方却坚持要他当场写。推辞不掉,虽然不喜欢在众目睽睽之下写字,这次司徒越还是勉为其难地当众秀了一把书法,结果是赢得掌声一片。

"芍陂水利史学术讨论会"是水利史学界的一场极其重要里程碑式的盛会。顶级的专家学者群贤毕至,少长咸集,会议讨论并最终认定寿县的安丰塘(芍陂)是国内(也是世界上)仍在发挥作用的最古老的水利工程(没有"之一")。会议结束后,专家学者们的论文结集为《芍陂水利史论文集》。这是他们在古城寿县为中国水利史书谱写的一篇浓墨重彩的华章,对于经历了2600年漫长岁月的芍陂而言,这场盛会既为空前,大约也将绝后。

1988年1月13日,国务院公布安丰塘为"全国重点文物保护单位"。这是国务院给安丰塘颁发的"身份证",其依据当然是"芍陂水利史学术讨论会"得出的结论。自己多年的付出终于为故乡赢得回报,司徒越为之欣慰!

1995年10月,司徒越题写书名的《安丰塘志》出版,中国水利史研究会名誉会长姚汉源先生为之作序。他强调:"芍陂的古老在我国塘堰水利史上首屈一指。它现在仍为亿万人所称颂,在这一点上最突出。"

2002年《中国科学技术史·水利卷》出版。在这部代表国家意志的"水利国史"中,时任中国水利史研究会会长的周魁一教授明确指出:"芍陂是见于记载最早的大型陂塘水利工程,为楚庄王八年(前605年)所建,在今安徽寿县。"

随着"身份"的明晰,学界的肯定,越来越多的人称道安丰塘,又有桂冠相继戴到她的头上:

2015年10月12日,芍陂(安丰塘)入选国际灌排委员会"世界灌溉工程遗产"。

同年 11 月 17 日农业部发布第三批"中国重要农业文化遗产",芍陂(安丰塘)入选其中。

2018 年 1 月 12 日,《中国水利报》、中国水利网公布水利部水情教育中心(中国水利报社)在全国组织开展的"2017 寻找最美水工程"的评选结果。安丰塘(芍陂)在 13 项最美水工程中位列第 3 名,是安徽省唯一入选的工程。

今天,在灌溉之外,这个碧波万顷、风光旖旎的"最美水工程"——安丰塘正如司徒越当年建议的那样,已经被打造成寿县旅游的一张靓丽名片。

安丰塘知名度的不断提升及殊荣的获得源于它的史实和 1986 年"芍陂水利史学术讨论会"对其"身份"的确认,而司徒越的论文起了至关重要的作用。尽管这样,司徒越明白,这并非一己之力的成功。成绩的取得要归功于早年"安丰塘历史研究小组"同事的共同努力,归功于省内外同行的支持,归功于地方政府的鼎力协助和家乡父老的殷切嘱托。自己的所作所为不过是与大家一道砥砺前行时,在关键的时刻走到前台,肩上的担子略重些,以至踩在地上的脚印稍深些,仅此而已。

不过,司徒越为"芍陂水利史学术讨论会"的顺利举办在背后付出的精力却鲜为人知:从"芍陂史料室"的布置、会议议程的设计、人员食宿的安排、礼品的选择(定制刻有会衔的大理石镇纸,印制《芍陂简介》《芍陂诗钞》等),甚至座位的排序,事无巨细,他无不精心考虑,亲力亲为。

此时的司徒越年逾古稀,严重的肺心病迫使他每到冬季只能足不出户,待在家里保暖。近几年来他都是直到 4 月中旬,气温升到足够高以后才敢走出家门。之前二十年被"折腾"坏的身体已难以承受在别人身上并不算回事的劳累了。另外,更为严峻的状况是司徒越和家人都不知道,癌细胞此时已经侵蚀到他的肌体。

"芍陂"之名来自陂畔的白芍亭,但白芍亭因年代久远早已湮灭不知所终。"芍陂水利史学术讨论会"后,当年 10 月,孙公祠对面的水中建起一座碑亭,碑上刻着司徒越撰文并书写的《安丰塘记》。

人们都知道司徒越写一手好字,也知道司徒越能写文章。但人们不知道的是,碑上的字并不是他写在纸上再由石匠摹到碑上刻出来,而是他直接写在碑上的。那年,简陋的芦席棚里,司徒越双膝跪在石碑上,一手支撑着身体一手执笔,以常人难以想象的姿势用正楷艰难地写了《安丰塘记》。

1990 年 1 月 8 日,司徒越写好《〈安丰塘志〉书后》。这篇文章早就该写了,但自从去年 4 月被确诊为肺癌晚期后,他奔走于多家医院做放疗、化疗,既无时间也无精力执笔,事情只得拖了下来。

司徒越知道自己的时间不多了,面对随时可能到来的死亡,历经半生坎坷的他心如止水,波澜不惊。他念念在兹的是答应为《安丰塘志》写的文章还未动笔。上个月刚结束放疗从上海回到家中,本该静心养病的司徒越不顾家人和朋友的劝阻,强忍病痛毅然拿起笔断断续续地写了起来。他知道,这是自己为家乡的古塘做的最后一件事,不能再等了。

文章首先回顾"安丰塘历史问题研究小组"的工作,写下了当年同事的辛劳,但一字未提他自己;司徒越写了孙叔敖、黄克缵、颜伯珣等为芍陂做出贡献的古人;他以夏尚忠(清)的《芍陂纪事》与今天的《安丰塘志》做对比,认为"夏尚忠与《安丰塘志》的编者对安丰塘都具有无限深厚的感情,所以才能坚持不懈、艰苦奋斗,克服多种困难,终于完成了编纂工作"。古、今两代学人的执着努力都为后人留下了翔实的文献资料。

对于《芍陂纪事》和《安丰塘志》"在指斥弊端,无所顾忌方面,两书也都可以举出事例"。而这种"'求实存真'精神,则是完全可以肯定的"(《〈安丰塘志〉书后》)。

这篇仅仅一千多字的文章,司徒越用了近一个月的时间才写好、抄齐。他以自己的行动诠释了曾经的承诺:"我犹有余热,慷慨献人寰。"①

搁下笔后,司徒越再也没写文章,《〈安丰塘志〉书后》②成了他的绝笔。

当年夏,司徒越的病情加重,虽经治疗,却没有任何好转,迁延至10月中旬反而更趋恶化了。县医院派到家中的医生、护士以及家人不分昼夜地照看着他,躺在床上的司徒越意识到自己的病情已无逆转的可能。他不愿意再给别人添麻烦,更不愿意就这样"毫无意义"地拖延时日,但是大环境也不容他奢求更早地解脱。他和老伴、儿子商量后做出了理智的决定:终止治疗,不再人为地延长生命。

这个决定不可避免地遭到了医生、护士的强烈反对。

乔传秀县长又来看望司徒越了。多年来,女县长在工作、生活上细致入微地关心着司徒越,以至司徒越在谈起乔传秀时曾多次感叹:"我就是有个女儿也不过如此!"乔县长听到司徒越和家人要求终止治疗后眼里闪现出泪花,她说:"作为县长,我比任何人都了解司徒老为我们县做了多少贡献,现在他病了,我们要尽量朝好的方向努力,不能轻易放弃啊……"司徒越的老伴和儿子费尽口舌去说服乔县长

---

① 1988年11月,司徒越为"寿春老年书画展"写下"锦上添花易,雪中送炭难。我犹有余热,慷慨献人寰。"

② 《安丰塘志》出版时,"《〈安丰塘志〉书后》"改名为"跋"。

和医生、护士,最终双方达成妥协:医生仅仅在司徒越需要止痛和镇定时给予帮助,但不再做其他积极的治疗。

1990年10月21日,司徒越先生静静地走完了他的人生路。

首访寿县二十余年后,孔为廉又来了,此前他已从美国驻华大使馆文化处负责人位置上退休。放眼古城,早已物是人非,营房巷里,司徒越老宅虽然风貌依旧却早已人去楼空。孔为廉走进距司徒越老宅一箭之遥的博物馆,访谈对象是许副馆长,话题还是萦绕他心头多年的芍陂……

2013年,孔为廉与台湾学者邢义田教授合作的《历史与传统——芍陂、孙叔敖和一个流传不息的叙事》发表在《淮南师范学院学报》第一期上。在相关的说明中,孔为廉写道:"此文因1980年的一趟寿县之旅而引发。那时寿县对外国人尚未开放。"在感谢了曾经"慷慨协助"他的个人和单位后,孔为廉专门强调:"尤其要感谢寿春已故的孙剑鸣先生和我分享他对寿春地区历史和芍陂的知识。"三十多年过去了,孔为廉没有忘记当年坐在床头为他释疑解惑的老人,也没有忘记"司徒越"仅仅是老人在书法作品上使用的笔名……

桃李不言,下自成蹊。

写给沈炳麟先生的一封信

高　峰

我珍藏着一封信。这封信文辞典雅、情谊深切,见证了20世纪80年代寿县中医药事业的初兴,见证了一个香港爱国同胞雪中送炭的义举,今天读来,仍令人难以忘怀。

1984年,县中医院在原县红十字会门诊部的基础上成立了,地址位于城关北过驿巷中段。虽地处繁华地段,但交通拥堵,场所狭小。尤其是此处为当时的县级文物保护单位"刘少海故居"。作为一家县级中医院,没有进一步拓展的空间。1986年7月,传来一个令人振奋的好消息,香港爱国同胞沈炳麟先生在捐资兴建寿县二中教学楼"同庆楼"之后,有意再捐建一座中医院住院楼。沈炳麟先生祖籍浙江湖州,生于宁波,定居香港,系香港大业织造有限公司董事长。夫人冯月娥女士,安徽歙县人。先生夫妇身寄异乡,心系国家,关怀祖国公益福利事业,平生乐善好施。1986年,其表弟胡修康与先生驻沪代表胡兆康、冯志坚等联系捐资项目,先生慨然应诺。三年来,共为城关地区捐建四项工程:寿县二中教学楼、寿县中医院住院楼、寿县城关一小(实验小学)教学楼、寿县二中两幢配套教学楼,当时耗资折合人民币769980元。

当时的县委、县政府分管领导葛宗举、吴学农等同志高度重视,立即与沈先生驻上海的代表联系,对方要求,先给沈炳麟先生写一封信以陈述情况,在信中既要表达对先生雪中送炭的敬仰之情,又要如实说明百万人口大县中医药现状,更要点明选址、设计、施工以及建成后发挥的效益,也就是相当于今天的可行性研究报告和规划设计书之类。此信是否能打动沈先生,以至于决定捐资如何,事关重要,分量极重。当时的院长程东泰,找到本院老职工、老药师、在寿县诗词界声名远播的陈益龄先生。先生为人仗义,又是捷才,受此重托,不日成章。兹录如下:

尊敬的董事长先生钧鉴:
　　未瞻芝宇,已仰高风,情怀袍泽,谊属炎黄,人皆华夏,罔论浙皖,心连两地,何分内外。先生于港创办实业,久操胜券,业绩隆显,欣闻年来屡出巨资,造福桑梓,再及海上。今又鼎力赞助,惠及我县,关怀祖国建设,裨益社会福利。赤子之心,昭然可见。国人有口皆碑,无不赞誉,感佩有加。

寿县地处皖省之北部,物产富庶,交通发达,八公山下,楼橹峥嵘。人口百余万,历史数千年。文物宝藏,光灿夺目,古迹名胜,比比皆是,为战国时代楚国都城。此地民风敦厚,人情淳朴,千百年来,人民大众之生老病死,俱习惯接受祖国医药(中医中药),而政府对此倍加推重,极力扶持。当今中医药事业日趋兴盛,全国各地纷纷成立中医院,其势如雨后春笋,前程未可限量。

我县于两年前由政府筹建中医院一所,其正、副院长及主治医师均系高年资大学毕业,医术精熟而又颇具威望者。我院设有中医内科、外科、妇科、喉科、针灸科、推拿科等,现有职员49人,其中,卫计人员41人,中医占医生总数85%,中药人员占药剂人员总数60%。我院是在中国红十字会寿县分会门诊部基础上改建而成,新近政府又拨款24万元,建一门诊楼,而住院部仅设病床40张。查我县人口108万,人均医疗费用0.89元,只有中医病床65张(包括县医院25张),加之全县中医药人员总共才108人,其中,中医师19人,中医士47人,中药师3人,中药剂士12人,中药剂员27人。以百万人口之大县对比以上数据,可见中医机构及设施奇缺,人民大众缺医少药,就医难,住院更难,远远不能满足社会各界人士、病患者的需要。拟再增设住院楼一幢,盖因财力不敷,似感掣肘。此次叨蒙先生慷慨解囊,诚如雪中送炭,获益良多,亦我县百余万人民大众之福音。兹将管窥刍议呈达先生台前,殷期先生不吝赐教并恭聆清诲。

拟建之住院楼,设我县南门外一公里处,坐落在寿六公路东边,南邻县农业技术推广中心。该处地势平坦,交通方便,空气清新,环境幽雅,拟建之楼为混合结构,总体三层,局部四层,坐北朝南,采光充足,总建筑面积1428平方米,使用特点为医疗特殊用房,楼梯是旋转式平楼。正面辟一花园,背面绿树成荫,景色宜人,为病患者提供一幽静舒适的疗养胜地。此楼为先生所赠,建成后将与原建之门诊楼比邻贯通,对峙而又各为一体,比翼凌空,相映成趣,成为一双姊妹楼。

住院楼主楼四层,两侧三层,东西对称,造型庄重大方。主楼前设大理石碑额一块,高十米,宽两米,镌"香港大业织造有限公司董事长沈炳麟先生捐赠"等字样并留空白专候先生赐题墨宝。其建筑材料全以国家拨售价格,造价控制在每平方米人民币150元整,总造价为21万元。此楼将设中医病床总数

100张:内科30张设于三楼之中;外科12张,伤骨科9张,妇科9张,痔瘘科6张均设于二楼;针灸科12张,儿科9张设于一楼;推拿科9张,喉科4张设于四楼。病床使用率按93%计算。工期自破土之日起,可在七个月内全部完成,交付使用。届时恭候大驾光临剪彩。以上仅限粗浅轮廓,不知先生有何高见?

专此布达,顺颂大安。

寿县中医院院长程东泰

副院长、中医主治医师吴靖寰

副院长、中医师冯崇环

丙寅年正月二十九日

需要说明的是,第一,从这封信可以看出,早在20世纪80年代中期,县委、县政府即有将中医院搬迁出城的设想,只是那时我县经济社会尤其是县城的发展还不具备条件。那时的南门外县农业推广中心附近,还相当蛮荒,所以这封信写好不久县政府出于当时对新老城区的比较,并为方便群众就医等情况,对拟建的住院楼选址做了调整,从南门外调回到城内东北隅的三步两桥附近。拟建的南门外新城区门诊楼取消,仍使用北过驿巷原门诊部。第二,从1986年到1989年,三年来,沈炳麟先生共为城关地区捐建四项工程,分别是:寿县二中教学楼、寿县中医院住院楼、寿县城关一小(实验小学)教学楼、寿县二中两幢配套教学楼,当时所费外汇总额折合人民币769980元。信中所说的立碑一事,在以上所有捐资项目结束后,1989年寿县人民政府建造了古色古香的碑亭一座,亭中立"沈炳麟先生捐资记事碑"一通。此亭位于东大寺巷老二中校园的西南侧,是一个六角形的亭子,亭子的顶部建有佛珠般的串顶,上盖蓝色琉璃瓦。亭子的正中位置上,则题写着"仁风亭"三字,为寿县书法家孙子连先生所书,以永志不忘。第三,中医院住院楼由沈炳麟先生命名为"德恩楼"。此楼在使用了二十二年之后,2009年3月,时任院长高峰同志带领全院职工,响应县政府"保护古城,建设新城"的号召,完成中医院整体搬迁,成为全县第一个搬迁到南门外新城区的县直事业单位。"德恩楼"完成了历史使命,在征得市、县外事部门同意后,在新院区立碑铭记。

三十多年过去了,从这封信中,我们仍然可以读出当初急切期盼的心情,也窥见20世纪80年代我县中医药的落后状况。当然,表达最多的还是对沈炳麟先生的敬仰之情。

德恩楼

仁风亭

1987年3月早春，寿县城内和风送暖，人流如潮，万人空巷，位于西大寺巷的二中校园里彩旗招展，鲜花夹道，欢声笑语，汇成海洋。普通百姓更是奔走相告，争先恐后，想一睹沈炳麟、冯月娥夫妇风采。只见沈先生西装革履，举止儒雅，他左手拄着文明杖，右手不断地向人群招手致意。冯女士身着大红旗袍，手挽夫君，一颦一笑尽显大家闺秀风范。夫妇俩在县领导及驻沪办人员陪同下，先是为二中教学楼"同庆楼"竣工剪彩，紧接着又到三步两桥附近，再为中医院住院部"德恩楼"挥锹奠基。

　　当时正值雨后，大寺巷坑坑洼洼，泥泞不堪，只好临时拉来两卡车石渣子铺路填坑。虽然两地相距不远，考虑到沈先生夫妇年事已高，劝其乘车，但夫妇二人坚辞不就，执意步行前往。看热闹的人群像河道里的洪水一样，跟随在沈先生夫妇的身后，从大寺巷的西头一直拥到东边的东菜园。中医院当时职工不到五十人，从院长到看门的老头一齐上阵，个个穿着崭新的白大褂站成两排，多少显得有些冷清，与刚才二中的宏大场景不可比拟，幸有当地百姓围观凑数。至今回忆，其情其景仍历历在目。

一位母亲眼中的七十年沧桑巨变

余茂江

我今年84岁了。古话说："七十三、八十四,阎王不请他自去。"84岁了,本来该到阎王爷那去报到了,可我真舍不得死。自小我受的苦太多,几次自己想死都没死掉的,没想到到老了有这样的好日子! 现在,我还真想再活二十年。

我叫什么名字? 我也记不清。因为我是从小被人贩子拐卖到寿县的。

我只记得我姓魏,小名小香,有个弟弟小名小田。我出生在北方某个地方,叫魏庄。附近有个魏家祠堂,祠堂门前有个大大的水塘。父亲个头高,外号"傻大个子"。母亲姓田,母亲的母亲家住田集。母亲带我步行去过一次我姥姥家,要穿过一片洼地。记得除了去过我姥姥家一次,那时兵荒马乱的,我哪也没去过。

我7岁那年,别说上学了,家里人一天只吃一顿饭。那年我父亲和母亲相继因病去世了,埋在村庄旁的柿树园子里。母亲去世时我并不知道难过或害怕,只清楚地记得有人让我拿个镜子,去照一下母亲两只脚,然后他们就把母亲装进棺材抬走了。此后我和弟弟就跟爹爹过了。

在我9岁那年,爹爹病倒了,家里一点吃的没有了。爹爹让我拿了件上面有个大大"寿"字的马褂,出门和别人换了几个馍馍回家,然后又让我出去挖野菜。

我在挖野菜时,看见一行人推着独轮车,车上坐的都是小孩。推车的大人们问我可一起去南方吃大米,我心想家里馍馍正好可以留给爹爹、弟弟吃,就上了后来才知道是人贩子推的独轮车。

模模糊糊记得好像在独轮车上坐了一天一夜,第二天人贩子把我卖给寿县双门廖家圩的廖姓大地主家,做了廖家小姐的小使唤,常常要一夜夜不许睡觉随时听使唤,还经常受到比我大的孩子们的欺负。我那时候特别想家、想爹爹。我本来个性就强,一下失去自由,被人欺负,就急成了重病,病得奄奄一息时,被地主家扔到一个草垛边。后来听廖姓地主家用人们说,我命大,几条狗围着我转了几天几夜没吃我,我又奇迹般地活过来了。

第三年,我作为陪嫁丫鬟,随廖家小姐陪嫁到寿县迎河余家楼的余姓地主家。

余姓地主家有个长工特别能吃苦,带头干活,不计报酬,深得地主喜欢。那时候快解放了,地主的日子也不好过,地主家拖欠那个长工工资太久太多,无法给,最后就把我抵作工资,给了那长工做童养媳,那长工后来就成了我的丈夫。

成为童养媳后,在学缝衣、做饭的过程中,饱受比我大九岁的丈夫的棒打和训斥。我知道,我是他靠打长工从地主家赎身出来的,就决心做牛做马报答他。我丈夫是个一字不识的老实农民,勤劳、善良、节俭,但脾气暴躁,对我张口就骂,动手就打。我十几岁就要负责养蚕、纺线、推磨、做饭。经常在推磨时,绕着磨盘转着转着就睡着了。我那时候是一个没有娘疼的孩子,又是一个没有婆家撑腰的媳妇,受了伤害和委屈只有自己偷偷哭。

解放后,我们分到了地主的田地和东西,有了自己真正的家。我和丈夫很快有了一双儿女。

那时候,经常有宣传队向我们宣传啥是党啊,啥是社会主义的,告诉我们每个人都翻身解放了。从那时候开始,我特别想去找我的妈妈家,但有一双儿女牵绊着,丈夫又极力反对我找,自己也不懂怎么去找,就从未把找妈家付诸行动过,只非常盼望弟弟小田能来找我。每当我看见村庄后的大路上有背着包袱的人路过,我就哭,心想可是我弟弟他们找我来了。就那样哭啊盼啊,过了很多年。

人民公社成立后,村里来了工作组,专门负责斗地、富、反、坏、右,专门负责关心贫苦出身的人。我因为出身在村里最凄惨,工作组经常让我在斗地主的大会上忆苦思甜。在那样的大会上,我只是把我的身世和在地主家的日子如实讲出来,就听哭了很多人。我就那样讲啊讲,从这村讲到那村,从村里讲到乡里,全村甚至全乡都知道了我这个苦命的人。为此,村里人把我选为了村里贫下中农协会主席,工作组的人又让我入了党。从那时候开始,我有了靠山,地位比我丈夫高出了很多,丈夫不敢再随便打我了。从小就失去母爱的我,是新中国和毛主席,让我又体会到了有人爱护的滋味,也让我好像找到了"妈家"。

贫下中农协会主席的职位,我一干干了很多年,我带头兴修水利,带头搞"四清"和"大跃进"运动,带头去落实政府的各项政策,去帮助需要帮助的穷苦人家。

30岁那年,我被公社选为省人大代表,到合肥参加了省人民代表大会。当时全县就三个女代表,大会还专门给我们仨拍照合影留念。

本来公社想继续培养提拔我的,我都报了扫盲班,准备去识字写字了。我丈夫极力反对,他自己报名,去了霍山,当了修建佛子岭水库的民工。我不得不放弃当干部,专心在家,一边在生产队干活,一边照顾家里几个孩子。作为一名母亲,为了孩子,我再次屈服于我的丈夫。和我一起拍照的那两个女的,后来听说都进城做了

丰富多彩的文化展示

官,我依旧是个最普通的农村妇女。

　　往后多年,和丈夫又相继生了几个孩子。我日日盼孩子们快点长大,心想孩子长大我就有了依靠了。那些日子,虽然苦,但一想到有毛主席,心里还是踏实的。生产队分的粮食不够孩子们吃,我就等生产队收工后,到水塘里去摸螺蛳、蛤蜊,或者捡生产队里的牛生小牛后丢下的牛胎盘回家,做给孩子们吃,想方设法要把孩子们喂饱。同时,偷偷卖掉家里的鸡蛋,向亲戚们求得布票,买了布,夜晚自己在家缝衣做鞋,让孩子们都能有一身穿得出去的衣服。农村最早开始有人走村入户照相时,我们家就拍了张全家人穿着新衣、令人羡慕的全家福。

　　1976年,我最小的孩子都5周岁了,靠我和丈夫挣的工分生活。生产队里分的钱粮越来越不够一家用,生活越来越窘迫的时候,毛主席他老人家又突然去世了!我突然感觉自己又变成了没娘的孩子,那一年我经常偷偷哭,哭我失去了大救星,哭我不是一个称职的母亲,没能照顾好我的孩子们。

　　就在我一筹莫展的时候,科学家们培育出了杂交水稻,粮食亩产一下翻几番。接着,邓小平也出山了。马上土地包到户,我家承包了八尺的弓子量出来的八亩八田地,靠我和丈夫的勤劳,家里粮食收得山高一堆,再也不怕孩子们挨饿了。国家也再不割资本主义尾巴了,还提倡我们发展副业生产。有了粮食,我家养了鸡鸭鹅兔,养了猪,养了羊。再后来,我家又学会了种席草,孩子们不上学时,一齐上阵,制作草席卖钱。

1980年,我家拆除解放前修建的四间半低矮的草房,翻盖出了六间宽敞明亮的草房。孩子们住的问题也解决了。也就是在那一年,我赶集时看到了什么是电视,而且在电视里看见了邓小平说政策"一百年不会变"。那时候心里有了底,日子有了奔头,突然感觉又有了依靠,邓小平也成了我们家的大恩人。

劳动就有收获和回报的日子,是勤劳人家最喜欢的,也过得很快。感觉没过多少年六个孩子都成人了,都成家立业了。二儿子还上了大学,当上了国家干部。其他孩子也都读了点书后,出去打工挣钱了。关键的是国家到处大发展,孩子们出去都能找到工作,而且比在家种地挣的钱多多了。二儿子在城里不用说,几个打工的儿子也分别在老家盖了楼房。我和丈夫也"嫌弃"了过去的草房,拆了,盖了两间半瓦房我们老两口子住。

老两口住进瓦房的一段日子那是真舒坦。由于干啥都有机器和电器,我们不要干啥农活了。老伴脾气也变好了,啥都听我的。我们俩就种点菜,给打工的孩子们看看孙子。孩子们每年给的钱粮我们都用不完,过去稀罕的东西都吃够了。家里装了固定电话,孩子们经常打电话问候我们。每到春节,当几十位儿孙们都来给我们拜年时,我们一起烧几十样菜,坐好几桌人啊,那真叫过年哪!

8年前,老伴突然先我一步归天了。当我感到孤单时,儿孙们大多在城里有了房子。他们都争着接我到城里住,请我到城里有名的饭店吃饭,到处走走看看。二儿媳妇还带我去高级澡堂洗澡,给我搓背,还带我到专门的洗脚屋修脚。我能去上海住住,市里转转,海边看看;还能睡空调房,没事看看电视,打打小麻将;还能坐儿孙们自己的车,农村、城里换着住。

孩子们还给我买了老年手机,把他们的号码分别输成快捷键,按不同的数字,我想和谁打电话就按哪个数字键。

从前年开始,国家除了给我老年补助金外,还开始给我发放当年当贫协主席的村干部补贴金了。我成了拿国家钱的人了。

今年初,二儿媳妇带我去医院检查了身体,什么都正常,啥毛病都没有。二儿媳妇说我身体的各项指标比她的都好!这下我不怕了,活着不会拖累孩子们。就算以后真生病,国家有了医保政策,看病自己也不要掏多少钱。所以我感觉自己没有啥顾虑了,这样的日子真的像一首歌里唱的:"真的还想再活五百年!"

五百年是不可能的。去年秋天,二儿子带我游寿县报恩寺时说,共产党是最大的"佛",会保佑中国二十年后全面小康,没有穷人。

那我,真想再活二十年!

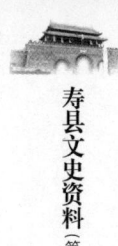

寿州锣鼓走进中央电视台"心连心"

时洪平

记得是2002年10月的一天晚上,分管县长赵志华打来电话,要我立马找到鲍广喜局长,与在省委宣传部开会的市文化局局长查克联系。接着,就传来了寿州锣鼓将有可能和央视"心连心"艺术团同台演出的消息!

那时,正值党的十六大召开前夕,央视"心连心"艺术团承载着党中央、国务院的关怀,到皖西革命老区霍山县慰问演出。消息一经传出,整个皖西沸腾了!

安徽省有黄梅戏可以参演,皖西用什么形式来展示自己的风采,来感谢党中央和国务院的关怀?省、市领导和专家们思来想去,最后达成共识——用既有皖西特色,又有浓郁"楚风汉韵"的寿州锣鼓作为备选节目,代表皖西革命老区,与央视"心连心"艺术团同台演出。

接到通知后,我们立即向县领导作了汇报,并开始了紧张的准备工作。记得是10月19日,市委宣传部通知,说央视导演下午要来寿县看节目,并要求规模要大,要有上百人的队伍。这下可把我们给搞蒙了,从古至今,锣鼓队最辉煌、人数最多的时候也不过十几个人,离上百人差距太大。怎么办?是轻言放弃,还是迎难而上?经过商量,大家一致选择了后者,尽其所能,试试运气吧!

俗话说:"不打无准备之仗,不打无把握之仗。"我们把所有可以利用的人全都用上了,十七八个鼓乐手,再加上旗手,总共三十来人。事前经过充分的战前动员,中午又给大家敬了鼓劲壮胆的酒,大伙儿个个精神抖擞,铆足了劲,决心为寿县人民争口气,搏一搏!

大概下午1点多钟吧,霍山县委办的司机便把从北京刚下飞机的两位导演送来了。见面后才知道,他俩一位是此次活动的副总导演、北京军区战友歌舞团团长李福祥,一位是执行导演、二炮文工团创研室主任谢克。寿州锣鼓能否与央视"心连心"艺术团同台演出,就要看能否过这二位导演的关了。交谈中了解到,他俩都是第一次到皖西,自然对寿县和寿州锣鼓一无所知。为了让客人能够尽早地、尽可能多地了解寿县,能够对寿州锣鼓有个良好的第一印象,我便在适当的情况下,向客人介绍寿县,介绍客人最关心的寿州锣鼓。

俗话说:"只要心诚,石头也会开花。"事后的结果证明,我平时对家乡、对寿州锣鼓的皮毛了解还是派上了用场,二位导演对寿县、对寿州锣鼓的第一印象起码是不坏的。

下午3时,节目审查在文化馆明伦堂进行。天空阴云密布,似乎也在给我们施加压力。三十来人的队伍站在明伦堂的院子里,稀稀拉拉,我心里如同十五个吊桶打水——七上八下。俗话说:"天无绝人之路,人不帮忙天帮忙。"这时,天空突然下起雨来,表演移至明伦堂内,机会来了!锣鼓队加上一些看热闹的人挤满了明伦堂,精神抖擞的锣鼓队员使出了浑身解数,锣鼓声震耳欲聋,一下子把两位导演吸引住了。从他俩的表情可以判断出,过他俩的关大概差不多了。接下来,两位导演把我和市文化局查克局长、台建平科长、冯惠德馆长叫在一起,宣布了审查结果:基本同意参演,但阵容、服装、道具、表演等方面要做许多改进,一周后总导演来最后敲定。此时,悬在大家心头的一块石头才算放下了半截。

接下来的七天,是热火朝天积极备战的七天,是不分白天黑夜的七天。将民间年富力强且有锣鼓基础的都选来还不够,又从寿春水泥集团和县消防队抽调二十多人,只一天半时间,一支由工农兵学商组成的近七十人的队伍就拉起来了。编导老师姚宗珩、李楠庚、鲍士琪对传统锣鼓演奏方式进行了加工编排,对队形做了调整,对时间进行了压缩,对精气神提出了要求。为购置打击乐器,冯馆长带着常胜永和罗西林,星夜兼程,南下合肥、北上蚌埠、亳州。县、局的领导也在文化馆扎下了根,帮助解决实际问题,鼓励大家啃下这块硬骨头。那七天的文化馆,白天排练锣鼓喧天,夜晚灯火通明赶制道具。大家笑容满面,忘记了年龄,不分来自何方,只有一个心愿:珍惜这次难得的机遇,为寿县人民争口气。这七天,对于有那么多事要做的人们来说,显得是那么的短暂。此时人们才感觉到时间的宝贵,真希望每天超过24小时才好!

不知不觉验收的时间到了。10月23日下午,文化馆明伦堂院内人山人海,挤得水泄不通,寿县人谁不希望自己的锣鼓能顺利过关,谁不想亲眼看见大名鼎鼎的央视大导演?他们又是如何看待、指导寿州锣鼓的?快3点的时候,在市委常委、宣传部长汲邦应,市文化局局长查克,县委书记何洪江的陪同下,央视总导演王炳森和李福祥、谢克、张青三位导演来到了明伦堂,原先喧闹的明伦堂,一下子鸦雀无声了。

汇报演出开始了,展现在导演面前的寿州锣鼓队已不是几天前的模样,从李、谢二位导演向王总导介绍的神情,可以判断入选十有八九了。接下来李、谢、张三

寿州锣鼓

位导演进行了编排指导,将时间锁定为6分钟,并意想不到地将寿州锣鼓确定为第39场"心连心"演出的序曲。此时,一天的乌云全都散了,满天的彩霞把明伦堂映照得金碧辉煌,把一个个汗流满面的锣鼓队员装扮得更加潇洒漂亮。

10月25日至26日是"情系大别山"整台演出排练、录音录像的过程。锣鼓队住在皖西宾馆,离演出地点霍山迎驾中学很远,每天天不亮就起床,晚上太阳落山才返回,中午就在树下小憩。大家不顾疲劳和风吹日晒,始终保持着旺盛的斗志和乐观的精神。在排练的候场区,只有寿州锣鼓队和大腕明星们在一起。大家哪能错过这千载难逢的机遇,个个争先恐后和孟欣、朱军、周涛、杨鸿基、张也、吴雁泽、阎维文、蔡国庆、祖海、唐杰忠等明星面对面地交谈、合影、签名留念。大家顾不上许多,展开了竞赛,看一看谁和大腕明星们的合影、签名多。两天的排练,寿州锣鼓队守纪律、能吃苦、能战斗、讲团结、顾大局的一举一动,给央视导演留下了深刻而又美好的印象。他们称赞"寿州锣鼓队虽然是一支业余队伍,却比专业文艺团体都守时、听指挥",称赞"寿州锣鼓是会说话的锣鼓"!

激动人心的时刻终于到了!10月27日下午,随着10、9、8、7、6、5、4、3、2、1的倒计时,从大别山革命老区传出了惊天动地、慷慨激昂的寿州锣鼓声,它随着淠河水冲出了山谷,以排山倒海之势,传遍了神州大地。从此,寿州锣鼓冲出了安徽,走向了全国,走向了世界!

寿州锣鼓为寿县人民争了光，为大别山革命老区人民争了光，为皖西人民、安徽人民争了光。在市委、市政府召开的总结表彰大会上，寿州锣鼓队所表现出的政治意识、责任意识、协作意识、创新意识、纪律意识和奉献意识受到了表彰。我们圆满完成了这一无比光荣的政治任务，寿县人民满意，皖西人民满意，省、市、县领导满意，中央电视台"心连心"艺术团导演更满意！

斗蛐蛐

罗西林

记得那是1964、1965年吧,我当时只有12岁左右,经常到北大街的街道办去玩。当时政府管理规定,不准变相赌博,街道办分管这项安全治安工作的干事,看我办事勤快,头脑灵活,派我去打探街道内有没有斗蛐蛐的。我以前听说毛家巷马宅有外地来寿县斗蛐蛐的,就前去"侦探",因为小孩子容易混进,没人注意。

当时古城北大街,街道五米宽左右,没有人行道,地面是条石铺设,年长日久,条石中间被来往的独轮车压出十厘米左右的路沟。两边都是店铺,木门上下带槽。记得清楚的是,原竹器社对面是马家瓷器铺,坐西向东,往南有张家旅馆,石头大门,紧靠近的是罗家六间店铺,中间一间过道,向西三进院落,院内有古井,供前后左右几十家用水。

毛家巷马宅是清代建筑,三进院落,大门朝东,客厅高大气派,两间并一间,青砖铺地,两边太师椅摆放整齐,木色透亮,现出椅子木纹。

这时,一位穿西装的中年人进来发话,请大家入座。厅内共计九人,八人坐下,一人站在旁边,是服务生。我在想,上边四个空椅怎么没人坐?突然听到一声咳嗽,从南边门旁一小门内走出四位长者,最前面的那位老者落座后,其他三位才坐下,可见老者身份。这时服务生招呼上茶,上面四位每位一杯茶,青花瓷托盘,茶碗带盖,讲究,而两边入座的客人则是茶壶倒茶。我一人躲在后面,好似家里孩子,没人问我。抬头细看,两边墙上,一边四扇屏,梅、兰、菊、竹,一边是书家薛鸿书写的四条屏,内容是朱子家训。正堂上是牡丹图,两边对联,上联:疏影横斜摇清月;下联:淡雅妩媚吐幽香。

喝完茶,两位先生各从大皮箱里取出两手盒,分别交给服务生,将蟋蟀放入大盒中,盒子中间有一隔板。这时大家的眼光投到老者身上。老者慢慢站起来,用手捋捋胡子,从纸盒中抽出掸须棒,手拿掸须棒撩了两边的蟋蟀,各自叫声都出来了,非常响亮。据说蟋蟀头顶的两根长须通向全身神经系统,只要触击到长须,神经系统发出指令,蟋蟀便发出响亮的叫声。抽板拿出来,两只蟋蟀像战场上的斗士。

叫声响亮的名叫铜头将军,声音有点闷的名叫铁头翁。几声叫唤,双方各自亮出声音,没上过场子的,就吓得站不起来了。双方各自亮着翅膀,铜头将军叫声似战马铜铃,铁头翁也不示弱,闷叫声似庙里铜钟,回音震荡。铜头将军听到这声音后,就像打了鸡血一样,头仰起来,四平八稳地站立着,两根须直立着,像战神一般。老者手中撩须棒还没动,铜头将军就出战了,一个跳跃,咬住了铁头翁,双方撕咬,犹如战马奔腾。这一方精制檀木盒子,就好像千里战场,双方拼搏撕咬,你将我摔到这边,我将你咬到那边,各不示弱,只要对方叫声发出,另一方立马出战,好像双方都用了兴奋剂。如此交战有二十分钟,没分胜负。

这时老者说了一句话:休息一下吧。服务生上前轻轻用一个棕红色、一个紫红色的小手盒,分别将铜头、铁头装入小盒中,由服务生陪四位老者进入内室。

这里面还有一说,从战场下来的蟋蟀,需要的不是休息,而是用撩须棒撩须抖神!用现在语言叫鼓劲、打气,并且修护身上各部位,尤其是两条大腿,这非常重要。老者是裁判长,除老者外,其他三位是从天津、上海、济南请来的,老者就是这马宅二爷,那时年龄七十多岁,但精神头棒棒的。休息有十多分钟,又开战了。又是你来我去,斗得不可开交,铜头将军忽然来了个大背抱,将铁头翁摔出来了。铁头翁闷叫了一声,钻进茶几下面了,大家都有点惊慌,站了起来。这时,老者用手势比画了一下,让大家坐下。听声音,喔喔喔,大家缓过劲来,老者站起来,拿了个捉蟋蟀用的罩子,很精致,用细铜丝制作,有茶杯口粗,也有茶杯那么大。大约有半分钟时间,老者看看四周,目光和我对视着,我马上明白,让我过去。我轻步走到他面前,他声音很小,让我钻进茶几下面,他把罩子给了我,并且说了声"轻轻的,孩子"。我很灵巧地罩住铁头翁。老者高兴地拍拍我的头,说"小家伙好样的",就这样,他们也不戒备我了。

将蟋蟀放入闷子中,老者用撩须棒将蟋蟀头顶上两根长长的须剑轻轻地抖了两下。蟋蟀马上前爪站立,后腿蹲劲,头仰起来,发出响亮叫声,好像表示:"被摔出来的我,没有失败!"这时,老者又取出南瓜子,去了皮,放入闷子中,蟋蟀这时也不叫了,静心吃食。老者说了句"休息十分钟",双方都吃了点食。这里面有个讲究,蟋蟀开斗前,三天扣食,最后一天不进食,因吃饱了,撕咬功能便会下降。

值得一提的是老者的撩须棒,有大杆香那么粗,也有香那么长,尾细头粗,头前面有七八根长须,据讲是用老鼠胡须制成的,死鼠不行,逮住活鼠拔下的胡须才能用。活蹦乱跳,没有受过调教的蟋蟀,只要到老者手里,便安分守己,乖乖受摆弄。我想不仅是撩须棒,老者还有其他功夫吧。一般在什么时间捉拿蟋蟀为好?就是天气最热的时候,暑天夜间子时或者卯时最佳,因那时夜深人静,蟋蟀的叫声听得清楚。好蟋蟀，也就是优良品种，听它的叫声就知道它是公或母。母蟋蟀喂到一定程度，要下籽，要用一种三尾子蟋蟀交配，提籽，然后才能上场撕咬。喂养很讲究，好蟋蟀捉到，要放入闷子里圈养，定时喂食，吃多少，看虫的大小，限量。一个月左右开始调教。如何叫，乃至叫的动作都要调教。

　　看来养蟋蟀功夫不一般。到了深秋，也就是中秋节前后，蟋蟀开始上战场。我通过和他们接触才知道，从逮蟋蟀时间，到怎样喂养、调教，这里面学问大，乐趣多。我后来才知道，斗蟋蟀者来自天津、济南、青岛、上海、蚌埠，都为这老者马二爷而来。这个马二爷，年轻时从军，后来又在外面经商多年，有一定经济实力，从年轻时就开始喜欢这玩意，据说能和蟋蟀对话，在这一行中渐渐玩出了大名堂，上海、青岛、天津各大蟋蟀斗场，都请他做过大师，也就是裁判。

　　他们确实是在赌博，不是纸币，是洋钱叫袁大头，成捆扎着，皮箱装着。时间一长，我这个侦探人员慢慢地也学会捉养蟋蟀了，老者还教我，怎样听蟋蟀叫声，才能逮到上档次的蟋蟀。听老者讲，大家为什么来寿县斗蟋蟀，是因为寿州城内的蟋蟀厉害，凶猛，一旦咬住对方，绝不松口，一直把对方咬到无力才罢休。

　　从民国初就有说法，全国蟋蟀，寿州城内最佳。我当时受到影响，也迷了两年蟋蟀，那是1966年吧。深秋季节，我也是偷偷地养了几闷子，后来父亲知道了，批评我玩物丧志。又一年中秋节后，我忽然想到还有几闷蟋蟀放在东屋条茶几下面，我把闷子打开，用草撩了一下，那叫声不那么响亮，声音很惨，我一狠心，将几闷子蟋蟀都放了，让它们回归大自然去吧。

　　当时，三年自然灾害刚过几年，老百姓吃穿还是很困难的，各种文化生活自然谈不上，各行各业还没恢复元气。在这种大环境下，穿着讲究，有闲心玩虫儿逗趣，并且下大赌注的人，真是少见。

史海钩沉

春申君上秦王书及晚楚时期春申君的历史贡献

李家勋　哈余庆　苏希圣

日本中国史学家内藤湖南认为,战国有一个所谓"四君时代","四君即齐孟尝君、赵平原君、魏信陵君、楚春申君。此时可称作诸国皆称王的时代。然而在诸国中,不懂政务的昏庸者甚多,为此出现了身负一国重任、代王执行实际政务的人物,他们就是四君"。"四君"中的春申君黄歇,是一位叱咤风云的战国名相、晚楚功臣。在他政治生活的主要舞台——楚故都寿春城,近年辟建了雄阔的春申广场。春申君塑像高高站立在铜铸驷驾之上,再现当年贤相威仪,接受人们的瞻仰。回顾春申君的一生,他上书秦昭王,说秦善楚,阻止了一场即将爆发的"灭楚"战争,奠定了他在此后为楚建立丰功的基石;他经营寿春,为晚楚王国打造了最后的都邑;他开发江东,为长江三角洲地区最初的发展奠定了基础;他站在时代的高点,招贤纳士,开拓了南方楚国延揽人才激励竞争的智库模式。春申君这位辅国持权的晚楚功臣,对楚国的贡献是多方面的、开创性的,他的影响及于豫、鄂、皖、苏、浙、沪地区。上海申博成功,黄浦江畔,人们唱响的第一首歌就是《告慰春申君》。

一、春申君上秦王书

根据《史记·春申君列传》记载,公元前273年华阳之战后,"韩、魏服而事秦。秦昭王方令白起与韩、魏共伐楚"。此前,楚顷襄王因为黄歇善辩,"使于秦"。黄歇"闻秦之计","乃上书说秦昭王"。此即所谓春申君上秦王书。

就楚国历史考论,春申君上秦王书显然是他在楚获取高位的基础和历史起点,也是他能在此后做出杰出贡献的历史起点。

这封《上秦王书》首见于《史记·春申君列传》,后来被刘向等人收入《战国策》《新序》和《后语》等,文字与《史记》无大出入。

上书正文首段有文字称:"先帝文王、庄王之身,三世不妄接地于齐,以绝从亲之要。今王使盛桥守事于韩,盛桥以其地入秦,是王不用甲,不信威,而得百里之地。王可谓能矣。王又举甲而攻魏，杜大梁之门，举河内，拔燕、酸枣、虚、桃、入邢，楚、魏之兵云翔而不敢救。王之功亦多矣。王休甲息众，二年而后复之；又并蒲、衍、首、垣，以临仁、平丘、黄、济阳婴城而魏氏服；王又割濮磨之北，注齐秦之要，绝楚赵之脊，天下五合六聚而不敢救。王之威亦单矣。"因这段文字涉及的"文王、庄王"及具体历史事件，都为秦昭王之后的秦国君主及史实（前251年后），后世学者或以为上秦王书非昭王时事，更有人认为此非春申君所为。如李善注《文选·辨亡论》引"楚、魏之兵云翔而不敢救"，以为上书乃顿子（顿弱）说秦王，蒙上章为说，必《战国策》旧读。钱穆据此推断，"知鲍氏本无起首一节，实为《国策》旧文。自《新序》《后语》皆本《史记》，以此文在顷襄迁陈后秦昭王时。至剡川姚氏据以增补入《策》，后人遂群以此文归诸春申矣"。并进一步指出，司马迁不了解春申君出身贵戚，"以为春申必有大功奇绩，始获信任，而考实无从，因以或人之说始皇者，误以属之春申也"。但清人黄丕烈《战国策札记》持说谨慎，他未遽肯认上秦王书非昭王时事，也未对黄歇作书说轻易质疑。

检视全文，除此段外，其他涉及史事的文字，均与公元前273年上书时情势暗合若符，而与此后不合。如"今王中道而信韩、魏之善王也，此正吴之信越也。臣闻之，敌不可假，时不可失。臣恐韩、魏卑辞除患而实欲欺大国也"，"故韩、魏之不亡，秦社稷之忧也，今王资之与攻楚，不亦过乎！"据此，我们有理由认为，《上秦王书》中"先帝文王、庄王之身……王之威亦单矣"一段文字，宜为太史公误从他书植入者，未可轻易否定《上秦王书》为华阳战后春申君所作。

作为一篇重要的历史文献，春申君《上秦王书》值得研究者有以下：

（一）说秦善楚是春申君根据形势做出的理性选择。

关于当时的形势，《史记·春申君列传》大略云：秦昭王使白起攻韩、魏，败之于华阳，擒魏将芒卯，韩、魏服而事秦。秦昭王方令白起与韩、魏共伐楚，未行，而楚使黄歇适至于秦，闻秦之计。当是之时，秦已前使白起攻楚，取巫、黔中之郡，拔鄢郢，东至竟陵，楚顷襄王东徙治于陈县。黄歇见楚怀王之为秦所诱而入朝，遂见欺，留死于秦。顷襄王，其子也，秦轻之，恐一举兵而灭楚。歇乃上书说秦昭王。太史公所言"秦昭王使白起攻韩、魏，败之于华阳"，过于简略，事实是，到公元前273年，魏国投入赵的怀抱，赵、魏两国组织联军向韩进攻。韩求救于秦，秦派白起大破赵、魏联军于华阳。接着，秦、韩进围魏都大梁，由于燕、赵两国来救，秦接受了魏所献南阳地后退兵。此后应该才出现"韩、魏服而事秦。秦昭王方令白起与韩、魏共伐楚"的情势。当时，日渐衰落的楚国不但无力与强秦抗衡，而且蒙受"亡郢辱祖"之痛，处于动荡不安之中。所以春申君在秦国听到三国联兵攻楚的信息后，情急之下,乃主动上演了一出说秦善楚的大戏。

春申君上书的要点是,说服秦国主攻韩、魏而善楚。他申述道:"天下莫强于秦、楚。今闻大王欲伐楚,此犹两虎相与斗。两虎相与斗而驽犬受其獘,不如善楚。""楚国,援也;邻国,敌也。""今王中道而信韩、魏之善王也,此正吴之信越也。臣闻之,敌不可假,时不可失。臣恐韩、魏卑辞除患而实欲欺大国也。""故韩、魏之不亡,秦社稷之忧也,今王资之与攻楚,不亦过乎!""夫以王壤土之博,人徒之众,兵革之强,一举事而树怨于楚,迟令韩、魏归帝重于齐,是王失计也。臣为王虑,莫若善楚。"

应该说,春申君的这封上书,纵论天下大势,纵横捭阖,联类取譬,文采飞扬,雄辩地陈述了善楚与否的利害关系。秦昭王接读上书后,当即称"善"。

秦申君说秦善楚为何能成功?这与魏国当时所处的位势有关。当是时,魏国处"天下之中身"。此前,秦国曾三次围攻大梁,目的在于灭亡魏国,使秦国本土能和攻齐所得的定陶等城邑相连接,以便"绝山东从(纵)亲之腰",把燕、赵和楚、韩隔绝开来,"是示天下要(腰)断山东之脊"。到公元前266年,范雎为秦相,提出"远交近攻"战略,应与春申君说秦转攻韩、魏而善楚不无相合之处。

应当说,春申君主张秦攻韩、魏而善楚,是为楚国计,不当厚责。

(二)春申君主张仁义并天下。

秦惠王时,司马错向惠王提出首先攻灭西南"戎狄之长"的蜀国,由巴蜀水道通楚,"得蜀则得楚,楚亡则天下并矣"的主张,被秦惠王接受采纳,于公元前316年开始实施。这可以认为是战国时期正式出现兼并天下战略主张及战略举动的标志。春申君活动时期,统一天下的主张已逐渐被人们接受,但人们主张的"一天下"之道不同,秦行商鞅一派法家"一民""强国"之术,以赤裸裸的暴力取天下;孟子立意高亢,主张以"仁义""定于一","不嗜杀人者能一之";荀子则对孟子的主张做出了修正,主张大王小霸,"上可以王,下可以霸",要求隆礼而重法,"隆礼尊贤而王,重法爱民而霸",以孔子之道实现统一。

在《上秦王书》中,黄歇指出:"王若能持功守威,绌攻取之心而肥仁义之地,使无后患,三王不足四,五伯不足六也。""王若负人徒之众,仗兵革之强,乘毁魏之威,而欲以力臣天下之主,臣恐其有后患也。《诗》曰'靡不有初,鲜克有终',《易》曰'狐涉水,濡其尾',此言始之易,终之难也。何以知其然也?昔智氏见伐赵之利而不知榆次之祸,吴见伐齐之便而不知干隧之败。二国者,非无大功也,没利于前而易患于后也。""肥仁义之地",《战国策·秦策四》姚宏续注本:肥,犹厚也;地,犹道。厚宣仁义之道,则天下皆仰之。鲍彪新注本引高诱注:地犹道。显然,黄歇有取于孟子，或者说接近孟子，但他也曾亲善荀子，可见黄歇在这方面接近儒家。可惜他的这一思想未获充分展开。

需要特别指出的是，春申君时期的诸子，已不大宣扬仁义天下的主张，行世的是法家、阴阳家等思想。春申君有取于儒家的仁义主张，是很可贵的。经历暴秦速亡之后，步入西汉，陆贾、贾谊、董仲舒等才逐步明确了仁义在国家政治进程中的重要作用。

(三)春申君上书具有纵横家术的特点。

《上秦王书》反映春申君未达时的性格，通观全文，纵横捭阖，比类夸张，明显具有战国纵横家术的特点，故为刘向《战国策》所收，这是过去未多注意者。其实，《史记·春申君列传》和《战国策》开宗明义就点明了这一点，春申君"游学博闻，事楚顷襄王。顷襄王以歇为辩，使于秦"，"楚人有黄歇者，游学博闻，襄王以为辩，故使于秦"。

春申君同其他三君不同，可能属"士"之上升者，也可能是贵族中接受纵横家、游士影响较多者。《史记·春申君列传》与另三君的传记颇有异，它未语及春申君是否出身贵族。对此，钱穆提出如下解读："余考《史记》载春申事，不足信者颇有之。《韩非》书(《奸劫蚀臣第十四》)以春申为楚庄王(庄王即襄王，见前考)弟，与《史记》绝不同。韩非亲与春申同时，其言当可信。……且七国自秦外多用宗戚主政。四君并称，如信陵、平原、孟尝皆贵戚，知春申正亦以王弟当朝"。他又引他文补证道："《史记·游侠列传》：'近世孟尝、春申、平原、信陵之徒，皆因王者亲属，藉于有士卿相之富厚，招天下之贤者'，则亦以春申为王者亲属矣。《汉书·游侠传》：'由是列国公子，魏有信陵，赵有平原，齐有孟尝，楚有春申，皆藉王公之势，竞为游侠。'亦称春申为公子。金氏《国策补释》云：'春申与孟尝、信陵、平原并称四公子，当亦楚之疏属，故朱英说以代立。'"因此，钱穆认为："春申自为顷襄之弟，非以游士事楚甚显。"

我们以为，黄歇究属楚顷襄王弟，抑或如自己的朋友虞卿那样，"游士致显"，应该都不足以否定春申君上秦王书这桩史事，也不足以否定春申君接受纵横家影响的可能。

其实，认为春申君出身于楚国贵族，便不能有纵横家、游士的言论，是一种过于本质主义的意识。依照这种历史观，孟尝君的一些行为更难以理解。余英时曾就"五四"时期的思想状况指出："在我看来，每一个'五四'知识分子都似乎是独特的，他们之中，很多人都随时在改变自己的想法，既快速，又剧烈。一如革命前的俄国知识分子，他们'可以是早晨的西化派，下午的斯拉夫文化拥护者，而晚餐后则批评一切'，'五四'的知识分子，即使不是在几天和几星期之内，也能在几个月的期间里不断转移他的立场。""'五四'必须通过它的多重面相性和多重方向性来获得理解。"我们以为，这种史例可以帮助今人理解春申君《上秦王书》的纵横家术特点。

春申君取效纵横家术，作《上秦王书》，也有秦重游士、纵横家术之现实影响的因素。秦重游士、纵横家术的历史表现，后世学者有所关注，内藤湖南曾指出："秦也用游士，但做法异于三晋，即并不是在国政停滞之际使用游士，而是作为新兴之国在逐渐发达、国政并未停滞时使用游士，由此得秦非常之功而走上强大之路，最终成为第一强国。"余英时则认为："秦国从来对学术思想本身的价值缺乏同情的了解。它所用的三晋客卿，如商鞅、张仪、范雎、李斯等人都是一些纵横法术之士，对学术思想未见有真正的兴趣。"应该指出，秦在昭王统治时，曾有轻厌游士、纵横之士的表现，《史记·范雎蔡泽列传》载："（秦）昭王已立三十六年。……厌天下辩士，无所信。"但春申君上书是昭王三十四年事，而且从范雎开始，秦又改变了政策，因此范雎得以在昭王四十一年（前266年）出任秦相。

史称春申君上书后，秦昭王"于是乃止白起而谢韩、魏。发使赂楚，约为与国"。到秦实行"远交近攻"战略后，更为楚赢得了多年相对和平的环境。

二、晚楚时期春申君的历史贡献

晚楚时期春申君做出的历史贡献，是其以《上秦王书》为起点的历史活动的归宿。马育良曾指出："晚楚文化，并非另有独特内容与特色的楚文化，它仅指先秦楚文化发展的一个阶段。这一时期的楚文化，按照张正明的理解，已经进入所谓文化发展的'滞缓期'，但它在楚国迁都寿春和文化东渐中还是取得了一些硕果，并对后世产生了重要的影响。"与晚楚文化相应的是楚国历史上的晚楚时期。这个时期楚国的政治核心人物是黄歇，他在这个时期的历史贡献至少表现在以下几个方面。

（一）利用《上秦王书》及秦实行"远交近攻"战略的持续效应，一定程度上维持了晚期楚国的国力。

春申君《上秦王书》的意见被秦昭王采纳后，秦、楚关系趋于缓和。这样，楚国人民在相对和平的环境中，获得了难得的休养生息的机会。从这个意义上说，春申君上秦王书，应该给予充分肯定。因为春申君出使秦国的目的就是劝诱秦国罢兵善楚，这个目的达到了，这表明他的谋略是成功的，而历史也由此得以改写。春申君上书，充分体现了他的胆略智慧和外交才能，为我们提供了一个弱国外交迂回前进的经典案例。

此后的史实更证明了这一点。公元前265年,秦、赵发生阏与之战,秦国遭遇惨败。公元前266年秦"远交近攻"后,给楚造成了更多的机缘。公元前265年,秦国大举向韩进攻,到公元前262年,发生了空前惨烈的长平大战。公元前256年,秦继续向韩、赵进攻,秦昭王灭西周。而楚国则借这几次机会,进一步蓄积和发展了自己的力量。秦、赵两军相持于长平时,楚军在春申君统领下,已乘机开始兼并鲁国。就在秦灭西周的同年,春申君最后灭亡了鲁国。

但随着秦与魏、韩战局的变化,局势逐渐发生逆转。楚国力量也随之进一步向今安徽境内迁移,到公元前241年,楚迁都寿春。

当然,我们也可以认为楚国以及春申君,没有更多的实力和能力来利用这难得的喘息机会。尽管后来楚国勉强组织了合纵攻秦之役,考烈王任合纵长,黄歇具体任事,但是兵不精、心不齐,函谷关一战,合纵军作鸟兽散。

这应是历史的局限和悲哀!这是由于综合国力对比的悬殊,更因为企盼统一已是民心所向,成为历史发展的大趋势,而这不是凭借楚国、更不是凭借黄歇一己之力所能改变的。

(二)经营寿春和推动楚国迁都寿春。

古代寿春是与春申君的名字紧密相连的。

历史上任何一个国家的定都迁都,都牵涉到国家的安危成败。楚国从怀王被扣身死以后,国家开始衰败。从公元前278年开始,楚人三十多年一直在陈、淮一带徘徊,直到公元前241年才迁都寿春,"命曰郢",正式确立了国都的地位。刘和惠认为:"楚定都寿春,表明楚人已从败离的情绪中恢复过来,人心逐渐稳定。"而选都寿春,带来晚楚相对稳定和繁荣的最大功臣,正是春申君,连寿春的名字都因他而获。

寿春的前身是下蔡。春申君封淮北十二县地时,下蔡易名为寿春,并进行了历史性的营建。楚寿春城承袭纪郢旧制,结合寿春的地理环境进行设计、改造和扩建。经春申君苦心经营十几年,寿春成为当时仅次于燕下都的全国第二大都市,晚楚政治、经济、文化的中心。

春申君选都寿春,从根本上说是出于对寿春山川形胜和战略地位的考量。古人向有"守江必守淮"之说。清《寿州志》称:"寿州当长淮之冲,东据淮河,西扼淠颍,襟江而带河……南人得之,则中原失其屏障;北人得之,则江南失其咽喉。"古代寿春是兵家必争之地,也是中原通向江南西路水道之要冲,南北货物集散之地,粮草丰盈的鱼米之乡。

战国晚期的寿春城,位于今寿春镇东南。今寿春镇为宋城,不及当年的六分之一。楚寿春城选址科学,重视水利,讲求实用。营建中,南引芍陂之水与淝水交络城中,河道纵横,舟楫如梭,商贾云集。州人苏希圣赞之为"古代东方威尼斯"。寿春地处南北粮区过渡地带,也是吴、楚、中原文化和淮夷文化的交汇之地。无论从山川形胜,还是就传统环境观论,寿春背靠青山、二水分流的格局,都是全国罕见的。楚寿春城的宏阔、雄奇、唯美,以及堪称世界之最的楚青铜器、鄂君启节的发现,楚郢爰、卢金的大量出土等,无不凸显其晚楚时期政治中心、金融中心、商贸中心的地位。

据曲英杰推算,当时寿春城人口多达20万,这在古代是个了不起的数字。因此司马迁和班固几乎异口同声地惊叹:寿春"亦一都会也"。马育良认为:寿春"这种经济都会的地位,直到隋唐京杭大运河凿通后,历经宋元,才逐渐有所削弱"。

(三)推动晚楚文化东渐。

春申君苦心经营寿春、选都寿春,使晚楚有了休养生息、得以发展的新的政治、经济文化中心。他主持国政,强兵革,重农商,兴教化,综合国力有所增强,楚都寿春也获得了空前的繁荣。这为他就封吴地后,推动晚楚文化东渐、开发江东累积了一定的能量。

"春申君封吴和就封最早应发生在考烈王八年(前255年)之后,最晚不应迟于楚国徙都寿春。"春申君就封吴地及此后的文化传播、江东开发,使江东大片蛮荒之地逐渐受到晚楚文化的浸染,并成为楚国的粮仓和战略后方,这推动了后来的上海、苏州、无锡、湖州等长江东三角洲地区的初步发展。至今,上海城隍庙四季祭祀的神仍是春申君,苏州、湖州等城市也奉其为建城始祖,以春申为名的江、桥、路、坊、祠及纪念馆散布江东,大量的历史文化遗址表明江东一带人民对春申君的敬仰与怀念。

春申君巨大的历史贡献和深远影响,作为一种精神力量,仍具有重要的现实意义。时间跨过两千多个春秋,如今以申城上海为中心高度发达的长三角地区正在为推动皖江等中西部地区经济和社会的发展,发挥着越来越强劲的辐射作用。这种时代的轮转和反哺,不也是另一种历史的回响吗?因此,探讨寿春大地与申城黄浦江乃至长三角地区的历史文化渊源,加强交流合作,共谋新时期发展大计,其意义仍是不可低估的。

余 论

　　研究春申君这样一位历史人物是很有意趣的。他一生功绩辉煌，尤其是就晚楚这一历史时期而言。明人高启曾在《惠山春申君庙》一诗中以"封君开巨壤，相楚服强邻"来概括他的生平业绩。

　　但春申君也是一个复杂的矛盾体，譬如他的门客朱英曾向主人两次献策，第一次春申君接受朱英的建议，推动考烈王迁都寿春；第二次朱英建议春申君先下手铲除李园势力，但这次春申君却因自己的善良和优柔寡断而付出了高昂代价。黄歇的智慧让人困惑，在个人面临危机时，他情愿放弃对阴谋的警觉，但在楚国面临危难和大事时，他却表现得极具智慧和胆略。司马迁批评黄歇说：当断不断，反受其乱。就黄歇而言，这个评语可以说极其到位。

　　而且，除了身世之谜外，春申君还留下了一些至今让人困惑的历史疑团，譬如所谓"奸谋盗楚"事。据《史记·春申君列传》，李园妹幸于春申君，有身后，李园复与春申君合谋诱考烈王幸李园妹。李氏后生男，立为太子，李氏获封王后。这个故事颇类于吕不韦、赵姬事，此后刘向编纂《战国策》、司马光编撰《资治通鉴》时，又据太史公说加以敷衍，遂俨然成为信史。明人凌稚隆在《史记评林》中说："按此传前叙春申君以智能安楚，而就封于吴，后叙春申君以奸谋盗楚，为天下笑。模写情事，春申君殆两截人。""奸谋盗楚"一说随之而出。但细究此案，疑窦颇多。钱穆曾有专篇《春申君见杀考》，剖析吕不韦、赵姬及春申君、李园妹故事，篇中多引史料及史家众说，指出两事"殆均出好事者为之，无足信者"。"昔人以桀、纣暴行，情节相类，疑其不实。今文信、春申之事，一何若符节之合，而又同出于一时，不奇之尤奇者邪？后之疑而辨者，纵不尽得。然帏闼之事，本难全详。传者既无的据之验，疑者亦何从为稽诘之地哉？今并举而著之，亦足使读史者知此故实之不尽可信耳。"据此，所谓春申君"奸谋盗楚"之事说，虽然穿越千古后，至今仍人言啧啧，但平心而论，此案似仍难以定论。

　　研究历史，终须有几分证据说几分话。

　　千秋功过，历史自有评说。寿春古城，巍然而立，为我们留下了丰富而深刻的历史启示。寿春人民不会忘记春申君，历史将永远铭记春申君的杰出功绩。

从周馥的三篇诗文谈对戴宗骞的历史评价

李文馨　李嘉曾　汪家鼎[①]

一、引言

周馥和戴宗骞都是甲午战争时期的历史人物。甲午威海之战中,戴宗骞于光绪二十一年正月初八日(1895年2月2日)在刘公岛自尽殉国,周馥悲痛难已,十数年后仍不能释怀。痛惜之余,周馥将对戴宗骞的思念付诸文字,以寄托哀思,兼传示后人。考察周馥怀念戴宗骞的三篇现存诗文稿,不难发现,周、戴两人相交至深,志同道合。本文以评析这三篇诗文为契机,回顾两人之间的友谊,重温周馥对戴宗骞的高度评价,进而反思对某些甲午英烈历史评价中出现的偏颇,以告慰尽忠殉国的先烈。

戴宗骞

二、周馥及其与戴宗骞的关系

(一)周馥生平及其甲午战争观

周馥(1837—1921年)字玉山,安徽建德(今东至)人,诸生出身,早年因乡试未

---

① 李文馨:澳大利亚籍华人,自由职业者。李嘉曾:澳门城市大学澳门社会经济发展研究中心执行主任、教授。汪家鼎:上海纺织纤维检验所原副所长,高级工程师。此文发表于社会科学出版社2019年4月出版的《甲午战争与东亚近代史进程:甲午战争120周年国际学术研讨会文集》中。

中而弃笔从戎。同治元年(1862年)春,李鸿章组建淮军,周馥应募,深得李鸿章赏识,即招往办文案。从此跟随李鸿章办洋务达三十余年,深受倚重,遂由候补知县累迁至封疆大吏,成为淮系集团中颇有建树和影响的人物。①

根据多种史料记载,周馥的主要政绩如下:光绪十三年(1887年)创议设大连湾、威海炮台作为海防。十四年会同海军提督丁汝昌等议订《北洋海军章程》。十七年随同李鸿章视察北洋海军,当时旅顺、大连湾、威海十余座炮台都尚未完工,海军所拥有的船只在规模和数量上远不能和各强国比,而朝廷主管财政的户部等职能部门则正在议论裁减军费事,拟令三年内不准购买军械。周馥深感时事艰难,担忧海上一旦变故将无法应付,遂多次向李鸿章建议:应趁此时痛陈利害,使上知之,允则可稍望添费,不允亦披露心迹,使后人知此中艰窘也。② 甲午战争期间,周馥受李鸿章之命总理前敌营务,后又兼任总理后路粮台,③从事后勤战备工作,对当时的时局国策、财力兵力以及士气都有比较全面的了解。甲午战败后,周馥进行了冷静的思考,所写《感愤五首》④既抒发了胸中的遗恨与悲愤,亦表达了对战败原因的独到见解。

周馥认为:

甲午战争的失败并非国运已衰,而是策略有误,犹如和对手下棋,只用后发制人则会着着落后。自古决策者只有内和才能克敌制胜。当时西方列强凭借着和战条约来制约中国,而东邻日本则等到了蓄谋已久的侵华时机。等日本背信弃义后中国再亡羊补牢,为时已晚。

导致经营十年的北洋海军的瞬间颠覆,和内部的自相掣肘有关。以北洋海军一隅之力来抵挡日本一国之兵力也是失败的原因。光绪皇帝之生父醇亲王曾力主加强边防大建海军,受到了种种阻挠,所以本来期望的太平盛世等不及唱和就以悲音结束。甲午战败,国殇之痛,万口铄金,举国怨腾。

朝廷派清军入朝鲜助藩属国,使孤军深悬海外。我军先入朝鲜牙山海角绝地,水陆无援,属指挥失当。又放弃地理上的优势退至平壤,凭城防守,在战略上处于被动。派出的左、丰、叶、卫四旅援军,不能相互统辖,只听命于各自帅令,犯了不利

---

① "周馥"词条,载于百度百科。
② 周馥:《书戴孝侯死事传后》,载于《中日战争丛刊》第5册,上海:上海人民出版社,2006年,第211-213页。
③ 同上。
④ 周馥:《感愤五首》,摘自《周悫慎公全集》之《玉山诗集》卷二。

于统一指挥的致命错误。①

相对一些巧言媚上的奸臣，自己却难以请到尚方宝剑来执法，也难遇像黄石这样的隐士大德来化解国家的危难。面对那些效死疆场的士兵们，只有自怨和愤懑，感叹自己鬓发已疏，再轮到为国出力，恐必机会少了。

周馥坚信：

甲午战败，眼下国家虽处于困局中，但中华悠久的历史虽屡经起落，必有再度中兴时。

光绪二十四年（1898年），周馥奉李鸿章命赴山东助理黄河工程。次年二月，慈禧太后召见，问及中日之战失败原因时，周馥则将户部悭费，言者掣肘各事②和盘托出。同时奏明李鸿章当年的艰难选择：虽明知北洋难敌日本一国之力，一切尚未备齐不宜出兵，也深知若言不能战将遭世人唾弃。

二十八年春，周馥升任山东巡抚，并加兵部尚书衔；三十年秋，任两江总督兼南洋大臣；三十二年夏，调任闽浙总督，未到任，不久又调补两广总督。

宣统元年（1909年）周馥以年老多病奏请回原籍就医，民国十年（1921年）八月病逝于天津寓所，享年84岁。

（二）周馥与戴宗骞的关系

周馥年长戴宗骞五岁，两人交谊情深，志同道合，是肝胆相照的挚友。同治十一年（1872年），周、戴两人订交于天津旅舍，后深交为笃友，彼此以砥节励行互勉，并以当时的局势艰危为忧。此后周馥与戴宗骞几乎每年必数次会见，且每次会见常谈论逾日不忍相离，交情胜过骨肉兄弟。光绪十三年（1887年）周馥倡议在大连湾、威海建筑炮台作为海防，向李鸿章推荐戴宗骞统领防守威海，李鸿章也表示："威海卫应经营台垒，非孝侯莫属。"③甲午战争爆发期间，周馥因转饷事去辽东，与戴宗骞仍有函电往来，相励相勉。对于戴宗骞的殉国，十数年后周馥言及仍悲怆难耐，对于甲午战败原因和遗恨，周馥发出"惟戴太仆知我也"④的感叹。

---

① 周馥分别有原注："我师先入朝鲜西南牙山乃海角绝地，水陆无援"、"我军退至平壤不守郊外山险，群聚城厢"、"时有奉天左、丰两军，北洋叶、卫两军皆不相辖，各听本省帅令"。
② 周馥词条，载于百度百科。
③ 周馥：《戴孝侯诗集序》，部分载于《中日战争丛刊》第五册，上海：上海人民出版社，2000年；全文载于《周悫慎公全集》之《玉山诗集》卷一。戴宗骞，字孝侯。
④ 周馥：《书戴孝侯死事传后》，载于《中日战争丛刊》第五册，上海：上海人民出版社，2006年，第211—213页。文中"太仆"指戴宗骞。

三、周馥三篇诗文对戴宗骞的评价

(一)周馥三篇现存诗文简介

周馥有专著《周悫慎公全集》问世。在其文集、诗集中均有为戴宗骞写的文字,主要为以下三篇:

1.《书戴孝侯死事传后》

此文是甲午战争数年后周馥奉旨进京,拜会李鸿章后所写。文章最后感叹道:"光绪二十五年予奉旨晋京,谒文忠贤良寺中。偶谈及前事,并述当日请陈海防利害之奏,文忠犹叹息泣下,而伤时事之艰,同志之少也。噫!斯事岂足为人道哉?惟戴太仆知我也。今日过威海者,谈及太仆死事,犹钦仰之。"①

2.《戴孝侯诗集序》

此为宣统元年初夏,应戴宗骞之子请求,周馥为出版《戴孝侯诗集》所写的序。序中写道:"太仆尽节之日距今十六年矣,其孤乃能于济南遵旨建祠,复搜辑其遗稿刊示于世,可谓能阐扬先烈矣。太仆节烈焜耀史册,岂待以诗文传!太仆之品行、智略、诗又岂能道其百一耶?"②

"忆同治十一年予与太仆订交于天津旅邸,彼此以砥节励行相勉,且以时势艰危为忧……文忠曰:'威海卫应经营台垒,非孝侯莫属。惟地旷兵寡,应用副佐带兵助之,刘超佩能否胜任?尔密往商之。'刘超佩者③,盛军内部向师事太仆,亦由吉林率兵入关者。时太仆意以刘超佩率二营驻威海南岛,自带六营分驻中岛、北岛,分督工作。乃刘超佩必欲自带四营,予执不可,而超佩乃自谒李文忠力恳,许之,事

---

① 周馥:《戴孝侯诗集序》,部分载于《中日战争丛刊》第五册,上海:上海人民出版社,2000年。

② 周馥:《戴孝侯诗集序》,部分载于《中日战争丛刊》第五册,上海:上海人民出版社,2000年。以周馥序中文字"太仆尽节之日距今十六年矣",戴宗骞殉国于1895年,推算下来,可见《戴孝侯诗集序》写于1911年。

③ 刘超佩:"(光绪二十五年十二月)三十日(1895年1月25日)拂晓,日军对南帮炮台发起总攻,刘超佩不战而乘小艇弃台逃往刘公岛。先匿居在其同乡家里,于二月十八日逃至烟台。南帮炮台失守的当天,李鸿章即下令'应遵旨就地正法'。后遵旨将刘超佩押解天津,由署理北洋大臣王文韶讯明失守炮台逃避情形,刘超佩诡称:'督队接仗,腿受枪伤,昏迷不省人事,被勇丁送入刘公岛医院养伤,以致炮台失守。'但经查验伤情,乃'系被枪子击伤左腿,由膝上穿过',王文韶奏报审讯结果:'查验伤痕,并非致命部位,何至不省人事?显系饰词避就。刘超佩亦无可置辩,俯首认罪。是其受伤虽非谎饰而逃避亦属真情。相应请旨饬下刑部,查照现讯供情,按律定拟,以肃军纪。'"

遂定。

"逾数年威海台垒工竣。予告太仆曰：'可卸责矣。今户部靳惜财力，能使威海成重镇耶？脱兜鍪而就惠文如何？'太仆曰：'是我志也。'乃请文忠咨吏部带领引见，奉旨发往直隶以道员即补。出京过津谒文忠，力辞兵事，文忠以一时不得替人固留之。时予在保定臬署，得太仆书曰：'事不谐矣，故还威海理军事。'予于是服公之信、公之勇非人所及。

"光绪二十年中日战争起，予转饷辽东，与太仆函电驰问，相励相勉，已知事急不可为矣。登莱青道刘蓣林观察，忠勇士也，予请其与太仆等密商，力恳文忠调军助之。已奏准矣，奉旨调南军之过山东者折而东援。乃山东官吏不急于事，挨县派民车输送军械，在途濡滞十余日，比南军未至二百里，而威海陷矣。蓣林致予电痛哭，予亦哭，料太仆不肯生还矣。逾数日，得太仆殉节之耗。时海军提督丁汝昌、总兵刘步蟾、刘公岛戍将张文宣等先后尽节。敌兵且窥芝罘，蓣林置鸩于座以待，幸敌未至得不死。威海战士血肉溅石壁上，模糊几遍，衣发满地，炮台尽毁，水陆将士退守芝罘者尚二三千人。呜呼！当日之事，尚忍言哉！

"先是，刘超佩在威海南拒敌受伤，所部败散，敌乃以全力径扑北军。太仆斯时麾下不足二千人，独当数万方张之寇，内外无援，水师已灭，欲固守威海南北三十里之地，岂不难哉！当未陷之前二日，有密旨饬海军弃威海而徒以保战舰，倘事果行，太仆亦可移军山寨，扼险遏敌，而事已不急矣。

"今日过威海者，莫不叹太仆治军之严，死事之烈，而惜其志略之未尽设施，如馥者至今有余痛焉。圣天子褒奖忠烈，赠恤之典逾于常例。太仆诚一代完人，与威海山川同不朽矣。"

3.《感怀平生师友三十五律·戴孝侯观察》

此诗写于宣统三年（1911年），周馥写此诗前有夹注："戴孝侯观察，名宗骞，安徽寿州人。光绪十三年余创议设大连湾、威海卫之防，荐戴于合肥李相国统军守威海，曾嘱其俟修建炮台后请相另委他员接统。逾数年台工告成请退未允，甲午日本逼威海，戴出战不利殉节死，奉旨建祠。"①

诗曰：

"荐祢原无杀祢心，敢言虑事欠深沉。恋恩自少当机断，效死当抒报国忱。大

---

① 戴公祠位于济南周公祠街，紧邻为周盛传所建的周公祠。

节无惭昭日月,惨怀惟我痛人琴。衔冤何独公遗憾,欲语吞声口半喑。"①

首句"荐祢原无杀祢心",是指当初举荐戴宗骞出任威防督建炮台,下句"敢言虑事欠深沉"紧贴上句举荐事。所谓"欠深沉",是周馥本人的浮想联翩和自责,回想起十多年前从推荐戴宗骞威海上任、到炮台建成戴宗骞请辞未准乃至甲午战争中戴宗骞以身殉国,是周馥自责荐任时,对时局的发展变化之快以及对政局、战局之曲折复杂考虑得未尽周全,想不到戴宗骞的留任竟导致其最终殉国失去了性命。

第三、四句"恋恩自少当机断,效死当抒报国忱",是说戴宗骞自青年起即知恩图报,并向有处事当机立断、敢于担当的性格。这种性格和敌犯我境时戴宗骞效忠报国、从容殉节是一脉相承的。

第五、六句"大节无惭昭日月,惨怀惟我痛人琴",前句是说戴宗骞死得光荣,证明自己没有举荐错人,后句是周馥借用东晋时期《世说新语》作者睹物思人的典故,以表达对昔日挚友殉国的痛惜心情。

最后两句"衔冤何独公遗憾,欲语吞声口半喑"则是慨叹:甲午之败是国耻,是举国之辱,不是一人一事的遗憾。周馥和戴宗骞向来志同道合,作此诗时已离戴殉国十六年之久,念及死者时还悲怆得失语吞声,说明戴宗骞殉节一事对周馥思想触痛之深和两人情谊之深。

此诗中用"祢"而未用同义的第二人称"尔"(你),《词源》中解释此二字称呼对象略有不同:入"祠庙"者称"祢",属于"敬称"②,戴宗骞殉国奉旨立祠,因此周馥特采用敬称,可见作者对戴宗骞怀有深重敬意。

(二)周馥对戴宗骞的评价

纵观上述诗文,可以看出周馥对戴宗骞的评价主要集中在以下几点:

1. 擅长诗文的正气之士

周馥赞戴宗骞:"予知太仆善诗文……太仆之诗予先未见,其稿其诗中所历之境所来往之人多馥所识。诗语温和爽直若不锻炼而出,而情韵周浃超然意远,其内刚外和之概溢于楮墨,犹可仿佛其生平……况兹集风义所在为其肺腑所流露耶,是可与乾坤正气集并传千古矣。后之览者当亦慨然而叹,蹶然而兴也乎。"③

尚有戴宗骞遗留之《答志喜者二首》可寻其心迹。此诗写于威海炮台建成、甲

---

① 周馥:《感怀平生师友三十五律·戴孝侯观察》,载于《周悫慎公全集》之《玉山诗集》卷四。
② 《词源》第三册,北京:商务印书馆,1983年,第2290页。
③ 周馥:《戴孝侯诗集序》,部分载于《中日战争丛刊》第五册,上海:上海人民出版社,2000年。

午战争尚未爆发的光绪十七至十八年(1892—1893年)间。

诗曰:"绛帐寒消蜡炬红,新诗组就锦同工。浮家草草完婚嫁,巨浸茫茫议变通。赖有鸿儒张雅道,不妨蜃楼近腥风。杜陵愿广千间厦,那得孤寒覆被烘。"①

首两句"绛帐寒消蜡炬红,新诗组就锦同工","绛帐"出于《后汉书》中马融当年设绛色(赤色,火红色)帐篷以授徒的典故,后成为师长讲座或讲习的代称。"寒消"是指残冬或早春的节令。"蜡炬红"烘托出一种暖融祥和的气氛。诗的写成,犹如下了织就一段锦丝缎的功夫。首两句衬托出写诗者的兴奋心情。

第三句"浮家草草完婚嫁","浮家"指因驻守威海在此暂居,办喜庆大事受条件限制;"草草"指短时内为儿办成婚姻大事。整句虽透露出作者的喜庆欢喜,也透露出作为父辈或家长的歉意心情。

第四句"巨浸茫茫议变通",戴宗骞有原注:"窃有开浚成山内河之议。"通过作者已有的心中蓝图,即在成山和威海之间挖浚(疏通)内运河,以方便炮台诸岛的物资和人员的水上补给。"巨浸茫茫"指心中蓝图运河的规模想来不小。三、四句中,上句说的是给儿完婚的"私事",下句则是说开浚内河的"公事",说明在戴宗骞心中私事、公事两不忘。

第五句"赖有鸿儒张雅道",此时由戴宗骞倡议和捐款在威海的公塾已经办成。② 聘来的塾师是"鸿儒"(渊博的学者),传给学生的是"雅道"(即正道)。

第六句"不妨蜃楼近腥风",指威海近海边,多海市蜃楼之景。"腥风"指海风,因海风有盐腥气故亦可称"腥风"。受海风本是苦事,但连同上诗句:有学识渊博的老师给学生传着正道,在威海经受些腥风亦无妨。

最后两句"杜陵愿广千间厦,那得孤寒覆被烘(烘)"则是从杜甫诗名句"安得广厦千万间,大庇天下寒士俱欢颜"化出。杜陵指杜甫,其自称为杜陵布衣,因屋漏受冻联想及天下的寒士,并发出火热的希望;戴宗骞诗中的"千间厦、复被烘"也是遐想:愿天下孤寒人都能受惠到盖被暖烘烘的温暖幸福。

此诗是戴宗骞对自己平生所做事的一些回顾,略见其儒雅之风和仁者之心。

2. 诚信忠孝的道德之士

周馥评价戴宗骞:"予尝告友曰,太仆乃道德之士,信能卓然自立者,功名乃其

---

① 戴宗骞:《答至喜者二首》之一,载于《中日甲午战争史论丛》,济南:山东教育出版社,1983年。

② 《威海市志》:光绪十五年,戴宗骞和丁汝昌捐俸在威海卫创办两处义学;光绪十七年,戴宗骞和丁汝昌捐资重建。甲午战争爆发后,两处义学自散。

余事……"①

戴宗骞殉国后,其子所发的《讣闻》中有这样的描述:"丙戌夏,复丁先大母艰,先严闻讣奔丧,五中俱碎,爵相奏请给假百日回籍治丧。事毕,力请在籍终制,屡书陈请,未蒙允准,公牍私函催促迫切,不获已夺情复起。墨绖从戎,非所愿也。"②

时值北洋大治海军,李鸿章檄文调戴宗骞移防威海。为了威海的海防需要,戴宗骞涂黑了丧服上的白麻带重返军职。"数年中,修筑海墙,开通山道,创建南、北各炮台,续建水雷营、火药库,经营缔造倍极勤劬。"③这段历史《清史稿》亦有记载:"遭母忧归,鸿章疏留,宗骞请终制,弗许。时兴海军,练水师,辟军港,檄防威海。"④

相关史料中可见几位甲午战争当事人的奏折。吴大澂称戴宗骞:"忠信闳通,体用兼备",李秉衡称戴宗骞"见危授命,志洁行芳",李鸿章称戴宗骞"志趣廉正,深堪倚任",都验证了周馥的评价。⑤

3. 文武兼备的治军将才

周馥赞戴宗骞:"今日过威海者,莫不叹太仆治军之严……太仆时受合肥李文忠知遇,而周刚敏、周武壮复以国士待之。遂佐武壮治军津沽,以固畿辅门户……闻李文忠公荐太仆于吴清卿中丞治军吉林数年。"⑥

相关史料有佐证:

《清史稿》中记载:"十一年,治南运河堤工。时畿辅兴水利,计臣虑饷绌,议裁兵。宗骞上书,略谓:'津沽为九河故道,漳、卫交汇,水畜衍溢。宜辟减河泄其势,浙枝河分其涨,俾淮、练军治之,则兵农合一,事半而功倍。'鸿章以其议上闻,遂命董其役,成稻田六万余亩。著《海上屯田志》记其事。"⑦

李秉衡奏折:"光绪元年,盛军兴办京东水利,该故道办理新城一带疏河、营田诸务。驰驱河干,覆勘水道酌宣泄之宜,居民籍免昏垫。营田矩细章程皆其手定。至今稻田弥望,岁收粮数十万石,军民咸食其利。"⑧

---

① 周馥:《戴孝侯诗集序》。
② 戴绪适等:《讣闻》,载于《中日战争丛刊续编》第六册,北京:中华书局,1996年。
③ 李秉衡:《奏请将殉节道员戴宗骞事迹宣付史馆折》,载于《李秉衡集》,济南:齐鲁书社,1993年,第224页。
④ 柯劭忞等:《清史稿·列传二百三十六》。
⑤ 戴绪适等:《讣闻》,载于《中日战争丛刊续编》第六册,北京:中华书局,1996年。
⑥ 周馥:《戴孝侯诗集序》。
⑦ 柯劭忞等:《清史稿·列传二百四十七》。
⑧ 李秉衡:《奏请将殉节道员戴宗骞事迹宣付史馆折》,载于《李秉衡集》,济南:齐鲁书社,1993年,第224页。

《清史稿》中另有记载:"光绪六年中俄失好。吴大澂被命佐吉林边务,奏请宗骞自随。"李鸿章当年为此事上奏:

"戴宗骞赴吉片 光绪六年四月初七日(1880年5月15日)

"查有直隶候补直隶州知州戴宗骞究心时务,学识优长,志趣纯正,久在臣军襄办营务,于兵事吏事均有历练,河北道吴大澂平日极相推重。吴大澂奉旨帮办吉林事宜,昨过津,谒商欲调该员赴吉襄助一切,吴大澂将来如练兵设防须有志同道合之人商榷机宜。戴宗骞在臣军虽有经手要务,未便靳而不与,可否请旨饬调该员暂行随同吴大澂赴吉,由铭安等商酌委用,俟该处防务稍有就绪,臣仍檄调回直俾资臂助。伏乞圣鉴训示 谨付片具奏。"①

戴宗骞在吉林所为,吴大澂有专折上奏:②

"暂办宁古塔等处事宜

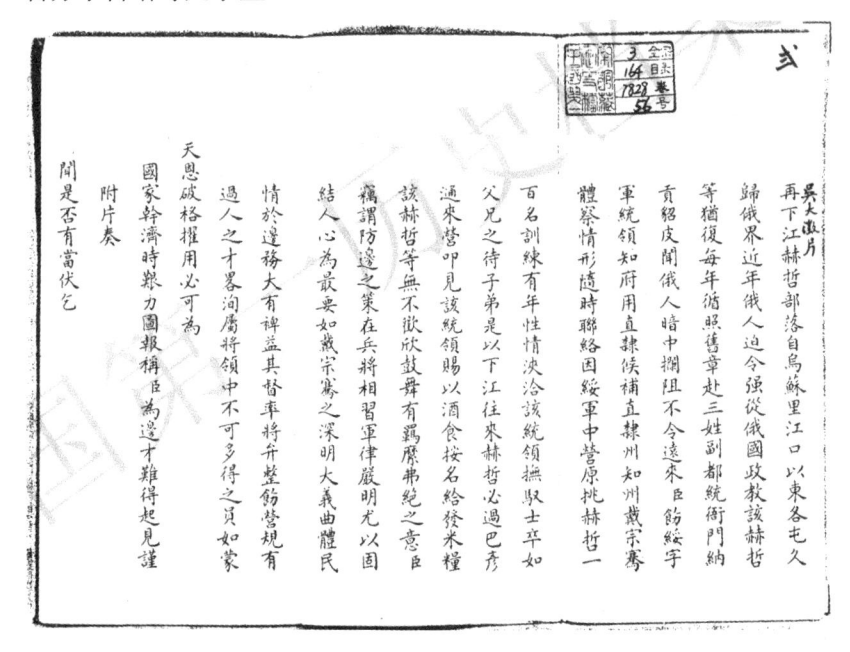

吴大澂奏折

"下江赫哲部落自乌苏里江口以东各屯,久归俄界,近年俄人迫令强从俄国政教。该赫哲等犹复每年循照旧章,赴三姓副都统衙门纳贡貂皮,闻俄人暗中拦

---

① 李鸿章:《戴宗骞赴吉片》,载于《李鸿章全集》第二册奏稿(卷三十七),海口:海南出版社,1997年,第1150页。
② 吴大澂:《暂办宁古塔等处事宜折》,北京第一历史档案馆藏朱批奏折。

阻……因绥军中营原挑赫哲一百名训练有年,性情浃洽。该统领抚驭士卒如父兄之待子弟,是以下江往来赫哲必过巴彦通来营叩见,该统领赐以酒食,按名给发米粮,该赫哲等无不欢欣鼓舞,有羁縻弗绝之意。臣窃谓防边之策在兵将相习,军律严明,犹以固结人心为最要。如戴宗骞之深明大义、曲体民情,于边务大有裨益。其督率将弁、整饬营规有过人之才略,洵属将领中不可多得之员……"

李鸿章也曾赞戴宗骞:"志趣廉正,经济宏通,文武兼资,深堪倚任。"①可见周馥评价之客观。

4.恋恩报国的忠烈之士

周馥赞戴宗骞"恋恩自少当机断,效死当抒报国忱",深知戴宗骞自青年起即有知恩必报、敢于担当的性格。所以当威海刚失陷时周馥和刘含芳都失声痛哭,都预料戴宗骞绝不会偷生保命,定会与所守炮台共存亡。

对于戴宗骞的从容殉节,李鸿章在其《奏请优恤力竭自尽之戴宗骞片》中做了叙述:"此次倭人以数万之众,由荣成登岸,东军接仗挫退,即从后路抄袭,先夺南岸各台。该道以众寡悬绝,援军未至,知难久守,屡致臣电,誓与所守之台为存亡。及贼分路环攻,犹以独台相持累日,危急之际,先毁台炮,不使资敌,然后从容引决,克践前言。其胆识坚定,志节皎然,非仓卒捐生可比。兹以孤军猝当强寇,舍生取义,临难不挠,足以愧励顽懦。"②

李秉衡在其《奏请将殉节道员戴宗骞事迹宣付史馆折》中有同样的叙述:"自海上用兵以来,迭失名城要隘,文臣之死事者只该故道一人。其生平志行卓荦,政绩昭垂在人耳目。临难复从容引决,舍命不渝。揆诸古人之取义成仁,殆无愧色。"③

综上所述,在周馥的笔下,戴宗骞堪称正气德士,忠烈将才,诚可谓"大节无惭昭日月",理当"与威海山川同不朽",为后世留下了一位值得尊崇缅怀的先烈形象。

---

① 李鸿章:《奏保刘含芳等片》,载于《李鸿章全集》第四册,海口:海南出版社,1997年,第2089页。

② 李鸿章:《奏请优恤力竭自尽之戴宗骞片》,载于《中日战争丛刊》第三册,上海:上海人民出版社,2006年。

③ 李秉衡:《奏请将殉节道员戴宗骞事迹宣付史馆折》,载于《李秉衡集》,济南:齐鲁书社,1993年,第224页。

四、对戴宗骞历史评价的反思

纵观甲午战争120年来对戴宗骞的历史评价,我们遗憾地发现存在着褒贬不一、多贬少褒的奇怪现象,深感应当认真检视已经发现的历史资料,这样做一方面有助于明辨真伪,另一方面有助于对历史人物做出公正评价。

(一)正确对待前人著述

甲午战败后,清人姚锡光在自刊出版的《东方兵事纪略》中[1],对戴宗骞在战争期间的行为做过完全有违史实的系列描述,直指戴宗骞临阵怯敌思做逃将、压榨士兵克扣兵饷、侵吞军银私运老家。由于姚著已在民间扩散流传,其所指,成了之后部分写史者、史评者对戴宗骞负面评论的主要依据。更有人斥责:"甲午战争期间,戴宗骞和丁汝昌闹不和,致使龙庙嘴炮台失守,造成威海战役失败的严重后果。"[2]

这些负面评价,显然与周馥对戴宗骞的评价迥然不同。本文之所以从周馥的三篇诗文谈对戴宗骞的历史评价,是因为周馥是这场战争的见证者,同时是制定某些策略的参与者。周馥对戴宗骞的高度评价,在另几位朝廷重臣、戴宗骞的直接上司的奏折中,在更多的可查史料中均足以得到佐证。当时朝廷根据事实给予戴宗骞的优恤和加封,也是对戴宗骞治军、抗敌及以身殉国的客观评价。

现存的清史档案是当今保存最为完整、最为翔实的史学资料之一。当事人的来往电文和信件是历史事件最真实的记录,其中每一具体日期都有助于提供整个

---

[1] 廖宗麟:《试评姚锡光〈东方兵事纪略〉》,国家图书馆双月刊《文献》,1986年第4期。该文中写道:"甲午战后,姚锡光就其所见闻,并'参考了中外的一些记载',如李鸿章和清廷及官员的来往电报、奏折、日方记载的中日战史以及先出版的几本有关甲午战争的著作,编撰成《东方兵事纪略》,于1897年在武昌自刊出版,其后,翻刊版甚多,在社会上广为流传……长期以来,我国史学界不少人在研究甲午中日战争史时,都将姚锡光的《东方兵事纪略》当作信史,不做详细缜密考证便广泛地加以引用。其中如《清史稿》,王芸生所编《六十年来中国与日本》一书解放前后两个版本,著名史学家范文澜、郭沫若、翦伯赞等人的中国近代史著作中有关甲午战争的章节,都只是简单地把姚书的记载加以转抄辑录而已,中国史学会所编《中国近代史丛刊·中日战争》也把姚书放在第一册首篇的显著位置,并加编者按:'此部书写得相当全面,其中虽不免有些讹误记述与史实不符,但很有参考价值。'《中国近代史词典·东方兵事纪略》条目,也谓'此书对战争双方的决策、重大战役的经过……均有翔实记载',是研究中日甲午战争的重要参考资料。这些情况都严重地影响了我国中日甲午战争史的研究工作,史学界关于某些人物和事件所形成的一些流行观点,往往都是从姚书中寻找根据的。"

[2] 戚其章:《试论甲午战争期间威海守将不和的原委》,载于《中日甲午战争史论丛》,济南:山东教育出版社,1983年。

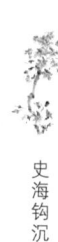

事件的脉络,都是第一手资料,具有重要的考证、佐证价值。姚锡光当时作为一名游走各地的官僚走卒,耳闻多而目睹少,这是不争的事实,所以他记录的文字只能代表坊间资料。若将两者对比,非常容易发现姚锡光对事件的描述有较多的臆断与不实之处。前人的著述经过研究思考,总结提炼,有些已经从感性认识上升到理性认识,具有学术价值和指导意义;然前人情况不一,受时间和空间的限制,更受本人学识、品质、经历和道德修养的影响,有些著述会存在一定的瑕疵,甚至可能误导后人。这是后人研究历史过程中值得高度重视、小心谨慎的主要原因。

(二)正确对待口述历史资料

在新中国成立后出版的某著作中,有一段对绥军士兵的采访笔录:"戴宗骞规定,新兵入伍后须扣三月军饷,存统领粮库,作为购粮的基金,到离营时发还。此种陋规袭用已久,迄未改变,故人皆不愿进绥巩军当兵,在营士兵暗骂戴为'活剥皮',连戴宗骞本人自带的绥军正营还不足三百人,缺额将近一半。"[①]这位士兵据说是被采访的威海八十七位经历甲午战争当事人之一,对戴宗骞的描述似乎都是根据姚锡光的言论,此采访笔录并无当事人的签字,其真实性无法得以证明。

再如另一著作中刊登的北洋水手谷玉霖的口述:"日军打威海……戴统领仓卒应战,粮台重事竟毫无准备,所准备的烧饼又不敷分配,便乘年节期间抢老百姓的

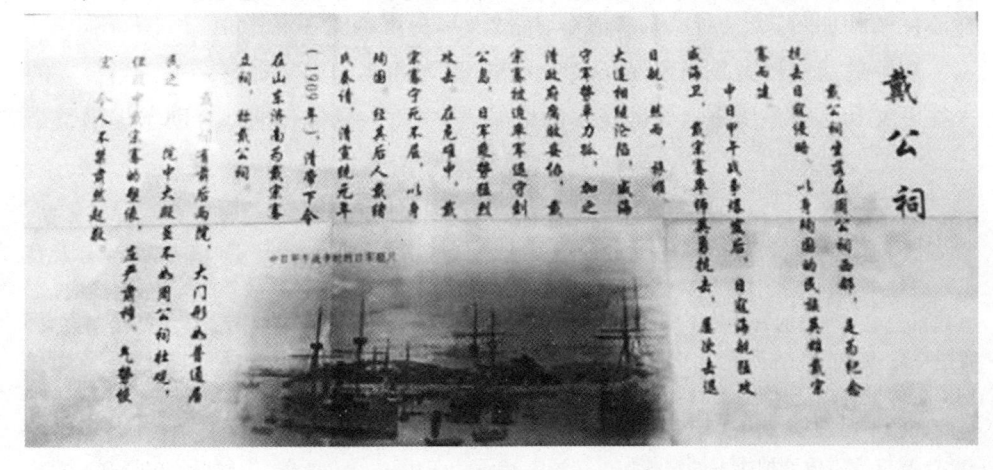

济南戴公祠壁画

---

① 戚其章:《试论甲午战争期间威海守将不和的原委》,载于《中日甲午战争史论丛》,济南:山东教育出版社,1983年。

过年食物。"①多年致力于兴修水利、发展农业为民造福的戴宗骞竟然做出抢夺百姓食物的行为,这一指责更像搞笑而令人难以置信。

口述历史资料的意义在于时效性强,具有灵活性,可谓第一手资料;然而口述历史资料的不足和缺憾在于随机性、偶然性,未必具有代表性。况且受采访者千差万别,采访的情境千变万化,所以口述资料的质量往往得不到保证。当官方史料和口述历史资料发生矛盾时,如果是供人休闲、作为谈资,取口述资料无妨;但作为严肃的史学研究者,则有责任从原始档案中分辨真伪,努力寻找历史事件的真相。

五、结语

古人曰:道不同者不相为谋。周馥与戴宗骞志同道合,皆有为君尽忠、为国效力、为民谋福之心,可谓肝胆相照。

读周馥的三篇诗文,感到他对戴宗骞的评价都是有感而发的肺腑之言。特别是在戴宗骞已殉国十多年后,且周馥已官至清朝九位最大实权官职的封疆大臣之一的两广总督,应无献媚之嫌。因此,周馥之言语可信度甚高,应该是中肯的评价。其所述事件,也完全能得到清史档案的佐证。

历史总是由后人书写的,虽然每个人都有讲述历史的权利,但讲述历史的基础和前提是尊重史实,这个原则应当得到普遍遵守。

愿以纪念甲午战争120周年为契机,重新审视真实的历史资料,对历史人物做出公正的评价,以恢复历史的本来面目,告慰为国捐躯的英烈。

---

① 戚其章:《北洋舰队水手谷玉霖的口述》,载于《北洋舰队》,上海:上海人民出版社,1981年,第210页。

二十四节气是不是《淮南子》原创

金 好

二十四节气，是我国古代订立的一种用来指导农事的补充历法，作为中华民族智慧的结晶，两千多年来一直指导着我国的农耕生产和人们的生活。随着二十四节气成为世界级的人类非物质文化遗产，全国上上下下对节气文化的传播和普及都非常重视，淮南对此更是热情高涨，担当意识强烈。

这是一个可圈可点并要不遗余力去做的工作。两千多年前，诞生在淮南大地上的《淮南子》系统地记载了二十四节气，今天所做的一切都是在延续这个文脉，把古代人民的文化智慧和文化精神传承下去。

但一些人存在着坐井观天似的观点——二十四节气是《淮南子》原创。

我们如果把二十四节气放到历史的"星空"里观瞻，就会知道二十四节气是由《淮南子》系统记载的，并非原创。记载与原创不能混为一谈。混为一谈就是把古代人民经过多少年形成的集体智慧和文化，说成淮南王刘安等文人术士的功劳，实在是有悖历史和常情。这种"英雄"创造历史的观点是站不住脚的，而坐井观天的视角也会贻笑大方。

一、《淮南子》告诉我们：对二十四节气知识只是传承，并非原创

《淮南子》是以一种什么样的方式告诉我们，书中记载的二十四节气知识是传承不是原创呢？

只要看看《淮南子·天文训》记录的二十四节气的顺序，就可以推论出这个问题的答案。

我们现在所讲的二十四节气是以立春打头，而《淮南子·天文训》则是以冬至为首记载二十四节气的。这就是问题的关键。

我们现在使用的农历，第一个节气是正月里的立春。若是照此推论，《淮南子》时代人们使用的历法开始的那个月应该是现在农历的十一月，因此才会有《淮

南子》以冬至打头的节气记载。

不同朝代或国家会使用不同历法,不同历法中新年开始的第一个月(岁首)是不一样的,因此,二十四节气中起始的节气就不一样。

《淮南子》时代人们使用的历法是什么样的呢?

《汉书·律历志》云:"汉兴,方纲纪大基,庶事草创,袭秦正朔,以北平侯张苍言,用《颛顼历》。"据此可知,汉初沿用的是秦国的《颛顼历》。《颛顼历》是以十月为岁首的。

以十月为岁首的秦历法,在史书上有记载。

《史记·秦始皇本纪》云:"始皇推终始五德之传,以为周得火德,秦代周德,从所不胜。方今水德之始,改年始,朝贺皆自十月朔。"据此可知,秦始皇"改年始",也叫"改正",即更改一年的岁首,以此表示受命于天。这次"改正"就以建亥之月(夏历十月)为岁首。

这种历法汉初沿用,一直到汉武帝太初元年。

刘安生活的时代,使用的是《颛顼历》,以十月为岁首,如果要记载二十四节气的话,按照当时正在使用的历法,是不会以冬至为第一个节气的,因为,冬至在十一月。

因此,就可以推论,《淮南子》记载的二十四节气不是当时人的原创,而是传承前人的知识。

这种知识来自于何时?

《史记·历书》中说:"夏正以正月,殷正以十二月,周正以十一月,盖三王之正若循环,穷则反本。"意思是,夏朝的历法以现在的正月为岁首,殷朝的历法以十二月为岁首,周朝的历法以十一月为岁首。以后的朝代或国家就以这三种不同的岁首历法,翻来覆去地使用。

司马迁写《史记》的时候,汉朝颁布了新的历法《太初历》。这部历法将原来以十月为岁首改为以正月为岁首,开始采用有利于农时的二十四节气。因此,司马迁文字中所讲的正月、十一月、十二月,与我们今天使用的农历月份相同。

因此,以"冬至"所在月份十一月为一年第一个月的历法,应该就是周历。《春秋》和《孟子》里的文章记时所用的历法就是"周正"(周历)。

实际上《史记·历书》《汉书·律历志》中的"夏正""殷正""周正"也是笼统的说法,夏朝没有明确的文字记载,中国有文字记载的朝代是殷周时期。而且当时历法的建立都不完善且比较混乱,除了上面的三种历法,还有其他的历法。

刘文典《淮南鸿烈集解》在《天文训》"正月指寅,十二月指丑,一岁而匝,终而

复始"句下集解:"王引之云'十二月指丑',本作'十一月指子',后人改之也。指寅、指子,皆历元所起,故以二者言之。《晋书·历律志》引董巴议曰:'《颛顼历》以今孟春正月为元,其时正月朔旦立春,五星会于天庙营室也。汤作《殷历》,更以冬十一月冬至朔旦为元首,下至周、鲁及汉,皆从其节。'是《颛顼历》起寅月,《殷历》起子月也,故下文'指寅,寅,则万物螾螾然也'先言指寅,《颛顼历》之遗法也。上文'斗指之则冬至'先言指子,《殷历》之遗法也。"

《晋书》所云《殷历》遗法,是以冬至所在的月为岁首,应该是十一月,与《史记·历书》所云"殷正以十二月"又有差别,反倒与《史记·历书》所云的"周正以十一月"相同。董巴所言"周、鲁及汉,皆从其节",都遵从《殷历》的规则,那么就是说,《周历》也是"以冬十一月冬至朔旦为元首",这倒是与《史记·历书》"周正"相同。

古人历法如此纷纭复杂,因此今天的我们也无法确定《淮南子》记载的以"冬至"为首的节气知识来源于何时。即便这样,我们仍然可得知,刘安时代,或者说《淮南子》成书的时代,使用的历法是《颛顼历》,以十月为岁首。而以十月为岁首的第一个节气不应该是冬至。

《淮南子·天文训》把冬至放在二十四节气之首,只能说是完整地记录了前人的文字(前人所使用的某种历法),或者说,《淮南子·天文训》对二十四节气记载的那段文字,源自于先秦时期某部著作,但是,该书已经不存在了,我们今天只能看到《淮南子·天文训》对此记载的文字,从而误以为是《淮南子》第一次对二十四节气进行了完整的记载。

从《淮南子·天文训》记载二十四节气的第一个节气名称,我们或许可以推论:二十四节气不是《淮南子》原创的,因为,以冬至为节气之首就可以反映出,这不是刘安时代使用的历法,而是刘安所在的汉朝以前某个朝代所使用的历法,这个历法使用下的节气顺序被记载在典籍资料里,后人能够参阅、使用和引用。

二、西汉的相关历史告诉我们:二十四节气知识在当时已经是一种"共识"

《史记·孝武本纪》记载:"夏,汉改历,以正月为岁首。而色尚黄,官名更印章以五字,因为太初元年。"由此可知,汉武帝太初元年(前104年),更改历法,颁布《太初历》,改春季的正月为岁首。

《太初历》第一次把二十四节气订入历法,所记载的二十四节气名称与《淮南子·天文训》记载的完全相同。因为改春季正月为岁首,所以,二十四节气便开始以"立春"节气打头。

这个时候，淮南王刘安已经离世十几年了。

《太初历》颁布于公元前104年，此前18年，公元前122年，刘安离世。若说二十四节气是《淮南子》原创的，以刘安因谋反罪"自刎杀"（《史记·淮南衡山列传》）的结局和《淮南子》"上爱而秘之"（《汉书·淮南衡山济北王传》）的命运，属于刘安或《淮南子》的思想学说，是不会在刘安死后18年，就被判他死罪的汉朝廷或者汉武帝所认可、看重，进而以历法的形式颁布，让天下人遵守的。

真相只能是，二十四节气并不是《淮南子》原创。二十四节气在当时已经成为系统的知识，被专门人才所掌握。

《淮南子》的作者中就有掌握二十四节气知识的，将此编写进《淮南子》中。汉朝廷中有官员是掌握二十四节气知识的，接受汉武帝的旨令，编写新历法，就把二十四节气写进了新历法。公元前104年，汉武帝太初元年新历法颁布执行，是谓《太初历》，《太初历》中有完整的二十四节气的记载。

此时，由于"上爱而秘之"的缘故，《淮南子》还被藏在皇宫之中。

几十年过后，公元前26年，汉成帝"诏向领校中《五经》秘书"（《汉书·刘向传》），光禄大夫刘向开始奉命校订皇家藏书，这之后，《淮南子》才被整理出来，得以流传。这段历史被东汉学者高诱写到他的《淮南叙目》中："光禄大夫刘向校定撰具，名之《淮南》。"

由此可见，二十四节气不是《淮南子》原创，二十四节气的知识在刘安时代已经被专业人士所掌握，而这些知识是前人智慧的结晶，非一时一人所独创。

虽然二十四节气不是《淮南子》原创，但能够将二十四节气系统完整地记载下来，这足以见证《淮南子》在中国文化传承上所做的重要贡献。

风流寿州城，英雄千古颂

——明正德《重建忠肃王庙碑记》释析

王建国

寿州古城位于淮河之阴，八公之阳，左带淝津，纡折蜿蜒绕其后，其险要"以质钥之固，以扼敌冲，虽十万之众未易窥也"，历来为兵家必争之地，曾是闻名遐迩的淝水之战的古战场。道不尽历史典故，说不完人间风流。人们来此旅游，一边品尝当地名糕大救驾的美味，一边聆听着"赵匡胤困南唐"悲壮动人的故事。史书所载"寿州之战"即是当地人所说的"赵匡胤困南唐"，此战是赵匡胤开创大宋帝业的人生重大转折；同时，也成就了一代名将刘仁赡春秋万世、忠臣典范的美誉。寿县博物馆收藏了一块明正德年间的碑刻，此碑铭正和这场战争的主人翁刘仁赡休戚相关。下面笔者对碑文内容进行摘录和释析，以飨各位。

这块明正德年间《重建忠肃王庙碑记》碑刻，通高192厘米，厚20厘米，宽89厘米，无碑帽，碑头弧顶，底部有楔形榫，长20厘米，上宽50厘米，下宽35厘米，应为碑立于基座所用。碑额左右两边采用减地浅浮雕纹饰，左为日，右为月，分别以朵朵如意祥云托起，喻义忠肃王刘仁赡的忠贞报国之心，如朗朗乾坤日月可鉴，嘉其"忠烈懋著，垂勤永志"。碑面以双刻阴线为界，阴线之间减地浮雕缠枝花草纹，额正中部篆刻"重建忠肃王庙碑记"八个大字，字体浑厚大气，苍劲有力。正文以楷书阴刻为主，刀法精练，运笔如神，行云流水，有一气呵成之势。碑文上半阕阐述了刘仁赡及与之相关的历史事件，主要介绍了刘仁赡誓死保卫寿州城，痛斩幼子，及死后受周和南唐两国君王追封的史实；下半阕叙述了明正德年间州牧林公到任后重新修建忠肃王庙的经过、建筑的主体格局和所涉及参与修建的人物。此碑落成时间为正德甲戌（1515年）二月。碑正文共47行，计821字，碑文摘录如下：

寿州重建忠肃王庙碑记

州内西北隅旧有忠肃王庙/为南唐清淮节度使刘公仁赡建也/按五代史州治属南唐/刘公受其节使命以兹镇土/然以地在江北/密迩周都/故柴氏欲并而有之/势必然/公为唐臣/竭力战守/劳效良多/如吴廷绍去把浅兵则争之/刘彦

贞追李榖之师则止之/迎则刘继勋以沮其兵势/推举边镐/以重平城守/幼子从谏/渡淮被执即命腰斩以徇/而夫人亦知军法不可私/名节不可亏/不容请救割爱徇义/后虽以病甚昏瞶/城陷以死/然生抗国难/死勤王事/夫妇忠节诚罕与俦/在柴氏亦追封彭城王至守加谥忠肃/论其臣仕虽僭伪之朝/然忠于所事有死无二/赫然称至于城败利钝则天也/逮及我朝庙祀不替/积久霖潦浸以倾坏/莫能修葺/州牧林公来守兹拜谒于庙/顾其凋剥/深用容嗟/随计量赀力/期于聿新/病其狭隘/则购邻之隙而增大其区径/始于正德八年春二月丁未/落成于秋五月壬辰/先盖前殿五间/以崇神楼次之/寝二殿伍间以妥神祀/中构穿堂二间/以联属前后/东西列为东庑西庑/之后构牲房神厨二间/庑之后为奉祠者之居/二间戟门/二所前立大门一座/殿前为庭/庭下为墀道/前甃方池/甓以方甓/南立照壁墙以屏外/内缭以周垣用固基宇/钟鼓祭器罔不攸备/计公私所费/该白金一百八两/余然皆牧之/公余益以私奉/不亏府库/不废民力/庙成过者咸曰/兹庙昔之颓靡/隘陋如彼/岂意今之恢拓更新如此哉/吾州牧崇德敬神/激勤忠义/于政教不为无助/董是后者伏寿之隐士徐君晷/而晷又塑王及夫人像于庙/以起瞻仰/林公名僖字待受/闽之莆田人/历政未跻百废/俱与兹庙其一也/相成其事者/同知林薇/浙之太平人/协力替谋又有判官王苍吏目高冈州人/立石求纪建庙之岁日/故书其事而为之铭

铭曰

繄兹寿州效死罔二庙貌聿新

淮南重地割爱正法有隆匪替

五代割据捐躯徇义仰止有严

纷争荐至城陷以死臣义罔坠

公为唐臣天里无愧勒词真珉

竭忠所事忠烈懋著垂勤永志

战守濒危前代褒谥

时正德甲戌二月望日闽人洪珏继明拜手撰文并书篆石匠柳林镌

刘仁赡（900—957年），字守惠，彭城（今江苏徐州）人（又说是淮阴洪泽人）。北宋欧阳修著《五代史》载其五代时期历任吴国黄、袁二州刺史，入龙卫军虞侯，国人皆谓"略通儒术，好兵书，有名于国中"。后事南唐，元宗李璟继位后，刘仁赡渐被重用，后"拜鄂州节度使"。李璟西攻楚国时，刘仁赡率军参与，其"帅州师克巴陵，抚纳降附，甚得人心"，为南唐征西立下赫赫不朽战功，扬名天下，崭露头角。元宗保大十三年(955年)徙寿州清淮节度使,保大十五年(957年)刘仁赡五十八岁战死寿州城,奠定了"竭忠所事、忠烈懋著、垂勤永志、战守濒危、前代褒谥"的英雄美名,死后"(周)世宗(柴荣)遣使吊祭,追封彭城郡王。……(南唐)元宗李璟闻仁赡死,哭之痛,赐太师中书令谥忠肃"。

刘仁赡父刘金,生卒不详,事吴武王,有战功官至濠州团练使。其生有两子,长子仁规,娶武王女,贵于国,尝为清淮节度使。二子仁赡娶薛氏为妻,育三子,子一崇谏于周世宗遣重兵困寿州城期间,劝父投诚无望,趁"仁赡愤郁得疾,少子崇谏,夜泛小舟渡淮,谋纾家祸。为军校所执。仁赡命腰斩之,监军使文德殿使周廷构哭于中门,又求救于仁赡妻薛氏,薛氏曰:崇谏幼子,固所不忍,然贷其死,则刘氏为不忠之门。促命斩之,然后成丧,闻者皆为出涕"(陆游《南唐书》)。子崇赞在世宗保大十五年(957年)为怀州刺史。子崇谅在南唐后主李煜开宝(968—975年)为进奉使,宋太祖赵匡胤嘉其忠臣之后,特命为都官郎中,仁赡至今庙食不绝。

忠肃王庙始建的年代如今已难以考证,据《南唐书》所记载:"政和(1111—1118年)中,先君会稽公为淮西常平使者,实请于朝,例仁赡于典,且名其庙曰忠显。……乾道、淳熙之间(1165—1189年)。庙在邑中,岁时奉祀甚盛。"从史料中可见,在北宋徽宗政和年间,会稽公请示朝廷,以刘仁赡为典范,命庙名为"显忠",可见当时忠肃王庙名和明清时期不同,庙宇是否存在也没有备述。在史料记载中,南宋孝宗时期,忠肃王庙已经存在,且香火日盛。碑文中记述忠肃王庙位于寿州城西北角,光绪版《寿州志》中州城图标识其在城内西北角上,西北背邻火药局和画凉亭,南靠南岳庵,东毗邻公输祠、元妙庵。由此可证,明、清两朝该庙位置基本相同。忠肃王庙故址现属寿春镇西园村所辖,已变为菜地和民宅,遗迹荡然无存。

碑文中所述忠肃王庙整体建筑以前殿和寝殿为主体,穿堂为中上轴,东西对称,设有庑房和牲房神厨。碑文中所述"南立照墙以屏外"和寿县报恩禅寺的照墙建筑位置相同,寿县明洪武年间修建的报恩禅寺、元泰定年间修建的黉学等建筑都是坐北朝南。纵观全国寺庙建筑,大部分也都是这一门向,由此可推测明代正德年间忠肃王庙也应是坐北朝南。按照碑刻内容所记载,此建筑分别有寝殿、东西庑房、东西牲房神厨、穿堂、崇楼、前殿、墀道、戟门、方池、方甓、照墙等建筑,按照中国传统庙宇建筑布局共有六重:照墙、方池、戟门、前殿、穿堂及东西庑房和神厨、寝殿,构成了整个忠肃王庙的院落格局。虽然文中没有提及院墙的建设情况,但纵观中国目前现存的古代庙宇,大都具有围墙,碑文中叙有"内缭以周垣用固基宇",亦可证忠肃王庙四周也应有围墙。按照碑文记载,此建筑连戟门两间共有二十间房舍,寝殿为正殿"以妥神祀",是安放刘仁赡夫妻神像、祭品及供人膜拜祭祀的场所;东西庑房为廊房和厢房,主要用于守庙者居住、日常办公和来庙中奉祀者居住;而神厨则是用来准备或提供供奉庙神的祭品。

碑文中记述了此建筑群修建的大致先后顺序,以前殿开始到后殿结束,历时三个月,从正德八年(1513年)二月到五月,共计花费白银一百零八两,都是募捐所得,"……余然皆牧之,公余益以私奉,不亏府库,不废民力,庙成过者咸曰:兹庙昔之颓糜,隘陋如彼。岂意今之恢拓更新如此哉!"寝殿中刘仁赡和夫人薛氏神像的塑造者"董是后者伏寿之隐士徐君曷,而曷又塑王及夫人像于庙,以起瞻仰"。

碑文中叙述"刘彦贞追李毂之师则止之",据《南唐书》记载:"元宗遣神武统军刘彦贞将三万人救寿州。(保大)十四年(956年)正月,彦贞至来远镇,距寿州二百里。军容甚盛,李毂烧营夜遁,保正阳。彦贞率战舰数百艘,溯淮而上,仁赡曰:敌已畏君矣,当持重养盛以俟间,若遽求战而不能胜,则大势去矣。彦贞不从,仁赡曰:周人遁,必设伏,遇之将败绩,乃率励其下,益兵固守。彦贞果大败,没于阵中,伏尸三十余里,亡戈甲三十万,周世宗自将攻城,屯于城西北淝水之阳。"以上历史事件是刘仁赡经典战例之一,身经百战的老将军能够做到知己知彼,洞悉敌人用兵之道,因势利导,镇定指挥,是他在战争中经常立于不败之地的重要因素。其卓越的军事才能和敏锐的洞察能力,为后世的军事斗争树立了典型。

"州牧林公来守兹拜谒于庙",据碑文中叙述,林公名僖,字待受,闽之莆田人。清光绪版《寿州志·职官》记载:林僖,莆田贡士,八年任入,名宦,有传。《寿州志·名宦》介绍,林僖,字大(待)受,莆田人,贡士。正德八年知寿州,政严肃凶,宄屏善类;此安崇儒爱士,修建黉序,增建尊经阁五间,士人怀之。

碑铭中提及"伏寿之隐士徐君曷",这里"伏寿"应指代地名,资料中难以查证其具体位置。但在史书中记载汉献帝伏皇后(180?—214年)讳寿,徐州琅玡郡东武县(今山东诸城)人氏。其母亲为桓帝刘志的女儿阳安公主,伏寿皇后在汉献帝被董卓挟持到长安时,应召入宫,兴平二年(159年)被立为皇后。笔者认为"伏寿"在此应假代汉时东武县。

八公苍苍,淝水汤汤,历史的车轮滚滚而过,一切英雄豪杰尽在后人笑谈之中;"赵匡胤困南唐",刘仁赡一战成名,一世忠臣千年颂。后世历朝都曾在忠肃王庙进行祭拜,均为凭吊和追怀刘仁赡忠贞报国、视死如归的英雄气节,为后世子孙树立一个不朽忠臣榜样,这种精神已永久浸入寿州人的骨髓,造就了柏文蔚、张树侯、曹渊等一批革命仁人志士,抛头颅洒热血,为国家解放、民族独立,奉献出自己的青春和生命。

从碑铭中可鉴,正德年间忠肃王庙建筑规模宏大,气势雄伟,布局合理,内部设施完备,是集奉祀、祭奠、宣传于一体的多功能庙宇。此碑的发现是对寿县地区流传"赵匡胤困南唐"和寿州名糕"大救驾"由来的一个有力的佐证,也印证了五代时期赵匡胤困南唐史实记载的正确性。同时,文中描述了庙宇的建筑完整格局,为研究明代时期寿县地区建筑布局提供了宝贵的史料。

陨落在安丰塘畔的千年古城

卞 宏

据《华夷对境图》记载，寿县境内的芍陂周长竟然达到了两百四十里，但这还不是最大周长，《通志》记载："芍陂径百里，周边长达三百里。"既然安丰塘在古时候有着如此广大的水域面积，其周边应该有一座大城市相匹配才够完美。无独有偶，安丰塘畔果然有一个地市级的大都市。然而，这座城市却像楼兰古国一样神秘地从中国版图上消失了。这座千年古城究竟是因何而陨落的呢？让我们一起翻开历史厚重的书页去慢慢地解读吧！

根据历史文献及实地考证，距寿县古城西南约三十公里，安丰塘西北角的安丰塘镇政府就坐落在古城中央，那条通往板桥镇的公路，就像一条中轴线正好穿城而过。沿着镇政府旁的一条小巷往北走约三百米，就会出现一道长约千米东西走向的古城垣，低矮残缺的城垣一侧还可以见到护城河的清晰印迹，生活在这里的人们，至今还称这道古城垣为老城埂呢。

现在就让我们站在低矮的古城垣上，从有关的文字里读取那段曾经过往的云烟，去捋顺时光遗留下来的印迹吧！《春秋左传》曰："襄公二十六年（前625年），楚子秦人侵吴，及雩娄，闻吴有备而还也。"没想到那场一触即发的吴楚大战从此暴露这座古城的行踪。《春秋·昭公二十三年》曰："吴败诸侯之师于鸡父也。安丰县古故城，今边城郡也。"这足以说明安丰古城是当时的吴楚边界，没想到这场惊世骇俗的诸侯争霸战，一下子把安丰古城推向了历史最醒目的位置。由此几行字，我们就可以将安丰古城的起源，追溯到战火纷飞的公元前若干年。至于"安丰郡"建立于何时，一直存在着争议，有一种说法是建在"三国"黄初二年（221年），又有资料则显示安丰郡在西晋时期，由霍邱县迁移至今天的安丰塘镇（戈家店）。以上诸多的列举，只是想说明安丰古城的历史脉络是多么清晰而明了。

既然翻阅厚重的历史典籍是那么累人，还有可能会让大家产生视觉上的疲劳，那么，就让我们一起翻开中国《辞海》查阅一下吧："南朝梁析寿春南部地置安丰县，并为安丰郡治。"《寿县志》也明确记载，南朝梁帝国通过移民置安丰县，其界：

"东至肥水,西滨淠河,南至六安北方,北至正阳西。"而另外一个版本则说安丰县始建于东晋初年。无论这两个版本谁是正版,应该都有一定的道理。因为西晋灭亡以后,中国北方军阀争霸的混乱局面造成大量的难民南下,使安丰塘周边得到了流亡人员的安置补充。由于这里的土地肥沃,又能够得到安丰古塘的及时灌溉,农作物的产量非常稳定,加之又有着四通八达的庞大水系交通做支撑,战略意义极其重要,所以在那个时代完全具备了组建城邦的条件。

在往后近一千年的时间段里,安丰古城一直在中国历史上扮演着极为重要的角色,并多次出现在中国历史的典籍里。隋朝大业年间(583年)废安丰郡为县,唐朝一直延续着隋朝编制,直到南宋绍兴十二年(1142年),安丰县升为"安丰军"。虽然这只是一个地级城市的行政区名称,安丰军却一直冲锋在抗金大军的最前沿,为确保南宋王朝生存安全起到了举足轻重的作用。(1134年)九月(农历),刘豫遣其子麟引金兵犯安丰县,十月孙晖击金兵于寿春,败之,复安丰县。同年十一月,刘光世遣统制王师晟等率中路兵夜入安丰府袭金兵,败之。(1218年)金兵攻安丰军之黄口滩,宋兵败。嘉定十一年(1218年)金兵复犯安丰军,建康都统许俊遣将却之。嘉熙元年(1237年)十月,蒙古将昆布哈率兵攻安丰军,知军事杜杲缮完守御,宋统制吕文德率军驰援,蒙古兵退去。(1273年)冬十一月,知安丰军陈万舟师自城西大涧口抵正阳城下与元军力战。到了元代安丰军飙升为"安丰路",这可是一个相当于现在的省部级的行政级别呀,这下真让安丰古城大大地风光了一把,直到现在这里的老年人还称安丰塘镇为安丰路呢。

然而,这座千年古城却没有站好最后一班岗,在最鼎盛时期突然发生了崩塌,从此淹没在历史的尘埃之中了。

元朝末年的农民起义,让中国再一次陷入了战火纷飞的动荡局面之中。白莲教首领韩山童被元军擒杀之后,颍州人刘福通便推立他的儿子韩林儿为小明王,至正十五年(1355年)在亳州称帝,国号为宋,改宋龙凤元年,以韩林儿的母亲为皇后,自封为丞相。可惜好景不长,元大军攻破亳州,刘福通带着小明王逃到安丰古城建都(国都级)。后至汴梁称帝,兵败,又重新返回安丰古城。由于这里物产丰富,地理位置十分重要,安丰城很快就引起另一支农民起义大军的垂涎。至正二十二年,宋龙凤八年(1362年)十二月,另一支起义大军首领张士诚(至正十七年已降元),派遣大将吕珍率领十万大军将安丰古城团团围困,发起了一波比一波更强的攻势,刘福通一面组织人员进行顽强抵抗,一面派人向远在江苏作战的朱元璋请求救援。朱元璋感觉到了事情的严重性,想亲临安丰路进行救援,他认为安丰路对敌我双方都非常重要,那可是一个大粮仓呀,如果被张士诚夺去了,就等于一下子就喂肥了那个家伙。再者,自己也一直在用小明王的龙凤年号,虽然他现在已经完全可以独立了,但从表面上看还一直在小明王的手下混呢,此时如不出手相救于情于理也过不去。这件事情却遭到了军师刘伯温的反对,他认为目前急需要解决的是陈友谅、张士诚的问题,韩林儿充其量只是一个黄口小儿,成不了大事。他建议朱元璋根本没有必要这么紧张,更没有必要为这么一个牧竖大动干戈。然而,朱元璋并没有听取刘伯温的建议,最终还是亲自带着徐达和常遇春率军前往救援。

安丰城作为千年古城果然名不虚传,城深墙坚,易守难攻,尽管吕珍使出了浑身解数,却始终无法打开安丰城的大门。从龙凤八年十二月到龙凤九年(1363年)二月,历经三个月时间昼夜不停地攻城战,吕珍的大军才将安丰城池攻破。元末名将刘福通战死,小明王韩林儿出逃。此时,安丰古城已是千疮百孔、满目疮痍,到处都是残垣断壁,危墙瓦砾。等到朱元璋、徐达、常遇春赶到安丰城时一切都晚了,他们和吕珍之间又进行了一场殊死的搏斗。首先,吕珍据守城池,并在城池的外围布满栅栏,制造了水陆联营的阵势。在双方激战时,徐达的军队陷入了吕珍的包围圈,若不是常遇春及时赶到解救,徐达随时都有性命之忧。又经过三次较大规模的激战,吕珍的军队才最终被击垮。后来朱元璋找到了逃亡中的小明王韩林儿,便把他安置在滁州继续称王。

至正二十六年(1366年),朱元璋擒住吕珍,平定江淮,完全收复安丰路所属的州、县。由于此时的安丰古城已完全毁坏,无法恢复原貌,朱元璋不得不忍痛将他曾经战斗过的安丰古城废弃,安丰塘畔这颗璀璨的明珠也就因此陨落了。从此安丰古城便淡出了人们的视线,淹没在滚滚红尘之中了。

镇海扬名——抗法名将杨岐珍

姚尚书

清道光二十年（1840年）五月,鸦片战争爆发。到道光二十二年（1842年）七月战争结束,清政府被迫签订《南京条约》,向英国割地、赔款。清政府迅速衰落,西方列强纷纷恃强凌弱,战衅不断。向来以天朝大国自居的清政府对外尊严受挫,国内民变频生,捻军、太平天国运动令清政府应接不暇。特别是太平天国运动,咸丰元年（1851年）爆发,由南向北发展很快。咸丰三年（1853年）,太平军攻克南京,占领江南大部地区,形成与清政府分庭抗礼之势。

在这样的大背景下,清政府一方面调兵应对,一方面准许江淮地区大量募兵,筹办团练。淮南地区既有捻军活动,又受太平天国袭扰。寿州知州金光箸招募兵勇,赖山集回民杨守恩喜练拳脚,响应知州招募进入团练。其子杨岐珍幼时习武,"长身鹤立,威仪甚整"（《中国人名大辞典》）,虽然年方17岁,已经孔武有力,与父亲杨守恩一起佐理寿州团练,巡防州境。

咸丰四年（1854年）,太平军在长江流域流动频频,战事日趋紧张,杨守恩被征召入伍,成为清军绿营千总,调防江苏六合县,杨岐珍仍在寿州团练充当练勇。咸丰八年（1858年）七月,太平军攻破浦口清兵江北大营,陈玉成率兵攻克六合县城,杨守恩战死。杨岐珍遂投军从戎,随江南提督张国梁（清廷骁将,太平军的劲敌,《清史稿》有传）参加高塘集战役,攻克浦口,以军功赏八品武官,后充任百总。咸丰十年（1860年）四月,张国梁率部增援江南大营,尚未赶到大营所在的小水关,太平军已攻破江南大营。随后,太平军围攻丹阳,张国梁兵败溺亡。杨岐珍率部赶往江北,与太平军陈玉成部交战,在僧道桥、菱塘等战事中表现勇敢,以军功晋升为六品武官。不久,杨岐珍奉命调江南宝山驻防,多次参战,屡获胜绩,升至五品武官。咸丰十一年（1861年）、同治元年（1862年）两次宝山之战,杨岐珍接连取胜。以后数年间,杨岐珍又晋升游击,加参将衔至副将。两江总督李鸿章上奏其功,清廷将其战功交军机处记名。同治六年（1867年）冬,杨岐珍因战功受封"裴凌阿巴图鲁"号（"巴图鲁"即勇士之意）。此后,杨岐珍奉命入直隶与捻军作战,率马队三营驻防保定、河间、深冀等处。在湘、淮两军的合力镇压下,太平天国和捻军运动渐趋平息。

杨岐珍在与捻军和太平天国的作战中崭露头角,他的成名则是因为中法战争。咸丰六年(1856年)爆发第二次鸦片战争,因法国传教士马赖被杀而引发的"马神甫事件",英法组成联军攻陷北京,火烧圆明园。清政府被迫签订《天津条约》《北京条约》。在第二次鸦片战争期间,法国趁机侵占越南并把战火延烧到中国境内。光绪九年(1883年),驻守中越边境的黑旗军奋起抵抗入侵法军,最后失败。光绪十年(1884年),法军向中国境内深入,战火持续燃烧。当年六月,法国入侵军主帅孤拔率领10艘战舰开进福州马尾,威胁福建水师。由于清政府一味求和,面对法国大军压境,福建水师不做临战准备,以至于在法军突袭中,11艘军舰被击沉,福建水师全军覆没,马尾造船厂被毁。

随着福建水师的覆没,清政府已经无路可退,在此被动局面下不得不命令沿海各省戒严,并全线调兵与法国入侵军交战。由于福建水师覆没,制海权为法国舰队所控制,法军全力进攻台湾,企图一鼓而下。驻台清军在刘铭传的指挥下与民众合力守御,法国入侵军久攻不下,便利用所掌握的制海权围困台湾,同时又遣孤拔率远东舰队入寇福州。清廷派遣南洋舰队支援福州,再次与法军发生海战。南洋水师不敌,5艘舰船分别逃入浙江石浦港和镇海港,孤拔率领远东舰队逼近镇海。

《清史稿·欧阳利见传》载:"法舰寇福建,浙江戒严。镇海为浙东门户,利见以三千五百人顿(屯)金鸡山防南岸,提督杨岐珍以二千五百人顿(屯)招宝山防北岸……"杨岐珍奉命进驻招宝山威远城。此时,杨岐珍为"记名提督",并非实授。正是招宝山奋起抗法,杨岐珍才真正走上历史舞台,开始了守卫海疆、抵御外侮的闪亮人生。

招宝山地处宁波镇海关隘、甬江咽喉、海防要塞,素有"浙东门户"之称。山上原有威远炮台一座,是明代嘉靖年间为抵御倭寇犯境而修建,戚继光、俞大猷等抗倭英雄在此建功。此时,浙江巡抚刘秉璋已做应战准备,饬命招宝山辟建定远、安远两座炮台,与南岸金鸡山、小港口的靖远、镇远炮台以及欧阳利见增建的天然、自然等炮台夹江相对,形成一道火力屏障。杨岐珍属于淮军系列,调遣同属淮军系列的记名总兵钱玉兴,率兵三千五百人驻扎梅墟,分防宁波、镇海后路做二线策应。诸将在欧阳利见的调度下,"量地形,设防御,搜军实,清间谍,杜向导,申纪律,励客将,布利器,部署甫定,而敌氛已近"。

孤拔凭着坚船利炮,已经完胜福建水师和南洋水师,并不把清军的舰船放在眼里。南洋水师的5艘舰船逃进内港,其中3艘逃入镇海,孤拔率舰队穷追而至,立即进行封锁包围,企图一举消灭南洋水师。光绪十一年(1885年)正月十五日上午,孤拔派舰船抵近侦察,杨岐珍命令招宝山炮台开火,击退法舰。下午,法国舰队派出以"尼埃利"号巡洋舰为首的4艘舰船向招宝山进攻。战幕拉开,杨岐珍凭借炮台居高临下的优势,众炮齐发,南洋水师的3艘舰船也发炮齐攻。"尼埃利"号巡洋舰遭到重创,主将孤拔负伤。正月十七日,法舰再次偷袭镇海炮台,以期为孤拔复仇,再次遭到猛烈的炮火还击。镇海保卫战前后进行了一百多天,击伤法国兵舰3艘,击沉法国鱼雷艇及小船数艘,远东舰队司令孤拔因伤重死于"巴夏尔"号舰上,"敌计穷,相持月余,终不得逞"(《清史稿·欧阳利见传》)。是役之后,法国入侵兵舰再也未敢来犯镇海口。

镇海保卫战是中法之战中难得的一次胜仗,极大地鼓舞了士气。浙江巡抚刘秉璋鉴于杨岐珍在镇海中法之役中战功卓著,上奏清廷:"本年(1885年)正月十五、十七之战,该提督亲在招宝山炮台督战,尤为出力。可否仰恳天恩,逾格交军处另行存记,遇有提督、总兵缺出,开列在前,请旨简放,以昭激劝。"光绪帝御笔亲批:"杨岐珍着交军机处存记,遇有提督、总兵缺出,开列在前……"当年十月,杨岐珍补任江南狼山镇总兵。

刘秉璋十分器重杨岐珍,并不想杨岐珍调出浙江,以杨岐珍在浙江声威显著,容易震慑一方为理由上奏留驻浙江。不久,刘秉璋升任四川总督,继任浙江巡抚卫荣光仍然奏留。光绪十三年(1887年)正月,杨岐珍调任浙江定海镇总兵。即将赴任时,卫荣光会同闽浙总督杨昌、提督欧阳利见,共称其在浙多年,军民悦服,威德俱深,而海门匪盗朝夕窜扰,杨岐珍不宜调离。三月,杨岐珍又与海门镇总兵互相调署。

光绪十八年(1892年)七月,杨岐珍升任福建水师提督。离任时,沿途数万人夹道相送。海门、黄岩等地民众为了纪念杨岐珍平定海盗的功绩,各在城内官道上建立"去思碑",名为"外援福建水师提督西园杨公去思之碑",以表达对其怀念之情。

为加强福建水师建设,巩固海防,抵御外敌入侵,次年三月,杨岐珍接替前任水师提督彭楚汉,修建胡里山炮台基地及厦门海岸炮台群指挥中心。他命水师管带赖启明绘图,禾山工匠叶文进负责承造,委任钮承潘、张文治、罗鸣凤为督造,林世春为总巡工,历时二年建成胡里山炮台。在杨岐珍的筹划下,炮台设守备、管带、左右旗官、正副炮目、匠目等官佐,编制炮兵140名。

光绪二十年(1894年)农历正月,清廷下旨加杨岐珍尚书衔。是年七月,日本发动侵华战争,中日甲午战争爆发。台湾是海防重地,战争爆发后,杨岐珍奉命渡

杨岐珍墓

海到台湾,协助台湾署巡抚唐景崧力筹防务。杨岐珍驻扎台北府,统率基隆、沪尾诸军,协力防守。次年正月,威海卫一战,北洋水师全军覆没,清政府完败。三月,中日签订《马关条约》,台湾被割让给日本。四月,清政府命令所有在台湾文武官员限期内渡,杨岐珍奉旨回到厦门福建水师提督本任。

福建海面宽阔,海岸线延绵,港汊歧出,多有盗匪出没,威胁渔民和海岸人民的生活安定。杨岐珍经常亲自率兵登船巡缉,震慑盗匪,保境安民。光绪二十九年(1903年),杨岐珍在巡洋过程中因病去世,享年67岁。杨岐珍病逝后,归葬祖籍地赖山集。

杨岐珍墓坐落在赖山集清真寺内,墓前有两方石柱,镌刻着一代帝师孙家鼐撰写的挽联,对杨岐珍抗法功绩做出概括:

台省列班联百战宣勤增显秩,
鼓鼙思将帅四方多故失长城。

黄奇士：天启循理　果育英贤

李家景

寿州旧时有书院一座，名曰"循理"，位于今日西大寺巷中段的寿县一中老校区之内。循理书院始创于明天启二年（1622年），沿用至清末，始改为寿州公学；民国十二年（1923年），复改为县立初级中学，其时楼厢院舍尚存；日伪时期，淮河南北烽烟弥漫，校舍屡遭毁坏，颓圮残破，以至于荒废；1951年，县政府于循理书院故址重建新校舍，名为寿县中学；1974年，易校名为寿县第一中学；2012年，寿县一中于新校区复建循理书院。其沿革大抵如此。

书院是研究和传播儒学的文化教育机构。相对于官学而言，书院的办学环境独立且自由，师生于书院内相互问难答疑，脑力激荡，是学术传承与创新的思想阵地。寿州一地，明清时学风炽盛，由科举而至显宦者，代不乏人，循理书院之功可谓巨矣。

循理书院的开创者是湖北黄陂人黄奇士。黄奇士（1571—1626年），字守拙，号武滨，14岁补诸生，万历二十三年甲午（1594年）科举人。天启元年（1621年），51岁的黄奇士步入仕途，出任寿州学正。黄奇士家学渊源深厚，自幼聪颖好学，师从"天台学派"创始人耿恭简，为耿氏得意门生。耿氏为王阳明弟子，其学在王阳明的基础上有所发展，世称"天台学派"。黄奇士"以静入，以悟精，以修实，与人言，必抉心髓以示"，其治学之术在当时颇有影响，与其兄黄彦士被时人称为"二黄先生"。

黄奇士个子不高，"长不及中人，而眉目清婉，容色泽皙，貌恭气和，望之知为学道人"，颇有学者气质。他下车伊始，即约见寿州城内的诸位生员，了解当地教育情况，当得知此地并无书院以供为学之人辩难切磋，当即说道："圣人之学，则在以今日学问为异日经济，非特建书屋，以朝夕辩难于其间，虽欲进修德业，厥道无由。"黄夫子振臂一呼，应者云集。寿颍兵备道佥事魏士前捐出俸禄，寿州城内的名门望族如方震孺家族、刘继吴家族皆出巨资，其事遂成。

兴建的书院位于州城北春申坊大寺巷之内，原为高姓市房，改之扩之，计建有

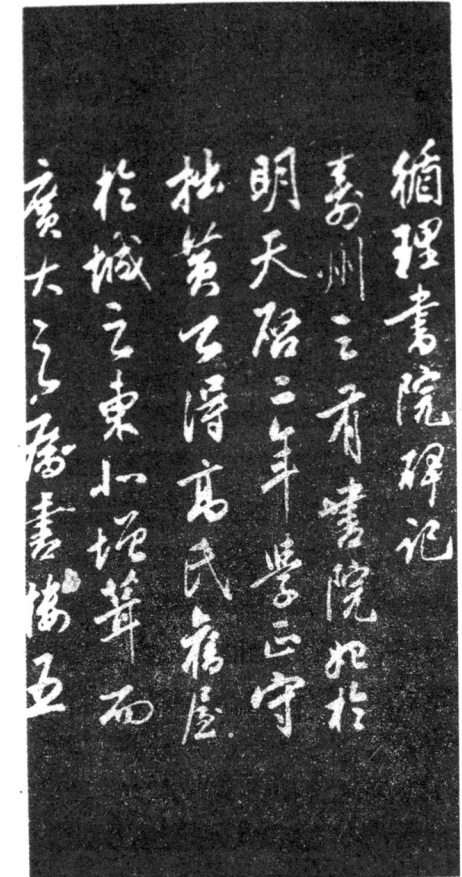

循理书院碑记

书楼五间,左右厢房各三间,东旁静室六间,大门三间。建成后,黄奇士给书院取名"循理","盖欲使游其中者,日持循于天理之中,而渐臻于自然也"。黄奇士认为"文有万端,而理惟一",深得王阳明心学的精旨奥义。关于治学之道,他有着自己的独到见解,在《与谢梦膏王晋如书》中说:"今时谈学,动谈圣谈神,而不肖独为低品学问,只谈有诸己耳。过此以往,如已饱之人,自会充泽肌肉,发畅精神。"意思是做学问须立实处、打基础、勤积累,日久由量变到质变,自会有所得,这也就是"循理"二字中"循"的最佳注解。

书院建成后,黄奇士参订会期"为朔二望六",明确每月初二、十六是书院集中会讲的时间,书院山长亲自讲学,点名扃试,考核学生的日常学习情况。其时寿州名士如刘复生(刘之治之父)、方若璋、方若鼎等人皆游于其门下,"郡乡士彬彬咸集,师为阐明良知之学,莫不虚往而实归"。基于此,黄奇士在寿州推行教育改革,督设课四科,首德行,次经济,三制义,四骑射,一时间士风为之大变,从此科举联翩,英才辈出。

州学正是地方学官,明代时以学正为各州教职之称,掌一州学务政令,虽位秩不高,但正如朱元璋所说"师儒职虽卑而道则尊",连续考核优秀的学官往往能被授为翰林院科道部曹官。黄奇士后来就因为在寿州的优异政绩,被授予南京国子监学正,惜乎到任三天即病逝。寿州人闻知消息后,将黄奇士的牌位供奉在名宦祠内,以表怀念之情。

黄奇士曾亲撰循理院铭:"修德讲学,圣训昭然。立之书院,果育英贤。若有不类,改为蘧传。侵利毁正,学脉遂湮。天之所厌,神弗庇焉。请视斯铭,以永万年。"既提出了"果育英贤"的办学目的,也希望后世之人对书院珍之重之,以求学脉永传。四百年后,寿县第一中学秉承学脉,把"循理"作为校训,并赋予新的含义,意在寻找和遵循一切真理来办学,"让每一个学生的个性都得到充分和谐的发展"。黄老夫子若地下有知,定当含笑九泉。

魏士前：捐俸置田　助成盛举

李家景

2014年，寿县一中在布展校史馆时，将一块原藏于老校区的石碑迁移至新建的循理书院内。碑长130厘米，宽70厘米，碑额为《循理书院田产碑》，落款为"天启囗年柒月囗日立石"。由于年代久远，风霜剥蚀，加之人为破坏的原因，全文已无法卒读，但从残存的文字中依稀可辨其意。其文不见载于历代史志，因而颇有研究价值。

碑文大意是循理书院承蒙"兵宪魏公"捐俸置院田620亩，通过江南提督学院与寿州地方政府协商，其田赋所得交由循理书院自行支用。同时明确此项专款用途为"一分留为书院修理，一分量给贫生肄业于书院及会讲之资"，即是书院维修费、贫困生补助以及书院会讲开支，由此可见"兵宪魏公"的古道热肠。

明代晚期时，田价较之中期价格有所下降，但620亩院田的价格一定在千两白银之上，那么这位捐俸置田的"兵宪魏公"是何人呢？

结合历代州志所载，我们可以知道碑文中的"兵宪魏公"就是时任寿颍兵备道佥事、湖广竟陵（今湖北天门市）人魏士前。魏士前（1584—1648年），字瞻之，一字定如，号华山，万历三十八年庚戌科进士，曾任芜湖县令、吴县令，迁南户部主事，天启初年，任寿颍兵备道佥事。兵备道其实是文官，是明代以文驭武基本国策的举措之一。明代弘治年间，于各省军事要冲遍置整饬兵备的"道员"，称为兵备道，此官多由按察使或按察佥事充任，是分巡道的。据《江南通志》载："颍寿道，弘治四年设，初驻寿州，十年移驻，颍州庐州府亦辖于此。"弘治四年是1491年，颍寿道即寿颍道，迁至颍州后多名为"颍州兵备道"。

魏士前任职寿颍兵备道佥事时，寿州虽在辖区之内，但是距其办公驻地颍州南城有数百里之遥，他为何会在离任之时捐赠院田给寿州的循理书院呢？

首先，这是兵备道的职掌所及。兵备道的主要任务是督军和带兵平乱，承平之日则负责修理城池、缉捕盗贼、整饬文教等任务。明代时，各地兵备道皆有兴学助教之举，兴建书院和奖掖士子也是整饬文教主要方式。与魏士前同时为官的湖广衡永郴兵备周士昌,捐俸课士,以奖励学风;与寿颍兵备道邻近的淮扬兵备道熊尚文,"主盟道学,日临讲院"。魏士前有文才武略,"升颍州兵备,防龙华变起,不数月戡定之"。循理书院创建时,他"捐俸成之",离任之时罄俸捐赠的豪举,更是他身为兵备道重视文教的具体表现。

其次,源于魏、黄二人的深厚友谊。魏士前、黄奇士同为湖北人,魏士前的胞弟魏士茂曾与黄奇士一起讲学于湖北问津书院,因为这层关系,魏士前与黄奇士二人早就相识相得。黄奇士就任寿州学正后,二人交往更加密切,志同道合,惺惺相惜。魏氏此番鼎力相助,是这段深厚友谊的见证。

再次,源于魏士前的文人情怀。魏士前是进士出身,文字静厚,尤擅于诗。据《天门县志》记载,他著有《陪郎草》《晋阳集》《紫芝集》《蜀游集》《北归集》等书,为时人所称赞。明代"竟陵派"代表人物、大文学家钟惺在《陪郎草序》中说:"始予言诗,定如(即魏士前)虚心相听,及定如一语之获,一境之会,而予自愧其言之无当也……喧不如静,薄不如厚,定如之诗所以合于静与后者,正以其不豪不俊也。"这样的评价不可谓不高。魏士前自己曾经饱尝寒窗之苦,知道学人士子求学问道的艰辛,恰逢循理书院新建,倾力相助也就在情理之中。

"书院者,儒学之离宫别墅也",但书院与学宫毕竟不同,学宫有朝廷规定的定额预算,书院却没有。没有稳定的经济来源,是历史上许多著名书院消失的重要原因。当循理书院接收620亩院田这样一份厚礼时,全院师生的欣喜之情可以想象。黄奇士随即派遣学生前往邹元标处,陈述缘由,求其作文以记之,身为东林党首领之一的邹氏欣然答应。邹元标在《循理书院置田记》中道:"寿春友人方生震仲、刘生复生谒余问学,持黄博士书来,言寿近创书院,兵宪华山魏公捐俸成之。复于去任时罄俸,请于大中丞,置田六百二十亩,俾书院得以永久,愿先生一言纪之。余耸然而喜,曰:世有魏公其人乎!……世之官一郡,镇一方者,只能买田宅自益耳,孰肯为书院买田者!即有之,亦未有不笑其迂者。且将夺其院而馆舍之,侵其田甚而干没焉,任书院之就圮而不顾,视魏公捐俸置田,奚啻天壤耶!吾愿院中诸生其体魏公之心以益励,并愿后之主是书院者,其推广魏公之心而永之于无穷也。"邹元标对魏士前的义举,高度赞赏,溢于言表。后来,寿州人为感谢魏士前的助学之功,于名宦祠内置牌位以祭祀之。

魏士前捐赠620亩院田,在循理书院的发展历史上留下了浓墨重彩的一笔。这620亩院田是循理书院延绵四百年、薪火相传的重要保证。

梁巘：书院山长　流泽至今

李家景

公元1771年，六十二岁的梁巘就任寿州循理书院山长。他在《宝晋斋帖跋》中记道："辛卯岁，余自巴东回籍，课徒寿春书院。""辛卯岁"即乾隆三十六年，"寿春书院"即循理书院，至于"巴东回籍"一语，则与梁巘的两年县令生涯有关。

梁巘，字闻山，号松斋，又号断砚斋主人，亳州人。他出生于书香世家，祖父梁尔禄，国学生；父亲梁接孟，候选经历；兄梁峰，以文章书法闻名于江淮。梁巘幼时聪颖，四岁诵《毛诗》，十二岁遍读经史，乡人以神童目之。1762年（乾隆壬午）中举，1763年起任咸安宫教习六年，期间因书法超卓被成亲王永瑆赏识，随即名扬于当世。晚清大家杨守敬在《学书迩言》中对其做了高度评价："山舟（梁同书）领袖东南，闻山（梁巘）昌明北宇，当时有南北二梁之目，诚为墨林之双璧。"

乾隆三十四年（1769年），梁巘以"成安宫教习期满引见，旨以知县用，原选四川重庆府綦江县知县，具呈亲老，奏明改补近地，今签掣湖北宜昌府巴东县知县缺"。湖北的巴东县历来属于"冲、难"之列，以地处要冲、县政难理而知名，官员们唯恐避之不及。梁巘上任后长时间面对风俗不纯、犯罪多发的局面，可谓苦不堪言，本是一介书生，误落于俗世之中，为五斗米折腰向乡间小儿，大违其本愿。上任才两年，他即以家有老母需要侍奉为由辞官，转而前往寿州循理书院课徒为生。

梁巘是受寿州知州张佩芳的邀请就任循理书院山长一职的，并于乾隆三十六年的夏天到任。他在与友人书中写道："前月芙园赴炉桥时，以方到书院，诸务匆忙，未暇修候，曾属代致鄙意，并候近安。"因忙于整顿书院，以至于无暇与友人晤面，可见其勤于教学；期间因老母去世曾短暂回亳，"去夏至寿，仅两月即返舍安葬先灵，地尚平妥，因道远概未讣报"，此后的日子里，梁巘就常驻循理书院，直至终老。

据《寿州志》载，"院长梁先生巘教诸生必以正，而尤长于书，今寿子弟之学书者能通晋唐法，皆先生教也"，一时之间，士风丕振，科举联翩，慧眼识才的知州张佩芳因文政突出升迁而去。在寿州的十五年（1771—1785年），同样成就了梁巘的千古美名。任职循理书院山长时期,是他书风形成的重要时期。他从起初的学赵、董,到最终学李、欧,经过了十五年的探索,其书风的转变由"从圆至方""化转为折",最终成为一代大家,为后人所景仰推崇。

梁氏存世之时以书写碑版而名满天下,在清代中叶时堪称首屈一指。从其传于后世的碑刻作品年代来看,尤以寿州时期作品数量为最。《承晋斋积闻录》中记载其所书碑版共五十三块,而寿州独占十五块:循理书院碑、八蜡庙碑、先农坛碑、真武庙碑、白龙潭龙王庙碑、刘黄二公祠碑、奎星楼碑、城土皇庙碑、孙氏乐输记碑、报恩寺碑、赵松雪七字跋、阴骘文碑、裕备仓记碑、太上感应篇碑等。寿州时期的作品数量之多,书刻之精,他地不能比肩。其中循理书院碑、报恩寺碑为梁巘的代表作品。近日寿县一中重新仿刻循理书院碑立于新建书院之内,既丰富了校史,又可供学书者观摩,可谓善事一桩。

一百多年后,同样以书写碑版名重一时的乡人张树侯在《淮南耆旧小传》中这样评价梁巘:"生平专规摹李北海,然能自出机杼,不为所囿。风神韵味,殆如碧梧翠竹。清和宜人,固非依傍一家门户者。所书以行草为胜,大楷次之,意在传世。尝赁二刻工,所至随之。以故梁书石刻,皆精绝。""精绝"二字,极为得体。

梁巘是乾隆时期著名书法家、书法理论家和书法教育家,他在寿州讲学期间有意带了一批书法弟子,将其一生的学书心得倾囊相授。"吾课循理书院十余年矣,忆初至时,以执笔之法授人,无不谓为古人执笔不必尽如是,且诬以为欺人,及今得吾执法而字学长进者有数人,而人始息其讥而信之矣。"其弟子中著名者有张佩、萧景云、姚扬等人。张佩字半舫,得其蕴藉;萧景云字亦乔,亦字雪蕉,颇能具体;姚扬字糜谷,于蕴藉稍有不逮,而其遒峭处似远过之。这对寿州地区后来习书之风大盛,成为中国有名的"书法之乡"起到了极为重要的作用。

孙家怿：寿州孙氏　守望循理

李家景

循理书院由明代天启二年首创至清末改制为寿州公学，绵延三百年，期间因改朝换代加之战乱频仍，几经兴废。但考诸史册及相关碑文记载，书院之复兴与发展莫不与地方官员和当地士绅的大力支持有关。周之晋、钟旭、程廷赞、徐廷琳、沈丕钦、张肇扬、亢愫、孙菖生等历任官员对循理书院的整顿和复兴，功不可没。方震孺家族、刘复生家族等地方望族在明末清初时期为书院的筹建和修复，出力尤多。时光荏苒，清代乾嘉时期，循理书院的历史舞台上一个显赫的家族渐露峥嵘，从此占据舞台中央，一幕接着一幕，几代人前赴后继殚精竭虑地经营壮大书院直至清末，这就是寿州孙氏。

翻阅州志，寿州孙氏热心助学的记录灿若繁星。乾隆四十四年（1779年），州人孙士谦遵父孙珩遗命，捐赠二千六百缗，存本生息，其中部分资金为童生试卷及省试、会试费；乾隆五十年（1785年），孙士谦加捐钱三百缗；嘉庆元年（1796年），孙士谦复加捐四百缗；嘉庆十九年（1814年），孙士谦之子孙克任等加捐一千缗，孙蟠之子孙克佺等加捐一千缗，加余息二千三百缗，共七千六百缗，俱为本生息；道光二年（1822年），书院董事绅士孙克依捐资三百余缗增置器物；光绪元年（1875年），买三觉寺坊郭家大庄田地二分，董事孙家丞经手；光绪二年（1876年），循理书院拨款为考棚置石腿木面号桌，董事孙家丞、孙传越办理；光绪五年（1879年），董事孙家球买老军营坊田地；光绪八年（1882年），董事孙家铺购清淮坊王在明畦地九十个；光绪十年（1884年），董事孙家铺添置学园庄房五间……清末之时，循理书院共有院田169顷36亩，园畦2485个，市草瓦房234间，比同时期国内的任何书院毫不逊色，孙氏之功可谓巨矣。

冥冥之中，书院似乎在以自己的方式回报着寿州孙氏。有清一代，孙氏家族共有10人中进士，14人中举人，中秀才的更是比比皆是。

在孙氏群贤中，孙家怿是不引人注目的一个人。他隐身在家族巨大光环的背后，以至于今天很少有人知道他的事迹。且不说他的祖辈父辈，单是他亲兄弟的声

名就足以让人耳晕目眩。大哥孙家泽为道光乙未恩科举人、戊戌科进士；二哥孙家铎为道光己亥科顺天举人、辛丑科进士；四弟孙家丞虽未中举，但也是廪贡生；小弟孙家鼐则为咸丰辛亥恩科顺天举人、己未科一甲一名进士，光绪帝师，历任工部尚书、吏部尚书、礼部尚书、政务大臣、学务大臣。孙家怿本人则为咸丰壬子科顺天举人，据《寿州孙氏支谱》记载："家怿，崇祖三子，字和民，号介臣。廪监生，咸丰壬子科顺天举人，选授休宁县教谕，议叙知县，刑部员外郎。奉天司行走，花翎，奉政大夫。貤封光禄大夫，工部左侍郎加三级。"这样显赫的家族在全国都是不多见的。

故老相传，孙家大门有联曰"一门三进士，五子四登科"，但由于老三孙家怿未中进士，老四孙家丞未中举人，有好事者在上述门联下各加几字，变为"一门三进士三不进士，五子四登科四不登科"，虽是戏谑但也是实言，至今还是一段趣话。而根据相关资料综合分析，就是这个未中进士的老三孙家怿，在大厦将倾的晚清乱局中执掌循理书院，培育英才，保全院产，造就了循理书院最后的辉煌。

孙家怿出任循理书院山长一职，当在其休宁县教谕任期之后，时间应该是同治初年。同治八年(1869年)，安徽通志局成立，循理书院掌教孙家怿被聘为分辑，其事见载于光绪《寿州志·卷末》。光绪十五年(1889年)续修《寿州志》时，孙家怿任协修，曾道唯在《序》中说："复与孙绅家怿、家谷，邵绅礼泉，谢绅孚中等函至各乡绅，集捐以赞成之……维时协纂则分州宗君文宿、院长孙君家怿……"由此可知，孙家怿执掌书院一定在二十年以上。笔者曾有意收集明清之时寿州人的会试、乡试朱卷资料，从已入手的部分朱卷看，晚清时寿州、凤台籍的进士和举人，在朱卷中履历表授业师一栏，大都有师从"孙老夫子介臣，今书院山长"的记录，也可作为孙家怿执掌书院时间长、影响大的佐证。

今天，当我们查阅光绪《寿州志·选举志》中的记录，由同治初年至光绪中期，也就是孙家怿任职书院山长的二十余年里，从循理书院中共走出孙家穆、孙传奭2位进士、13位举人、109位贡生。在晚清的硝烟暮色中，这是一份熠熠生辉的成绩单，供世人仰视。

孙传樾：创建公学 开皖先河

李家景

清之末年，大厦将倾，外有列强船坚炮利，欺凌日甚；内则国事沸粥纷麻，应对乏术。沿用千百年的科举制度，已无法培养出时代所亟须的人才，国势危在旦夕。朝野有识之士莫不奔走呼号，要求进行教育制度改革，造就新型人才，救亡图存。迫于形势，光绪二十七年（1901年）清政府谕令，"废科举，兴新学"，改全国书院为新式学堂，省城设大学堂或高等学堂，各府、厅、直隶州设中学堂，各州、县设小学堂。清廷的这个举措被史学界视为发展近代学校教育的开始，为其后民国时期新教育的创建和发展奠立了初步基础。

当谕令飞抵寿州之时，阖城官绅士民议论哗然，大家都盼着能有一位深乎众望之人首领其事，来打造新式学堂，造福寿州学子。就在众人百般猜测之际，寿州知州王懋勋心中却已经有了最佳人选，他就是孙传樾。那一年，已届知天命之年的孙传樾恰巧因母亲去世而辞官丁忧在家。

孙传樾，生于咸丰壬子年（1852年），字穉筠，光绪辛卯年（1891年）举人，是寿州孙氏在清末民初之时的重要人物，有着显赫的身份和极高的威望。他的父亲是孙家铎，进士，历任知县、同知、知府等职务；五叔孙家鼐是光绪帝师，权倾一时，名满天下；他二哥孙传樲是李翰章的女婿，李翰章曾任两广总督，是李鸿章的大哥；他的侄子孙多鑫、孙多森是中国民族工商业的创始人之一。

孙传樾曾任南陵县教谕，后因政绩卓异被提拔为署江西临江府知府。举人出身能官至知府，相当于今日大市的一把手，可知其行政能力确属不凡。而更为难能可贵的是，宦海沉浮的孙传樾能睁眼看世界，他清醒地认识到兴办实业与改革教育是民族振兴的必由之路。

1899年，寿州孙氏在上海开设中国第一家机器面粉工厂——阜丰面粉厂，宗族之内公推孙传樾担任总董，请他把控全局。他审时度势，苦心经营，几年时间，"老车牌"面粉就销量大升，成功夺取了洋面粉的销售份额，国产品牌一举成名。后来，也正是在孙传樾的运筹和影响之下，他的子侄辈们精诚团结，发愤图强，从面粉大王转变为金融巨子,使孙家完成了从官宦家族到实业家族的华丽转身。

作为孙家鼐最为器重和欣赏的侄子,孙传樨全面继承了孙家鼐关于教育改革的思路。光绪二十四年(1898年),孙家鼐以吏部尚书、协办大学士身份管理京师大学堂,出任管学大臣。他拟定京师大学堂的宗旨为:"以中学为主,西学为辅;中学为体,西学为用;中学有未备者,以西学补之,中学其失传者,以西学还之。"这个宗旨的提出体现了孙家鼐的"中学为体,西学为用"的改良主义新学思想。孙传樨久聆叔叔教诲,浸染维新思想,充分认识到举办新式学堂的重要性,他提出"道无新旧,惟时则一,地无夷夏,为学则同"的教育理念,与孙家鼐新学思想可谓一脉相承。

百余年过去了,孙传樨在家乡创办的寿州公学早已毁于抗日战火,那些高瞻远瞩、得风气之先的老师,那些对新知识如饥似渴的寿州学子,也都早已作古。幸而有孙传樨亲手书写的《创建寿州公学记》石碑尚存于世,供我们反复拜读,想象斯人风范,探寻寿州新式教育的源头。

"维光绪二十有七年,岁在辛丑,天子诏州郡立学。其时拳匪构乱,乘舆西狩,朝野震动。环球欧美诸国,学校林立,人才勃兴,方以兵力称雄海上。日本一弹丸地,亦崛起东瀛,步武泰西,凌厉无前,俨为列强之一。"孙传樨文笔老辣,寥寥数语即将其时清廷举办新学的原因交代得清清楚楚。前一年(光绪二十六年,即1900年)的春季,直隶的义和团纵火烧毁了教堂和教徒房屋,杀了一些传教士和信徒,慈禧太后认为"拳民忠贞,神术可用",允许义和团进驻北京,义和团遂进攻天津租界,最终引发八国联军入侵。8月中旬,八国联军占领北京全城,慈禧及皇室仓皇出逃至西安,天下震惊。神州之内生灵涂炭,国势衰微,而欧美诸国以及近邻日本却日益强大,虎视于国门之外,中华民族危矣!

但是国内那些由科举制度所培育出来的士大夫及乡绅,日日以经义辞章夸夸其谈,没有人能够揆文奋武,"经邦本而御侵凌"。更有甚者,"日抱其俗学以赍咨涕洟,惟恐其或失坠落"。国事糜烂,却又万马齐喑,可悲可恨!目睹于此,孙传樨更加坚定地认为国家要想强大起来,必须由变革教育制度始,所以他大声疾呼:"然则居今日而欲图自强,恢远略,以与列强相角逐,舍学奚自!"因此,当知州王懋勋亲临孙宅请其创办新学的时候,孙传樨便一口答应下来。他决意亲自创办寿州公学,培养新型人才以救亡图存。

对于寿州公学的学子们,孙传樨有着深切期望。他说:"我淮之重于天下久矣。二三父老,其昭子弟奋其英毅卓荦、强悍有为之气,而复进之以学问,饫以诗书。举凡中外所尚,欧美所专者,一一切究而凌驾之,而非仅以规仿摹拟为事。然后吾学足以自立,则庶乎大有造于中土,而声闻之远,将不徒为一乡一邑光矣。"他鼓励学子们勇于探究古今中外的优秀文化,不能停留在简单的模仿层面,必须由熟练掌握而超越凌驾,由自立而自强。这一观点可谓真见卓识,放之于今日,仍有发人深省之用。

"命下之日,荆州王公懋勋适牧吾邑,首以学事见访,且捐廉为倡。时楒方在籍,因得所藉手。以甲辰三月经始,逾年而工成。凡为楼三十楹,屋百余间。"孙传楒于此处行文过于简略,以至于有人误以为寿州公学始创时只有小学堂,且是光绪乙巳年(1905年)才创建的。这是一种错误的认识,笔者愿意结合史料略谈一二。

清末学堂有官立、公立和私立三种。官立学堂是以官费所办的学堂;公立学堂是地方绅士创办的,其常年经费多以捐款为主的学堂;私立学堂是个人出资或以收费、祠堂田产收入为常年经费的学堂。清廷下诏办学时要求,直隶州设中学堂,(非直隶)州与县设小学堂,寿州非直隶州,按理只应该设置小学堂,但是相关研究者却忽略了孙传楒的特殊身份。他的叔叔孙家鼐于晚清之际长期掌管全国教育,主持了一系列教育改革。孙传楒继承了孙家鼐的教育思想且富于财赀,其志向岂能仅是建立小学堂?

事实上,寿州公学自1901年创办之始就设有中学和高小两部。1990年出版的《辛亥革命安徽资料汇编》即有相关记载。该书第107页记载道:"寿州公学,光绪二十七年(1901年)开办,校址系就循理书院改建。将旧有楼房五楹,平房若干间,完全毁去,另建楼三十楹及其他房屋百余间,并设中学高小两部。"稍后还有记载:"公立中学,光绪三十二年(1906年)开办。就书院改建,堂舍整齐,布置如意,自修室寝室俱透空气。"再参阅其他史料,我们就可以捋清脉络:寿州公学创办于1901年,始设有中学和高小两部,其后由于寿州城乡私立小学堂发展迅猛,如1903年孙多森创办私立阜财高等学堂,1904年孙毓筠办蒙养初等学堂,等等,孙传楒便着力打造中学部,1905年完工的新建筑即是为公立中学扩大招生所建。所以,寿县一中于今年举办115周年校庆,是合乎史实,有理有据的。

孙传楒在《创建寿州公学记》一文的结尾处写道:"学成,走告邑父母暨邦人士,张饮而落之,颜曰寿州公学。盖谓非一手足之烈,实合众建而成,公学云者,亦以成众志也。"孙传楒谓公学新楼之建成乃是众人之力,却也是实情。1906年所立的《寿州公学捐款题名记》将若干捐施者姓名镌刻于石,其中更有记载"政务院大臣、文渊阁大学士"州人孙家鼐"捐银一千两"赞襄寿州公学一事,充分体现了孙家鼐关注教育事业、维新救国的一贯精神。

等到寿州公学正常运转以后,不计功名的孙传楒便抽身隐退了。他把公学转交给其他人继续办理,自己则前去天津和儿子孙多巘一起居住。其后,1909年孙

《创建寿州公学记》

家鼐去世,孙传楑亲自撰写《寿州孙文正公年谱》一卷,刊行于世。晚年的孙传楑曾捐赠一半家产去维修曲阜孔庙,自己亲董其事,就在工程即将竣工的时候,殚精竭虑的他与世长辞,享年 72 岁。

斯人已逝,余香犹存。孙传楑一手创建的寿州公学,是江淮之间乃至整个安徽省近现代学校教育的开端,是穿透千古黑夜的第一缕曙光。

寿州碑廊释文

虞卫毅

寿州碑廊建于20世纪90年代,共镌刻当代书法名家作品六十件。碑廊坐落于寿县文化馆后院明伦堂内,寿州书画院负责征集碑刻作品。笔者参与了作品征集与组稿工作,值得回忆的是,碑廊建成后,想请上海著名书法家钱君匋先生为碑廊题字,笔者知沪上洪丕谟先生与钱君匋先生交厚,故致信洪先生出面代求,不久就收到钱先生用隶书书写的"寿州碑廊"题字。洪、钱两位先生如今均已作古,而他们提供的墨宝,将在寿春古城长期保存。以下为碑文内容与释文:

1. 司徒越(寿县)草书《论语》:知之为知之,不知为不知,是知也。
2. 葛鸿桢(苏州)行草 苏东坡《淮上早发》诗:澹月倾云晓角哀,小风吹水碧鳞开。此生定向江湖老,默数淮中十往来。
3. 白应东(甘肃)行草对联:翰园胜迹留青史,淠水碧波照古今。
4. 吕国璋(杭州)行草 苏东坡《赠刘景文》诗:荷尽已无擎雨盖,菊残犹有傲霜枝。一年好景君须记,最是橙黄橘绿时。
5. 王一羽(南京)篆书:寿春之光。
6. 言公达(常熟)隶书:阳骄叶更阴。
7. 陆修伯(无锡)行草对联:山外烟云无墨画,林间风雨有声诗。
8. 阮良之(铜陵)隶书对联:文物博而古,名城寿更春。
9. 张良勋(合肥)行草 王安石《寿阳城晚眺》诗:楚山重叠蓋淮濆,堪与王维立画勋。白鸟一行天在水,绿芜千障野平云。孤崖佛阁晴先见,极浦渔舟晚未分。吟罢骚然略回首,栎阳诗社久离群。
10. 赖少其(广东)行楷 鲁迅诗句:愿乞画家新意匠,只研朱墨作春山。
11. 周俊杰(河南)隶书 欧阳修《行次寿州寄内》:紫金山下水长流,尝记当年此共游。今夜东风吹客梦,清淮明月照孤舟。
12. 柴建方(甘肃)行草 李白诗句:俱怀逸兴壮思飞,欲上青天览明月。
13. 周志高(上海)隶书对联:物华天宝,人杰地灵。

寿州碑廊

14. 林散之（江苏）草书 李白《下江陵》诗：朝辞白帝彩云间,千里江陵一日还。两岸猿声啼不住,轻舟已过万重山。

15. 孙太初（云南）隶书对联：此水自当兵十万,昔人曾有客三千。

16. 孙伯翔（天津）行楷对联：大道逢君子,归舟载夕阳。

17. 黄琦（河北）草书：寿。

18. 程军（重庆）小篆对联：奇树有花难问种,异香闻气不识名。

19. 卢德龙（重庆）行书对联：园静花留客,亭闲鸟近人。

20. 葛介屏（合肥）篆书对联：史册唯司马,赋文且屈原。

21. 傅嘉仪（西安）隶书对联：刊石唯有秦汉文字,行歌好约长安酒徒。

22. 廖达敏（浙江）篆书：人能弘道 。

23.王朝瑞(山西)隶书对联:水能搏击无昼夜,不断轰雷成古今。

24.赖彬文(福建)行书对联:物华天宝,人杰地灵。

25.刘云鹤(江苏)篆书对联:淮上清风声有韵,山间明月色无尘。

26.徐本一(武汉)行书 苏东坡诗句:江梅山杏为谁容,独笑依依临野水。

27.启功(北京)行楷 赞孙大光诗:寿春孙大光同志艰辛革命数十年,无他嗜好,唯以书画自怡,与夫人张刚同志偕搜明清名家真迹于纷放之,余集百数十件,一九八七年夏,举以捐赠安徽省博物馆,奖金悉数为寿县兴学之资,博物馆选砚勒铭以志盛事,属功之,且为赞曰:笔精墨妙推前修,法书名画垂千秋。历经劫火稀传流,寿州伉俪勤搜求。朝披暮卷欣忘忧,盈箱溢箧何胜收。不甘自秘韫椟留,遥为桑梓琼瑶投。树人之资贻远谋,与众同赏诚嘉猷。昔人妙迹幸有托,贤无古今堪相俦。

28.董文(辽宁)行书对联:钟灵毓秀存华宝 缅古瞻今恋寿春。

29.张范九(西安)篆书 白居易五律诗《渡淮》:淮水东南阔,无风渡亦难。孤烟生乍直,远树望多圆。春浪棹声急,夕阳帆影残。清流宜映月,今夜重吟看。

30.徐立(淮北)篆书对联:笔酣诗意厚,墨舞有情深。

31.李成海(西安)行书 杜甫诗《题玄志禅师屋壁》:何年顾虎头,满壁画沧洲。赤日石林气,青天江水流。锡飞常近鹤,杯渡不惊鸥。似得庐山路,真随惠远游。

32.王海(河南)行草对联:自古兵家相争,墓冢犹存英灵气。史记书中诗赋,碑廊尚有苏子风。

33.刘江(杭州)篆书:智者千虑必有一失,愚者千虑必有一得。

34.罗光磊(湖南)篆书:古迹虽陈犹在目,春风相遇不知年。

35.李刚田(河南)行书:陆游诗联:戏招西塞山前月,来听东林寺里钟。

36.刘云泉(四川)行书:落托山园载酒来,江梅含雪倚春台。菊花无藉秋光老,犹自离披带雨开。

37.周玛和(苏州)行草 郑板桥诗《喜雨》:宵来风雨撼柴扉,早起巡檐点滴稀。一径烟云蒸日出,满船新绿买秧归。田中水浅天光净,陌上泥融燕子飞。共说今年秋稼好,碧湖红稻鲤鱼肥。

38.陈巨锁(山西)章草 李白诗《送张遥之寿阳幕府》:寿阳信天险,天险横荆关。苻坚百万众,遥阻八公山。不假筑长城,大贤在其间。战夫若熊虎,破敌有余闲。张子勇且英,少轻卫霍俦。投躯紫髯将,千里望风颜。勖尔效才略,功成衣锦还。

39.曹宝麟(广东)行书 苏东坡诗两首《寿州李定少卿出饯城东龙潭上》:山鸦

噪处古灵湫,乱沫浮涎绕客舟。未暇燃犀照奇鬼,欲将烧燕出潜虬。使君惜别催歌管,村巷惊呼聚獼猴。此地他年颂遗爱,观鱼并记老庄周。《出颍口初见淮山》:我行日夜向江海,枫叶芦花秋兴长。长淮忽迷天远近,青山久与船低昂。寿州已见白石塔,短棹未转黄茅冈。波平风软望不到,故人久立烟苍苍。

40.吴作人(北京)行草对联:褐壁辩远古大地,青山寻八公仙踪。

41.萧劳(天津人)行草:曾忆八公草林兵,惊魂似听鼓鼙声。卅年海宇澄清日,淝水今朝歌太平。

42.唐荣臻(内蒙古)隶书 李白诗《赠韦侍御黄裳其一》:太华生长松,亭亭凌霜雪。天与百尺高,岂为微飙折。桃李卖阳艳,路人行且迷。春光扫地尽,碧叶成黄泥。愿君学长松,慎勿作桃李。受屈不改心,然后知君子。

43.杨宇云(广西)行书:翰墨千秋。

44.沈乃寿(辽宁)行书对联:剪两片白云补纳,留一轮明月看天。

45.刘恒(北京)行书:雏凤清声。

46.邓昌成(香港)行书:白发未除豪气在,醉吹横笛坐榕衣。

47.王冬龄(杭州)草书 陆游诗《柳桥晚眺》:小浦闻鱼跃,横林待鹤归。闲云不成雨,故傍碧山飞。

48.黄苗子(南京)行书 刘伯承诗:百战当年为九京,直教谤需降苍冥。江山此日容颜好,健步题诗上玉屏。

49.李百忍(安徽)草书:闲云听鹤语,静石卧泉诗。

50.黄惇(南京)篆书:金槽和碾沈香来,冰盌轻涵翠缕烟。分赠恩深知最异,晚铛宜崇北山泉。

51.姜东舒(杭州)隶书 张学理词《念奴娇·寿州怀古》:金汤形胜,据江河天险,楚王宫阙,淝水滔滔,流不舍,洗认前朝沉铁,骁骑纵横,投鞭飞渡,气盛东南,怯风声鹤唳,霎时寒角鸣咽。曾记朝墅惊惶,陟游如故,雅量安邦国,若道都督,娴将略展齿,一时还折百代兴亡,千秋功过,长惹人评说,芍陂澄澈,江山重与陈设。

52.龚望(天津)隶书:发思古之幽情。

53.洪丕谟(上海)行书:月白风清。

54.费新我(苏州)行书:史辉人杰,古邑寿春。

55.许云瑞(合肥)篆书《小雅》钟鼓句:鼓钟将将,淮水汤汤,忧心且伤。淑人君子,怀允不忘。鼓钟钦钦,笙磬同音。以雅以南,以龠不僭。

56.从文俊(吉林)隶书 陆游诗《剑门道中遇微雨》:衣上征尘杂酒痕,远游无处不消魂。此身合是诗人未?细雨骑驴入剑门。

57. 方绍武(合肥)行书　王安石诗《寿阳城晚照》:楚山重叠矗淮濆,堪与王维立画勋。白鸟一行天在水,绿芜千嶂野平云。孤崖佛阁晴先见,极浦渔舟晚未分。吟罢骚然略回首,栎阳诗社久离群。

58. 顾志新(天津)行书　杜甫《绝句》:两个黄鹂鸣翠柳,一行白鹭上青天。窗含西岭千秋雪,门泊东吴万里船。

59. 毛节民(湖南)行书　对联:静对古书寻乐趣,闲观云雾会天机。

60. 孙大光(北京)楷书　林则徐诗句:苟利国家生死以,岂因祸福避趋之。

61. 钱君陶(上海)隶书:寿州碑廊。

工商史料

淝水岸畔的"化肥梦"

——忆寿县化肥厂

姚善荣

位于寿县城东北 3 公里处淝水岸畔的梁家郢子,原是寿县化肥厂厂址。如今这里已不见寿县化肥厂的踪影,代之而起的是商合杭高铁寿县站,成为寿县人民实现"高铁梦"的风水宝地。但人们依然难忘当年的"化肥梦"。故事不怕老,老了才能称为故事。感情不怕老,经过时间的淘洗、沉淀和考验,感情才更淳朴、更深沉、更历久弥新。寿县化肥厂最后一任董事长、总经理张家奎说,他经常梦中回到寿县化肥厂车间,和工友们一起上班,一起操作,共叙友情。寿县化肥厂老书记、老厂长毛新福说:"寿县化肥厂的故事三天三夜也讲不完,回忆很痛苦,但很幸福。"让我们把目光拉回到五六十年前那火红的年代。

困难重重的创业路程

原生产的化肥商标

1958 年初,安徽全省尚无一家化肥厂。在"大办工业"的号召下,省委、省政府决定在全省兴建 18 个化肥厂,寿县化肥厂是其中之一。1958 年 9 月,中共寿县县委、县政府决定,利用省财政投资 180 万元筹建寿县化肥厂,厂址选在梁家郢子。这里背靠八公山,面临淝水河,可以利用荒山,取水也较方便。当时,从县直抽调干部 19 人,选调工农积极分子 41 人(骨干工人),分别到淮南、合肥、上海、杭州、大连等地的化工厂和化学专科学校培训,学习化肥生产技术。

1959 年 10 月,成立寿县化肥厂建厂指挥部,县长张其政任指挥,副县长岳志斌、周守朴任副指挥,调集民工参加化肥厂建设工程。轰轰烈烈的寿县化肥厂建设大幕在梁家郢子拉开了！当时施工条件差，许多工序只能土法上马，靠人力手工完成。由于缺乏卡车等大型运输工具，指挥部安排人员养马，用马车拉运化工设备、建筑材料。寿县化肥厂设计年产合成氨800吨，经过近两年的艰苦奋斗，准备在1961年秋试车投产。但因资金不足、设备尚未配套齐全，为贯彻落实当时"调整、巩固、充实、提高"八字方针，寿县化肥厂未试车"上马"就"下马"了！组织决定杨松山、孙自华等5人留守护厂，其余人员有的回农村，有的回原单位。寿县人民的"化肥梦"何时能圆呢？

　　1964年，赶上了"大办农业"的好机遇。各地掀起了落实毛泽东主席总结倡导的农业"八字宪法"（土、肥、水、种、密、保、管、工）的热潮，寿县也是如此。"庄稼一枝花，全靠肥当家。"当时粮食产量很低，要提高粮食产量，就要建设化肥厂，增加化肥产量，满足农业需要。经省委副书记李任之批示，同意寿县化肥厂复工扩建。1964年10月，县成立化肥厂复工筹建委员会，副县长王毅任主任委员。筹委会办公室设在县工业科。1965年3月，在省、地社会主义教育工作团的重视和支持下，由省重工业厅投资170万元，县财政投资140万元，进行复工扩建，设计能力由原年产氨800吨扩大到2000吨。化肥厂10月1日点火，试车成功，11月27日出氨。1966年产合成氨近2000吨。从1958年算起，已历时8个年头！但由于特殊时期的影响，1966至1980年，寿县化肥厂几乎年年亏损，靠县财政补贴过日子，所产化肥远远不能满足农业生产的需要，以致出现了乡镇（公社）武装押运化肥的紧张状况。后来实行"化肥专营"，即化肥由供销部门专营，引起各方关注。皖西报社记者专程到寿县调查，走访了县化肥厂、县供销社、保义镇供销社、石集镇（今安丰镇）松棵村，召开座谈会，听取方方面面的意见和声音。1989年3月28日《皖西报》发表了题为《化肥专营面面观》的调查报告，阐述了专营部门的权力、生产单位的压力、组织货源的阻力和农民群众的苦衷。时任县化肥厂党委副书记、工会主席的李德宽在座谈会上长长地叹了一口气，说："我们厂再下劲，一年只能生产碳氨5万吨，解决全县用肥的三分之一，还有10万吨仍需到外地组织。我们听话按限价出售，购人家的化肥就不听你的了。"农民群众仍然很难买到价格合理、质量优良、令人满意的化肥。

　　为了实现寿县人民的"化肥梦"，缓解化肥供应紧张状况，化肥厂历任领导班子成员周宗英、韩同群、谷兆恒、刘天良、韩敬春、夏士勤、殷凯生、李德宽、杨华堂、王保甫、杨松山、王湘纹（女）、毛新福等，殚精竭虑，不断进行技术改造，加强企业管理，争取项目资金，扩大生产规模。到1987年，寿县化肥厂主要生产设备已有快装锅炉4台、煤气发生炉3台、变换炉1台、联合压缩机6台、合成塔3座、铜塔1座、铜泵3台、碳化主塔4座,固定资产原值达673.3万元,净值502.3万元,碳化合成、造气等部分工段已达到万吨能力,比复工时期生产能力扩大4倍多,当地化肥供应紧张状况有所缓解。

寿县化肥厂

待运的化肥

化肥厂的科技队伍也得到了发展壮大,文化技术培训工作得到明显加强。1983至1985年,该厂有计划地安排脱产技术、文化学习班5期,选送9名职工去六安、合肥、安庆等地的大专院校培训。有52人参加省里举办的微电脑学习班,基本都能掌握微机的性能与使用,将微电脑用于化肥生产。通过微机测试氨气、氮气,合格率由原来的54%提高到98%,原料煤下降6%,焦耗下降30%。1984年,化肥厂成立了职工教育科,配备了专职干部和教师,投资8.7万元,建成一栋三层700平方米教学楼。楼内设职工教育科办公室、职工子弟学校、图书室、阅览室、游艺室,装备了彩电、录音机和有关教科书,参加学习的有300多人次。1985年,省石化厅授予寿县化肥厂"职工教育先进单位"光荣称号。

到1987年,寿县化肥厂企业占地面积比建厂初期扩大2.47倍,职工住房8345平方米,福利、文教、卫生等都得到了改善,设施基本配套,初具规模。1989年,化肥厂完成合成氨系统的改造,生产能力由年产合成氨300吨提高到1万吨。

农民满意的寿县化肥

1990年,寿县化肥厂步入大发展时期,厂长王仁礼、厂党委书记毛新福带领全厂职工,以生产"农民满意的寿县化肥"为目标,在改革开放的大道上奋勇前进,三年连跨三大步:1990年年产合成氨1.5万吨,1991年2.5万吨,1992年4万吨。《皖西报》刊登了寿县化肥厂办公室主任任孟成写的报道:《三年三大步——前进中的寿县化肥厂》。1996年,《皖西日报》《安徽工人报》先后以整版篇幅介绍了寿县化肥厂取得的光辉业绩。到1997年,寿县化肥厂先后投入4400万元,对合成氨系统进行大规模的技术改造,主要项目有:更换造气炉、新型高压风机,新上新型压缩机,升级半径800毫米合成氨系列,采用新型合成解煤、两水闭路循环等新设备、新工艺,扩大生产能力,合成氨年生产能力达至5.5万吨。全厂职工主动积极、想方设法做好节能、降耗、环保工作,化肥产品质量确保一级品率100%。同时增加品种,甲醇、精醇、阻燃剂、复合肥等产品先后投放市场。1993年寿县化肥厂被批准为"国家三级质量企业",1996年晋升为"国家二级质量企业",1997年被批准为中型二档企业。

寿县化肥厂怎样从无到有并晋升为国家二级质量企业、中型二档企业?为此,我们先后访问了毛新福、王仁礼和张家奎、杨松山、许建强、任孟成、陈学甫、张士爱、王应好等同志。

毛新福1964年进厂,开始当合同工,1987年任副厂长、厂党委副书记,目睹了寿县化肥厂试车投产的情景。1989年,化肥厂厂长王保甫患癌症去上海住院治疗,毛新福代理厂长,主持全面工作。为解决化肥供应紧张问题,他日夜操劳,非常辛苦,坚持吃、住在厂。不料这期间他的原配夫人因心脏病去世,丢下两个正在上学、尚未成年的孩子要人照顾。但这并未压垮他一心扑在化肥事业上的坚强决心,他一面坚持吃住在厂,主持日常工作,一面抽空回家照顾孩子,既当爸又当妈,默默地为化肥事业做奉献。

王仁礼1980年从化校毕业后曾在寿县化肥厂当实习技术员,后曾担任寿县麻纺厂厂长、寿县水泥厂设备科科长,1990年12月6日调入寿县化肥厂任厂长。此时化肥厂正面临重重困难:寿县化肥滞销,质量上不去,颜色发黑,还滴水,难与周边淮南东风、六安淠化和凤台化肥厂竞争;厂里资金紧张,无钱发工资,职工情绪低落,人心很乱。怎么办?年轻气盛的王仁礼厂长,心无杂念,一心扑在工作上,整天在厂里转,思考着怎样使寿县化肥厂走出困境。这时化肥仍然实行专营。县长乔传秀、副县长金启健找王仁礼谈话,指出:首先要把化肥市场搞活,让寿县化肥在寿县站稳脚跟。王仁礼豁然开朗,一面加大技改力度,提高化肥质量,让农民满意;一面主动与供销专营部门沟通,积极做好寿县化肥销售工作,很快扭转了被动局面。

1991年夏,寿县涨大水,洪水围城,化肥厂洪水涨到车间窗台下。中国工商银行行长张霄在省工商银行副行长方瑜、寿县县长乔传秀陪同下,乘汽艇察看灾情。乔县长特意约请王仁礼厂长上艇汇报化肥厂面临的重重困难。听完汇报后,张霄行长当即表态:"支持寿县化肥厂一个项目——合成氨联合甲醇,给贴息贷款800万元,寿县配套资金300万元,合计1100万元。项目由省工商行督办。"方瑜副行长当即表示坚决照办,并通知寿县工商银行行长张友明落实到位。王仁礼喜出望外,后来他高兴地回忆说:"中国工商银行这笔贴息贷款挽救了寿县化肥厂,让我们抓住了1992到1995年的中国高速发展机遇,只花几十万元就建成了安徽全省第一家小化肥联产甲醇项目!"1992年方瑜副行长还到寿县化肥厂视察,了解合成氨联合甲醇项目进展情况。甲醇作为基础化工原料,有市场、销路好,价格不断飙升,到1992年年底,寿县化肥厂仅此一项就赚了1000多万元!1993年初,时任县委书记的程世龙代表县委、县政府到寿县化肥厂祝贺,并赠送匾牌一块,上书"班子团结,企业振兴"八个大字,作为激励和鞭策。

企业有钱了,怎么花?王仁礼、毛新福和班子成员一致认为,不能乱花,好钢用在刀刃上,在力保主业的前提下,大力发展第三产业,先后办起了石油化工厂、汽车运输公司、庆寿加油站、劳动服务公司等附属企业,还成立了有200多人的家属大队,负责化肥包装、煤炭加工,较好地解决了职工两地分居问题,增加了职工家庭收入,振奋了职工的奋斗精神。

"火车跑得快,全靠车头带。"在王仁礼、毛新福的带动下,全厂职工人人精神振奋,个个干劲十足,化肥生产年年超额完成任务,扭转了亏损局面,告别了靠财政补贴过日子的窘况。1991年涨大水期间,洪水虽然淹到了化肥厂车间窗户台下,但职工们坚持从县城东门云梯临时轮渡码头坐船上班,确保不停工、不停产,精神感人至深。1993到1997年,寿县化肥厂连续五年完成与省化肥公司签订的承包合同,企业职工工资连续浮动升级三次,后转为固定升级。回首往事,王仁礼、毛新福异口同声地说:"办好企业,一靠政府部门资金投入;二靠科学技术革新改造;三靠严格企业管理制度;四靠班子职工团结奋斗。"

1995年底,毛新福调任县总工会主席。1996年1月,王仁礼当选中共寿县第九届县委常委。1997年8月,王仁礼调往六安任地区经贸委副主任兼朝阳制药厂厂长。他们虽然先后都离开了寿县化肥厂,但他们艰苦创业、身先士卒的精神依然在影响着寿县化肥厂的职工。1997年10月,王仁礼被国家化工部授予劳动模范光荣称号,毛新福也受到国家化工部的表彰和奖励。

1997年底的一天,时任县委书记王文友、县长汪锡文找县总工会主席毛新福谈话:"想请你回县化肥厂,再次担任厂党委书记。"

毛新福听了一愣道:"好马不吃回头草。"

王文有说:"现在人才缺乏。你长期在化肥厂工作,经验丰富,威望很高,又能吃苦耐劳,一定能马到成功。"

汪锡文紧接着说:"你这匹好马就吃一次回头草吧。"

"好,听领导的。"毛新福坚定地表示。

第二天,毛新福再次来到县化肥厂,挑起了厂党委书记的重担。在见面会上他表示,一定和全厂职工一起为多产"农民满意的寿县化肥"而拼搏奋斗,受到大家的热烈欢迎和高度评价。

几个月后,组织上通知,毛新福同志任县总工会主席兼县化肥厂党委书记。

毛新福的故事迅速传遍化肥厂,传遍寿县城乡。

1999年春,毛新福同志不幸患脑梗塞生病住院,导致半身偏瘫,只能回家疗养医治。2019年5月28日笔者采访时见到毛新福,已77岁高龄的他,人虽消瘦,行走困难,但依然精神矍铄,谈笑风生,是一位积极乐观的老人。

1999年5月,张家奎同志接任寿县化肥厂董事长兼总经理。他从省化校毕业,1984年进厂,长期在车间工作,1992年7月任化肥厂副厂长。他决心以王仁礼、毛新福等化肥厂前辈为榜样,艰苦奋斗,开拓进取,为多产"农民满意的寿县化肥"贡献力量。

一波三折的租赁拍卖

难以预料的情况发生了:2000年10月26日,寿县化肥厂停产!

原因是:原材料涨价,资金紧缺,供应不上,厂里无流动资金,买不起原材料;已停发工资三个月,职工情绪低落;加之环保力度大,国企负担重,化肥厂只能停产检修。

在寿县化肥厂基础上成立的寿县英明化工有限公司

安徽省化肥联合开发公司与寿县人民政府研究决定:寿县化肥厂租赁改制。

2002年3月,寿县化肥厂企业由闽星化工有限公司实行租赁经营。一年以后,闽星化工公司终止租赁,企业又租赁给英明化工有限公司经营。

2004年底,寿县化肥厂与全厂职工全部解除劳动关系;2005年元月,寿县化肥厂挂牌拍卖,最后原租赁者徐英(女)以1389万元竞买成功,使用原化肥厂职工240人,成立新的私营企业英明化工有限公司。2005年,英明化工有限公司投入2100万元实行技术改造,年生产精甲醇1万吨,春耕、秋种季节以生产化肥为主,冬季以生产甲醇为主,并于当年实现利税60万元。2005年底,因购煤纠纷,导致资金链断裂,英明化工公司也停产了。

受命于危难之际的寿县化肥厂董事长兼总经理张家奎同志和他的同事,以高度负责的精神,不辞辛劳,为寿县化肥厂办理了租赁、拍卖和依法破产手续,为全厂在职职工722人、退休职工196人、离休干部4人,办理了买断工龄、养老保险等相关手续,让他们能够过上平安幸福的生活。2005年底,寿县化肥厂的破产工作基本结束。

寿县化肥厂虽然不存在了,但以王仁礼、毛新福为代表的寿县化肥厂的艰苦创业精神和"化肥梦",令人难以忘怀!

回荡在凤凰山的创业之歌
——寿县水泥厂诞生、变迁记

姚善荣

2019年清明刚过,我又一次登上位于寿县城北八公山脉的凤凰山。山头早已不复存在,昔日开山取石的机器轰鸣、人声鼎沸的场面也已成过去,映入眼帘的是一片苍松翠柏,郁郁葱葱,绿水青山,生机勃勃。此时,我不禁想起唐代大诗人李白的诗句:"凤凰台上凤凰游,凤去台空江自流。"不过要改几个字,应为"凤凰山上凤凰游,凤去山青绿水流"。当年寿县水泥厂的职工奋战在凤凰山上,谱写创业之歌的情景仿佛又闪现在眼前。

土法上马,砥砺奋进

生产水泥的主要原料是石灰岩。到1958年初,寿县乃至整个六安地区尚无一家水泥厂。寿县的凤凰山丘陵,石灰岩分布广泛,储量大,石灰岩矿床东西长400多米,宽200多米,蕴藏量300多万立方米。按初期设计,水泥年产量3.2万吨,可开采百余年。这里靠近淮南煤矿、电厂,毗邻淮河、淝水,煤电充足,交通方便,条件优越,得天独厚,适合兴建水泥厂。1958年初,在党的"大办工业"的号召下,经实地勘察论证,报经省、地批准,决定以凤凰山石灰岩为原料,兴办六安地区第一家水泥厂——寿县水泥厂,并列为国家规划的100家水泥厂之一。

1958年4月正式成立寿县水泥厂筹备委员会,县长张其政任筹备委员会主任,从县计委、人民银行等单位抽调9人任委员,筹委会下设办公室,由县农业局局长任万江负责。当时,省投资300万元,并从全县动员民工1万多人参加建厂工程,轰轰烈烈的寿县水泥厂建设大幕拉开了。

为早出、多出水泥,筹委会抽调来守俭、岳志仁、赵新荣、高志辉、卢香余等人分别去济南等地的水泥厂学习生产硅酸盐水泥专业技术。这批人员回来后,又培训三期专业技术人员。他们大都成为寿县水泥厂建设事业的骨干力量。

建厂初期,设备简陋,土法上马,仅有8匹马力锅驼机2台、球磨机2台、土法小立窑2座、鼓风机1台。由于订购的机械不配套,设计电力线不够标准,一些工序只得采取肩挑人抬,铁锹、锨、扁担、筐、笆斗、筛子等成了重要的生产工具。没有生料破碎机,就采取烧石灰发酵破碎;黄土,用人工碾碎。没有水泵,就用人工挑水。工人们累得腰酸背疼,但很难听到他们叫苦叫累。经过6个月奋战,1958年10月终于烧出第一窑水泥。这可是六安地区生产的第一窑水泥啊!

1959年,水泥厂党支部发动全厂职工搞技术革新,先后制成封闭式手摇圆筒筛和木制底盘,提高工效30%;接着又制成木质拌料器,控制原料飞损,减少污染,搅拌均匀,提高了质量,减轻了劳动强度;继而又在立窑鼓风机管道上安装了木制进风闸控制风力,达到了石料、通风、煅烧三平衡。他们还自制电焊机,仿制钢球冲击仪,用回收的水泥掺入40%生料回烧,以节省费用,增加产量。当年寿县水泥厂生产水泥1235吨,以后产量逐年有所增长。但由于经济困难,为落实"调整、巩固、充实、提高"的方针,1962年5月寿县水泥厂宣布停产!来自山东的寿县水泥厂厂长石云登和十几名职工一起留厂守望。来守俭和100多名工友含泪忍痛,告别了为之奋斗拼搏的寿县水泥厂。

复苏的机会终于来了。1964年,在"大办农业"、兴建淠史杭灌溉工程需要大量水泥的情况下,寿县水泥厂又重新上马,更名为"六安地区淠史杭工程指挥部水泥厂"。人员由地区调配。从4月份开始,经过5个月修整,于1964年9月正式投产。当时有职工170多人,主要生产设备有小土窑2座、球磨机2台、成球盘2台、磨头提升机1台、560千伏安变压器一台。至1964年底生产400标号硅酸盐水泥1557吨。水泥厂边扩建,边提高产量,1965年生产水泥9146吨,1966年达到15189吨。

"文化大革命"开始后,水泥厂生产断断续续,1967、1968年两年产量相加只有1400吨。

1968年,毕业于浙江大学硅盐系的王圣光分到寿县水泥厂工作。他利用学到的知识,进行了一系列技术改革,试制了简易架空索道机,解决了建厂以来土法取料费工费时、成本高、效率低的问题。1969年水泥厂生产逐渐恢复,年产量达9577吨。1970年,水泥厂又更名为"安徽省六安专区工农水泥厂",职工增加到381人。

1979年,伴随着党的十一届三中全会改革开放的浩荡东风,"安徽省六安专区工农水泥厂"正式改名为"安徽省寿县水泥厂",从此插上了腾飞的翅膀。为扩大生产,县财政投资123万元,接着省拨款30万元,县拨款5万元,使水泥厂生产设备得到不断更新完善。至1979年,寿县水泥厂建成由副厂长王圣光设计的2.2米×8米钢板立窑一座,生产用伞式水塔一座,拥有生产用机房1554平方米,

寿县水泥厂

水泥厂立窑车间

仓库1652平方米,生熟料堆棚871平方米,化验室336平方米;同时兴建了石灰窑厂、水泥预制件厂等附属厂,成了生产完善、设备配套、年产水泥8.85万吨的现代化中型企业。

随着改革开放政策的落实,寿县水泥厂跨入了省先进企业行列,1984年被首批列为六安地区推行厂长负责制企业之一。为适应现代化生产需要,1985年,省、县投资1150万元进行技改扩建工程。工程从1986年1月开工,至次年底主体工程竣工。扩建后,生产用厂房建筑面积达4.05万平方米,有2.84米×10米机立窑2座,2.2米×6.5米原料磨2台,1.82米×6.12米、1.83米×6.4米水泥磨各2台,6200伏变电所1座及设备齐全的化验室。

在生产提高的同时,厂领导重视文化、福利、服务等设施的配套,先后建成电影院、图书室、职工医院、托儿所、幼儿园、花圃、菜市场、男女浴池、供销商店、职工宿舍、家属住宅区、办公楼、招待所及供水系统。

1987年,寿县水泥厂有职工1070人,年产水泥9万吨,实现利税63万元。

凤鸣朝阳　十年辉煌

1987年后,寿县水泥厂如凤鸣朝阳。凤凰山展开翅膀,源源不断地奉献着它的丰厚的石灰岩矿,让水泥产量与日俱增,节节攀升,1998年年产量达40万吨,是最初设计年产量3.2万吨的12.5倍,是1959年年产量1235吨的170.2倍。企业年产水泥粉磨能力达到68万吨。在寿县水泥厂诞生、发展、振兴过程中,历任厂长、书记石云登、田信恭、洪绍云、张家明、顾广新、王圣光、方多平、李金举等同志都做出了可贵的贡献。1989年,来守俭接任厂长、书记,和全厂职工一起赢来了寿县水泥厂的十年辉煌时期。

这十年,是"寿春"牌水泥的孵化飙升期。1998年1月,寿春水泥公司生产的325#、425#水泥荣获"安徽名牌"产品称号,产品连续21年保持出厂水泥合格率一等品率,富余标号合格率3个100%,先后获ISO9002质量体系认证,全国统检合格证、省质量最佳企业、省质量免检产品证书,"寿春"牌水泥商标1999年被评为"安徽省著名商标"。1998年,水泥产量达40万吨,产品主要销往六安、霍邱、淮南、合肥,远销河南、上海等地。阜阳机场建设指定专用"寿春"牌水泥。

这十年,是寿县水泥厂的改革转型期。1995年8月8日,安徽全省首家水泥集团——安徽寿春水泥集团股份有限公司正式挂牌成立。公司系国家大二型企业,下属水泥厂、劳动服务公司、水泥运输有限责任公司、矿山资源开发公司、残疾人福利有限公司、第一液化气公司。公司拥有机械化立窑生产线3条、五级旋风预热器生产线1条。公司主导产品为"寿春"牌P.S 32.5级、P.C 32.5级、P.O 32.5级、P.O 42.5级水泥,年水泥生产能力40万吨,年水泥粉磨能力68万吨。

企业先后获得省重合同守信用企业、质量最佳企业、环境保护先进企业、市场营销先进企业、百家创最佳经济效益企业、省先进集体等荣誉称号。

这十年,也是来守俭的人生辉煌时期。这位从工人成长起来的领导干部,寿县人,1940年8月生,小时家贫,只读过五年私塾、三年小学,相当于高小文化程度,16岁参加工作,18岁进寿县水泥厂,一直干到退休,把自己的青春年华都献给了水泥事业。1984年4月,来守俭任寿县水泥厂党委副书记,1989年11月任寿县水泥厂厂长、党委书记,1997年4月任安徽寿春水泥集团股份有限公司董事长、总经理、党委书记。这期间,1996年来守俭被补选为寿县人大第十二届常委会副主任。来守俭数十年如一日,心系企业,忘我工作,受到国家、省、市、县多次表彰奖励:1982年荣获省总工会"优秀工会积极分子"称号,1983年荣获中华全国总工会"优秀工会积极分子"称号,1984年荣获安徽省劳动模范称号,1995年被国务院授予"全国劳动模范"称号,同年4月29日晋京参加表彰大会,受到党和国家领导人亲切接见,并合影留念。

寿县水泥厂的"十年辉煌"是怎样创造的?

为此,笔者特意走访了来守俭、袁同胜、隗智利、龚寿春、把建军等同志,并查阅了有关档案资料。来守俭开门见山,直奔主题:"寿县水泥厂的十年辉煌是干出来的,是全厂职工努力奋斗得来的。质量是企业的生命,改革是企业的动力,科技是企业的翅膀,管理是企业的保障。"大家你一言,我一语,直抒胸臆,谈兴甚浓。来守俭更是滔滔不绝,谈了几乎一上午,中饭时又接着谈。概括起来,主要有以下几个方面:

学习先进经验。20世纪八九十年代,寿县水泥厂开展了"学滁县,赶凤台,打基础,上台阶"活动。来守俭多次带领厂中层干部,不仅到滁县、凤台,还到江浙一带的先进水泥企业,白天学习参观,晚上座谈讨论,找出自己的不足,严把水泥质量关。许多同志说"学一次,上一个台阶,'螺丝'拧得更紧了"。

坚持从严治厂。为了提高工作效率,确保产品质量,来守俭和厂党委班子成员研究制定了《八小时工作分解法》,根据不同车间、不同工种,把工作任务按半小时或十分钟进行分解,并打印成文件,分发给职工。厂里抽人巡查,填表,下班时收回。寿县水泥厂的《八小时工作分解法》得到了省经贸委和省建材局的认可、赞扬,在全省建材系统进行推介。为了充分发挥党员的先锋模范作用,厂党委还推行了"党员挂牌上岗"制度。来守俭感慨地说:"一个厂的成败,关键是用人。一定要从严治厂,以德治厂,实行人性化管理。"来厂长讲了一个故事:一度水泥厂的钢板、钢球、机油等器材经常被偷,偷盗成风。厂保卫科竟然一个盗贼未抓到,浑然不知,睁一只眼,闭一只眼,当老好人。一次,一个盗窃者开着"小四轮"到厂里拉了二三十袋无烟煤,被早早来到厂里上班的来厂长抓住,人赃俱获。厂保卫科长赶紧递上辞职报告,被来厂长撕掉了,说道:"你回去休息吧!"一周后,这位厂保卫科长主动要求复职、扣发工资。来厂长生气地说:"像你这样不负责的人,不能用。回去吧。"半个月后,这位保卫科长又来要求复职。来厂长依然坚持不能复职,命他回去。一个月后,这位曾经的厂保卫科长再次来要求复职。来厂长果断地说:"厂保卫科长,你不能干了。经研究决定,你下车间当工人。"这位原保卫科长表示口服心服。此后厂里重新招聘了责任心强、敢于担当的经济民警,刹住了猖獗一时的偷盗风。

《八小时工作分解法》和"党员挂牌上岗"制度的推行、落实,使寿县水泥厂出现了层层把关、人人负责的可喜局面,消灭了跑冒滴漏、到处狼烟直冒的现象,保证了水泥产品在优质状态下运行。

关注企业文化。寿县水泥厂是省精神文明建设先进单位。为了宣传、推广"寿春"牌水泥,厂里动用了一切可以动用的宣传手段,大力加强企业文化建设,成立了军乐队、锣鼓队、腰鼓队、文艺演出队,自编自演歌曲、相声、曲艺等文艺节目,逢年过节下乡给农民拜年演出。1991年夏涨大水时,许多灾民来到寿县水泥厂。厂里组织志愿服务队,给灾民腾出房子住,送去可口饭菜。对孤寡老人更是另眼看待,给他们免费看病,从食堂打鸡蛋汤给他们吃,亲如家人。还给灾民们演出小型文艺节目,增强灾民们战胜困难的信心和勇气,展示了寿县水泥厂职工的良好精神风貌。为了加强对职工特别是青年职工的思想道德教育,厂党委决定在厂区内立碑三块,由来守俭书丹,内容为"空谈误国,实干兴邦""人心齐、泰山移""要孝敬父母,连父母都不孝敬的人还肯为别人服务吗? 不孝敬父母,天理难容"。当时的省委书记卢荣景、省委副书记汪洋、张平和六安市、寿县领导洪文虎、乔传秀、王秀智等先后到寿县水泥厂视察,称赞寿县水泥厂是"江淮一枝花"。

处处以身作则。寿县水泥厂的大门镶嵌着"开拓奋斗,团结拼搏,让寿春牌水泥走遍江淮大地"的匾牌。这是寿县水泥厂的企业精神,也是全厂职工的理想追求。为了实现这一目标,来守俭和班子成员率先垂范,以身作则,见利就让,见难就上,"先天下之忧而忧,后天下之乐而乐",深受全厂职工的拥护和爱戴,呈现出风清气正、凝心聚力的良好局面。寿县水泥厂的领导和中层干部,一年到头几乎没有节假日,一心扑在生产和工作上。来守俭厂长十年如一日,坚持每天早上五点钟到厂,先去车间和关键部位巡查一遍,八点钟召开调度会,夜晚十点钟以后才下班回家。上班时母亲、爱人、孩子尚在睡梦中,下班时她(他)们又已进入梦乡,来守俭很少能同她(他)们说几句话,以至老母亲去世、小女儿出嫁,来守俭因公出差在外地,都未能到场,留下了深深的内疚。因生活不规律,经常饥一顿饱一顿,来守俭还落下了心血管和腿疼毛病,解手蹲不下来。1991年大水后,寿县水泥厂恢复生产,困难重重。在动员大会上,作为厂长、党委书记的来守俭只说了三句话:"开足马力生产;共产党员跟我学,风雨同舟,生死与共;寿县人民养育了我们,我们要坚定信心,对得起寿县人民。"话虽不多,但句句掷地有声,句句说到职工们的心坎上。1988年从部队营教导员转业至寿县水泥厂的袁同胜,当时担任厂工会办公室主任,主动要求下制成车间担任党支部书记。制成车间有一条长达40米、深达10米的地道沟,下雨渍水,阻塞不通,影响生产。袁同胜下到沟中,带水作业,连续奋战了三天四夜未下岗,终于排除故障,开通了地道。他爱人不知情况,急得带着孩子找到厂里。来守俭亲自买了油条、辣胡汤、合肥烟送到制成车间地道沟旁,心疼地说:"同胜,太危险了!你老婆、孩子都来了。"满身泥水的袁同胜笑着说:"虽然冒险,但有价值。"来守俭感动地说:"你把部队'一不怕苦、二不怕死'的好精神、好作风带到了水泥厂!"负责水泥销售工作的隗智利同志也是这样一位实干家。他从一名普通工人,靠自己的实干精神,日夜工作,常年奔波,任劳任怨,一步一个脚印地成长为厂销售科长、公司副总经理。他勤勤恳恳工作,积极开拓产品销售市场,使"寿春"牌水泥产品畅销省内外。他同职工群众打成一片,关心职工疾苦,倾听职工呼声,为职工群众排忧解难,并以身作则,把自己置于职工群众监督之下。1995年,他荣获"安徽省建材行业劳动模范"称号,1996年荣获"全国建材行业劳动模范"称号。很多职工发自内心地说:"跟着来守俭这样的领导干,舒心、提气!"

不忘初心　青史流芳

凤凰山石灰岩矿藏虽然储量丰富,但有限度,由于水泥产量逐年剧增,到20世纪末已开采殆尽。寿县水泥厂面临着严重的原料危机,一度转移至后山的庙山洼开采石灰岩。但当时那里属淮南市,而寿县属六安市,不是长久之计。当时寿县水泥厂还曾到巢湖东关、宁国海螺购买半成品生产水泥,真是困难重重。

2000年6月,来守俭卸任。此后两年,寿县水泥厂进入"调整期"。

2003年春,县里根据寿春水泥股份有限公司实际情况,决定实施租赁经营。县委成立了督查工作组,县委副书记李承鲁,县委常委、组织部长高宗林等亲自上阵指挥。当时公司有在职职工1447人,离休干部2人、退休工人281人,各类专业技术人员137人,计1700多人。谁来接任公司董事长、总经理、党委书记呢?租赁给谁经营呢？

经过慎重研究考虑，组织上想让袁同胜同志担此重任。县委副书记李承鲁，县委常委、组织部长高宗林把袁同胜请到办公室说："县委研究请你任公司副董事长、副总经理、党委副书记，主持全面工作。"

袁同胜急忙答道："我干不了。我只要当工会主席。"

"你是共产党员吗？"高宗林问。

"是。"袁同胜心里直打鼓。

"是国家干部吗？"

"不是。现在是军转干部。"

"是否服从组织分配？"

"服从。"

"你有什么要求？"

"共产党员自有骨气，不向组织伸手。我也无条件不向组织伸手。"

高宗林严肃地说："只要不违法乱纪，收你为公务员。你不能松套啊！"

"我还是热爱工会工作。1700多名职工要安置，万把人要吃饭，行伍出身的我怎能干得了……"袁同胜喃喃道。

李承鲁随即丢了一包"皖烟"给袁同胜："请你好好想想。"

袁同胜接连抽了两支烟。

这时，县委副书记李承鲁又问了一句："你是共产党员吗？"

"是。"袁同胜答道。

"是，就要挑重担。就这样定了，有什么困难，打电话找我，不要再犹豫了。"

"是。"袁同胜像战士一样坚定地答道。

也是行伍出身的县委副书记李承鲁拍着袁同胜的肩膀说："这才是我的小战友。"

思绪万千的袁同胜回到家中，不敢对家属说起此事，熬了一个不眠之夜。他想起并肩奋斗的车间工友们，想起创造水泥厂十年辉煌的来守俭团队，想起如何按照县委的要求，实现平稳过渡，为寿县水泥厂画上一个完满的句号……

第二天上午，袁同胜把当年一起奋斗的来守俭团队的班子成员隗智利、龚寿春、把建军、史太年、鲁祝胜、郝泽巨等找到一起，共商留守对策，实现平稳过渡。袁同胜动情地说："现在千头万绪，压力很大。企业'断奶'了，落差太大，工人们哭的、喊的、闹的，都有。一个企业要搞好，必须有一帮人把大家凝聚在一起，一个职工也不能丢。所以，我们一定要继续发扬来守俭老厂长创造十年辉煌的团队精神，打好留守、租赁这一硬仗,为寿县水泥厂画上一个光荣而完满的句号。"到会同志纷纷发言,谈看法,想点子,提建议,一致赞成袁同胜的观点和意见。

2003年夏,企业租赁改制,安置人员和租赁工作同时开展。当时,浙江、福建曾有人来租赁,年上交租赁费浙江给660万元,福建给680万元。由于缺乏经验,没有职工代表参加,险些上当。袁同胜暗访发现,前来租赁的,均不具备租赁资格,竟是搞古玩字画的散兵游勇。经过合规、合法、合理的程序,2003年8月,寿春水泥股份有限公司租赁给了湘西自治州成美建材有限公司经营,租赁合同规定了双方的权利和义务,湘西自治州成美建材有限公司每年上交租赁费880万元,各种规费150万元,租赁期限为8年(2003年8月28日至2011年8月27日)。

县政府为积极推进租赁企业快步驶入生产经营正常轨道和租赁经营后原企业的诸多后续工作,在国有资产所有权不变,职工劳动关系不变,企业领导班子不变的原则情况下,一方面,指派原企业领导班子成员隗智利、郝泽巨、史太年、鲁祝胜四位同志进驻租赁企业,协调其生产销售及职工队伍稳定工作。另一方面,安排袁同胜、隗智利、龚寿春、把建军四位同志成立原企业留守工作领导组,配合县工作组做好原企业国有资产、债权债务清偿、维护下岗职工队伍稳定等工作。

租赁企业在县工作组正确领导和原企业支持扶持下,很快步入正轨。而原企业留守工作更是顶着压力、克服重重困难,确保了大局的稳定。他们一是以租赁合同为纲,与成美公司合作共事,一方面把县委、县政府亲商、和商的招商引资政策坚定不移地贯彻落实到与租赁经营企业的各项工作之中;另一方面切实维护广大职工的合法权益,切实保障职工队伍的稳定以及保护国有资产的不流失。二是千方百计地清收应收账款:2003年8月改制时寿春水泥公司应收账款为1279万元,留守组的同志及时分析研究,制定对策,采取折让、提成、法律诉讼等不同手段加大清欠力度,累计清收应收账款697万元。三是加强国有资产的监管力度。租赁经营后,公司留守组先后对租赁生产设备进行了5次普查登记,对租赁企业部分拆卸、移位安装设备等情况致函通告,对其技术改造项目及时向县企业改制工作领导组报告。四是切实保障职工生活区水电供应、环境卫生清理、治安保卫等工作,财务劳资组及办公室在做好日常工作的同时,积极协助县审计组做好公司财务审计工作,加强对下岗职工管理工作,为全体职工办理了医疗保险手续,为120多名达到退休条件的职工办理了退休手续,为1000多名下岗职工办理了"再就业优惠证"。

2004年7月,组织上正式任命袁同胜同志为寿县水泥股份有限公司董事长、总经理、党委书记。此时的袁同胜和他的同事感觉到肩上的担子更重了。但是他们没有辜负组织和广大职工的重托,做了大量艰苦、细致、深入的工作,实现了平稳过渡，没有发生一起恶性事件，为有着50年光辉历史的寿县水泥厂画上光荣而完满的句号。

时至2005年，县领导决策，对原寿县水泥公司进行政策性破产改制。通过积极向上争取，2006年8月17日，全国企业兼并破产和职工再就业工作领导小组，以〔2006〕16号文件下达了《关于下达安徽省江北机械厂等286户企业破产项目的通知》，同意将寿县水泥公司列入国家2006—2008年度政策性破产计划。2007年6月12日，寿县人民法院正式受理寿春水泥公司政策性破产还债申请。2008年4月25日，寿县人民法院正式宣告寿春水泥公司破产还债。2008年11月19日，经过充分酝酿和精心准备，公司职工代表大会召开，大会应到代表115人，实到代表108人，符合法定人数。大会经过无记名投票表决，顺利通过了《安徽寿春水泥股份有限公司破产实施方案》及《安徽寿春水泥股份有限公司职工安置方案》。2008年12月8日，安徽省企业兼并破产和职工再就业工作领导小组办公室以〔2008〕9号文下达了《关于同意安徽寿春水泥股份有限公司进入破产程序的通知》。2008年12月16日开始，县委办、政府办、县纪委、县公安局、检察院、法院、县总工会、破产管理人、审计局、县劳动局、房产局、土地局、民政局、工商局、八公山乡政府、寿春水泥公司留守组等单位组织，积极配合县改制工作组，在预先通过媒体发布通知的基础上，集中办理了职工身份确认、职工劳动关系解除、职工经济补偿金发放、职工养老保险手册发放、职工房产登记、职工失业登记等项工作。接着为下岗职工办理了养老保险关系、医疗保险关系、失业救助金发放等接续工作。

2010年1月7日，破产管理人与成美水泥公司签订了终止租赁经营协议。2010年6月28日，成美水泥公司粉磨站在寿县窑口镇尹家小店建成投产，所生产的水泥仍沿用安徽名牌"寿春"品牌，并依然受到广大消费者的青睐。如今，成美公司正延续着寿春水泥厂的光荣和骄傲。

以来守俭为代表的寿县水泥厂所展示的创业精神，谱写的奋斗之歌，青史流芳，依然回荡在凤凰山麓，回荡在寿春大地……

寿县纺织厂的曲折经历

沈世鑫

原寿县纺织厂坐落在寿城南门外二里桥,其前身是寿县柴油机厂,又称农机一厂,1981年县委决定将柴油机厂撤销,改建纺织厂。原来寿县的农机一厂生产的手扶拖拉机和柴油机,按理说应受社会欢迎,销路一定会很好,为什么要砍掉呢?中华人民共和国成立后,农村实行合作化、人民公社化,小块土地合并成大块土地,适宜于农业机械化生产。1958年"大跃进"时期提出的口号是:先集体化,后机械化。因此寿县在1958年时期,建立了农机厂,后来发展到两个厂:农机一厂、农机二厂。农机一厂以生产柴油机为主,所以改名为寿县柴油机厂。当时寿县是著名的农业大县,生产195柴油机,是中国第一机械工业部要求寿县农机厂进行的重点项目。

那么,为什么后来要将柴油机厂砍掉,改建为寿县纺织厂呢?

当时我国的工农业生产和厂矿建设,是由党中央根据国内外政治经济形势和社会主义制度原则,制定的计划经济。寿县的水泥厂、化肥厂、农机厂、柴油机厂及后来的寿县纺织厂,都是计划经济时期建立的国营企业。砍掉柴油机厂,改建纺织厂,也是20世纪由政府主导的计划经济的产物。这是由当时柴油机厂的生产经营状况所决定的。

当时寿县的柴油机厂是寿县的重点厂,县领导是非常重视的。"文革"前夕,厂里调进十几位大学毕业生,加上原来的技术骨干,全厂的技术力量是很雄厚的。但是,受"文化大革命"中"技术越高越反动"的影响,"技术权威"不敢作为,这样,便严重影响柴油机的质量,造成废次品十分严重。公社购买后使用时,经常发生漏油、漏气、漏水现象。当时农村广大社员和插队青年,更不懂农业机械,对柴油机的"三漏"现象不会维修,因此,寿县柴油机厂生产出的产品销路困难,亏损十分严重。当时的寿县革命委员会的核心领导组副组长万振三,原任安徽省轻工业厅厅长,"文革"时下放到寿县县委,主持工作,他根据寿县柴油机厂的产品质量不过关,经营困难的情况,建议撤销柴油机厂,上马纺织厂。寿县县委开会讨论,一致同意,认为:寿县是农业大县,生产棉花,建立纺织厂,可以同时促进工农业发展,还可以甩掉亏损的包袱,同时在原柴油机厂址改建纺织厂,可以减少新建纺织厂的经费。同时县委决定:由工业办公室负责,由工办室的杨华堂主任和周汝泉具体负责规划和筹建。

万振三同志提出建立纺织厂,是符合当时的社会需要和人民心愿的。因为我国在成立后相当长时期内,优先发展重工业和机械工业,而轻纺工业则严重滞后,广大人民的衣食问题没有根本解决。后来党中央对广大人民群众日常生活所需要的轻纺工业引起重视,在中央全面部署下,各省市先后建立了许多纺织厂,安徽省的合肥、蚌埠、安庆、淮南、六安,纷纷建立纺织厂。1972年,原在寿县县委工作的万振三调回省里任安徽省纺织工业厅厅长,而寿县纺织厂就是他决定建立的,因此,安徽省纺织织工业厅大力支持,由省厅请上海第11纺织厂的技术人员,对寿县纺织厂进行规划和厂房设计,当时是按照纺纱5000锭、布机240台的规模设计的。1981年,寿县人民政府工业办公室正式下文,决定撤销柴油机厂,在原址改建纺织厂。

县工业局首先要将原柴油机厂的机器设备全部拆除,有的留纺织厂用,有的则搬迁到农机二厂,然后将厂房清空改建,按照纺织厂的厂房要求进行改建,安装各种管道和中央空调,必须做到通气、通水、通电,保持布机车间的恒温。同时,要将原柴油机厂的职工妥善安置,流转调到水泥厂、化肥厂、农机厂和纺织厂等。

在寿县设立纺织厂,受到全县党政领导和广大人民群众的热烈欢迎。因为寿县建立纺织厂,可以解决知识青年就业和促进寿县区域经济的繁荣发展。特别是就业问题,当时寿县城乡初中、高中毕业生很多,水泥厂、化肥厂只招了一部分男青年,女知青缺少就业门路,而纺织厂却需要大量女知青。寿县县委决定:寿县纺织厂招收女工270人,男工30人,在全县范围内招工,条件是:必须是初中、高中毕业生,身体健康,未婚,经考试择优录取。

寿县县委、县政府对建立寿县纺织厂非常重视,首先成立筹建小组,组成由县政府工业办公室主任杨华堂为主,水泥厂副厂长李金举为辅的筹备组,又从县直机关和企业抽调多人,组成领导组,孟祥国、朱友山、彭元伟、黄明远、夏元福、陶永明、方存均、马兰纪、胡炳新等人,都是筹备组成员。厂长、书记候选人的选拔标准是:共产党员,原则性强,有工作经验,严于律己,作风正派。最后从寿春镇挑选了准备提拔为副镇长的孟祥国担任厂党委书记,由筹备组副组长、曾任水泥厂副厂长的李金举担任厂长,副厂长是黄明远、朱友山,人保科兼办公室主任是彭元伟,生产科长是陶永明、权以衍,财务科长是王希圣,供销科长是张传金,织布车间主任是王祥、权以衍。从农机厂抽调了十几位有机械技术的领导骨干,担任纺织厂的各科室负责人,充实了纺织厂的各部门领导班子。

纺织厂女工在工作

整经车间

在决定正式投产时，根据原有旧厂房的实际情况，决定分两步走：先改建织布车间，从外厂购买棉纱，进行织布，把布先织出来；然后改建纺纱车间，再投入纺纱生产。因此纺织厂初建的前几年，厂名是织布厂。

寿县建立纺织厂，是从无到有，没有经验，对生产工艺不熟悉，困难很大。特别是领导班子人员，如果不熟悉生产工艺，如何领导、指挥工人进行生产？因此，厂长李金举便带领领导骨干，前往各地纺织厂参观学习，学习其工序流程及各种规章制度。各科室、各部门人员，要对口学习。比如：负责机械安装的，首先要学习纺织机械的安装、使用、维修。负责供销的，要了解棉纺进口渠道、品种规格、价格以及布匹生产出来以后的销路等。至于具体生产一线的工人，更要实际操作，到外地兄弟厂去跟班劳动，如整经、浆纱、调浆、打纬管、修梭、挡车织布、检验等各道工序，都要对口学习，直到能独立操作，方能回厂参加生产。

安徽省纺织工业厅调拨的240台织布机，于1981年开始陆续运到寿县纺织厂，分南、北两大车间安装，每车间安装120台。纱锭则由六安纺织厂负责供应。

当时安徽省纺织工业厅同时批准寿县和东至县两家纺织厂开办，规模都是240台布机。寿县纺织厂在开工时，召开职工大会，厂党委书记孟祥国和厂长李金举先后讲话，要求全厂职工，树立爱国、爱厂、爱家乡的思想，克服困难，努力学习，力争在1982年10月1日国庆节前织出合格布匹，向国庆节献礼！这激发了广大干部、职工的生产积极性，他们克服困难，认真操作，努力工作，在1982年7月便织出布匹，经检验合格。

到1984年，寿县织布厂的生产、管理、销售趋于正常和稳定，寿县县委、县政府及工业办公室，决定将厂长李金举调到寿县水泥厂任厂长，而将工业局的马兰纪调织布厂任厂长，书记仍是孟祥国，副厂长是朱友山、黄明远、夏元福。下属各科室不变。

1986年，县政府将副厂长朱友山升任厂长，而将马兰纪任命为厂党委书记。副厂长是夏元福、胡炳新、王祥。不久，县政府又从六安市纺织厂聘请一位具有丰富生产经验的布机车间主任李正友，担任寿县织布厂厂长。两位厂长分工合作，李正友负责生产和技术，朱友山负责协调和管理。

1988年，县政府调工业局的冯绍云任织布厂厂长，朱友山任厂党委书记，副厂长仍是夏元福、胡炳新、王祥。

当时寿县织布厂，面临资金短缺，只能生产白坯布，而且档次低，销售不出去，无钱购纱，欠债太多，无法归还，举步维艰。寿县县委、县政府研究决定，调丰庄乡党委书记魏立远到织布厂任厂长兼党委书记。副厂长夏元福、胡炳新。厂党委副书记方存均,兼人劳科科长。建立健全领导机构和人员设置,如生产技术科、供销科、财务科、工会、共青团、保卫科、计生办、房管所等机构。

魏立远又向县政府要求建立纺纱车间,成为"纺"和"织"兼有的真正的纺织厂。同时,要求加盖办公大楼,使全厂管理人员有正规的办公室和集体开会学习的场所。1989年,5000锭纺纱车间建成,又向社会招收200多名纺纱女工,由1982年安徽省轻工业学校毕业分配进厂的李道俊同志任车间主任。1989年10月,经县政府批准,寿县织布厂改名为寿县棉纺织厂。

1991年夏天,连降暴雨,淮河流域遭遇百年不遇大水灾,魏立远忧心如焚,日夜奋战,带领全厂干群,将厂内的棉纱和布匹转移到堰口集种子公司仓库和北山存放,将电机拆卸搬运到办公楼上。洪水一米多深,整个厂区一片泽国,厂里租用了一条木船,厂领导日夜巡逻,保护全厂安全。魏立远带领全厂干群,吃住在厂区,坚守68个日日夜夜,终于战胜洪灾。洪水退去后,全厂干群清理厂房、机器和地面,又将外迁的棉布和纱锭搬回厂里,将楼上的电机搬下,擦洗、安装,重新恢复生产。

这里需要提出的是,在寿县遭遇特大洪水灾害期间,国务院总理李鹏曾飞临寿县视察,接见寿县女县长乔传秀。

洪水过后,棉纺织厂全面恢复生产,厂长魏立远决定在已有纺纱5000锭基础上,再增加5000锭纺纱规模,合计达1万锭。又向社会招收200名纺纱工人。

1992年3月,有一位在外地学习多年纺织印染技术的老同志回到寿县,魏立远了解到他不但会染布,而且会染纱,掌握数百种染色配方,而且愿意将技术贡献给家乡纺织厂。魏厂长立即向县委和经贸委汇报,要求上棉布和纱线染色项目,很快获得县领导的批准,于是,纺织厂加盖染布厂和染纱厂,又招收了一批新工人。由这位色染技术人员向新工人上课,讲授染色技术原理近两个月时间,又选拔一部分新工人到安庆色织厂参观学习,对口培训,实际操作。先建成卷染厂,安装机械设备。由这位回乡技工负责染色配方,指导操作,将本厂生产的白坯布染成黑布,然后清洗、烘干、打包、外销。不久染纱线的厂房建成,购买、安装了染纱线的机械设备,也在该技术人员指导下顺利投产。

原来纺织厂只生产白坯布,品种单一低档,用途窄,销售不好。自从上了卷染布和色织布后,品种多样,供不应求,产销两旺,在此基础上,纺织厂发展成八大系统,全厂职工1100多人。1994年3月,经县政府批准,县经贸委员会下文,将纺织厂命名为寿县纺织工业总公司,下辖八个分公司:纺纱、织布、卷染、纱染、准备、机电、供销、液化气公司等。总经理魏立远兼党委书记,副书记方存均兼劳资科长,杨善乐任工会主席,财务科长牛满仁,其余厂领导均不变。

1995年底,魏立远调寿县物资局任副局长,提升李道俊继任纺织工业总公司总经理,兼党委书记。由于棉麻公司长期供应纺织厂棉花,关系紧密,1996年,县经贸委将纺织工业总公司并入棉麻公司,将原棉纺织厂命名为寿县工贸集团华锦纺织厂,厂长李道俊。1997年底,工贸集团将炎刘轧花厂厂长周刚调华锦纺织厂任厂长,并带来炎刘轧花厂部分设备、棉花及四五十名工人。1998年底,周刚调离,仍由李道俊担任厂长,兼党委书记,副书记方存均,副厂长夏元福、胡炳新,劳资科长仇恒友,工会主席陶永明,财务科长牛满仁等。

华锦纺织厂的染布、染纱车间建成投产,对纺织厂的生产经营都有促进作用,增加棉布的花色品种,提高档次,促进销售。但是,产生污染十分严重,每天生产时向外排泄大量含有化学染料的毒液,严重污染周围空气、水源、土壤农田,对周围环境和人们的身体健康造成严重影响。如增加污水进行处理设备,对染色排出的污水处理,又要增加投资。同时,纺织厂从1982年建厂投产,到2002年的20年间,国家投入巨额资金,却一直在亏损。可以说,全寿县的国营企业:化肥厂、水泥厂、纺织厂、农机厂,这些骨干企业,都严重亏损,甚至资不抵债。这种情况不是寿县仅有的,而是全国性的普遍现象。根据这种情况,党和国家对长期亏损的国有企业实行改制,由国营制改为股份制或个人私营制,如无私人购买,便按照《破产法》实行破产。

寿县华锦纺织厂从2003年进入破产程序,县政府派出工业科、经贸委、供销社几家上级主管机关负责人,组成工作组,进驻纺织厂,对全厂资产进行统计、核算,对全厂多年的内外债务清理、核算,对全厂职工如何处理的方案等各方面问题进行研究处理。

在拍卖厂内资产和机械设备时,原纺纱车间主任常盛永,在西门外寿西湖开发区自筹资金建成盛华纺织厂,将华锦纺织厂拍卖的旧纺织机械设备低价买去,安装在西门外的盛华纺织厂内,招聘职工,精心管理,产销两旺,盈利很多,发展很快,是寿县办得比较好的私人企业,值得称道。

华锦纺织厂宣告破产后,对全厂1000多名职工,区别不同情况,进行妥善处置:职工男性达60岁,女性达55岁的,办理退休手续,按退休处理,按月领取养老金。不到退休年龄的男女职工,按工龄,每人补助几千元钱,解除劳动合同。有数百名男女职工,是每人投资5000元进厂做工,上报劳动局,批准为全民合同制工人的,破产后,这些人也和其他职工一样享受待遇,而且投资的5000元钱全额退还,另加付少量利息。这些人离厂以后,自谋职业,发挥个人所长,大都生活得很好。所有原厂内职工,若干年后见面时,都对在厂内工作时期结下的友情十分怀念,珍惜当年的情谊。

寿县商业发展史小考

杜长青

寿县,春秋时为州来国,古称寿春、寿阳、寿州,地处淮河中游南岸,其商业发展历史悠久。

寿县商业的发展最早可追溯至春秋战国时期,当时州来是南下长江,北通中原,沟通南北交通的重要城邑。其南自淮河,经施、淝(流经寿县)二水和巢湖而达于江上,通向吴越。1957年在寿县城东南近郊出土的鄂君启金节、寿县楚幽王墓出土的铜尺以及1979年出土的楚金币和楚铜币,足以表明当时寿县商业的发达,是战国时期淮河流域的著名商业都会。鄂君启是楚国贵族,鄂君启金节规定,楚怀王允许鄂君启拥有车五十乘、船一百五十艘,贸易范围东及江淮,南临彭蠡,西达巴蜀,北抵河洛,凭节免税就舍。这不仅说明战国中期官僚贵族商人水陆运输物资数量庞大,实力雄厚,也足见以寿县为中心的淮河流域的商业中枢作用,沟通了东西南北四方的货物贸易。战国后期,楚考烈王迁都寿春,淮河流域成为楚国的政治中心,据《史记·货殖列传》的记载:"郢之后徙寿春,亦一都会也。"

秦汉时期,淮河流域农业生产蒸蒸日上,手工业生产迅速发展,再加上该流域所具有的经济过渡带的条件,更有四通八达的交通优势,商业发展很快。《史记·货殖列传》云:"汉兴,海内为一,开关梁,弛山泽之禁,是以富商大贾周流天下,交易之物莫不通,得其所欲。"商业成为赢利最快的行业,很多人弃本逐末,一度形成商业高潮。寿县、合肥为当时淮河以南的商业重镇,经济十分发达。

魏晋南北朝时期是我国古代的大分裂时期,淮河流域恰处于南北政权割据对峙的过渡地带。从总体上说,社会动荡,战争连绵,影响了社会经济的正常发展,商业也经历了一个曲折而缓慢的发展过程。曹魏时期寿春为扬州治地,是曹魏经营淮南的经济和军事中心。由于寿春周围的灌溉条件好,每当战争间歇,地方经济即有所恢复。城内有"市",有"中都街",城外有"草市"。粮食贸易是当时商品交换的大宗。寿春是当时政府与民和"市",与南北政权间"聘访贸易"的重要枢纽。南北朝时的全国商业交通路线共有四条,洛阳到寿春是其中一条。

淮河流域是隋唐王朝的腹心之地,由于推行了一系列商业弛禁政策和兴商措施,淮河流域凭借良好的交通条件和居于四方之中的地理位置,商业贸易的条件空前优越,特别是大运河的修通,使两淮水运系统形成崭新的格局,商业交易四通八达。寿州作为淮上大都,隋文帝建寿州总管府。大业初改为淮南郡,是淮河地区沟通淮颍水道和淝水鸡鸣河水道的重要城邑。唐代,在寿州建置中都督府,境内瓷器、丝绸、茶叶、粮食等产品著名,对外贸易蜚声南北。

北宋是继唐朝以后淮河流域经济又一个繁荣的时代,经北宋政权的着力经营,江淮已是"天下根本",是全国重要的政治经济中心和财赋供应地。商业的活跃主要表现在:一是商品品种的增多和商品流通地域的扩大;二是商业资本扩大,富商大贾众多且炙手可热;三是市场分工更加细致和商业分工日益完善,不仅有商品交易的分工(有各种"市场")和商业分工(有各种"行"),而且有手工业分工和服务业分工;四是商业经营管理较前改善,广告招揽生意较为普遍。当时,作为综合性城市的寿州,地近汴、洛,西连光州、信阳,南控庐、和二州,为南北往来的地区中心。《宋史·地理志》曰:"淮南土壤膏沃,有茶、盐、丝、帛之利,善商贾,鄽里饶富,多高赀之家,扬、寿皆为重镇。"足见当时寿县商业的繁荣发达。宋金对峙时期,由于战争的破坏,黄河夺淮的影响,淮河流域经济一度衰落。但发达的商品经济土壤依然生长出早期的边贸特区,1208年8月,宋金在寿县城西北八公山下,设立了"榷场",以通商贸。

金元之际,由于战争,地区经济凋敝,特别是元末"韩林儿之乱",闹得十室九空,商业萧条。全国统一后,两淮地区商业往来不受任何限制,南北各地物资交流畅通无阻,商业得到了一定的发展。安丰路总管府(治所寿春),粮食物资贩运和高利贷活跃,每年都为当时的政权提供大量的税收。

明代特别是明代中期以后,随着东南沿海和南京、北京两大都城商业贸易的发展,淮河流域沿运、沿淮和重要的水陆交通枢纽城市及其商业迅猛发展。寿州地处淮河中游南岸,为"淮南一都会,地方千里,有陂泽之饶……水陆辐辏",商业经济发达。其境内之正阳镇位于淮河干流主航道南岸,东接淮、颍,西通关、陕,商贩辐辏,利有鱼盐,淮南第一镇也。由于正阳码头来往商船众多,明王朝于成化元年(1645年)在此设立了"钞关",以征收来往商船的商税。位于寿县东南60里的瓦埠镇,"淝水环绕,北流入淮,舟楫商贩,往来不绝,亦州之大镇也"。寿县西南的隐贤镇,扼淠河中游,市肆民居鳞次栉比,宛若县城。河畔连舟接筏,常首尾数里,茶麻丝布贸易兴隆,亦商业大镇。

明末清初,淮河流域的城市及其商业受到了战乱的严重破坏。但是,随着战乱的平息和发展社会经济政策的实施,城市及其商业也得到了较快的恢复和发展。不仅沿运城市再度走向繁荣发展之途,而且沿淮干流及其支流的水陆枢纽城市也随着当地及流域社会经济的繁荣发展而再现辉煌。在淮河干流附近的寿州,康熙以后,随着淮河航运业的兴隆,"车马往来,帆樯上下",来往商船穿梭不绝,"商贾以盐当为大,米麦豆谷贸易皆集于正阳、瓦埠镇"。

抗日战争时期,县政府暨所属机关移驻保义镇,于是堰口、保义、迎河等较大集镇商业一度兴盛。

新中国成立后,1950年3月,县城举行各界人士代表大会,县政府积极贯彻工商业政策,消除工商界疑虑,重振经济。经过三年恢复时期,寿县商业大有发展。1956年,寿县开展对私营商业社会主义改造,实现合作化,国营商业、集体商业迅速发展。从此,寿县商业步入新的历史发展时期。

近事存档

大国总理题写小学校名

顾 明

老一辈无产阶级革命家孙大光同志于1917年1月7日出生于寿县堰口镇,少年时受到进步思想熏陶,参加革命活动,为中国人民的解放事业和社会主义建设事业,为新中国的交通事业和地质矿产事业无私奉献了一生。新中国成立后,他先后任交通部长、地质矿产部长。他退休以后回乡省亲,看到家乡十分贫穷,母校十分破落,心情十分难过,毅然将毕生精心珍藏的文物和字画,多次捐赠或拍卖,为家乡堰口小学、堰口中学、寿县一中、正阳中学兴建了教学楼。

1990年5月1日,孙大光捐资新建的堰口小学教学楼正式投入使用,从此,堰口小学有了教学楼,农村的孩子也可以坐在宽敞明亮的教室里上课了。两幢挺拔的教学楼极大地改善了学校的办学条件,加之管理有方,堰口小学成为皖北地区较好的学校之一。堰口小学的师生及家乡父老乡亲感念孙大光情系桑梓、捐资助学的义举,于是给国务院有关部门写信,请求在校园内为孙大光树立铜像,以作永恒的缅怀。

2007年春学期开学不久,县教育局长高善鸿、镇党委书记洪晓东、镇长王德兵来到堰口小学校长张永国办公室。这时候,张永国才知道孙大光铜像要落成了,县政府成立了孙大光铜像落成暨骨灰安放仪式领导组,时任县委常委、县委办主任孙业成任组长。

由于堰口小学教学条件明显改善,成为皖北名校之一,入学学生一年比一年多,老师甚至把办公室腾出来做教室都不够用。要是再建一幢教学楼该有多好呀,既能解决孩子们上学难问题,老师也有了办公的地方。张永国校长把学校面临的实际情况和心里想法向县、镇领导作了汇报,想趁铜像揭幕之际向省、市教育部门争取再建一幢教学楼。在得到肯定之后,张永国立即着手编制预算、撰写报告。

2007年4月3日,孙大光铜像正式落座堰口小学教学楼前,时任县委书记孟祥新和孙大光女儿孙茜苓为铜像揭幕。同日上午,在八公山公墓举行了孙大光骨灰安放仪式。

眼看整个活动即将圆满结束,可是张永国校长怀揣着报告欲投无门。由于牵头组织活动的是国土资源部门,省市教育部门没有主要负责人参与。

　　这下可急坏了张永国,思来想去,张永国校长想到了孙东梁。孙大光之子孙东梁多次返乡祭祖并到学校走访,张永国校长均陪同,在这些人员中,张永国只与孙东梁熟悉一些,但是孙东梁太忙了……张永国校长鼓足巨大勇气,趁着中午休息时分敲响了孙东梁下榻的寿州宾馆房门。

　　张永国校长向孙东梁汇报了这些年来教育教学成绩和目前学校现状,"自老部长捐建教学楼以来,学生一年比一年多,老师把办公室都腾出来了,仍然有一部分孩子无法来校读书。我们感到很着急和惭愧。恳请孙会长把申请扩建教学楼的报告适时转交给省市教育部门,看能不能给予帮助"。

　　孙东梁接过报告看了看,表示只要有利于学校发展的事,他都愿意做。正在说话间,孙茜苓也进来了:"你们说吧,我也听听。"又说,"我的母亲十分关心学校的发展,有没有多余的报告,我给母亲也带一份。"

　　一个星期左右,正要下班的张永国校长突然接到来自北京的电话,一听是孙大光夫人张刚打来的,张永国校长十分激动,张刚在电话中说:"你们申请建设教学楼的报告我看到了,由我家想办法,不给政府添麻烦。你和你县的教育局领导抽空来一下,我们当面谈谈。"张永国的心里热乎乎的,仿佛一幢气派的教学楼已矗立在面前。但是张永国又犹豫了,张刚说得很清楚,盖楼的钱由他们家想办法,老部长一生清廉,人人皆知,老部长在世时已将珍藏都捐献出来了,连他孙子出国留学的钱都没有,哪还有钱盖教学楼呀,况且这要不少钱哇!

　　张永国校长把张刚的想法向县教育局领导作了汇报,县教育局又向分管教育的副县长高孝忠作了汇报,高孝忠表示,要亲自到北京拜访张刚。于是张永国校长给张刚打电话说,计划在五一之前去,而且分管县长也去看望她。张刚说:"(副)县长就不要来啦,你和你们的教育局长来就行了。"张永国说:"学校的建设牵涉到方方面面,需要分管县长统筹协调……"

　　就这样,副县长高孝忠、县教育局长高善鸿和张永国校长来到张刚家里。因孙东梁外出,孙茜苓陪同。张永国详细介绍了学校建设发展教育情况,自老部长捐建教学楼以来近20年,上级政府对学校基本没有投入,教学楼的维修都是从学生的学费中借用的,连桌椅破旧了都没钱换……年迈的张刚靠在沙发上静静地听着,久久没有说话,过了好大一会儿,指着厅堂挂着的孙大光画像,像是自言自语,又像对着坐在身旁的人们说:"唉,他这个人呀,不知怎么对家乡的感情那么深,把家乡的教育办好是他的遗愿呀!"

孙茜苓说，现在国家越来越富了，对教育的投入也越来越大，建一幢教学楼应该不算什么。我家父母做事不给我们商量，这次新建教学楼，我们帮她完成，不能让孩子没学上……

副县长高孝忠表示，的确，国家对教育的投入越来越大，是我们努力得不够。我们回去后将积极向有关部门争取，绝不辜负孙老遗愿。

在张刚一家人的关心和安徽省有关部门的大力支持下，中石化在绩溪的一个项目调整到寿县，帮助堰口小学新建了教学楼。

张永国的愿望实现了，新盖的教学楼封顶了，与此同时，张刚家人捐献20万元给学校配备了课桌椅，并对原教学楼进行了维修。

面对新学期即将投入使用的教学楼，回想这20年来孙大光及其家人对学校的帮助，可以说，没有孙大光及其家人的关心帮助，就没有堰口小学的今天，堰口小学仍然可能是一所破旧落后的农村小学，很多的孩子甚至面临辍学的可能……张永国突然想到，能不能把堰口小学更名为大光小学，作为爱国主义教育基地呢？

大光小学

要把堰口小学更名大光小学，既要征得孙大光家人同意，也要有关部门批复。于是张永国打电话给张刚教授，汇报新盖教学楼即将投入使用情况，征求张刚教授意见。张刚说，学校办好了，培养更多人才，就没有辜负大光，改不改名字不重要。

张永国校长说，更名为大光小学，也是全校师生共同的心愿，并且也得到县教育部门的支持，有利于学校的发展和爱国主义教育……这次张刚没有再说什么。

2007年8月，寿县教育局的批文发到堰口小学。张永国掩饰不住内心的喜悦，立即给张刚教授打电话，把批复原文念给她听（并邮寄了一份复印件给她），张永国校长说，以前堰口小学的校名是老部长题写的，现在大光小学的校名能不能请您老题写呢？

张刚的心情非常好："大光是从堰口小学走出来的，那是他的母校，他可以题名呀。我不是寿县人，也没有在堰口小学念书，更不是什么名人，题写校名不合适。"

张永国又说："那么我能不能冒昧地请求下，让国务院总理温家宝题写呢？"

孙大光与温家宝之间"伯乐与千里马"的故事家喻户晓，每年春节，温家宝夫妇都到张刚家拜年，数十年如一日。张永国校长话说完，心里也后悔，温总理几乎没题过字，更何况这是一个名不见经不传的小学呢。

温家宝书写校名

电话那端传来张刚爽朗的笑声:"你胆子真大,真敢想,不过我可以试试。"

2008年2月9日,年初二,张刚教授在寿县教育局文件《关于寿县堰口小学更名为寿县堰口大光小学的批复》上签署:恳请家宝总理为"大光小学"题字,并亲手递给了到家拜年的温家宝夫妇。年初五,张永国家的电话铃响了,张刚兴奋地说:"张校长呀,告诉你一个好消息,家宝总理同意了。"张永国捧着电话的手颤抖了,他简直不敢相信自己的耳朵。堂堂大国总理,日理万机,能为一个小小的小学题写校名,这是对孙大光夫妇有多深的感情啊!这是对基层教育有多深的挚爱呀!

2008年4月1日上午12时许,由国务院总理温家宝题写的"大光小学"牌匾由安徽驻京办带往合肥,并由合肥送到堰口小学。放学后的师生都没有离开,会集在校园门口等候,许多学生家长闻讯后纷纷赶来,喜迎"大光小学"归来……从此,"大光小学"镶刻在学校的门楣上,激励着一批又一批莘莘学子好好学习,奋发向上……

1954年寿县洪灾

从胜辑

寿县由于自然条件和地理位置上的特点,长期以来水旱灾害不断发生。据安徽省历代水旱灾史料中关于《六安、寿州分区历史水旱灾发生次数统计表》载:自1450年(明景泰元年)至1949年(新中国成立前)的五百年间,共发生水旱灾206次,平均每五年就有2次,其中水灾122次,旱灾84次(其中水旱灾同年的有19次)。水旱灾发生的季节多在夏秋。在受灾面积大、历时长、灾情重的十余次大灾年中,又都是连续两三年出现水灾或旱灾或水旱灾交替发生。从已搜集和整理的资料中,最早可追溯到汉建和元年(147年),限于不同历史时期的记载又极不一致,只能粗略地反映受灾面积大(如"淮数百里水绝无鱼"等),受灾时间长(如"五月寿阳不雨至十月"等),灾情严重(如"漂田庐、丝麦皆空"等)。

1954年6月,淮河流域的淮南及淮北中部普降暴雨,7月,又五次普降大雨,全月降雨日18—22天。正阳关以上各站一个月的降雨量都在600—700毫米,安徽省境内七天最大暴雨中心在淮河干流的南照集,一万平方公里面平均降雨深达548毫米。

7月9日,正阳关水位24.94米,超过设计堤顶高0.14米,正南淮堤溃决,洼地行洪;7月20日,当鲁台子水位达24.99米时,在寿西淮堤黑泥沟挖口行洪入寿西湖;当寿西湖内水位升至24.0米以上时,又越过牛尾岗堤注入瓦埠湖,水位继续上涨,至7月27日,寿县境内的正南洼地、寿西湖、瓦埠湖内的最高水位先后分别达到26.55米、25.79米、25.78米,鲁台子最大流量12700立方米每秒,是近120年有水文记载以来水位最高、持续时间最长、受灾最重的一年。全县处于洪水淹没的面积114万亩(统计亩),被洪水围困的有7.5万余户,25.8万余人。

面对这次十分严重的洪水袭击,全县各级领导和广大干部群众,全力以赴投入防汛抢险。由县委书记曹俊、县长单鹏展担任政委和指挥,下设防汛、迁移安置等组,并分别在城关、正阳、双桥、苏王、迎河南、迎河北、众兴设立7个防汛大队。全县调集1091名干部、23896名民工,完成临时加筑子埝土方12万立方米,抛石护坡

1000立方米。淮淠河各防洪堤先后破堤后,全力投入迁移安置,抽调各级干部2169名,带领2259只木船,在洪涛巨浪之中,共抢救和安置灾民25.7万余人,占受灾人口95%以上;转移粮食3679万斤,牲畜44452头。经过安置,有的灾民迁移到外县、外区、外乡,特别是淮南市给予了很大帮助,在蔡家岗等地协助设立和安排临时住房一万余间,灾民吃、住方面得到妥善解决。县政府及时发放救济粮款,每人平均粮食约11斤、人民币11.5万元(折合新币11.5元),省、地还及时派来371名医生,配合寿县抽调的125名医生组成百多个医疗服务队,及时为灾民防治疾病。

在抢险战斗中,各级干部以身作则,与灾民同甘共苦,奋勇抢险救灾。7月19日正南淮堤漫决,洪水突然袭来,贾庙乡留守的7个防汛民工抱树呼救,树身摇曳,危在旦夕。六安地委党校的韩林和乡干徐廷洲与船工一道,驱船抢救时桅杆折断,船舱进水,经奋力排险,7人终于得救。7月29日拂晓,风雨交加,巨浪翻滚,陶兆久等11位灾民的木筏被浪冲散,他们紧抱木头,漂浮不定,眼看就有沉没危险。船民吴久善发现后,当机立断,将停泊在九龙集的船起锚迎救,使他们得以脱离险境。堰口区北集乡七旬老人张克宜说:"我经过民国二十年大水,那时淹死许多人。今年比那年水还大,没有见过淹死人,共产党真了不起。"

当寿西湖和牛尾岗堤漫决后,寿县城墙处于洪水包围之中,瓦埠湖水位25.45米时,城墙顶上可以抄水洗手,淮河上最大客轮"淮光号"可直驶南门。城墙防汛指挥部及四门防汛指挥所率领全城军民齐心合力,一面转移安置妇孺老幼,一面抢险护城,并从百里之外调来下塘、曹庵等区精壮民工4000多人,在"护城保家,人与城墙共存"的口号鼓舞下,不分昼夜,英勇战斗。在一连十数日狂风大浪的袭击下,城墙东北拐迎水面立墙倒塌50余米,同时背水坡亦发生大滑坡600余平方米,情势十分危急,城防指挥部有效地组织抢救,打桩抛石固脚,稳住滑坡,大大减轻了险情。北面城墙低洼平水处,又用水泥浆砌砖石,临时筑起一米高的子墙,做到水涨墙高。经过7月19日到8月8日二十一个日日夜夜的战斗,终于转危为安,城内数万人才免予罹难。

寿县治淮总队部成立于1950年。1954年7月,淮河流域发生特大洪水,总队部为全县防汛抗洪的指挥中心,各区施工大队为防汛大队,并成立正阳前线防汛指挥所,由新任县长郑明甫指挥。8月,郑明甫兼任总队长,县委书记曹俊兼政委,调六安专区治淮指挥部宣教科长徐常有为副总队长,负责主持日常工作。

水灾后,为适应工作需要,总队部机关科室又基本上恢复原来建制,设政治处,徐鸿忠任主任。政治处下辖政工科(辖组织、人事、保卫三股),科长任万江;宣教科长万超;民运科长巩玉山;团工委书记胡振之;增设工会,张培尧任工会主席;秘书科长郑国祯;工务科长吴江;财务科长李振芝;卫生科长崔化珍。至1954年底,总队部系统全体职工总数175人。

寿县沿淮人民世世代代饱尝洪涝灾的痛苦,历代王朝为维护其封建统治,虽图修治但都无法解决。晚清至民国水患日益严重,"十年九灾,无岁不患"。

治理淮河是沿淮人民几百年来的大夙愿。1950年淮河发生了一次大洪水,中华人民共和国在面临着恢复国民经济和支持抗美援朝的同时,决心克服一切困难,把治理淮河作为新中国成立后第一个全国重点水利工程。毛泽东主席手书"一定要把淮河修好"。

寿县境内沿淮河淠河的河道长98公里。洪水期间,干流水位高于境内河湖水位,内河水位又高于圩堤内耕地,洪涝灾既多又重。1950年冬,治淮工程一开始,在寿县境内就以整修、加高、加固淮、淠河干支堤防工程为重点,同时按治淮工程规划开始寿西湖、瓦埠湖行蓄洪区的工程建设。

1954年淮河又发生了一次大洪水,洪水位超过1950年水位1.64米,原建干支堤防相继溃决。灾后改按1954年洪水位恢复加高干支堤防,至1957年基本建成。1958年以后至1975年,逐步完成一些防洪堤的除险加固工程,进一步巩固和增强了堤防的抗洪能力。

据1950年至1988年底统计,寿县境内的治淮与防洪工程累计完成土方2634.2万立方米,完成砌石及混凝土工程量13.62万立方米,国家投资1850万元。

新中国成立初期,寿县先后建成寿西淮堤、正南淮堤、张马淠堤,当寿西湖、瓦埠湖按淮河防洪要求行蓄洪时,再由牛尾岗堤、二里坝拦洪堤及寿县城墙组成第二道防洪屏障,堤防总长133.2公里,保护耕地面积133.7万亩,人口69万,分别占全县总耕地面积的74%和占总人口的63%(按1980年统计数)。

根据50年代初期的治淮工程规划,以上各堤防中按设计要求分为三种类型,其中:正南淮堤、张马淠堤为一般堤防;寿西淮堤为行洪堤防,其防洪水位低于一般堤防;二里坝及东淝闸拦洪堤为蓄洪堤防,其防洪水位高于行洪堤和一般堤防。

寿县城墙自南宋嘉定年间重修,历今已700余年。宋、金两代寿州城墙是服务于军事防卫的需要,自南宋"黄泛"以后,淮河水患逐渐有增,由于城池处于淮河南岸和东淝河入淮河口,地面高程一般在20—23米,每遇淮、淝水涨,州城宛在水中,城墙遂兼有防洪功能。据史载,明、清两代,寿州城墙直接遭受水害达15次,其中先后有6次大水"环城"。"军民庐舍倾圮无算","民遭没者三千有奇","官厅廪宇营房等类十坏八九"……为了加强城墙御水能力,明、清曾对其进行27次较大规模的维修,其中明嘉靖十七年(1538年)建护城御水石岸,高及城墙三分之一。石岸自城墙西南角楼起,绕北至东南角楼止,长三千丈。乾隆二十年(1755年),城墙东、北涵增建月坝,与城墙等高,除了保证城内集水排出,又能在洪水期间有效地阻止外水倒灌入城,增加了防洪安全,同时可通过涵口观测水位,比较城内外水位差,及时启闭闸门。老北门桥石栏上的狮形望柱,也是观察淮河水情的水尺,州人常以"水漫狮子头,河水孤山流"来说明当时孤山分洪或洪水开始漫流淮北平原的水情(狮子头的高程约为23.50米)。

新中国成立后经历了1954年大水,最高洪水水位平北门瓮城顶,城墙东北拐外墙坍塌长50余米,内堤坡脚以上滑坡,情势十分危急。党和人民政府及时组织群众进行抢险,东大街临街商店的门板被群众自动拆下来送至险段,县百货公司拿出四十余匹白细布日夜加工成装土布袋,经过四五天日夜奋战,险情得到控制,城内几万人才免予罹难。

1954年7月19日,当淮河鲁台子站水位至24.99米时,洪水已平寿西淮堤堤顶。为保淮北,淮委下令放弃寿西湖,当时由工程师吴江、周善福率30人和10余名解放军战士于20日零时,在黑泥沟开口进洪,当缺口挖深约0.3米宽约10米时,水已漫溢,旋即冲开缺口,至天明缺口冲宽达500米左右,以后继续扩大至910米。以20日晨6时估算,最大进洪流量约为3000立方米每秒,湖内最高水位达25.79米。7月22日上午,他们又在赵台子挖口退洪。

由于寿西湖行洪以及上格堤、禹山坝等处决口,正阳关水位在一天多内降低1.21米,湖内滞蓄洪水总量达4.69亿立方米。

当淮河中游各湖泊洼地已相继行蓄洪后,淮河水位仍不断上涨,其时寿西湖、正南洼地进洪后的洪水,部分越过岗地和牛尾岗堤进入瓦埠湖,遂由寿西湖开口进洪,但效果不好,其后紧接着寿西湖行洪水位不断上升,瓦埠湖进洪主要则经由寿西湖老牛尾岗堤一线倒灌入瓦埠湖。至7月27日东淝河水闸水位最高达25.88米,累计进洪18亿立方米。

瓦埠湖蓄洪水位,治淮初期曾定为高程22.0米,但由于东淝河流域面积大,本身来水多,自1953年至1983年的30年中,汛期内水位就有6次超过22.0米,其中1954年为23.29米,1982年为22.97米。自1954年以后,对瓦埠湖的蓄洪水位尚无明确的规定,但就淮河中游大洪水年份的防洪安全来讲,承担部分蓄洪任务的可能性依然存在。

1991年抗洪保城纪事

余 江

7月20日下午,烈日当空,酷热难耐。3架直升机先后降落在被洪水围困已久的安徽省寿县古城,国务院总理李鹏走下飞机。县委书记程世龙和县长乔传秀代表全县114万人民向李鹏总理报告:"在罕见的洪涝灾害面前,我们经住了考验,完成了江泽民总书记要求我们确保县城的任务。"

一

暴雨一场连着一场,瓦埠湖水一涨再涨。7月5日和6日,肆虐的瓦埠湖水以不可阻挡之势,漫过寿县东津圩,再漫九里圩,直扑寿县古城。这时长7147米的城墙已有6300米受水,水淹最深处4米多。继城北门和东门封闭后,7月7日,全城重要通道南门也被洪水所逼,不得不堵上。

古城墙能否经受住来势凶猛的洪水考验?

此时此刻,国家历史文化名城面临着威胁!城内12万人的生命面临着威胁!

面对全县汛情四处告急和灾情不断扩大的严峻形势,寿县县委、县政府响亮地提出了"保城、保堤、保人、保社会秩序"的口号,决心毫不动摇,不惜一切代价确保县城。由常务副县长翟厚基为指挥的城防指挥所开始不分昼夜地工作。4个城门分别成立了城防指挥组。抽调的县直机关和城关镇近千名干部立即拿着锹、带着筐赶赴各自的防段。

9日晚,城关镇永青乡周园村接受了抢堵城墙西涵洞的任务。青年党员李继才咬着牙,潜入腥臭难闻、漂浮着一层秽物的污水中,用高1.4米、重65公斤的大木塞塞住了涵洞。当李继才满身污泥爬上来时,有的人恶心得竟呕吐起来。

截至7月18日,县直累计上工4687人次,运送土方950立方米,运送碎石150吨。城关个体户们也响应号召,每户为城防运送黄土20袋……

洪水围困了县城,城内却一切运转正常。国营商业供销部门,积极组织各种货源,并在多处开设了防汛物资日夜供应点。县物资局多方联系,从城外调进500多吨无烟煤,满足了居民的生活需求。邮电局千方百计确保了线路和邮路的畅通。自来水厂泵房被淹,他们临时架起水泵,保证了居民用水。7月15日,县医院急需氧气抢救病人。机电公司经理刘卓带领9名职工到城外被淹没的仓库,潜水3米多深,6个多小时拉出21瓶氧气送到医院……

二

洪水围困寿县城的消息牵动着四面八方的心。7月7日,江泽民总书记和田纪云副总理在寿县视察灾情时,详细询问了寿县古城防汛情况,指示县委、县政府要全力保证历史文化名城安全度汛。国家水利部、建设部等部委负责人和省、地主要领导频频来到寿县,支持县委、县政府保城的行动。"省防指"先拨给寿县城防草袋和麻袋各5万条,不久又增拨了10万条草袋。寿西湖农场积极提供加固城墙的用土。

哪里有危险,哪里就有解放军。7月9日,南京军区某部官兵日夜兼程赶到寿县后,立即投入抗洪保城战斗。北门面临淠河,在4座城门中高度最低,是城防的薄弱环节。时值高温酷暑,躲在树荫里还汗流不止,200多名战士顶着灼人的烈日,在师团首长的指挥下,连续数日,抬着满袋黄土在40多度的陡坡上来回奔跑。

军为民,民拥军,军民同奏抗洪曲。7月11日下午,县电影公司退休职工董昭文主动为解放军送去全家人烙的200个油饼,以表达对亲人解放军的敬意。新民街道副主任吴成霞带领6名选区代表,买来白糖,送到工地。退休教师赵本素夫妇,一人烧水一人送水。个体户常新兰把冰柜拉到工地,免费向战士们供应冰水。居民汪传轩、杨新珍等送来了绿豆汤……

7月18日夜,东淝闸徐徐开启,高出正常水位7米的瓦埠湖水涌进平稳回落的淮河。瓦埠湖水开始缓慢下落,对古城的威胁在一天天减少。但是,入夜的古城墙仍是灯火通明,灯光下来回闪动的,仍是巡守人员警惕的身影。

千年古城,固若金汤!

1991年李鹏视察寿县抗洪救灾工作纪实

赵 阳

1991年,淮河流域发生百年不遇特大洪涝灾害。国务院总理李鹏乘坐直升机来到寿县古城,查看灾情,慰问群众,号召广大干部群众振奋精神,坚定信心,夺取抗洪保城的最后胜利。

是年5月中旬至7月上旬,寿县累计降雨量达到958.7毫米,是历史同期的5倍。7月8日,淮河第二次洪峰呼啸而来,水位高达26.51米,超过1931年24.76米的历史最高记录;内湖瓦埠湖水位高达23.48米,也已超过历史最高蓄洪水位。再加上皖西大别山区三大水库超流量泄洪30亿立方米,致使寿县北部半个县被洪水吞没,102万亩土地被淹,63万人口迁移。地处寿县低洼地的古城池,依托7147米的古城墙,保护着城区12万人口的生命财产安全。同时,寿县古城又是沿淮唯一一座国家历史文化名城,能否保住古城,成为淮河抗洪是否取得胜利的重大标志。

此时的寿县古城墙,已有6300米受水,平时车水马龙的东、南、北三个城门,已经全部用青石、草包封死。从飞机上俯瞰,寿县古城宛如滔天浊浪中的一只"小木盆"。几乎与中华民族文化历史一样悠久的寿县古城被洪水围困,举国震惊,世界关注。7月20日,李鹏总理上午从北京飞抵南京,在机场听取了安徽灾情的简单汇报后,就马不停蹄地改乘直升机到寿县查看灾情。

7月19日,寿县防汛抗旱指挥部在接到中央首长将到古城考察抗洪工作的加密电报后,按照要求选派精干力量,紧急落实直升机起落的临时机场。古城四周是水,城内3.65平方公里的面积除了四条街道,全盖满了密密麻麻的房子。经过现场踏勘,最终把临时机场选定在西街的体育广场(即现在的博物馆广场)。连续两个月的降雨,使得体育广场泥泞不堪。为了确保飞机安全降落起飞,县防指在上级派来的接待专家指导下,又安排人员对广场搭建的一些庵棚及其他建筑进行了全面清理,同时调来附近建筑工地的沙子、石渣,把广场地面全面覆盖了一层。最后,在广场中央用石灰画上大大的圆圈作为标志,并在广场四周建筑物上插满红旗用

1991年7月20日,国务院总理李鹏来到灾区安徽省寿县东津乡东津村

于导航。7月20日上午8时许,随着试航直升机在广场顺利起降,寿县担负的迎接中央首长视察前的准备工作全部就绪。

12时50分至13时50分,三架直升机先后到达。李鹏总理乘坐的直升机在古城上空盘旋一周后,最后一个降落在广场上。随着机门的打开,李鹏总理面色凝重地走了出来,双脚踏在了寿县的土地上。随同视察的有国务院秘书长罗干和水利部长杨振怀、民政部长崔乃夫、卫生部长陈敏章、解放军副总参谋长韩怀智、国务院生产办公室副主任赵维臣、南京军区司令员固辉、安徽省委书记卢荣景和省长傅锡寿等。

在寿县县委书记程世龙、县长乔传秀陪同下,李鹏总理一行一边听取县防指关于抗洪救灾工作的汇报,一边冒着39℃的高温,出古城西门顺牛尾岗堤,来到城外东津村、花园村灾民点,代表党中央、国务院向受灾群众表示亲切慰问。在长长的大堤上,李鹏总理来到群众临时搭起的简易庵棚里,询问灾民们粮食够不够吃,身体怎么样,医疗条件如何,一边嘘寒问暖,一边频频回头,嘱咐身边的寿县干部,要认真解决好灾民的生活问题。

闻讯钻出庵棚的灾民们,以热烈的掌声和感动的泪水,欢迎李鹏总理的到来。

在灾民王新富的庵棚里,李鹏总理和王新富挤坐在一起,问他:"粮食够不够?"王新富憨厚地答:"粮食还有,但不多了。"李鹏说:"一方有难,八方支援。有党和国家的关心,这些问题是可以解决的。"见到花园村村委会主任张勇成的妻子,李鹏说:"在抗洪救灾中,很多干部身先士卒,首先考虑的是群众。你丈夫是干部,你要支持他的工作。"张勇成的妻子使劲地点了点头。

在城关医院设在牛尾岗堤上的医疗站,李鹏总理向医务人员详细了解了灾民们的健康情况后,说:"你们的责任重大,一定要把抗灾治病工作做好。"随后,李鹏看了眼卫生部长陈敏章,说,"卫生部门要迅速组织医疗队深入灾区,巡回查病治病,防止大灾之后疾病蔓延。"

李鹏总理一个庵棚一个庵棚地查看,和干部群众亲切攀谈。看到灾民情绪稳定,灾区秩序安定,他对身边的干部说:"当前我们要解决好灾民们的吃饭、住宿、医疗三大问题。要告诉大家,困难是暂时的,有党的领导,有国家和人民的支持,有灾区群众的努力,我们一定能够战胜灾害,重建家园。"

在牛尾岗堤上,李鹏总理还慰问了正在这里帮助灾民搭建帐篷的南京军区83651、83652部队的指战员。这些官兵从7月8日应寿县防汛抗旱指挥部的请求,1156人星夜兼程,开赴寿县参加古城抗洪保卫战,与寿县人民同呼吸、共命运,担负了抗洪抢险的急、难、险、重任务。李鹏对大家说:"淮河流域发生了历史上罕见的洪水灾害,老百姓受了很大损失。哪里有困难,哪里就有解放军。希望你们继续发扬人民军队的光荣传统,为灾区人民服务,为抗洪救灾做出更大的贡献。"

正在灾区慰问演出并采访的中央电视台摄制组得知李鹏总理在堤上查看灾情,连忙赶来。李鹏对摄制组的同志说:"这里受了这么大的灾,可是老百姓的精神状态很好。有党、政府的领导和全国人民的支持,有港澳同胞、台湾同胞和国际社会的帮助,我们一定能够战胜灾害。你们文艺工作者深入到抗洪救灾第一线,说明你们的心是与群众连在一起的,希望你们创作出更多更好鼓舞人民士气的好作品来。"

下午3时,李鹏总理一行回到广场乘机离去。

党中央、国务院的亲切关怀和巨大支持,给予了寿县广大干部群众极大的精神鼓舞,成为能够与灾害进行顽强斗争的巨大动力。寿县上下提出了"团结协作,顽强拼搏,坚决保城,奋力抗灾"的口号,最终取得古城保卫战的全面胜利,向历史交付了一份合格的答卷。

芍陂屡兴废　古塘获新生
——安丰塘七十年大修侧记

祝君烨

时代车轮滚滚向前，新中国绘出宏伟壮丽诗篇。大修安丰塘，高严要求，每年几万十几万人力投入大会战，紧跟时代发展步伐，开拓创新，与时俱进，历时七十年岁月，使安丰塘这一古代劳动人民的杰作荣获"天下第一塘"殊誉。

安丰塘古称芍陂，系春秋时楚庄王令尹孙叔敖（前613—前591年）依地势地形水源征集民力兴建，距今已有2600余年历史。驱车寿六公路南行30公里，再西行2公里许进入老庙集。登塘堤远眺，一座周长25公里，碧水荡漾，烟波浩渺，蓄水1亿立方米的安丰塘尽收眼底。堤面完整，堤坡上绿树婆娑，塘下渠道纵横，开闸放水声哗哗轰响，农作物连片，一眼望不到边际，民房错落有致。整个灌区春意盎然，夏秋稻谷金黄，好一派田园秀美风光。正是"鲂鱼鲅鲅归城市，粳稻纷纷载酒船"的鱼米之乡。

据《安丰塘灌溉发展简史》（笔者之父祝芝祥公生前手写遗稿）和《安丰塘志》等资料记载："筑陂塘堰坝开田引水入渠，大小相连"，"引淠水、山源河、部分泚水之源，经六安及寿县木厂、闫店、众兴等下游地带引水入塘"，灌溉效益最大时称"万顷""五千顷"。古制田亩比今天要小，且历代又有不同。春秋战国至隋，"万顷"换算成今制约25万亩；秦汉时"五千顷"为今天的26.5万亩。

历史上战乱不断，管理废弛，豪强占塘为田，又不适时疏浚上游引水渠道，整修培厚加高塘堤，致使效益锐减。至明清两代塘内蓄水仅灌田7万—8万亩，新中国成立前只有6万—7万亩，几乎成废塘。中国共产党在1949年3月5日召开的七届二中全会上号召全党全国人民"在革命胜利以后迅速恢复和发展生产，对付国外帝国主义，使中国稳步地由农业国转为工业国，把中国建成一个伟大的社会主义国家"。安丰塘灌区和全县人民在"水利是农业的命脉"和农业"八字"宪法方针的指引下，树立大修水利、大办农业的雄心壮志，掀起了波澜壮阔的大修水利的动人高潮。古塘新生的画卷展现在世人眼前。

寿县1949年1月解放，那时淠源河等早已年久失修，渠道淤塞崩塌，水源几近

安丰塘全景

断流。县委、县政府首先把疏通上游引水渠道工程列为重点，组织民工6000余人远征，打响了全县水利兴修的第一仗。资料显示，从1949至1954年，寿县每年都组织民工疏渠道，整修安丰塘堤，扩大蓄水，从而为下一步大干奠定基础。从1958至1978年，在集中力量继续大抓引水蓄水、巩固初战成果的基础上，每年都大搞灌区工程配套，重点加宽加高加固安丰塘堤，砌石护坡，增加塘容。改革开放后至今，国家更是加大对安丰塘灌区水利建设的投入，全面综合配套，科学规划，高标准施工，塘、田、水、渠、闸、林、路、节水灌溉项目相继完成，一步上一新台阶，一次大修面貌一次大变样，效益成倍递增。

1950年，在毛主席"一定要把淮河修好"的伟大号召下，灌区人民一面投入治淮，一面大修塘堤，清理斗门、引放水渠道，展开大会战。到1951年灌区灌溉面积恢复到10万亩。其中仅1953年冬春就进一步疏浚整修上游引水渠道18公里多，做土方21万立方米。1951年1至5月份，正值放水季节却遇上干旱少雨，降雨量仅233.1毫米，还不到同期蒸发量的三分之一，上游水源更是低枯。安丰塘灌区男女老少几万人齐上阵，在上游筑坝截流引水，在水源极紧张的情况下解决了10万亩水稻栽插用水，确保了丰收。到1953年底安丰塘灌溉面积已达20万亩。三年内共完成土方量50余万立方米，石方1000多立方米（还不计砂石水泥量）。每年都投入5个区、40多个乡镇民工会战，最多时达10万人。所有工地上红旗招展，标语横幅激励斗志，广播喇叭声声，民工你追我赶，行碾夯土的号子声："同志们呀呵嗨！加油干呀呵嗨！不怕苦累呀呵嗨！争第一呀呵嗨……"，此伏彼起。工地上热火朝天,许多民工都是小伤小病不下火线。有参加当年大干的干群回忆说:那时都一门心思上河堤,一心扑在工地上。冬天寒冷,民工大部分都是单衣薄衫,谁还问饭菜冷热,谁还顾天气寒凉,只想早日完工,验收合格。朴实的言语,质朴率真,激起笔者内心的涌动。

1954年江淮流域发生罕见大洪大涝,淮淠河水位上涨,安丰塘不能适时调度泄洪入河。主汛期4至7月灌区降雨量高达1072毫米,占历年全年最大降雨量的百分之七十。仅7月1日至10日,降雨量就达441.1毫米,10天内进塘流量247.1立方米每秒,最高时达735立方米每秒。安丰塘水面宽阔,吹程10公里,风大浪高,抢险保塘形势极为严峻。县委、县政府、县防汛抗旱总指挥部关键时刻两手抓,一手抓组织民工到上游尽量截流,分散化泄洪峰,减少瞬时间进塘流量;一手抓抢险保堤。十几万干群和水利工程技术人员分段严防死守,不分昼夜,抢险器材准备充足,及时到位。那时条件差,雨具雨衣少,抢险干群身披蓑衣麻袋片,头戴竹笠,不敢丝毫懈怠。大风暴雨,堤路泥泞,干群跌倒,再爬起来,沿塘巡查,挖土固堤,处理险情。雨水、泥水、汗水混在一起,无一人叫苦叫累。夜晚,马灯、手电筒照得25公里的塘堤上灯光明亮……,谱写了一曲抗洪保塘的胜利凯歌,再不现历史上汛期塘堤溃破,大水吞没田园农舍,生命财产遭损的凄惨。汛后又立即组织民工培修塘堤及水毁的渠道21公里,加高塘堤达到30米高程。

1958年淠史杭灌溉工程把安丰塘纳入总体治理规划。上游三大水库佛子岭、响洪甸、磨子潭相继建成,淠源河等已不存在,安丰塘的水源得到充足保障,安丰塘本身及灌区综合治理迎来新纪元。库、塘(乡村当家塘)、田、渠、林、闸、路、抽水灌站建设合理布局,使水资源的利用率大大提高,效益面积得到巩固。其中1959年秋冬到1960、1961年虽值自然灾害,群众生活困难,但迎河区按全县统一部署,组织2万民工把古塘河自众兴集到瓦庙店全长18公里引水渠道加高培厚,充分展现了灌区人民不向灾害低头、无私无畏的奋斗精神。

1961年大干淠东干渠工程时,一大段地带岗土硬度堪比石头,人挖不动,采取劈土法仍进度缓慢,人更辛苦。省委、省政府调集安徽省管教一大队人员采用爆破松土施工,又从花凉亭水库调来省管教九大队在切岭段进行爆破施工。土质松了一些,2000多人配合几万民工共同会战,大大加快了工程进度。安丰塘每年冬春必进行土石方施工会战。1961年1月,天降大雪,影响施工,民工冒雪不停。其中在堰口区的堤段上就出现千人扫雪,千人大干的动人场面。截至1962年,共开挖干渠3条长5万多米。资料显示,从1958年起,共开挖支渠以下分支等渠道5200条,在干、支渠上及安丰塘四周建大中型涵闸30余座,其中输水能力10—100流量的有 13 座。自 1963 年至 1965 年，灌区支渠以下斗门建筑物配套更是数以千计，灌溉田亩由 1963 年 60 万亩扩大到 70 万亩，共完成土方 2500 万立方米，石方混凝土 2.5 万立方米。水利工程技术人员和区乡干部严把质量关，对不符合标准的坚决返工补救。每个工地上都是红旗飘扬，人山人海，你追我赶，轰轰烈烈，比进度，比质量。一天一总结，不留死角后遗症。

修堤

最难忘的是发动全县干群为安丰塘块石护坡，到八公山下运石料的会战。1976 年，县委提出让安丰塘蓄水 30 米高程，蓄水 1 亿立方米，一塘变两塘，号召全县人民大力支援，无私奉献，动员迎河、堰口、双桥 3 个区及县直机关单位、街道、工厂、学校共 11 万多人。县委、县政府及机关单位在八公山下石头塘安营，在安丰塘堤扎寨，共征集各种农用机动车 1000 多辆、平板车 3000 多张、大小船只 400 余吨位，水陆并进。六安、淮南的车队也派人派车支援。车上张贴红纸标语，悬挂横幅，运石料的队伍浩浩荡荡，往返不疲，共运石料 3 万多吨。国家在财力有限的时候还拨款 114 万元，县从水费中拿出 20 万元用作护坡工程经费。笔者当时还在堰口区陶圩公社杨岗大队耕小教书。我们四个人两人一张板车,自带干粮,头天晚上赶到城内亲戚家吃住一晚,第二天一早赶到石头塘装石料,单程近50公里送到工地。此次会战,共护砌塘堤23.9公里,干砌块石6.6万立方米(其中旧坡翻砌3.15万立方米)。春灌前一次蓄水8400万立方米,仅从1958到1989年,国家对安丰塘投资618万元,完成土方加固及渠道整修土方395万立方米。大干又上新台阶,一年一个新气象。

运土

会战期间,县区乡(公社)对民工十分关怀,抽调乡镇公社医生和医护人员在工地上设临时医护点,对小伤小病的民工免费治疗。因公重伤者免费救治,由县民政、医疗部门进行伤残评定,每年由水利部门从水费中给予一定生活补贴,区乡也对他们给予一定的帮助。

在每年的水利兴修和大会战中都涌现出一大批模范先进人物。1960年,六安专区召开第二期淠史杭灌溉工程先进集体、先进生产者表彰大会,寿县就有240人受表彰,其中特等劳模32人,在管理方面做出贡献的人更是数以千计。1988年12月,迎河区大店乡水利专管员李福祥出席水利部召开的表彰大会,被授予"全国优秀区乡水利水保员"光荣称号。

树立大干忠诚志,共产党员做垂范。管水放水尽职责,不怕流血和流汗。放水管水期间,乡镇干群和水利职工白天不怕烈日晒,夜晚不怕蚊虫咬,风餐露宿,坚守岗位,不顾安危。

安丰塘管理处原副主任、共产党员丁玉文同志在1960年7月5日接县政府命令,为保证安丰塘水不下泄浪费,立即关闭老庙泄水闸。丁玉文同志接命令后,立即下水检查闸门。当查到第二孔闸时身体被卡在闸门插板缝中,不幸殉职,年仅28岁。县委追认他为模范共产党员,省民政厅批准他为革命烈士。1983年6月,双门节制闸放水期间启闭机突发飞车事故,职工陈泽利因护机受伤不治身亡,县水利局一直关心他爱人及儿子的生活,相继安排二人就业。

进入改革开放新时代,安丰塘又逢高标准高质量的建设期,全灌区节水灌溉工程再上新台阶。20世纪80年代中期,安丰塘灌区利用商品粮基地建设配套和引进外资等项目之机,土石方施工齐头并进,打破历年冬春修水利的常规,利用农闲展开工程夏修。这是水利建设史上的又一创举。1988年为增加塘库蓄水,国家投资243.5万元,加固护砌塘堤。3个区几万人肩挑人抬,车子推拉,深挖塘底,取土建成第一座塘中岛,面积110亩,岛中挖塘,蓄水供绿化育苗浇灌。从2006年至2007年,再次利用放光塘水的机会,机械、人工大干,又在塘中堆建第二座塘中岛,面积300亩,再次增加库容。从2006年起,国家投资8500万元,对安丰塘堤进行更高标准加固,堤坝宽整,堤坡更固。在节水灌溉方面,到2015年止,国家投资节水灌溉项目资金3225万元,使安丰塘灌区向节水型农业、科学灌溉、综合发展的长远目标迈进。2015年,安丰塘被授予世界灌溉工程遗产、中国重要农业文化遗产,目前正在申报全球重要农业文化遗产,是名符其实的世界灌溉工程鼻祖。

安丰塘历史悠久,不仅是古代劳动人民的创造,更是新中国七十年寿县人民大干使古塘获得新生。这是宝贵的历史遗产,更是灌区人民自力更生、艰苦奋斗心血的结晶。目前,安丰塘已成为爱国主义教育的基地。1988年1月,国发[1988]5号文件把安丰塘列为全国重点文物保护单位,省、县也相继发文,碑刻、建筑、史料、孙叔敖像受到妥善保护。

回顾七十年的光辉历程,回忆安丰塘灌区和全县人民在特定的历史时期,大修安丰塘大干水利工程的壮举,也许不少人会随着时光流逝而渐渐被淡忘。但人心齐,泰山移,发扬愚公移山和爱国主义、集体主义伟大精神的感人场景是不应被忘记的。他们在水利兴修史上书写的浓墨重彩的一笔、造福子孙的功绩值得永远铭记。

站在宽阔的塘堤公路上,望着那水天一色,春风吹起34平方公里塘面的绿波,听着游人口中那发自内心的赞叹"古塘胜过西子湖,鱼米之乡安丰塘"时,那情,那景,活灵活现。怎能不怀念为大修大干安丰塘死拼的干群们!更不能忘记"只有社会主义才能救中国"的真理。前事不忘,后事之师。这正是:古塘兴废历沉沦,七十年来获新生。盛世来临天地换,颂赞大干修塘人。

愿安丰塘这一璀璨明珠永放异彩。

2019年五一前夕
(作者系寿县水利局退休职工)

申报千年古县纪事

赵 阳

2018年12月11日,首都北京传来喜讯:经过中国地名文化遗产保护专家委员会2018年第一次千年古县专家认定评审会议鉴定,确定寿县为中国地名文化遗产"千年古县",国家民政部将于近期邀请寿县派员参加在京举办的授牌仪式。

中国地名文化遗产保护促进会文件

中地文〔2018〕鉴字3号

中国地名文化遗产保护促进会关于寿县为地名文化遗产"千年古县"的通知

寿县人民政府:

根据《民政部关于印发<全国地名文化遗产保护工作实施方案>的通知》(民发〔2012〕117号)和《民政部关于发布<地名文化遗产鉴定>行业标准的公告》(民政部公告第251号)的要求,经中国地名文化遗产保护专家委员会2018年第一次"千年古县"专家认定评审会议鉴定,确认寿县为中国地名文化遗产"千年古县"。

中国地名文化遗产保护促进会

二〇一八年十二月十一日

抄送:民政部区划地名司 安徽省民政厅
中国地名文化遗产保护促进会   2018年12月11日印发

千年古县获批文件

  "千年古县"是由联合国地名专家组会同国家民政部实施的中国地名文化遗产保护工程项目,同时被列为"国家重点文化走出去"战略项目,由中国地名文化遗产保护促进会在中国现存880多个千年古县中,优选100个历史悠久、文化积淀深厚、地名文化内涵丰富的县份,进行千年古县的重点保护和宣传推介工作。如果寿县申报成功,将被授予"千年古县"这张走向世界的靓丽名片,并录入《中国地名文化遗产保护名录》,从而为寿县政治、经济、文化、社会、环境的建设发展带来新的机遇和长远动力。

  寿县古称寿春、寿阳、寿州。战国时期,楚国以此为都,自秦汉以迄明清,本地迭为郡、县、州、军、道、路、府治所,两千余载"寿"贯其中,不绝如缕。申报千年古县,名正言顺,顺理成章。寿县人民政府从2015年启动千年古县申报工作。作为地名文化主管部门,县民政局负责牵头组织实施,县文广新局、县信息中心等单位具体承担资料搜集整理等工作。我们接受申报专题片《千年古寿春》解说词撰稿任务后,很快完成初稿,并经多次组织专家讨论、修改、完善,数易其稿,最终送交县电视台拍摄制作。

  2018年9月25日上午,我正在办公室伏案作业,手机突然响将起来。县主要领导来电话说,民政部千年古县专家组将于9月27日到达寿县实地考察。申报千年古县功在当代、利泽将来,是一件很有意义的事情。希望我们在完成《千年古寿春》解说词撰稿工作后,把申报工作汇报材料的起草任务承担下来。

  按照领导安排,25日下午,寿县召集相关单位负责人召开寿县申报千年古县工作讨论会。与会人员就汇报材料内容和形式集思广益,建言献策。当晚,初稿顺利完成,送主要领导审定。9月27日下午,以中国地名文化遗产保护促进会秘书长南燕为组长的专家组一行莅临我县,马不停蹄,立即深入安丰塘、隐贤、正阳关等古镇实地考察,我与县文广新局的一位老同志作为地方文史工作者陪同考察,负责随时解答专家们的问询。在去安丰塘的路上,专家组成员、国际专名委员会唯一中国委员牛汝辰先生问我,寿县之"寿",从何得来?我答,有两种说法,一说"为春申君寿",得名"寿春";一说楚国迁都后,取"寿"之"长久"、"春"之"新始、生机"之意,祈福楚国国运长久。牛先生听了,笑眯眯地说,有一定道理,但只是揣测,没什么依据。看我一脸懵懂的样子,他解释说,来寿县之前,他专门做了番功课,查阅了《中国地名文化》《中国名城的由来和传说》等书籍,发现寿春、寿阳、寿州、寿县之"寿"字,是由淮夷部落所处位置与古天文学的星次分野相互结合而来。

  翌日上午,在对寿县古城实地考察后,专家组召开寿县考察调研汇报会,县政府主要领导就寿县申报千年古县工作进行情况介绍。会上,省民政厅区划规划处处长高峰呼吁,目前全国千年古县申报工作已近尾声,但安徽尚未实现"零"的突破。没有安徽肯定不完整,建议专家组优先考虑接纳寿县进入名录,以利寿县更好地传承历史文化,保护地名文化遗产,加快地名资源开发利用和文化产业发展,为弘扬中华传统文化,推动经济社会又好又快发展做出应有的贡献。南燕组长对我县申报工作给予充分肯定,同时对申报资料的补充完善提出要求和希望。牛汝辰先生专门就"寿星分野"进行了系统阐述。他说,夏商周之时,华夏民族的分布统称东夷、西羌、南蛮和北狄。淮夷部落是东夷集团的重要组成部分,以鸟为图腾,主要分布在淮河流域。古代天文学家将天上黄道带分为四象,即东方苍龙,北方玄武,西方白虎,南方朱雀。进一步对天上星辰进行细分,便有了寿星、星纪、大梁、实沈、鹑首等十二星官即十二星次。牛先生说,古人认为天地之间处于一种相互映射的状态,"在天成象,在地成形",便将地上的州、国划分为十二个区域,使其与十二星次相对应。东方苍龙与东夷相对应。东方苍龙的三个星次分别是寿星、大火和析木,其中寿星与东夷的淮夷部落相对应。《新唐书》记载:"郑、汴、陈、蔡、颍为寿星分。"五地恰为昔日淮夷活动区域。寿春的前身州来为古淮夷部落所建氏族方国,是其时淮河中游地区的政治、经济、文化中心。专家考证,古时"州""寿"音义相通,两者可假借,"州"即为"寿"。"寿地"为寿星分野之地,先民以"寿"名其国土,上承天命,下应民意,是以流传于后世。

专家组回京后,寿县立即把进京参加申报评审的筹备工作摆上重要议事日程。当务之急,是要准备一份条理清晰、逻辑严密、理由充分的申报陈述。主要领导说,由县民政局、县文广新局和县信息中心的同志组成申报工作小组,务必把申报陈述做得无懈可击,没有疏漏。这个担子太重了!我想了想,建议吸纳县财政局一位对寿县历史文化研究颇有造诣且很热心的年轻同志参加,壮大队伍,增强力量。领导当即答应了下来。

按照《中国地名文化遗产鉴定行业标准》和《全国地名文化遗产保护工作实施方案》,申报陈述材料撰写成功的关键是要把握好三个方面:一是说清县名来历,二是理清千年历史,三是介绍传承发展。申报工作小组的同志进行了分工,明确了完成时限,最后交我润色汇总。初稿完成后,县政府主要领导两次亲自调度,进行现场陈述模拟,把评审会上专家们可能提出的问题考虑在先,宁可备而不用,不可用而无备,确保申报答辩滴水不漏,万无一失。

万事俱备,只欠东风。

10月30日,中国地名文化遗产保护专家委员会在北京中土大厦举行千年古县专家认定评审会,安排各申报县进行现场申报陈述和专家答辩,每县限定时间30

分钟左右。当天,县主要领导带领我们早早赶到候会室等候。14时40分许,轮到寿县出席人员上场了!进屋后细一打量,对面端坐的专家组成员有:中央党校副校长李君如、中国历史博物馆研究员齐吉祥、国家测绘地理信息局研究员牛汝辰等,都是在文化遗产保护方面享誉国内外的人物。按照会议主持人南燕秘书长提示,县主要领导落座后,依托PPT图像提示,娓娓道来,如数家珍:"两千多年来,寿春、寿阳和寿州,与寿县一脉相承,一个'寿'字,如同DNA序列中的最强基因,传承着历史,展现于今日,决定着未来。"陈述结束,各位专家依次发言,一致给予好评。李君如先生说,从史书最早出现"寿春"地名算起,"寿"地以"寿"为名,至少已有2200年历史。光是从公元589年改称寿州到现在,寿县以"寿"为名也已有1429年历史。寿县作为千年古县,理所当然,实至名归。

南燕秘书长征询各位专家意见,大家纷纷表示没有什么问题。南秘书长转头对寿县与会人员道了声"辛苦",示意我们可以离开了。

专家们居然没有提问!我们所有的答辩准备,得来全不费功夫!

走下大楼,我抬腕看了下表,时间刚过15时。也就是说,寿县的申报陈述和答辩,用时不到30分钟!

申报评审结果将在会后择日公布。我们看时间还早,索性网上订票,乘坐高铁踏上归途。我们知道,寿县申报千年古县已稳操胜券。这固然与大家的辛苦努力分不开,但根本原因,还是因为寿县历史悠久、文化灿烂、积淀深厚,为我们申报工作提供了无与伦比的先决条件。作为千年古县寿县人,我们倍感自豪和骄傲!

文博非遗

青铜器——打开楚文化的一扇窗户

高有德

楚文化是由楚人创造的、有自身特征的文化遗存。这是考古学界普遍的看法。一般认为,楚文化是东周时期江、汉、淮地区的一种地方文化,也是在夏文化的基础上发展起来的,春秋以前它还保留着相当多的中原文化因素,考古学认为是大溪(中国长江中游地区的新石器时代文化,因重庆市巫山县大溪遗址而得名)至屈家岭(屈家岭文化年代约为公元前3300—前2600年,因1955—1957年发现于湖北京山屈家岭而得名)阶段的遗存,是一支属于长江中游文化圈而又具有区域特征的土生土长的原始文化。到大致相当于庙底沟二期(中国黄河中游地区的新石器时代晚期文化,因1956年河南陕县庙底沟遗址的发掘而得名)阶段时,受到很多来自东方及黄河中游的龙山文化影响,其文化内涵更为丰富。到战国以后,楚文化开始了根本的变化,基本上已经从中原文化中分离出来,成为一种比较成熟的文化,形成与"中原文化"有别的"楚文化",从考古学的角度来看,已经呈现特色鲜明的两大文化体系。

寿春城在殷代为南方诸侯的疆域,周时为州来国地,仍为南方氏族方同领地。长淮上下,从远古始,就为东方的徐偃族主要活动区域。淮水下游诸部,通称淮夷,是东夷一部分。淮泗之间势力较大的有徐国,为西周中期徐偃王之后。沿淮中游,有钟离(临淮关附近)、向(怀远之涡口附近)、州来(寿县、凤台之间)诸小国,分属于盈、姜诸姓。淮南西部,由巢湖沿岸到霍、潜山麓,南及江干,为群舒散布地区。六(六安市北)、蓼(霍山西南)两国是以奉祀皋陶著称的小邦,大都保持着比较分散的部落状态,属偃、盈、姜诸姓。淮水上游,北到汝颍,有弦(河南潢川西南)、黄(潢川西)、江(正阳东南)、道(确山北)、柏(遂平西)诸国,都是盈姓的姻亲之国。这些邦国部落之间,都有比较密切的联系和频繁的交往,是推动这一地区发展的较早开拓者。

楚的荆蛮文化与江淮地区的土著文化及居民分属于不同的民族和文化共同体。楚人进入江淮,并以其文化影响改变江淮土著文化,是在楚武王(前740—前

毛主席等领导人参观楚大鼎

690年)、楚文王(前689—前677年)相继打开"申息之北门",在北上陈、蔡、郑、宋与诸夏争雄的同时,又沿淮东下,加强对江淮地区的争夺,并最终把势力发展到江淮,进而占领江淮。

如此,江淮地区的楚文化是一种外来文化与土著文化结合的产物。淮南是楚文化富集地,楚文化遗存十分丰富,展现出形态多样的文化存在与独具特色的魅力。其中,青铜器最为典型。

楚青铜的冶炼与青铜器的铸造,是楚文化发展的重要标志。总体上看,青铜器制造殷为初期,周为盛期,秦汉为衰期,六朝后为末期。楚青铜文化影响江淮,并以量多、质好、体硕而著称,其青铜文化鼎盛期为战国时期。

楚国铸造业的组织机构为府,统辖百官的最高工官为工尹或大工尹。而工尹都是由王亲国戚来担任的。如芈宜申,字子西,是楚王亲族,原官为司马(其位仅次于令尹)。城濮一战,楚败于晋,子西被任命为商公,后被任命为工尹,掌管百工。子西带兵打仗不算出色,做工尹倒还发挥了长处,使得楚人的冶铜技术日趋出色。

荀子曾经南游楚国,后来又到楚国做县令,他指出,楚人青铜冶铸具有"刑(型)范正,金锡美,工冶巧,火齐(剂)得"的特点。楚金属铸造机构庞大,冶炼、铸造人技艺精良。

楚的铁文化也很发达,但由于铁易锈蚀,原件、铭文不存,后人对楚的铁文化多有忽略,对青铜器则不然,出土的楚青铜器量大(寿县楚王墓、蔡侯墓出土的青铜器数量居全国之首)且多有铭文记述,后人有一系列考证。

寿县出土的青铜器与春秋中期以前相比有以下特点:一是出现许多新器型,如鼎、敦、缶、方壶、鉴、簠等。二是器物装饰均流行蟠螭纹或变形蟠螭纹,花纹繁缛,手法多变,分别见于器盖、腹及足根部。三是除升鼎外,鼎大部分附耳(主要便于流动携带,适应战争),鼎腹均为深腹,子母口,鼎盖隆起,足有兽足变为蹄足,高矮两种,足根部饰有蟠螭纹组成的兽面。四是青铜器基本组合为鼎、敦、壶(缶)。

这些特点与前期土著文化相比,前期直立耳兽足鼎、带把三足牺鼎及前期铜器纹样都不见踪迹,显示了全新风格,与中原同期铜器文化因素相比较,后者较前者造型差异很大,铜器饰文极少,流行素面,风格迥然不同,与南方同期楚器却十分雷同。如寿县蔡侯墓出土的鼎足与舒城九里墩墓16号鼎足,河南淅川下寺M61楚式鼎,江苏吴县和山东周墓Ⅰ式楚鼎,当阳赵家湖出土的"楚子超鼎"造型均一致,圈足纽,盖隆起,深腹,蹄足,腹与足根饰繁缛的蟠螭纹。寿县蔡侯墓出土的鼎,自名"升鼎",直立、耳外侈、敞口、束腰、浅腹、平底、粗矮、兽面、蹄足、器身周围攀附浮雕式夔龙(仍沿袭春秋中晚期纹饰繁缛的风格。从另一侧面充分反映雕塑及铸造技术的科学与先进)。以鼎为例,这些特点较之中原同期青铜器,如河南陕县上村岭M1657、M1761春秋早期铜鼎,山西侯马上马村M13春秋中期铜鼎,两者相差较大。

楚文化在发展过程中,受越文化影响较大。越人是从华夏炎黄族和东夷太少白皋族中分离出来的,最初生活在黄河中下游一带,后因部落斗争,处劣势者南徙至长江中下游,后受地理环境制约,形成大小不一、互不相属而又互通往来的"百越"部落,亦称百粤,从事农耕、渔猎、水上航行、金属冶炼、养蚕织锦等,并有断发文身的习俗。特别是越人的青铜剑工艺,采用三次铸造法,最后包浆,今出土之剑,仍寒光闪闪,如同新铸,名震华夏。战国初,皖南之越人依然遁迹山林,闭关自守,逞勇好斗,"依山险阻,不纳王赋",烙有很深楚早期半原始丛林生活的痕迹。随着楚文化不断南渐,给越人之半封闭生活带来活力,使楚越文化相互渗透。其间,双方的文化都得到较高的升华。这种文化的发展、交融与升华具有相互作用和历史的连续性,对后世产生极其深远的影响。

越虽和蔡(国)、吴(国)长期并存,文化往来密切,但从遗存的蔡器、吴器形制看,很少有反映越文化的因素。相反,楚国的青铜器却与敌对国的越国有着割不断的、密切的文化联系。

寿县楚幽王墓出土一种矛,中心带血槽,两翼饰倒刺形图纹,骨交部带"王"字,被定为越矛,是明显受越文化影响才出现的。带血槽矛的出现,表明楚在寿铸的青铜兵器领域标新,是一次飞跃,也是楚吸收越文化的力证。

楚人较多铸越式鼎,长足外撇(适应流动及稳固性),显然也是吸收了越式鼎中的足形因素。楚人善于吸收他人的文化精华,楚人在与山越人的较量中当是领教过越人的厉害,从而借鉴了他人的长处。楚灭越,进一步疏通了越文化因素渗入到楚文化之中的渠道。

寿县蔡侯墓出土的春秋莲瓣铜方壶,是从周初那种略似古斛形的长腹圆壶中演变和分化出来的。楚式方壶是在周式方壶及春秋初期中原方壶的影响下产生的,到春秋中期,所铸之方壶,才真正产生具有楚自身文化特征的系列。

"李三孤堆楚墓出土约4000多件青铜器及其他各类器物,可以说是战国后期楚文物之集大成者。"这些青铜器多是在寿春所铸,是江淮地区楚文化有代表性的集中体现,与河南商代铜器上的纹饰做粗眉、隆鼻、宽口、厚唇者不同,包括支钉的使用也不同;内范花纹凸出法(内范为阳文、外范为阴文)已形成两次铸造法及多范组合成形铸造法(现有资料表明,这种青铜器铸造法在当时世界上也是最先进的)。

楚迁都寿春后,更加注重花纹、形制在青铜铸造上的应用,另一更显著的质变就是合金配比趋于科学、成熟。楚人通过长期实践指出,金有大齐(金即铜在冶金上称铜锡合金为齐):六铜锡一,谓钟鼎之齐;五金锡一谓斧刃之齐;四金锡一,谓戈金之齐;三金锡一,谓大刀之齐;五金锡二,谓杀矢之齐;金锡半,谓之鉴燧之齐。有关专家认为,寿县出土的青铜器能越两千余年而保存下来,实与合金冶炼技术密切相关,这种配比即使与现代冶金配比相比,也是十分恰当和科学的。这是楚入江淮以后才发生的,融合江淮土著文化而发展起来的。它在约五百年时间里,大致经历了三个时期。

春秋中期,即楚入江淮的前期,楚此时虽进入江淮,但作为外来文化的楚文化在这地区还没有形成融合和取代土著文化的趋势。从出土文物看(主要指青铜器),至少土著文化还占有绝对优势。

春秋晚期,是楚入江淮的中期。楚文化开始进入江淮,并与江淮土著文化发生融合。此期虽有吴越介入,但在文化方面未起什么影响作用。

战国初期的蔡昭侯二十六年（前493年），蔡避楚就吴迁都州来——即下蔡的境地。蔡国在公元前477年灭于楚，从迁都州来以至灭国，仅46年。时间虽然不长，但蔡国在淮南葬器的出土，就数量和质量而言都是出土文物史上少有的，成套的礼器，成组的乐器，大批的车马器，制作精美，花纹瑰丽，是研究铜器重要和较完备的材料，考古专家把"蔡器定为楚系"，解决了一些器物系位、名称问题，对研究我国古代文字、音乐、美术、工艺、交通等一系列问题提供了最好材料。

楚灭蔡为楚入江淮的后期，是楚文化在淮南发展的鼎盛时期。屈原作为楚文化的代表诗人，以极大的爱国热忱，用憎爱分明的诗词歌赋，抨击时弊，讴歌进步，其艺文作风对后世影响极大，对汉文化的影响起决定作用。1954年，屈原作为楚文化的代表"爱国诗人"，被列为世界四大名人之一，由此可以断定，没有屈原及其著作，就没有"淮南国文化"与"建安文学"。

近年，更有不少专家学者论述楚文化的特殊成就及其对战国、秦汉文化的影响时指出，"楚文化影响后世之大，以至征服了汉文化，是汉代文化的直接来源"。楚文化是独立于中原文化之外的特殊文化，屈原的作用便是这种文化的集中体现。总之，对楚文化的成就、作用，估价十分之高，甚至超过了中原文化。

由于楚避秦东迁，公元前241年，楚考烈王徙都寿春，寿春作为楚都，成了"楚文化"发展鼎盛时期反映的集中表现地。出土的大量的青铜器、陶器、漆器等都表现出与两湖地区楚文化相同而又有改进的文化面貌与特征。1933年，寿县朱家集出土了大批的楚青铜器。蔡侯墓出土的青铜器是寿县出土的第二批青铜器群，大部分青铜器有铭文，多蔡侯字样，可确定为蔡昭侯墓。铭文最长者90余字，这些铭文说明了当时蔡国的历史情况，也提供了春秋中晚期蔡、楚、吴三国间关系的种种资料。如淮南原属吴，归楚后，吸收吴文化因素，制出的剑带血槽；方鼎演化成圆鼎带盖，素面蹄脚；铜方壶演变等。

寿春汇楚文化诸多因素之精华，如楚寿春城遗址的建筑艺术及其宏大规模；引进水稻的栽培与芍陂的开拓；楚金币"郢爰"的铸造与发行；"鄂君启金节"的使用，标明楚国商业、交通、运输工具的进步与发达；大量青铜的冶炼与青铜器的铸造，融文字、书法、镶嵌于一炉，如"鄂君启金节""大府铜牛""栾书缶"等；即便是蔡侯墓、楚王墓出土青铜器中大量的炊餐具，窥其春秋战国时期的吃穿住行，也充分反映楚地物质文化生活的实际水平，从而显示楚文化的先进与社会生产力的发展。

楚文化虽然以秦统一而告终，但作为楚文化的物质财富和精神财富的意识形态文化，是不会随着朝代消亡而消亡，它已经并必然作为优秀的历史传统文化遗产而惠益寿县、安徽乃至整个中华民族。

战国寿春遗址出土楚国金钣综述

许建强

众所周知,战国时期楚国流通的金钣(饼),是安徽寿县博物馆的特色藏品。寿县博物馆以其品种多、藏量丰富,而居全国博物馆之首。楚国境内盛产黄金,在许多古代的书籍和文献中屡见记载。在《管子·揆度》和《管子·轻重甲》中有"黄金起于汝汉水之右衢","楚有汝汉之黄金"。在《战国策·楚策》中,楚惠王在与张仪对话时炫耀道:"黄金、珠玑、犀象出于楚,寡人无求于晋国。"可见,楚国在当时就是著名的黄金盛产地,有着充足的黄金储备。寿县在两千多年前的战国时期称"寿春",据司马迁《史记·楚世家》记载:"(考烈王)二十二年,与诸侯共伐秦,不利而去。楚东徙都寿春,命曰郢。"寿春在战国晚期曾经是楚国最后的都城,这些大量的黄金储备伴随着楚国贵族和都城的东移被带到了寿春,留在今天安徽的寿县。

寿县出土楚国金钣,由来已久。早在宋代人沈括撰写的《梦溪笔谈》一书就有:"寿州八公山侧土中及溪涧之间,往往得小金饼……"的记载。自这以后,南宋李石的《续博物志》、清代方濬益的《缀遗斋彝器考释》、民国徐乃昌编著的《安徽通志稿·金石古物考稿》等文献都有记载。然而,两千多年前楚国迁都寿春时,究竟带来了多少黄金最终留给了今天的寿县?从古到今寿县究竟发现了多少楚国黄金?谁也无法做出统计。不过,就20世纪70年代末到80年代在寿春城遗址内三次大批量出土的楚国金钣而言,可以窥见楚国黄金储备的一斑。下面就战国寿春城遗址内花园村的门西、周寨村的周家油坊、东津村的阎圩三地楚金钣的发现经过、征集过程、重量件数、形制特征、浇铸工艺等,做综合阐述。

一、发现经过与征集

记得第一次知道寿县出土楚国金钣,那是在1979年秋。当时,我还在军中服兵役,一天在翻阅《人民日报》时,偶然看见时任县广播站记者姚善荣先生撰写的安徽寿县出土楚国金币的一则新闻报道,在感到兴奋的同时,也有一份惊奇和自豪。令我没能想到的是，三年之后，我复原被分配在寿县博物馆从事文博工作，有幸接触当年出土的楚国金钣，并对其做进一步的了解和研究。

弹指瞬间，如今，已经三十多年过去。我再次对当年金钣的出土地——寿县东津公社花园大队门西生产队（今辖属寿春镇花园村）进行了探访。出土地位于寿春镇老城南约2.5公里寿六路的东侧战国寿春城遗址内。1979年8月的一天，一场大雨过后，秧田里积满了雨水，生产队长张世亮便安排社员刘禄明到田里排水，当刘禄明来到秧田水渠旁刚开挖两锹，数块金黄灿灿的楚国金钣就闪烁在刘禄明眼前。这时，刘禄明并没有意识到他的重要发现，只是有一点好奇，怎么与其他瓦片不同，或是铜块什么东西？于是不在意地把它集中放在了一边，继续挖沟排水。排水结束后，刘禄明用铁锹端着挖出来的金钣收工回家了。万没有想到的是，刚进家门，就遭到了年迈母亲气冲冲的一顿责骂："谁叫你把坟里挖出来的东西往家拿，想咒我死呀！该丢哪丢哪去。"无奈之下，刘禄明只好暂时将挖到的金钣放在院门口。回头一想，这不是个事，到底是什么东西还不知道呢？于是就找来了队长张世亮看个究竟。队长一看惊讶道："啊！这可是金子呀！要报告公社。"就这样，时任寿县博物馆馆长涂书田闻讯后，立即赶往现场主持对出土地进行考古调查和征集工作。此次发现，寿县博物馆征集新入藏楚国金钣"郢爰"印记金钣2块，"卢金"印记金钣5块（其中有1小块），"陈爰"印记金钣2小块，无印金钣8块，楔形或圆形切凿的金饼4块，共21块，以及零碎散金，总重达5187.25克。这是寿县博物馆建馆以来最多、最重要的一次入藏，在丰富藏品的同时提升了藏品的品位。嗣后，涂书田先生撰写了《安徽省寿县出土大批楚金币》一文刊发在《文物》月刊杂志1980年第10期。

自此以后，时隔七年的1986年2月13日年初四这一天，我家当时在博物馆内，按馆开放制度规定，春节三天开放，初四闭馆补休放假三天。时下兴请往年酒，利用补休的空闲时间，当天晚上约请了几位知己好友来家中做客，得做做准备。午饭过后，我正在家中忙乎着，大约在3点多钟，突然响起一阵急促的敲门声，开门一看，来者是一农民模样的陌生人，还推着一辆自行车，说道："给你们报告个事，南门外周寨村周家油坊农民周锦好家挖鱼塘又挖出金子了，真的，离那年出金子的门西队东边二三里地，都是大块的，和门西出的一样的，我数了一下差不多有42块，跟你们讲了，可要替我保密呀！我叫柏某某，家在东津花园蔡庙。"听完来者的一番讲述，对此，我坚信不疑，心中不禁一阵惊喜，终于能有机会在第一时间亲自参与楚金钣的调查和征集工作了。于是，我把情况向领导做了汇报，家里做了简单的安排之后，立即与调入时间不久的馆党支部书记魏龙恩同志一同骑车赶到事发地进行调查。

在调查中得知：我们当地有个习俗，年"初四"（戳事）是个不吉利的日子，一般不外出，出门怕惹事。周锦好家里的藕塘塘底由于有好多碎瓦片，常年不长藕，正好利用这个日子请人帮忙，把藕塘底的瓦砾层挖掉，改作鱼塘，就约请了十来个本村的乡亲帮忙挖藕塘，没想到挖出了这么多的楚国金钣。金钣一出土，随即被在场帮忙挖塘的乡亲们，你三块、我五块的给私分一空。调查征集工作一直持续到晚上9点多钟，虽经反复的思想动员，宣传文物法规和相关政策，但收效甚微，始终未能见到实物，无奈调查工作暂时结束。次日，也就是年初五，由于事情比较紧急，一大早，我们把调查的情况及时向主管局及县领导做了详细汇报，并请求县公安部门协助加大调查征集工作力度。与此同时，向省文物局也做了汇报，省文物局随即指派安徽省文物考古研究所杨鸠霞、汪景辉两位专业同志驱车赶来寿县，配合寿县博物馆对事发地进行考古调查发掘工作。在县公安部门的协助下，经过几天的认真排查、摸底动员，以及现场的发掘和清理，到年初七，共征集入藏"郢爰"印记完整金钣28块，无印记完整金钣10块，共计38块，以及少量的零碎散金，总计重量达10055克。这一次出土的楚金钣数量，突破了寿县历次出土数量之最，取得了丰硕的成果。此后，笔者整理撰写了《安徽寿县再次出土大量楚国郢爰》一文刊发在《文物》月刊杂志1992年第10期上。这次出土的楚国金钣，由于当时县博物馆缺乏安全设施设备和保管条件，经县领导协调由中国人民银行寿县支行代为存放保管，至2004年5月才移交县博物馆收藏。

无独有偶，在这一年4月30日的傍晚，大约6点多钟，天阴着，还断断续续飘着毛毛细雨，有两位农民模样的同志骑车来到博物馆报信说："南门外东津村阎圩吴长银，在围沟挖藕又挖到黄金了……"听到这，我心里简直难以置信，哪有这么巧的事，难道真的又有新发现了？望着两位风尘仆仆报信的农民诚恳的表情，一种好奇的冲动情绪油然而生，一定要到实地看个究竟。于是，我便匆匆扒了一口晚饭，换上雨靴，拎上野外调查常带的工作包。那晚，天真黑，真是伸手不见五指，我独身一人徒步直奔事发地——东津村阎圩。

乡间土路太多的泥泞，艰难地走了一个多小时，才找到吴长银的家。没想到的是县政府办和县公安局及东津乡政府的同志早已经赶到，还有一些好奇看热闹的乡亲，把吴家的房子围了个水泄不通，从院子到屋里一遍灯火通明，好一个热闹场景！原来，下午吴长银在后围沟中间浅滩上挖藕挖出金子用锹捧回家后，便主动赶到乡政府把事情做了汇报。这时，县政府办和公安局的同志正在点收吴长银上交所挖的金子。我有幸在第一时间目睹了这些新出土的楚国金钣，大致看了一下，发现基本上都是被当时切凿流通使用的"郢爰"印记金钣,不由得顺口说了一下:"怎么都是郢爰印记金钣,有没有圆金钣,或有陈爰印记的金钣和其他字样印记的金钣?"凑巧的是,没隔多久一位公安同志对我耳语道:"我刚才从厨房水缸弄水洗手,好像水缸底有两块像你讲的圆金子,但又不敢确定,不好细看,东家老奶奶始终在厨房门口站着。"我把这情况与在场的公安副局长交流一下,他随即部署道:"用适当方式把老奶奶调开,看看是不是,要是的就拿走。我们在这边,再引导询问一下吴长银。"于是,按照部署,经过几位在场工作人员的密切配合,终于将藏匿于水缸底的两块圆金饼取出。通过大家的共同努力,这次又征集收藏被凿大小不等的"郢爰"印记金钣123块,圆金饼和半圆金饼各1块,共计125块,总重3394.25克(图1)。

图1 寿县博物馆藏寿春城遗址出土部分楚金钣

寿春城遗址三次大批出土楚国金钣,"郢爰"148块,"卢金"5块,"陈爰"2块,无印金钣18块,圆形、楔形、半圆形及无印小金粒(似从大块金钣切凿下来的极小零碎金块)11块,共计184块,合计总重达18636.5克,除"郢爰"金钣2块、"卢金"金钣1块和无印记金钣1块分别调入国家博物馆和中国钱币博物馆收藏外,其余均藏于安徽省寿县博物馆,使之一跃成为全国收藏楚国金钣数量最多的博物馆。

二、形制特征与浇铸工艺

根据三次发现金钣的形制、印记、浇铸工艺的不同,我们大致可把它区分为如下三型九式:

A 型:

52 块大同小异,呈一端宽一端窄,四隅微向外伸凸,面凹背拱,酷似龟壳状,背面留有条纹范痕。这些均是尚未经切凿流通使用的完整金钣,根据无印记和印记的不同,又可分为如下三式:

AⅠ式:正面无印记,有浇铸时留下的大小不规则的凹窝、气穿孔和工具挤压痕,背面有清晰细条纹范痕(图2);

图2　AⅠ式无印金钣正面

图2　AⅠ式无印金钣背面

AⅡ式:正面凿印有白文"郢爰"方形印记,背面有断断续续细条纹范痕,有的有记数刻符(图3);

图3　AⅡ式郢爰印记金钣正面

图3　AⅡ式郢爰印记金钣背面

AⅢ式：正面凿印有白文"盧金"圆形印记，背面有断断续续细条纹范痕，有的有记数刻符（图4）。

图4　AⅢ式盧金印记金钣正面

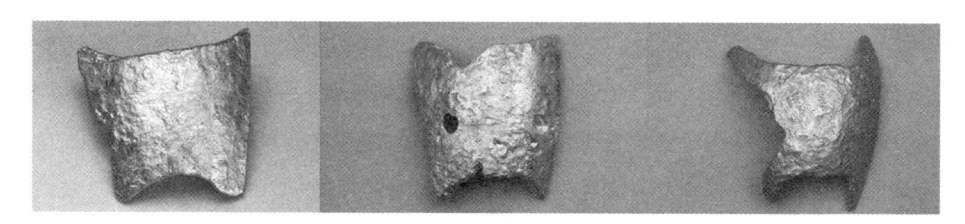

图4　AⅢ式盧金印记金钣背面

A型金钣的浇铸，需事先制作好单范，然后将熔化的金液浇注在单范槽内，晃动单范使金液在范槽内流动成形，一般每块重量在250克至280克之间，约为楚重量一斤。由于采用的是单范浇铸，金液在范内流动时表面和内里温度因时间的先后造成冷却程度的不同，金液在范内流动成形的过程中出现厚薄不均的现象，这就需要借助于工具把稍厚的金液向较薄处挤压，待金钣冷却定型后，脱范取出。AⅠ式无印金钣就这样浇铸制成，因此在AⅠ式无印记金钣正面保留工具压痕、气窝和气穿孔，其背面留下清晰的细条纹范模铸痕。然后再用阳文"郢爰"铜印戳冷錾印，由于冷錾印时受力的作用，背面的范模细条纹铸痕被破坏，这就使AⅡ式和AⅢ式金钣背面的铸痕呈现出断断续续的现象。

B型：

6块呈圆形或从圆形切凿成半圆形和楔形饼状，无印记，底面较平，表面微有凹凸现象，根据现有形状，又分为三式：

BⅠ式：圆形金饼，边缘处保留有一凿錾的豁口（图5）；

图5　BⅠ式金钣正面

BⅡ式：近似三角形楔形金饼，系圆金饼切凿成，一边呈弧形，另两边为錾凿切割时留下的凿痕（图6）；

图6　BⅡ式金钣

BⅢ式：半圆形金饼，系圆形金饼切凿而成，一边缘呈半圆弧形，一边为錾凿切痕（图7）。

图7　BⅢ式金钣

B型金饼的浇铸,无须范模浇铸,是将熔化金液在一般平面物上直接滴铸而成的金饼。这种浇铸方法原始,技术简单、便捷,倒是有点类似今天做烙饼。这可能与金饼本身的职能有关,由于尚处在早期的黄金称量通货阶段,还不具备纯粹意义上的黄金铸币。它既可以做黄金原材料使用,也可以作为一种流通商品。楚王往往把黄金和珠玑、犀象一样视为楚国一种特有的物产资源,铸成大小、轻重差异较大的圆金饼状原材料。需要制作金器时,可根据用金量的多少选择大、小金饼进行切凿下来,作为黄金原料使用;也可以作为一种特需商品向其他国家输出,通过称量以物物交换的方式进行与他国之间的贸易流通。因此,也就出现了从B型金饼切凿下来的BⅡ式和BⅢ式金饼。

C型:

126块金钣均系从完整的大块有印记金钣被切凿成大小不等的长方形、方形、三角形及不规则形,已经流通使用过的,据印记不同,分为三式:

CⅠ式:正面凿印有白文"郢爰"方形印记的(图8);

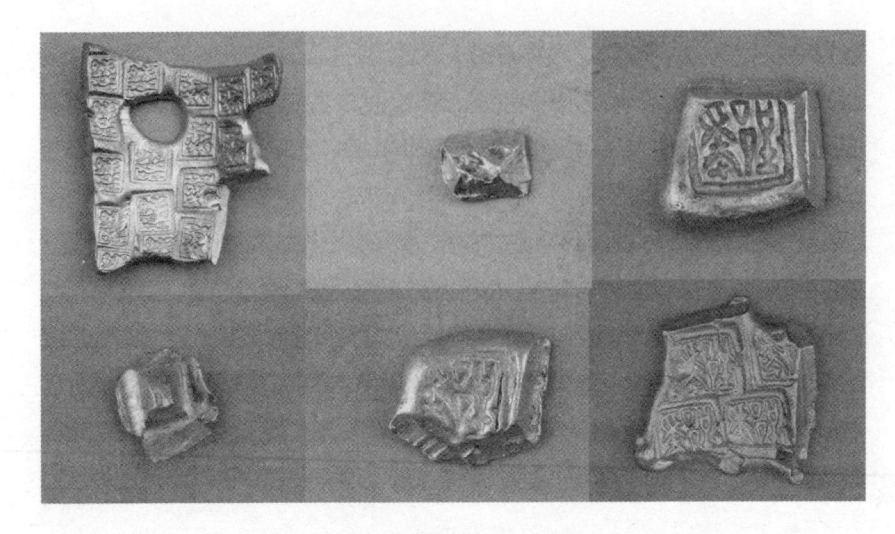

图8 CⅠ式金钣正面

CⅡ式:正面凿印有白文"陈爰"方形印记的(图9);

图9 CⅡ式金钣

CⅢ式:正面凿印有白文"盧金"圆形印记的(图10)。

图10 CⅢ式金钣

C 型金钣，除 CⅡ式、CⅢ式金钣外，均出土于寿春城遗址的阁圩，由于都是经过流通的金钣，是从大块金钣上采用錾凿切割下来称量流通的，所以没有固定的形状，重量也各不相同。各块金钣轻重悬殊较大，一枚印记的金钣占多数，其次为半枚印记，再次为 2—6 枚印记，10 枚以上的印记仅 3 块，最大的金钣为 16 枚印记重 220 克，最小的无印重仅 1.4 克。一半以上的金钣正面另加钤有阳文小印记或刻符。

　　从寿县前两次出土的金钣来看，都伴随有零碎散金共出的现象。这些金钣在埋藏时可能连同零碎散金盛放在陶制的容器内，出土时被挖坏，致使零碎散金散落在出土现场的泥土中。散金中有呈韭菜叶状的、细小颗粒状的，可能是浇铸过程中修整下来的多余碎金；特别是当时有许多农民把现场的泥土取回家中，通过用竹篮在水中迎着阳光洗淘后，可捡到许多小如烟灰沫状金砂，这似乎应该就是天然金砂。这种现象反映了楚国的金钣可能是用天然的金砂，不经冶炼，直接熔化成金液浇铸成型。由于至今这些金钣尚未做过定量分析，无法确定具体的含金纯度。不过，我们可以通过 1988 年上海人民出版社出版，由汪庆正主编的《中国历代货币大系》第 1 卷《先秦货币》所公布的，南京博物院藏江苏出土"郢爰"金钣含金量在 70% 至 98.5% 之间的数据，得出一定的参考值，足见其天然的含金纯度相当之高。

　　通过对寿春城遗址内三次异地出土的"郢爰"印记金钣的印记相互比对，令人十分惊奇地发现，绝大多数竟是同一印戳所印。在原中国历史博物馆编写，由天津人民美术出版社出版的《简明中国历史图册》第三册 107 页介绍，该馆藏有两件传出土于安徽寿县的"郢爰"铜印戳（图 11）、《中国文物报》1989 年 7 月 28 日二版刊载的河南息县发现一件"郢爰"铜印戳，三件铜印戳形制特征大同小异，皆有"郢爰"字的一端渐细，逐向另一端渐稍粗大，顶端部有锤击的使用痕迹，其尺寸大小也十分相近。这三件"郢爰"铜印戳的发现，正好可以同"郢爰"印记金钣做印证。

图 11　中国历史博物馆藏传安徽寿县出土"郢爰"铜印戳

三、郢爰、陈爰、卢金和小印记及记数刻文

印记"郢爰",最早由北宋沈括《梦溪笔谈》初释为"刘主";南宋的李石《续博物志》因之;至清代的方濬益《缀遗斋彝器考释》,其父子始考释为"郢爰"。"郢"字的解释看法基本一致,是表示地名,即楚国都城的称谓:郢都,所指当在公元前278年楚"东北保于陈城"之前的今湖北江陵的纪南郢;或是公元前241年"楚东徙都"之后的今安徽寿县的寿春郢。而"爰"字释义不一,概括起来有三种。

其一,释"爰"字作"锾",始由清末吴大澂在其《权衡度量实验考》认为:"爰即锾之古文,锊与锾一字,说文锾,锊也。锊,十铢二十五分之十三。"云云,为计重量名。王毓铨先生在1990年由中国社会科学出版社出版的《中国古代货币的起源和发展》书中归纳为:"爰可能原是个重量名,后来变成了爰金的重量名,因而又变成爰金的货币名。"

其二,释"爰"字作"禹",日本学者林已奈夫在《史林》五十一卷2号《战国时代之重量单位》一文中首把"爰"字隶定为"禹"(称),受到国内一些学者的推崇,并根据长沙西汉初期墓中仿金钣的泥质"郢禹""郢称"等印记冥钣,做了进一步的考证与发挥,影响很大;甚至在肖清的《中国古代货币史》书中也认为"郢爰之'爰'改释为'禹',的确有其合理之处"。

其三,释"爰"为"爰"字,黄德馨在光明日报出版社出版的《楚爰金研究》书中否定前二说,以为"郢爰"之"爰"字,并非"锾"字与"锊"字,亦非"称"字;而是释"爰"即爰字,其含义为易、换,有交易、交换之意。"郢爰"含义,"实乃取楚国郢都所铸,具备交易媒介功能之意"。

以上三种释意,笔者更认同于后者。

"陈爰"印记金钣的最早发现,在清方濬益《缀遗斋彝器考释》就见:"闻道光中寿城南谢家围孙氏别墅浚池得一钣。""陈爰"的"陈"字,即妫姓古陈国,其地在今河南淮阳县,据司马迁《史记·楚世家》载,公元前478年楚惠王最后灭陈国,为楚县邑,自公元前278年"楚顷襄王兵散,遂不复战,东北保于陈城",至公元前241年"楚东徙都寿春"之前,曾是楚国都城所在地。"陈爰"印记金钣,当是楚在此为都时所铸。

"卢金"印记金钣的"卢"字,所指当为卢地铸造金钣。卢,即古卢戎国,商代时为一少数民族,西周初曾跟随周武王参加讨伐商纣王。《尚书·牧誓》有:"王曰:嗟!我友邦冢君……及庸、蜀、羌、髳、微、卢、彭、濮人。称尔戈,比尔干,立尔矛,予

其誓"的记载。其地位于今湖北襄樊市西南,后属于楚地。

从总体发现的楚国金钣印记文字结构与章法布局的特点上来看,可能是受印面太小的限制,上下结构的字,布局一般是二字印各占一半;若是左右结构的字,是一字印,则是各占印的一半,若二字印或三字印中有一字为左右结构的,往往将最后一字省去,或保留一字的声部省去偏旁,各占印的三分之一布局。在汪庆正主编的《中国历代货币大系》第1卷《先秦货币》中收上海博物馆藏4265号"専爰金"印记金钣,应该是受印戳面小的限制,将"郢爰金"的"郢"字省去偏旁作"専";同样"郢爰""陈爰"即是"郢爰金""陈爰金"三字名称之省写,"専爰金"和"郢爰""陈爰",虽然一是三字印,一是二字印,其章法都是各占右中左三分之一布局。

在被切凿流通使用的许多"郢爰"印记金钣上,另钤印有"上"、"右"、"大"字小印记,似是与标明金钣的含金纯度和拥有者的某种关系。同时还有钤印有一些"一"即1、"×"即5、"介"即6、"七"即7、"><"即8、"十"即10、"±"即11、"⊥"即12、"米"即50、"廿"即20、"大"即86记数小印记,可能为金钣持有者的编号(图12)。

图12 部分金钣上的小印记

记数刻文多见于完整大块印记金钣的背面或侧面,系由针刻若干纤细直线组合而成。分别由一、=、≡、≣、×、⊠、十、丨(此数单写作"十",组合写作"丨")六个基数组合成如下发现的若干记数刻文:

⊥(11);⊥(12);⊥(13);⊠(18);卅(30);≣(34);⊠(50);⊥(112);⊥(113);⊥(114);⊥(115);⊥(117);⊠(150);⊠(151);⊠(153);⊠(154);⊠(155);⊥(160);⊥(165);⊥(170)。从这些刻文编号所反映的数字来看,从十位到百位以上,编号之多,数字之大,且又多出现在完整的大块金钣上(图13),其拥有者绝非楚国的一般贵族,似属楚国的王府所有。

图13 部分金钣背面的刻文

四、结语

楚国拥有丰富的黄金资源,并在楚国通货体系当中扮演着高额辅助货币的角色,往往以大宗商贸交易流通于市场,但绝大多数为楚国的王府和高等贵族所掌控和垄断。1957年和1960年发现于安徽寿县战国寿春城遗址内邱家花园的"鄂君启金节",其中有三件车节和两件舟节,分别各有147和164字错金铭文。该金节是楚怀王六年(前323年)铸造,颁发给其子启(字子皙)鄂地(今湖北鄂城)封君的,为其在陆路和水路行商贸易时,所享有的特权通行凭证。铭文内容中,除对商贸行驶期限、行驶线路、运载商货以及免征税收等方面都有具体规定外,还有"车五十乘"和"屯三舟为一舿,五十舿"商货车辆和船只数量的规定(图14)。可以想象50辆商车和150只商船,这样一支浩浩荡荡规模庞大的楚国贵族商货贸易队伍,其所载货值,绝非以普通蚁鼻钱所能兑值,当用黄金——"郢爰"等印记金钣计值支付。这个实例告诉我们,楚国除了掌控王室已有的大量黄金外,为不断充实楚国王府的黄金储备,还把流散民间的黄金,通过商贸的手段,重新回流到国库来,以保证楚王府的黄金储备总量占绝对垄断地位。这些在当时楚国具有绝对数量的黄金,伴随着楚国政治势力的日渐衰危,遂逐都城的迁移而异地,最终因国灭而留在寿春。这些都客观地反映出两千多年前虽败守寿春呈强弩之末的楚国,仍拥有如此数量惊人的黄金储备。今天在寿县地区楚国金钣发现的数量之多,独居全国之最,是历史的必然。

图14 安徽博物院藏寿县邱家花园出土的鄂君启金节车节和舟节

寿县博物馆的前世今生

赵鸿冰　许建强

1958年9月17日,毛泽东同志在视察安徽省博物馆时发表重要指示:"一个省的主要城市都应该有这样的博物馆。人民认识自己的历史和创造的力量,是一件很要紧的事",为新中国博物馆事业的发展指明了方向。寿县博物馆就是在这种形势下应运而生,如今已走过风雨兼程的60个春秋。

寿县博物馆是安徽省建馆较早的博物馆之一,也是安徽省建馆较早的地方综合类县级博物馆,位于淮南市寿县寿春镇西大街,2001年被命名为"安徽省爱国主义教育基地",2008年3月被列为首批免费开放馆,同年被评定为"国家AAAA级旅游景区",2009年被评定为首批"国家二级博物馆",2010年被中共安徽省纪委命名为"廉政教育基地",2012年被命名为"全国科普教育基地",连续多年为安徽省爱国主义教育基地。

毛主席题字

历史沿革　1958年10月寿县博物馆筹建初期,馆址在寿春镇西大街寿州孔庙内,与寿县文化馆、图书馆三馆合一办公。1962年11月8日,经寿县人民委员会批准,将寿县博物馆馆址移入报恩寺,1963年6月23日正式迁至报恩寺,1964年2月13日向公众开放。1965年5月18日,根据省文化局、省编委意见,转寿县博物馆建置为六安地区文物工作组,地址仍在寿县城关报恩寺。1969年6月7日,六安地区革命委员会(69)六革字59号文:撤销六安地区文物工作组。1972年7月恢复寿县博物馆。2001年在寿春镇西大街南侧兴建新馆,建筑面积6558平方米,主楼为内四层外三层框架结构,坐南朝北,分为开放展示区、藏品保管区和安全保卫、行政办公区。2004年1月迁至新馆,2006年5月1日向社会开放。馆名分别由全国人大常委会原委员长乔石和已故著名书法家司徒越先生题写。

藏品情况 藏品主要来源于经济建设中的考古发掘、废品站拣选、涉案移交、社会征集(购)、接受捐赠等。藏品涉及自新石器时代至近现代各个历史时期的青铜器、陶瓷器、玉石杂项、金银器、古籍书画等上万件,其中国家文物数据库登记各类文物6340件,已定级文物3075件(套),一级文物224件(套),二级文物125件(套),三级文物1550件(套),一般文物1176件(套)。一级文物藏品数量居全省国有收藏单位第二位。战国时期楚国金钣藏量为全国之最。其中,商周时期饕餮纹铜铙、罍、重环纹三足匜、三足羊尊,战国时期嵌松石"越王者旨於赐"剑、"郢爰""卢金""陈爰"印记金钣及无印金钣,东汉鎏金银刻纹铜舟、累丝嵌宝八龙纹金带扣、"长宜子孙"双龙玉佩,以及北宋时期金棺和鎏金银棺,为重要的代表性藏品。

陈列展览 2006年5月推出的《楚风寿春·汉韵淮南》基本陈列,位于主楼展区二、三层,分为《楚都遗珍》《汉魏流韵》《翰墨流芳》《窑瓷生辉》《佛光普照》《彩瓷缤纷》和《廉风德化》7个专题,12个展厅,展陈面积2130平方米。陈列展出文物近800件(套),结合历史文献、插图、人物雕塑、电动沙盘、文字说明等,综合展示寿县悠久的历史和深厚的文化底蕴。2013年,馆方对基本展陈进行提升改造,荣获2016年安徽省第三届博物馆(纪念馆)陈列展览精品奖。

临时展览位于主楼展区一层西侧,面积355平方米,先后举办《潘玉良画展》《寿县古城风光摄影作品展》《寿县民间收藏精品展》《柏龙华戏画作品展》《炳烛书法作品展》《寿县教育工作者书法作品展》《寿县美协美术作品精品展》《"中国书法之乡华夏行"三省四地书法作品联展》《飘扬的红旗——纪念红军长征胜利80周年展览》《纪念历史文化名城命名三十周年·寿县诗书画摄影作品特展》《孙大光、张刚夫妇捐赠文物30周年回乡展》等。

乔石题字　　　　司徒越题字

研究成果　在《文物》《考古》《文物天地》《中国钱币》《收藏家》《东南文化》《江汉考古》《文物研究》等十余种国家和省级专业学术期刊上，发表《安徽省寿县出土一大批楚金币》《安徽肖严湖出土春秋青铜器》《拂去尘埃见真容——破解安徽寿县寿春镇计生服务站汉墓主人之谜的几件藏品》《楚都徙寿春黄金有几何——寿县博物馆藏战国寿春城遗址楚国金钣》《东汉元和二年"蜀郡西工造"鎏金银铜舟》《安徽寿县寿春镇计生服务站东汉墓遗物及相关问题》等数十篇馆藏文物研究论文。参与或编辑由科学出版社、文物出版社、安徽美术出版社等国家和省级出版机构出版的《安徽省出土玉器精粹》《中国出土瓷器全集·安徽卷》《安徽馆

藏珍宝》《六安出土铜镜》《璀璨寿春——寿县文化遗产精粹·寿县博物馆馆藏文物》《寿县博物馆藏铜镜集粹》等馆藏文物图录和专集。

重要接待 寿县博物馆以丰富的馆藏、极高的文物品位档次,吸引了海内外宾客的青睐。建馆以来先后有国家领导人田纪云、乔石、张震、钱其琛、万里等到寿县博物馆视察。近几年来,文化名人余秋雨、马兰、冯骥才,业内专家国家文物局局长单霁翔,国家文物局副局长吕济民、童明康,上海博物馆原馆长、著名青铜器研究专家马承源先生,我国古建泰斗罗哲文先生到寿县博物馆进行考察交流。毛主席女儿李讷等社会各界人士先后来馆参观指导。

功能凸显 寿县博物馆以丰富的馆藏,浓郁的人文气息,成为大专院校、科研学术机构考察学习的基地,成为青少年学生接受爱国主义教育和传统文化教育的重要场所,被安徽大学列为实习基地,被省、市、县有关部门列为廉政文化教育基地。来自全国各地的游客和文史爱好者纷至沓来,一睹寿县博物馆馆藏文物,感受寿州文化的源远流长和博大精深。寿县博物馆已成为寿县乃至省市重要文化名片,年接待参观者近30万人次。

未来展望 随着经济社会形势的发展,寿县博物馆的展陈条件和功能已不能适应博物馆事业发展的需要,在省、市、县党委政府和有关部门的大力支持下,在新城区投资建设一座集展示、科研、休闲于一体的多功能的安徽楚文化博物馆,于2018年5月动工兴建,必将把寿县博物馆事业的水平提高到一个新的台阶。

寿县博物馆

60年风雨兼程,60载岁月如歌。寿县博物馆以丰富的馆藏、精致的布展,为丰富人民群众的文化生活,了解家乡的悠久历史和璀璨文化,发挥了突出的作用。2018年5月8日,适值改革开放四十周年之际,投资3.2亿元、占地200亩、建筑面积11510平方米的安徽楚文化博物馆动工兴建,按照省文化厅"落地寿县,省级标准,国内特色"的建设目标,新馆将在2020年10月跃出新城区的地平线,成为寿县新的地标性建筑。随着新馆的建设,功能品位的提升,藏品的扩容,必将更加增强寿县人民的文化自信,推进"文化旅游特色化",为开创现代化五大发展美好寿县做出新的贡献。

"空中芭蕾"——正阳关抬阁、肘阁

时洪平

正阳关，位于寿县城西南三十公里淮、淠、颍三水汇流处，得水运之利，素有"七十二水通正阳"之称，是一座闻名遐迩的淮上重镇。自古以来，这里既是兵家必争之地，又是商贸繁荣之乡。悠久的历史、灿烂的文化、繁荣的商贸孕育出丰富多彩的民间艺术，其中最能体现正阳关民间艺术魅力，也最具代表性的当推被誉为"沿淮民间艺术二绝"的抬阁、肘阁，有"无言的戏剧"和"空中芭蕾"的美称。

正阳关抬阁、肘阁，是明、清时期从中原地区的山西、河南经皖北地区的阜阳，沿颍河流域传入正阳关的。当时正阳关已是舟楫繁忙、物阜民丰的商品集散地和淮河中游的经济重镇，有庙宇七十二座半，江西、浙江、山西、河南等十五省在此设立会馆，英、俄、法等国派人在此传教行医，人口最多时近八万。尤其是正阳关的交通运输业十分发达，有客货码头多处，码头搬运工人近千人。每年的正月十五元宵节、二月十九迎水寺庙会等，正阳关人都要玩灯。灯会的组织者是占有码头的八大"箩行头"（又称"脚行"），由他们出面组织并筹集玩灯的资金，玩灯时每行出几灯，加在一起就是一个热闹的灯会。其中最引人注目的就是抬阁、肘阁。这种传统的民间艺术需要有强壮的体魄方能表演，深受码头工人的喜爱，他们或抬或顶或扛，争相展示男子的阳刚之气，因而在码头工人中深深扎下了根。每逢灯会，客商云集，客栈、旅店半月前就被预订一空。

正阳关抬阁、肘阁尤以清末民初最为鼎盛。每逢正月十五元宵节、二月十九迎水寺庙会、清明节、中元节（七月半）、"十月一"、城隍庙会都要玩灯。民国十年（1921年），正阳关到寿县玩灯，抬阁、肘阁加在一起多达63架，创历史之最。"文革"中，正阳关抬阁、肘阁受到了严重的破坏，几乎失传。改革开放以来，这一民间艺术奇葩犹如枯木逢春，焕发出新的生机和活力。正阳关镇党委、政府和县文广局高度重视，投入大量人力物力，保护传承这一优秀的民间艺术，并适应市场经济形势，与商贸活动紧密结合，利用每年农历二月十九的玄帝庙会举办物资文化交流大会，期间抬阁、肘阁的表演是吸引许多群众前来赶会的重要因素。

抬阁、肘阁在孔庙表演

抬阁，原名"抬歌"，历史久远，传入正阳关以后，以其体量的大小和人物的多少，有大架(6—8人抬)、中架(4人抬)、小架(2人抬)之分。小抬阁由两个青壮小伙身背铁件，高2—3米，用一根特制的竹竿抬着一个小演员表演。小演员扮成戏剧舞台上的"七品芝麻官""媒婆"等丑角，竹竿看似从小演员正心窝穿过，十分巧妙和惊险，俗称"穿心阁"。常演的节目有《刘二姐赶会》《哑女告状》《盗仙草》等。小演员在乐队伴奏下，随着抬阁人的步子，做一些滑稽动作，让人忍俊不禁。大抬阁一般由6—8个青壮年抬着表演，6人抬，1人在前指挥，1人在后护卫。表演中"提脚轻似风，落脚稳如钟"，"前进一步九寸二，后退一步八寸八，两目平视观六路，耳听八方心不惊"。表演者身着彩衣，在乐队的伴奏下缓缓而行，抬阁上的5—7岁的小演员按不同人物造型，化装后，身着戏服，或坐或站在扎制的阁楼上、凉亭上、花轿内或一丈多高的莲花台上，按人物形象表演一些动作。常演的节目有《群仙赴羊石》《观音赐福》《荷花仙子》《梁祝》《红线盗盒》等。

正阳关肘阁，是在抬阁的基础上演变而来的。每架肘阁是由一个青壮年把"铁领衣"捆绑在腰背上，再以芯杆顶托着小演员表演。"铁领衣"自重较大，以稳定重心。"铁领衣"上方有一芯口，俗称"母芯子"；芯杆两头均为公芯子，一头连接顶托的人，一头连接小演员，这种芯子装置安全可靠；用以顶托的芯杆约2米，上面供小演员表演的架子称作"坐芯子""抱芯子"或"转芯子"。地面上顶芯子的人多是青壮年，且有一定的民舞基础，踩着鼓点，和着乐曲，走着秧歌和花鼓灯舞步，边扭边走，不时变换着队形。上面小演员边摇边摆，做着各种动作，配合得十分默契，在惊险之中，体现出活泼、欢乐且略具诙谐的情绪来。每架肘阁表现一种内容，依据不同的内容，芯杆上面的人物数量也就不同，一人的称为"一蓬子"，二人的称为"二蓬子"，三人的称为"三蓬子"，多的可达"四蓬子"(我岳父常向若——正阳关文化馆馆长说，老人们以一个层次为"一蓬子"，而不是以横担子的人物数为"蓬子"数，如正阳关肘阁的代表作"朝天一炷香"，就是垂直向上的三个层次)。传统的节目有《水母娘娘沉泗州》《打樱桃》《天女散花》《黛玉葬花》《天仙配》《打渔杀家》《西厢记》《孙悟空捉拿金钱豹》《断桥会》《桃园结义》《三英战吕布》等。

正阳关抬阁、肘阁，既有联系又有区别。其共同点都是采用芯子通过不同数量的小演员在上面表演出彩，制作巧妙隐蔽，表演诙谐幽默，并配以锣鼓和笙箫笛管伴奏。不同点是支撑小演员的青壮表演者数量因不同形式而不同，肘阁是一人顶，小抬阁是二人扛，大抬阁则是多人抬。表演时，牌灯、锣鼓("十八番")开道，继而是乐队，吹奏着《百鸟朝凤》《王三姐赶集》等喜庆奔放、充满乡土气息的乐曲。

正阳关抬阁、肘阁与山西省夏县水头镇的背肘、河南省陕县大营村的平垛、广东省台山市浮石和吴川梅菉镇的飘色相比,有自己的特色,独具高、难、险、美的特点。

高:肘阁除上下表演者之外,中间尚有芯杆,高3米多,抬阁高4米多,观众视觉好。

难:肘阁一人顶几人,最重达200公斤,顶者的难度很大,必须稳定重心,长时间表演,非一般人所能承受。

险:小抬阁七品芝麻官的抬杆似从心窝穿过;肘阁《孙悟空捉拿金钱豹》的小演员不时地在空中翻筋斗、做倒立,表演杂技动作;传统中的抬阁还和高跷结合在一起,踩高跷抬抬阁,给人以新奇惊险的感觉。

正阳关抬阁、肘阁

美:抬阁、肘阁从服装、道具、灯光、音乐、表演以及所反映的内容都十分精美。每架都匠心独具,争奇斗胜,全靠在道具上花工夫、找诀窍、创特色。如抬阁《观音赐福》中,观音头上佛光闪耀,夜晚十分迷人。小演员都是经过挑选的俊俏少儿,经过化装,在夜晚的灯影中更显得美丽。

正阳关民间艺术以抬阁、肘阁为主要特色和支柱,品种齐全,表演时高低错落,别有天地。外地许多表演抬阁和肘阁的地方,如今为表演方便,使用了板车或机动车辆等现代手段代替人顶肩扛,失去了民间传统艺术的原汁原味,而正阳关抬阁、肘阁却保持了传统的艺术风格,至今未变。所表演的节目具有独特的沿淮地域特色和地方色彩,如《水母娘娘沉泗州》《观音赐福》《群仙赴羊石》,表演者身着蓝布偏衫、头戴沙弥黑帽等都与当地祈福求雨等风土人情和民俗有着密切的关系,还将华夏悠久历史长河中家喻户晓、妇孺皆知的"卧冰求鲤""弃官寻母""扼虎救父"等神话传说、历史故事和戏剧人物,通过抬阁、肘阁生动有趣地表演出来,反映了沿淮流域人们的风俗、情趣和审美观,表现了沿淮流域劳动人民的聪明才智。

几百年来,正阳关抬阁、肘阁以其独特民间艺术形式,集历史故事、神话传奇于一体,熔戏剧、杂技、舞蹈、彩扎艺术于一炉,成为寿县民间艺术的一朵奇葩,营造出欢乐祥和、风调雨顺、物阜民丰的气氛,培养了一大批能吹、能打、能画、会扎的能工巧匠。自古以来,正阳关抬阁、肘阁表演所到之处,万人空巷、人流如潮。2006年正阳关抬阁、肘阁被列入第一批省级非物质文化遗产名录,2008年被列入第二批国家级非物质文化遗产名录。

寿州孙氏家族书画艺术略述

夏长先

孙氏家族在古城寿州(今安徽寿县)有"孙半城"之誉,自明洪武初期孙鉴、孙铠兄弟二人由山东济宁迁移到寿州以后,600年来,不仅在清咸丰年间出了一位状元孙家鼐,在文化艺术上颇有建树的尚有孙蟠、孙多巘、孙以悌、孙伯醇、孙多慈、孙剑鸣(司徒越)等。本文试对寿州孙氏家族在书画篆刻艺术上的成就做以记述。

一

孙蟠(1727—1804年),孙珩(履苍)次子,原名士㩜,字十洲,号十舟、石舟。斋堂为乐老堂。增贡生,候选知府,钦加道衔加一级。覃恩诰赠中议大夫,广西南宁府知府加一级,累赠荣禄大夫,二品顶戴,浙江按察使司按察使加二级。颁给"盛世醇良"匾额。著有《群经析疑》《读书十八则》《十洲诗文集》《南游记程》《浪苍凄响》《旅窗清课》《乐老堂百廿寿印谱》等。

孙蟠幼年聪睿敏捷,攻读儒学经书,兼工书画篆刻。孙中年以后无意仕途,喜爱旅游,有许多诗文、书画、篆刻等方面的著作。其著《群经析疑》,是一部儒学经典的研究论文。而《十洲诗文集》《南游记程》《浪苍凄响》是诗词、游记。《读书十八则》是关于读书、学习方面的论述。《旅窗清课》《乐老堂百廿寿印谱》是金石篆刻集,惜大多散佚。

孙蟠晚年退隐山林,在寿州城北郊八公山麓修建了"青琅玕馆",吟咏会友,书画遣兴,课子授经。在他题署的《青琅玕馆》联中,把自己当时的隐退生活和悠然自得的人生心态做了坦荡的描述,联曰:"忆扁舟泛大江而东,收两浙晴岚,半入诗囊,半归画卷,往来客路三千,话游踪含烟霞余味;喜吾园傍小山之左,种四季花卉,有书教子,有酒呼朋,消磨年华六十,论福分算神仙中人。"这副对联不仅记述乾隆庚子年的游历之事,而且表达了对六十以后的向往追求。

乾隆庚子年的游历之后,孙将旅途所见所闻等以金石篆刻做以记录,名曰《旅

窗清课》,邀梁巘作叙,特录如下:

> 小巫山樵性耽丘壑,足有踯胜之具,仆称解事之人。乾隆庚子春,自建业而广陵,而京口,而茂苑,而浙,而闽,而粤之东西,而湖之南北,至于冬始从楚黄大别归。芒鞋竹杖,桂棹蒲帆,凡名山胜水、古迹仙踪俱贮之于胸中,并形之于吟咏,余既读而赏之矣!一日闲谈佳山水,手出小册一什,印十八,以示余。盖袖中拳石,箧里昆刀,遇幽讨情深,客窗寂静时,仿斯邈而为之者也!且也铁翰。余闲复举游之景、游之事、游之地,与时各缀数语而刊之印侧。嗟乎!山樵具游癖得游趣,既以诗歌纪其游之高怀,又以印章写其游之逸致。不惟诵其诗可以当卧游,即玩其印,亦可以当卧游。而山樵之风流、韵度可想见矣。留览有余,题其端而归之,并题其签曰《旅窗清课》。辛丑莫春,闻山弟梁巘。

梁巘的《旅窗清课·叙》让我们了解到孙蟠的性格,同时也透露出孙蟠中年以后(53岁)的交游时间、途经地点及作品的创作背景。从乾隆庚子(1780年)春开始到乾隆辛丑(1781年)暮春,整整一年的时间,孙蟠游历了江苏、浙江、福建、广东、广西、湖南、湖北,后"从楚黄大别归",走遍了大半个江南。一路上,"芒鞋竹杖,桂棹蒲帆,凡名山胜水、古迹仙踪俱贮之于胸中,并形之于吟咏"。这些诗文多集中在《十洲诗文集》《南游记程》《浪苍凄响》等集中。吟咏之余,仿李斯、程邈篆法,又"袖中拳石,箧里昆刀"。每印之后,"各缀数语而刊之印侧",说明当时文人篆刻已大兴刻长款之风。

《旅窗清课》成册于乾隆辛丑年,此时,梁巘正应寿州知州张佩芳之约任寿州循理书院山长。梁于乾隆三十九年(1774年)赴任,到乾隆五十年(1785年)病逝,此叙进一步证明梁巘在寿州循理书院至少任教十年。

孙蟠此次游历之后,已经整整54岁了,此后的二十多年间,他全心致力于经营父亲孙良园的乐老堂,并以此名创作了篆刻作品《乐老堂百廿寿印谱》。乐老堂是在寿州城内,还是在八公山上的青琅玕馆,今人不得而知。

二

孙家鼐(1827—1909年),字燮臣,号蛰生,别号淡静老人。孙咸丰九年(1859年)中状元,授翰林院修撰,入职上书房;光绪四年(1878年),与户部尚书翁同龢同授光绪帝习读,任内阁大学士,擢工部侍郎。在这之后,他又授都察院左督御史、工部尚书兼顺天府尹、吏部尚书、礼部尚书、学务大臣、资政院总裁等要职。宣统元年（1909年），孙卒于北京，归葬寿州，赠太傅，谥文正。

孙家鼐工联，亦工书。寿县博物馆藏有一联，曰："葵藿有心惟向日，竹松晚节惯经霜。"此联可以看出他两方面的师承：一是在功名未就之前，他承庭训，同无数儒生一样，为适应统治阶级"乌、方、光"的审美标准，从欧阳询、赵孟頫入手，苦练基本功；二是作为一代帝师，他本着忠君爱国的思想，效法颜真卿、柳公权人品之中正、书法之筋骨。该联用笔沉着简净，结字端庄严谨，虽有"馆阁"之气，但给人一种神气完足、大方磊落的感觉。现藏于迎江寺的《朱柏庐先生治家格言》则全是鲁公家法，全篇545字，用笔古拙，结字端庄，横平竖直，相向取势，寓宽博于拙厚之中。此作与颜真卿《大字麻姑仙坛记》一脉相承，从中可以看出他对颜真卿的全盘继承，同时也可以看出他深厚的临帖功底。此作写于乙未（1895年）孟春上浣，是孙氏书法的代表作。

孙于书法鉴赏亦有独到之处。1906年，李国杰将其祖父李鸿章所临《兰亭序》和《圣教序》刻石。篇末刻有孙家鼐题跋一篇，对李鸿章的功业和书法有精辟概括（原石已毁）。跋曰：

> 太傅李文忠公以汗马功削平寇乱，出入将相垂四十年，世皆艳称公之勋业，而公之风雅文章遂为勋业掩。公治军吴、鲁时，每亲身督战，敌势之变幻、战士之勇怯皆目击之，首敌获胜即下马作露布，洋洋千万言咄嗟立就；虽幕府多才，而公文章之敏，世盖鲜知之者。公于军书旁午及总督江南、直隶时，公余之暇，必阅书史十余篇或作书数百字，最喜临《争座》及《兰亭》《圣教》序。兹文孙伟侯世兄以公所临禊序二帖全本付诸贞珉，精神秀拔，深得右军三昧，而结体缜密，魄力沉雄，直从性情中自然流出，足与事业相称，盖非文人学士专工笔墨者所能及也。光绪丙午清和月，姻年晚生寿春孙家鼐谨跋。时年八十岁。

在衡正安先生《北大，你为什么离书法这么远？》（《美术报》2006年1月21日）一文中，作者通过直击当代北大教授的书法创作与研究，呼唤经典与优秀作品重新回归北大。在列举了罗振玉、梁启超、王国维、陈独秀、毛泽东、鲁迅等人的书法创作与朱光潜、冯友兰、宗白华、邓以蛰理论研究后，将孙家鼐与吴汝纶、马相伯、劳乃宣、柯少忞、马寅初、沈从文、钱玄同等逐一评述。对孙氏书法评语是："孙家鼐楷书对联有深厚的唐楷基础，点画精到，用笔干净利落，气息清新纯真。"

三

据《寿州孙氏族谱》记载："孙多巘,传棡长子,字挚甫。南河补用同知,民政部主事职方司行走,四品衔,诰授朝议大夫。生于1875年10月2日,卒葬无考。……生子五,煜方、焯方、炽方、燽方、焜方。"

孙传棡,家铎三子,字稚筠,廪贡生,清光绪辛卯科举人,南陵县教谕,江西补用知府署临安县知府,诰授中宪大夫,生于1850年3月3日,生子一,多巘。

孙家铎,孙崇祖次子,晚清状元孙家鼐二哥。孙崇祖(字鼎叔,号云巢,又号岫亭)共有五子,依次是家泽、家铎、家怿、家臣、家鼐。

孙多巘是孙传棡独子,孙家鼐侄孙,与大名鼎鼎的实业家孙传樾之子孙多森、孙多鑫是堂兄弟。孙多巘,字挚甫、陜甫、陜父,号八公山民,斋号小墨妙亭,生于光绪元年(1875年),是民国时期著名的实业家,善收藏,精鉴赏,书法亦工,著有《阁帖见闻杂记》一文。

阜丰面粉厂1900年正式投产,后由孙多森任经理。1930年前,阜丰面粉厂厂长是孙多巘,总董是其父孙传棡。1930年,孙多巘退居二线,其子孙伯群担任阜丰面粉厂厂长。在此前后,孙多巘凭借家资的殷实,广泛涉猎收藏与鉴赏。他不仅刻过书,而且沉迷于京剧,成为梅兰芳忠实的票友。

孙多巘曾收藏明拓《史晨前碑》、宋拓《化度寺碑》、明拓《开母庙石阙铭》等等。孙于民国七年(1918年)收藏的《史晨前碑》,被誉为传世最全、最早的拓本之一,一度藏于上海图书馆,2012年曾影印出版。

《化度寺碑》全称《化度寺邕禅师舍利塔铭》,此碑因原石早佚,鉴藏家既未留下真本,又无真本本身特征的详细的描述,故遂成聚讼。此本经翁方纲晚年鉴别为宋刻宋拓之本,翁氏于嘉庆二十年(1815年)十月间两次题跋,虽为翻本,然颇得古厚浑朴之神。此本经邓基哲、邓钟岳父子递藏,后归南海吴荣光平帖斋。嘉庆二十三年(1818年)吴氏将此本赠予英和。咸丰间此本归祁叔和,民国七年此本为孙多巘购得。此本有翁方纲两次题跋,何绍基三次题跋,又有英和、祁隽藻、叶名沣、孙多巘等四家题识,翁方纲、朱祖谋题签。

《开母庙石阙铭》,东汉延光二年(123年)刻石,明拓本,郭尚先、伊秉绶、彭暄隝、端方、李葆恂、孙多巘题记,藏上海图书馆。

《青鹤》杂志为半月刊,1932年11月15日在上海创刊,历时五年,共出版了114期。在《青鹤》创刊初期,共设12个栏目:(一)论评;(二)专载;(三)中外大事记;(四)名著;(五)丛录;(六)文荟;(七)词林;(八)考据;(九)述记;(十)杂纂;(十一)谐作;(十二)小说。

孙多巘收藏颇丰,其所著《阁帖见闻杂记》发表在民国二十六年(1937年)第五卷第十六期《青鹤》杂志上。此后,《青鹤》虽又出版两期,后因"八一三事变",时局吃紧,不得不停刊。《阁帖见闻杂记》列为"考据"一栏。

《阁帖》全称《淳化秘阁法帖》,亦称《淳化阁帖》或《官法帖》等,是中国法帖史上第一部大型官修法帖,故又称"帖祖"。

孙多巘《阁帖见闻杂记》四千余言,虽为"杂记",但条理清晰,考论翔实。笔者认为可以概括为四部分:其一,梳理《阁帖》"祖本"的源流;其二,考证关于《阁帖》的"刻本";其三,关于"石刻"与"木刻"的理论;最后讲的是《阁帖》与《大观帖》《澄心堂帖》之关系等。

四

孙以悌,字易厂,民国时期北京大学文学院史学系学生,安徽寿县人。清咸丰状元孙家鼐玄孙,民国二十年(1931年)秋入学,1934年春夏之交即将毕业时跳渤海自杀。

《书法小史》是孙以悌生前所撰,发表在1934年7月号《史学论丛》(史学系所编)第一册上,同时还发表他的另一遗著《围棋小史》和钱穆等人的长篇纪念文章,并刊登他的照片。

有关孙以悌的生平,张中行先生在《负暄琐话》中有一篇纪念孙以悌的文章,文章里面有许多的推想,如入学时间、毕业时间、自杀原因等等。"他读书很多,学问渊博。""他像是并不怎么刻苦钻研,有时随意翻翻书,几乎都是不常见的。""最常看的是佛经……"(均见《负暄琐话·孙以悌》)孙以悌著作很多,如《书法小史》《围棋小史》《中国天文学史》《三统术便蒙》等,可惜大部分在离开学校之前烧了。从《书法小史》"叙目"后"民国二十三年,岁在阏逢阉茂如月初吉,偏材曲艺之士寿春孙弟"款识来看,《书法小史》的后七章不见记载,或未来得及撰写,或为此时所焚。

孙以悌精通旧学,同学写论文,常请他到图书馆协助,碰到某个问题,问他,他不假思索就告知可以查什么书。几个治古史的同学请他给讲讲古代历法,他说,这三言两语讲不清楚,可以给他们写一点,于是就写成一本书,名曰《三统术便蒙》。他的著作,史学系教授蒙文通(经学大师廖平弟子)看到一些,说自己很惭愧,面对这样的通人自己视而不见,实在后悔莫及。

历史学家杨向奎先生《东望渤澥云海茫茫——纪念孙以悌先生》一文写于1997年,回忆了当时孙以悌离校时的情景:"那是1934年春。一天,张苑峰(政烺)得到北大三院以悌同宿舍的同学通知:'不知为什么,孙以悌卖光了所有衣物。'苑峰立即找到我,约定当晚去三院宿舍,探询究竟是为了什么?一直等到11点多,以悌始终没有回来。""第二天听说,孙以悌已去了天津。""当时我对苑峰说,我去追他。我即时买车票也去天津。我以为他一定会去找在大学上学的弟弟或友人,就先去北洋找他弟弟孙以恺,又去几个大学,都没找到。"

杨向奎与孙以悌同年级同班,都是1931年秋入北大历史系就读的新生,师从史学大师顾颉刚、傅斯年、马衡等。大一时,他们是好友,虽然以悌孤僻,寡交游,但性格爽朗,并不是内向的人,而且虽是一年级学生,而在"金石学""古历学"等方面已经是"专家水平"。大二时,以悌情绪变了,由开朗乐观变得有些忧郁,在淡雅中杂有悲观色彩。

孙以悌在校虽少交游,但业务水平可以说全校第一。以悌是一个天才学者,这在他的考试成绩中可以得知。以悌深晓用笔之法,曾习北碑,故其字多神韵。于时人书,独深许于右任,以为其字波磔有度,仪态万千,可致于神品。

以悌善弈,有《围棋小史》一文。关于他的蹈海,一说是因为学术造诣,把世事看得通透;一说是关于生活态度的,爱钻牛角尖,事事理想化,想来他是死于抑郁。无独有偶,其弟以恺曾就读国立交大唐山工程院,1931、1932两年间曾获国立交大唐山工程院秋季运动会铁球乙组第三名、棒球比赛获奖队代表等奖牌,亦有继以悌后殉黄浦江一说。

"潜社"成立于1932年初冬,是北京大学文学院一个读书团体,旨在钻研学术,开阔视野,增强民族文化实力,由孙以悌命名。潜社《史学论丛》名称由孙请马衡先生题写。第一期的文章有孙以悌的《书法小史》、张政烺的《猎碣释文》、杨向奎的《略论〈左传〉五十凡》等。

《书法小史》仅存三章,再加上一个"叙目",共4万余字,后面七章照此计算,成文应超过15万字,应该是一部皇皇巨著了。"叙目"有十,曰:文字体变第一;书学考源第二;指法辨微第三;总论流别第四;浑朴时期第五;雄放时期第六(上下);工整时期第七(上中下);秀丽时期第八(上中下);贯通时期第九;翰墨卮言第十。

《书法小史》著述不仅源于清末民初北碑之滥觞,还有对包世臣《安吴论书》的疑惑。

孙以悌《书法小史》诞生于 20 世纪 30 年代,作为顾颉刚先生的弟子,孙以悌《书法小史》难免不受"古史辨派"的影响。

《书法小史》前三章对文字体变、书学考源、指法辨微等梳理得十分详细。作者纵横挖掘,多维思考,说明其学养深厚,具有卓越的考辨才能与是非眼光。"学、才、识"三位一体使孙在《书法小史》撰写过程中游刃有余。

史料翔实、内容丰富是《书法小史》的显著特点。作者为了说明自己的观点,认真梳理了历代书论和相关的文献资料,并详审取舍。上自秦汉,下至明清,历代书家观点评说信手拈来,运用自如,不见刀削斧斫之痕,这一方面是由于作者勤勉于学术,另一方面也得益于作者良好的学术功底。

在《书法小史》中,孙总是要言不烦,多次举例说明、阐述、案注、征引、考核,让读者不至于一头雾水。文中征引和参阅颇广,涉及历史文献、文字学、书法理论等,梳理得相当全面、丰富、新鲜。该书行文流畅,章节独立,遣词造句凝练。

《书法小史》的后七章内容基本确定,但以一种什么样的撰写风格示人,我们不得而知,这不能不说是近代书法研究史上的一大遗憾。

五

孙湜(1891—1973 年),字伯醇,号易简、简道人、简叟、简栖等。安徽寿县人,同盟会会员,南社社员,曾任中国驻日使馆二等秘书,善书画、篆刻。

作为世家子弟,孙湜从小即打下坚实的国学基础。1905 年,作为清末省官费留学生赴日留学,并毕业于日本政法大学。在日留学期间,孙湜与章太炎、刘师培、张继等人都有接触,并与诗人、画家苏曼殊结为好友。1911 年,孙湜由苏曼殊介绍参加南社,与柳亚子等均有交往。1918 年,在陈独秀的举荐下,孙湜成为北京大学文学部讲师,在此期间,翻译了有关马尔萨斯人口论的文章,发表在《新青年》杂志上。

1924 年起,孙湜进入外交部,任秘书,后又被派往驻日使馆工作,从此,即一直侨居日本,直至在东京去世,计 60 余年。

在日本,孙湜专心致力于中国古典文化教学,先后在东京外国语大学、东京都立大学、学习院大学及东京汤岛孔子圣堂等处讲授中国古典文学,得到了日本汉学界的高度评价。

在日本,他与当时著名荷兰汉学家高罗佩结为挚友,经常一起探讨中国典籍中的疑难问题,一起鉴赏文物。高罗佩对孙湜的学问颇为欣赏,跟随孙学习书法、篆刻及装裱。其书斋"尊明阁"即孙湜所题。

作为一介文人,孙虽有历史污点,但在日本很有影响。他与日本著名学者村松一弥共同注解的《清俗纪闻》多次再版。

1965年,日本东京美术出版社出版了孙湜的文集《一个中国人的回想》,书中分为人物、书画诗文、料理、动物、土俗信仰、语言考证、孙伯醇回顾谈等七部分。这些内容,展现了其广泛的学识及丰富的阅历。这本书,是在他年老体衰的情况下,其学生用了两年时间帮他整理而成的。

孙湜不是画家,但绘画是他的精神支柱。他的画,是中国传统的文人画,有自己的风格,这种风格来自他长期在绘画方面的钻研和他的生活学习经历。他的画,既有着中国画的传统技法,也有对日本画等现代西洋画的借鉴。

孙湜绘画可分为山水、动物与花鸟、人物三个部分。他的山水画,多反映他对祖国山水的热爱,构图奇妙,颇具匠心,从幽静的山泉、奇石、巨岩起,直至广阔的云海山峦、海角天涯,都能囊括在很小的画幅中。他也画了大量的人物画,表现了人生的一种韵味,虽是在似与不似之间,但是相当传神,气韵生动。孙还偶尔画些动物和花鸟,也都能各得其趣。

孙湜书法水平也很高,曾专攻董其昌。1954年,他应邀在河出书房出版的《定本书道全集》中撰文介绍宋代的书法,评价客观而适当。他认为,字的好坏,在于人的修养,并对中日书法进行过比较研究。从目前所见的孙氏几幅书法来看,其主要特点可以概括为碑帖兼容,气象新异。他的行草书,行笔转折刚劲有力,体势方整,有力量,又有姿态,点画多取碑意,强调右上转折,奇崛刚劲,具有自己独特的形式语言。

孙氏书画用印亦比较讲究。齐白石、寿石工、王曼硕及日本友人均为其刻过印。他常以唐宋诗词名句为题作画,是一种对古诗的新解,也充分体现了文人画的文学趣味。(参见孙玄龄编《域外文人画》,中华书局,2010年12月版)

此外,在孙氏家族中,孙多慈善画、孙剑鸣(司徒越)以狂草、金文饮誉当代书坛。

孙多慈(1913—1975年),为一代名士孙传瑗之女。孙多慈自幼酷爱丹青,是徐悲鸿女弟子中得其真传且较有成就者之一。孙多慈1948年任台湾师范大学艺术学院教授,后任院长,1975年因患癌症逝于美国洛杉矶。

司徒越,姓孙,名方鲲,号剑鸣(1914—1990年),生前为中国书法家协会会员、中国书法家协会安徽分会名誉主席,安徽省考古学会、博物馆学会理事,省第六、七届人大代表。先生的书法艺术独树一帜,饮誉中国书坛。他的书法正、草、隶、篆、甲骨、金文兼优,尤以狂草见长。在草书方面,他极重视继承传统,但又不墨守成规,勤于探索,力求创新,终于形成了刚健豪放、婉转流畅的独特风格。司徒越先生工诗文、精篆刻、通考古,曾发表《鄂君启节续探》《关于芍陂(安丰塘)始建时期的问题》《草书獭祭篇》《结体章法举隅》等重要论文。

北路庐剧的在寿县的艺路历程

方敦寿

一、"北路"庐剧初现端倪

众所周知,在我国众多的戏曲艺术种类中,除了被称为"国粹"的京剧和被称为"艺术活化石"的昆曲以外,还有豫剧、越剧、黄梅戏等地方戏曲剧种。在安徽,除了黄梅戏以外,庐剧可以算得是深受广大人民群众欢迎而又长盛不衰的一支艺术花朵。其中,北路庐剧在全省戏曲艺术百花园中是占有重要一席之地的。

被民间称为"倒七戏"的庐剧,长期流行于安徽省中部广大地区。由于所流行区域的不同,语言发音的差异,环境风俗的区别,在长期的社会艺术实践过程中,逐渐形成了不尽相同的艺术风格。业内人士根据这些状况达成共识,以其地域语音、音乐唱腔等不同特点,把庐剧分为"上路""中路""下路"和"北路"几种既有共性又有个性的艺术流派。

上路,又称"西路",以皖西六安为中心,其唱腔吸收大别山民歌风味,具有高亢健朗的特点,称为"山腔"。之所以称为"上路",一是此地处于大别山东麓,地势较高,二是其声腔特点形成较早的原因。中路,以合肥为中心,唱腔柔和圆润且长于叙事,道白用合肥方言语音,因其行政区位重要,"庐剧"因此而得名。下路,又称"东路",以芜湖为中心,唱腔激扬奔放,具有沿江民歌风味,道白用芜湖方言。北路,以淮南、寿县为中心,唱腔曲体明确,刚劲明快,演唱时大小嗓音并用,以花音见长,别具一格,道白用淮、寿地区方言。

寿县庐剧在清末时期由皖西山区流入,初期在当时县域东部农村集镇水家湖、三河集、杨家庙、瓦埠街等地活动。在长期的艺术实践中,庐剧融合了本地的方言语音和沿淮两岸的民间歌舞以及端公戏的艺术元素,初步形成了硬朗、豪放的艺术风格。

庐剧最初只能活动于乡村田野土台,剧目内容冗杂低俗,演出道具简单,参演人员很少,艺人多为半职业——"农忙时候来种地,农闲时候去唱戏"。历史上,寿、淮地区曾经有过众多的庐剧演出班社小团体,如"义和班""同义班""戴家班""小李家班""农村剧社"等等。这些演出小团体被称作"小戏班"。较早且有影响的庐剧班社是"义和班",自清末时起就在沿淮一带活动,1931年前后,寿县、淮南、蚌埠、定远、霍邱、颍上等地乡村就常常出现他们演出的身影。在长期演出实践过程中,这个班社的演出剧目逐渐丰富,服装道具日臻完善,其道白、唱腔形成了不同于其他地区庐剧的艺术风格,逐步显现出"北路"庐剧的艺术特点。

二、寿县演出团体的演变

由于北路庐剧的乡村艺术土生土长接地气,在广大农村中得以生存,它随着时间的延续而延续,随着社会的发展而发展。

在寿县众多的庐剧农村班社中,较有名气的是"义和班"。1943年,该班由李世民组建,其后在寿县东南乡吴山庙、下塘集、双庙集、炎刘庙一带演出。新中国成立后,李即在下塘集组建"下塘人民剧社"。其后,原"义和班"由王炳道带领,王以此为基础,组建了"淮南市新声剧团"(后改为"淮南市庐剧团")。

1953年夏,寿县地方经济有了发展,人民生活有了保障,群众文娱生活需求有了提高,庐剧演出场地逐渐应运而生。由艺人王明志组织的原"农村剧社"由农村进入县城演出,在政府的支持下,集资在县城南大街棋盘街巷北端、东街郝家巷口对面,兴建了一个简易剧场,被称作"小戏园"。在此基础上,寿县"淮声庐剧团"成立。此前,1952年秋,在县域东南重镇下塘集的"下塘人民剧社"扩大成立了"寿县胜利剧团",并且也有了相应的小型剧场"下塘剧场"。自此,寿县北路庐剧有了固定的演出场地,结束了庐剧草台班子无地无序演出的历史。在那个难忘的历史性的时段里,寿县戏剧百花园中出现了两个具有专业性的民间职业剧团。

随着社会的发展,"淮声""胜利"两支庐剧专业剧团舞台艺术逐渐得到提高。同时,地方政府派出专业干部对剧团进行管理,特别对其演出剧目进行梳理、整顿。在时称"戏曲改革"的重要时期,两个剧团分别吸收了新鲜血液,部分年轻演员走上了戏剧舞台,排演了有固定台词的新剧目。舞台灯光、布景、服装、道具、音乐逐渐改善,剧团的基础设施设备得到极大提高,一大批传统和新编庐剧陆续上演。1956年,在全省第一届戏曲观摩演出大会上,整理改编的传统剧目《休丁香》,获得一连串的奖项。在那百业兴旺的岁月里,一大批传统和现实题材的剧目出现在城市和乡村的舞台上,呈现在寿县人民喜悦的目光中。

传统的庐剧剧目有《点大麦》《打烟灯》《打桃花》《山伯访友》《皮氏女三告》《休丁香》《薛凤英》《秦雪梅》《合同记》《白玉楼》等等。现实题材的剧目有《两兄弟》《程红梅》《新休丁香》《放湖水》《全家红》《长岗新曲》《春暖花开》《换稻种》《渔乡怒火》《燕归巢》等等。这些剧目的编、排、演，不仅丰富了群众的文化生活，而且还锻炼、培养出了一大批新的崭露头角的艺术人才，同时也在省内外文艺舞台上展现了风采。

时光老人之手翻过了一个年代，自农村班社至职业剧团的风雨历程中，两个庐剧团在执行党的"百花齐放""推陈出新"文艺方针中做出了可喜的贡献。为了适应新的社会形势，1959年12月，寿县人民政府做出决定，将淮声庐剧团、胜利庐剧团两团合并成立"寿县庐剧团"，并且全建制的由大集体单位转为国营建制单位。北路庐剧在寿县迎来了崭新而又温馨的春天。

京剧之花，寿州蕴香

方敦寿

京剧是一个妇孺皆知的传统戏曲门类，它蕴含多种艺术元素，文化内涵博大精深，受到人们的高度重视。在寿县民间，京剧之所以被老百姓俗称为"大戏"，是有显示其比其他戏剧重要，称为"老大"的意思。时至今日，无论是在古城街巷的私宅幽深庭院抑或是大众场馆会所，仍然会不时传出抑扬起伏、顿挫有致的京韵之声。这个深入人心的艺术，当年传入寿县以至从草台班社到专业团体的转变，是一个缓慢的过程。

一、早期的蕴蓄

京剧植根于徽班，当时徽班又多系安徽伶人，因而京剧在江淮之间多有盛行。早在清光绪年间，寿州即有京剧艺人耿老二带领的京剧班社活动于县域东乡。时至1912年，州城南乡三义乡人氏邓传诏（艺名邓双喜），组建了京剧"双喜班"，当时已在寿县、定远、合肥一带活动。1917年，"双喜班"交由陈尧卿带领，改名"全胜班"，在寿、六、舒、合等地演出。1928年，该班流动至凤台县，得到乡绅金姓、王姓、胡姓三大姓的资助，选招艺人、添置行头，得以发展。为了达到艺人的某种意愿，当时将"全胜班"改名为"同庆班"，由邓双喜之子邓子坚带领（嫡系），班社仍然活动于沿淮一带。抗日战争枪声传来，戏班配合抗日，1938年"同庆班"在皖北抗日人民自卫军第一路军军长石寅生和总参谋长权养之的帮助下，编演了《最后胜利属于我们的》时装京剧，鼓舞士气。不久，该班又随郑抱真率领的新四军路西联防队过津浦路东演出。1940年底，该班还曾在朱家湾与新四军十八团文工队联合演出。至此，经二十多年时间的历练，"双喜班"这个由寿州籍人士最早组建的戏曲京剧班社，像一匹学步的小马，在楚寿广阔的民间大地上，开启了令人喜悦的征程。

诚然，寿县人唱京剧还不只是那个时候，在1933年，县城的京剧爱好者就不满足于无场无台的"堂会"式的演唱，于是一部分人就在城内北过驿巷内一个叫升平园的浴池内,集中扎堆清唱京剧。尤嫌不足,浴池老板侯幼斋又在浴池内的西厅搭建舞台,着装"彩唱"。来升平园洗浴者,只付浴资(澡票),听戏免费,一时生意大好。此乃古城居民前所未见之新鲜事,因其地处城内北过驿巷,人称"北园"。

吾寿之人,历千年风云变幻,经无数古代战争,造就了一腔不屈竞争的人性,同城之内怎可只容尔等"北园"歌舞日夜升平?不久,同在一条巷之南北而分的南过驿巷内的公园浴池,老板黄竹铭联合城内龙园、日新池几家浴池,集资建成了一个称作"共乐舞台"的可供京剧演唱表演的室内舞台,人称"南园"。一时之间,县内县外"一巷两园",古城市民尽享京韵之乐的情况渐渐传为佳话。佳话不止于此,两园竞争之势已是形成。时隔一年,为显示自身"先来"之地位,"北园"又在自家浴池对面组建了京剧班社"移风剧社",而且还设有包厢座位,还请邀外地知名演员参加演出,更有甚者,还接待过当时多次出国演出的步可容杂技团来园演出。不仅如此,1934年"移风剧社"还突破古城无固定电影放映场所的历史,自行组织放映黑白无声电影《十九路军战上海》。虽然此前1917年寿县城关出现过被民间称为"影子戏"的小型黑白无声电影在街头流动放映,但是这个非比寻常的举动,更是一时引起古城百姓的轰动。如此这般,寿州城内不但出现了两个京剧半职业演出团体,而且还自发引出了艺术竞争的机制。

二、渐渐地萌发

随着京剧演唱活动在民间影响逐渐深入,各类京剧社团也陆续产生。1933年,寿县民众教育馆组织成立"国剧研究社"。县域内正阳关、隐贤集等较大集镇亦先后出现了有关京剧活动的团体。1942年,正阳关也成立了"国剧研究社",社长时叔谨,社员50余人。他们自筹资金购置服装道具,陆续演出了《打渔杀家》《女起解》《击鼓骂曹》等剧目。1949年春,中国人民解放军南下,途经正阳关,某部唐亮司令员看了正阳国剧研究社的演出,甚为称赞,并且提议将社名改为"民族解放京剧团"。唐司令的提议很快得到了落实。当年10月,又经皖北行署文教处批准,正阳民族解放京剧团改名为"寿县群生京剧团",何润身任团长,魏华农任副团长,共有演员30多人,陆续排演了新京剧《闯王进京》《小仓山》《九件衣》《血泪仇》等剧目。1951年,在镇内三元巷口新建了正阳戏院,演员扩展到70余人。1952年,剧团经过整顿归属县级管理,由陈剑秋接任团长。剧团相继邀请外地演员来本地搭班演出,先后有马宏良(马连良的胞哥)、马云鹏、洪忆梅、高婉华等。一时间,在"七十二水归正阳"的淮河中游码头重镇,京剧演出十分红火。但是,时间老人无情地考验着人们,这个剧团后来渐渐难以自负盈亏,于1956年12月不得已被撤销,一部分青年演员转入县京剧团和县庐剧团。

历史就是这样在偶然和必然之间变化、发展的,作为民间职业剧团,群声京剧团乃寿县第一家,但是,当时正阳关一个乡镇的光彩终究代替不了全县的需要。历史又是无声的,它总是按照自己的路数在默默地演进着。寿县京剧发展前进的历史,当然也不可仅止于"两园"无序竞争的状态以及正阳关京剧的一度光彩,县城乃至县域内"有团(班社)无场"和"有场无团"的状况以及百姓对文化的需求,客观地摆在了地方政府的面前。

任何事物的发展都需要一定的条件,而某种条件的成熟,则需要一定的机遇。在这里,要首先简单介绍一下曾经对寿县京剧发展颇具影响的"云仙京剧社"的情况。

"云仙京剧社"由张氏家族组成,成立于20世纪30年代天津市东"天仙舞台",班主张俊仙,主要成员张云卿、陈俊樵、张俊仙。剧社取名于张云卿、张俊仙兄妹名字中的"云""仙"二字。在京剧名人大伽云集的京津地区,他们求师学道,不但掌握了足够的传统京剧演唱台本,又能废寝忘食苦练基本功,特别是班主张俊仙,练得深厚的艺术功力,青衣、花旦、武旦、刀马旦无一不精,深受当地观众欢迎。其后,抗日战争期间,无情而残酷的枪炮使得可怜的戏剧艺术难有安身之地,不得已,剧社由北向南辗转于济南、徐州、南京、上海以及浙江杭、嘉、湖地区,后来进入安徽大别山地区。在大别山期间,剧社常常上演《抗金兵》等进步剧目,鼓舞驻防官兵抗日激情,受到了国民政府第五战区(司令长官李宗仁)下辖的第二十一集团军的嘉奖。抗战胜利后,"云仙京剧社"走出大别山地区进入安庆。在安庆演出期间,班主张俊仙和黄梅戏名演员严凤英亦曾多有艺术交流,而且严对张还以后辈晚生自称。

后来,"云仙京剧社"在沿淮地区巡回演出,经宿县、滁县、蚌埠之后,于1951年进入寿县。

在寿县演出期间,当时县长赵子厚看到了云仙社班主张俊仙的舞台表演,大为赞赏,而且多次提出欲将剧社留驻在寿县做长期演出。在寿县人民政府的重视下,1951年10月"寿县人民大会堂"(后改名"红星剧场")在县城东大街中段建成。随即,"云仙京剧社"改名为"红星京剧社",并且去上海制作了徽章。徽章直径约三厘米,背面有编号,呈五角星形状,由所在剧社的演员平时佩戴。剧社还响应政府号召组建足球队,统一服装,统一训练。一时之间,在古城内外,红星京剧社煞是风光。

水到渠成,在百业待兴的新中国初期,在寿县人民政府的直接扶植下,"寿县京剧团"应运而生。之后,剧团加强了管理,增添了设备,特别是吸收了从南京、徐州等地来的演员汪晓峰、黄羡华、贾俊威、王明华等,他们和张俊仙一起,成了寿县京剧团的顶梁柱,同时也培养了一批青年演员。

至 20 世纪 50 年代中期,寿县京剧团已逐渐成为远近闻名的京剧艺术团体。

蜚声江淮的寿州少林大洪拳

余 涛

少林大洪拳是宋太祖赵匡胤习练的拳术之一,是少林武功的基础拳。它动作连贯、功架完美,体现了少林拳的主要风格。凡练少林拳术、器械、散打、技击者,都从大洪拳起手,称大洪拳为"诸艺之源"。它的特点是以活马步为主,上承禅法,下化武艺,掌拳并用,刚柔相济,攻守自如,舒展大方。寿州大洪拳现存套路系列完整,动作完美,招式灵活,因手法、步法、腿法全面综合,是习武健身的最佳套路。

寿州大洪拳起源于清末时期,少林俗家弟子胡德山因与他人比武,将人致伤后,隐居于淮上重镇——寿县正阳关镇,后传弟子林长源(号节山)等数十人。

一群少年练习少林大洪拳

当时的正阳关商贾云集,生意兴隆。大别山区的山货通过淠河漂至正阳关,再转到淮河中下游地区,正阳关水上码头整日人头攒动,熙来攘往,热闹非凡。为确保码头上商贸活动不被他人捣乱和码头不会落入他人之手,各码头主人聘请武林高手为其保驾护航,许多武林高手为混口饭养家糊口,便带领弟子到码头上做保镖。商贸的繁荣,同时也推动了正阳关周边群众习武的热潮,大洪拳、查拳、两仪拳、八卦拳、六合拳等武师开坛设场,传授武艺,到了清末民初,正阳关传授武术之风达到高峰,在淮河流域声名鹊起。

经过胡德山、林节山两位武师数年的精心传授,大洪拳弟子迅速增多,逐步形成了以正阳关镇为中心,向淮河、淠河两岸扩散,到民国时,寿县习练大洪拳的弟子已达数百人。"小小洪拳真可夸,少林寺里是俺家,劈头盖脸三出手,然后才把胯骨拉,两边斜进分左右,一路旋风响乒乓……"记录洪拳发源与拳术特点的歌诀流传江淮大地。后林节山将大洪拳传授于朱崇年、姚金厚等弟子。朱崇年、姚金厚从小天资聪颖,体格强壮,比其他师兄弟们又勤奋,将大洪拳精华记于心间。

1949年1月17日,寿县解放,获得新生活的寿县人民在政府的号召下,积极投身于新中国建设中。此时,风华正茂的姚金厚先生告别生活多年的正阳关镇和师兄弟们,带着满腔热情和少林功夫,来到位于县城北门外的寿县造船厂,担任负责

大洪拳兵器表演

人。同时,他也利用业余时间传授大洪拳。

20世纪60年代初,全国民兵大比武在古都南京举行。姚金厚因武技高超而蜚声江淮,他代表安徽省运动队,在此届比武大会上取得了优异成绩,受到南京军区、安徽省、六安地区、寿县的表彰。同时,在比武期间,姚金厚结识了王子平、王菊荣、傅钟文等一大批武林高手,谦虚好学的姚金厚抓住千载难逢的机会,虚心向大师、高手们学习,丰富了寿州大洪拳内容。回来后,姚金厚通过多年的练习和实践,结合国家规定套路,将学习来的高招融合到寿州大洪拳中,形成了从八个架子、十路弹腿、徒手套路、单双兵器、对打、器械对打至功夫拳术、硬气功一整套从基本功到实战独特风格的姚氏大洪拳,并将姚氏大洪拳传授于子女姚兰茂、姚兰富和魏如生、梁永忠、甄林舜、李广生、孙以柱、潘新安、罗西林等弟子。

大洪拳传承

1978年,中华大地迎来了改革开放、加快经济建设、大力弘扬传统文化的热潮,学习武术之风再次兴起。已近50岁的姚金厚仍然意气风发,宝刀不老,重新开始传授大洪拳,几年后,弟子便达300余人。1982年,风靡全球的武打片《少林寺》热播后,中华大地再次掀起学习、挖掘、交流中华武术的强劲热潮。

此时,姚金厚弟子魏如生、梁永忠、李广生、姚兰茂、罗西林等也分别在寿县城区设立拳场,魏如斌、孙以柱分别在六安市和淮南市传授大洪拳,朱崇年弟子郑良辰在正阳关收徒传艺,使全县及周边学习大洪拳弟子超过千人。

1987年12月31日下午,寿县武术协会在众多武术爱好者的期盼下挂牌成立。在挂牌仪式上,寿县各路武术爱好者们一展身手,庆祝武术协会的成立。大洪拳术弟子表演的梅花拳、关东拳、关西拳、三议刀、梅花枪、罗汉拳、十二拿、抓打擒拿等深受观众好评,特别是魏如生表演的大洪拳硬功绝技金刚铁板桥(在肚皮上压上120斤重的石碾、两个100多斤重的弟子在上面做金鸡独立,然后旋风腿落下,魏如生旋即起身用头开两块灰砖),技惊全场。

大洪拳表演

2004年春,寿县文武学校成立三周年之际,寿县承办了全国武术名家交流大会。中国武术协会副主席、武术家、武学泰斗张山;中国内地第一代功夫片明星、李连杰的大师兄王群;全国武术比赛冠军、当代武学大师、功夫巨星、道家太极养生功创始人崔新志;八卦掌、吴氏太极拳第四代传人,在全国、国际武术比赛中获得拳、械、太极拳推手、散打冠、亚军的张全亮;全国武术比赛冠军、国家级裁判、陕西省武术协会委员、现任西安武术职业学校校长兼总教练、武打明星崔玉山等一批武林高手云集寿县八公山下,各路武林精英们纷纷展示绝技,为寿县广大武术爱好者献上一份"武术大餐"。当崔新志了解到笔者为少林大洪拳爱好者后,执意要和笔者表演交流。在崔玉山表演完八极拳后,崔新志和笔者轮番表演了长拳、刀、枪、棍、双匕首、春秋大刀等套路,最后崔新志为全场观众表演硬气功,用头部连续撞击钢轨数十次,在观众的叫绝声中整个表演落下帷幕。笔者表演的大洪拳深受张山、崔新志、张全亮等好评,并为笔者签名、合影留念。张全亮向笔者赠送自己撰写和留有签名的《八卦掌精要》,鼓励大家要勤于学习,博采众家之长。

多年来,寿县少林大洪拳术弟子们秉承师训,传承武术和武德,精于习武,严格做人,不断将寿县大洪拳发扬光大,多次组织弟子们参加各类武术表演比赛和公益表演。安徽电视台《江淮武林志》栏目、《皖西日报》、《寿州报》、寿县电视台等媒体先后对寿州大洪拳进行专题报道。特别是在2018年夏季全县武术比赛中,新一代洪拳弟子们一举夺得20枚金牌,21枚银、铜牌,共41枚奖牌的好成绩。

寿州古树琐记

高 峰

古树名木是自然界和前人留下来的珍贵遗产，蕴藏着丰富的政治、历史、人文资源，是一个地方文明程度的标志，在维护生物多样性、生态平衡和环境保护中也有着不可替代的作用，更承载了人们的乡愁情思。

寿县是全国历史文化名城，是中国地名文化遗产"千年古县"。1996年版《寿州志》引用《汉书·地理志》载："寿春产楠木、香樟。"明嘉靖《寿州志》上把桑树列为木类首位，据载当时寿州有桑树百万株之多。寿县境内的八公山，既是一座蓄圣表仙的旷世名山，更是一座波谲云诡的历史名山。非常遗憾的是，据载，此山自古以来，林疏木稀。嘉庆《凤台县志》上说："《晋书》称八公山草木皆如人形，而《水经注》则云八公山无草木，惟童阜耳。"

据县林业部门统计，寿县所辖的八公山境内，只有南麓的张管村管氏祖坟地有4株黄连木，树龄230年左右，其他区域，现在还没有发现一株超过100年的古树。这似乎与它名贯古今的历史颇不相符。但历史往往是这样，或多或少留有一点遗憾。那么，造成这种情况的原因是什么呢？

大清名宦李兆洛清代嘉庆年间知凤台县兼理寿州，寿、凤同城划境而治。他在《凤台县志》上说"今北山固濯濯也，询之山民，或云不宜木，然其故老皆云北山向时木甚美，中栋梁，今城中老屋多北山木所构，其产有青樌、红樌，大皆合围以上，发老屋时犹时时得之。青樌色青黑，坚致类海楠；红樌红泽，皆他处所无"。"北山固濯濯"，就是北山光秃秃的。淮南市历史文化研究会会长楚樵先生作注云：寿县、凤台县地区有"刘金定火烧于洪，烧尽了八公山草木"的传说。传说可娱而不可信，不是有"野火烧不尽，春风吹又生"嘛。真正的原因可能是由于八公山方圆不过百余平方公里，自然生态相对脆弱，原始植被尤其是巨树，当年建造楚国和淮南国的宫殿等等，就地取材，砍伐不息。还有在历次争战中被破坏殆尽，不可计数。另外，自古以来，人们靠山吃山，山民及附近乡民固有冬季上山打柴的习惯，是那种掘茎刨根的方法。更有1958年"大办钢铁"和"大办食堂"，有专人常年山中伐薪砍柴。

因此,八公山上的草木难以繁衍。所谓的"八公山上,草木皆兵",兵者,部队里的小战士也,长出来的树,也就一人多高而已。

这里所说的青槲、红槲,是八公山上的一种特有的乡土树种,生长极其缓慢,干茎长到十多厘米,需经数十年。此树木质细致,坚硬无比,十分珍贵。也有人认为,就是《汉书·地理志》所载"寿春产楠木、香樟"中的楠木。前几年,我和李家景、赵鸿冰等友人游走八公山,几乎踏遍山岭沟壑,访遍山民牧人,也没有找到这种方言中所说的青槲、红槲。据清道光《霍邱县志》载:八里塘湖(沣河桥西北)从前生长高大茂密的青槲和红槲,以后被水淹绝。还有人考证,舜耕山上以前发现有青槲和红槲,后为虫害所毁。以上种种,说明沿淮一带是有青槲和红槲生长的。

八公山上是这种类似婴幼儿头顶稀毛的"童阜"情况,多少让人有些失望。那么,古老的寿州城内又是一种怎样的情景呢?清光绪《寿州志》有记,崇祯六年(1633年),寿州孔庙大兴植树。州人方震孺有《募种树文》,上面写道:"秩序瞽宗,同牛山之濯濯,儒门淡薄,一至于斯","缘官此土者竟不栽培,徒有剪伐,材者即断而成器,朽者又化为薪。先生固贫,弟子亦懒","圣宫有树,所以栖神,匪独桧长鳞文,想素王之手泽,抑且桃生锦浪","焕士子之文心"。可以看出,不光北山"濯濯",孔庙也"濯濯",都是光秃秃的。大成之地,有失斯文啊!究其原因,方震孺先生说,是当官的不想植树,任由砍伐或腐朽。此种情景与文化之集大成之孔学很不相称。

根据规定,一般树龄在百年以上的即为古树,而那些树种稀有、名贵或具有历史价值、纪念意义的树木称为名木。我县没有"黄帝手植柏""先师手植桧"之类的名木。全县资源,多属古树。2015年全县进行第三次古树名木资源普查,共普查认定公布100年古树43株,其中,一级古树7株,二级古树2株,三级古树34株,比上一次(2010年)普查增加14株,涉及12个乡镇23个行政村或街道社区,涉及树种有:圆柏、侧柏、黄连木、银杏、槐树、皂荚、麻栎、杜梨、榔榆、柿树等,其中登记在案最"年长"的古树是西大街孔庙内的两株银杏树,距今已有740年的历史。而报恩寺大雄宝殿前的两株银杏树,民间传说栽植于唐代贞观年间建寺之初,有1300多年的历史,而省林业专家参照江淮之间银杏树生长状况,通过科学解析研究,测得实际树龄只有600年,为明代重修时所植。

寿县被列为一级古树,现行挂牌保护的7株古银杏树,分别为报恩寺2株,孔庙2株,清真寺3株。但在历代志书中均无记载,甚至连银杏树这个名字都找不到。现在到报恩寺去,看到两株银杏树下各有一块石碑,可惜那上面的字在"文化大革命"中均遭人为刻意凿毁,凿得那么完全彻底,竟不留一字。所幸的是,那把邪

古树

恶之刀没有伸向近在咫尺的银杏树;所幸的是,在报恩寺平面图的那块石碑上,还能隐约看到大雄宝殿前有两株巨树,那无疑就是银杏树了。这七株古树犹如七个人瑞,除了天上的日月星辰,地上活着的生命,只有它们有幸见证了古城沧桑历史、曾经的辉煌和灾难。比如,元明以来,上百次的大水毁城之祸,历次的流贼围城,太平军犯城,捻子乱城,苗贼屠城,日寇陷城,"文革"破城等等。但它们保持了内心的定力,见多不怪,恪守操持,不言不语。这让我越发相信,树木活久了,就有了精神,怀有仁心。仁者无敌,仁者爱人,仁者有寿啊!

在与这七株古银杏朝夕相伴中,如果细心观察,它们还向我们呈现出一种家和亲情的奇观,也就说,它们既有德行,又懂得感恩。比如,报恩寺大雄宝殿前东侧的那株银杏树,历史上曾遭雷击,枝干残缺,整个树冠仅存西边一大主枝,主干东、南、西三方树皮脱落,但在树干基处形成众多萌条,其中两根长成较大植株,形成"父子环抱"的奇观。孔庙大成殿前的两株银杏树,一雌一雄,树冠庞大,气势恢宏。方敦寿先生告诉我,他当文化馆长时,每年施肥一次,干旱浇水,西边的雌株结果喜人。不幸的是,这位"母亲"曾遭雷击,前年又遭台风折断一枝,近年来挂果不多。林业部门已进行修护,只待生机重现。这是一对颇似不离不弃的"患难夫妻"。

有一年开县政协会议,我和徐阿訇坐在一起,他向我讲述了清真寺院落里的银

三棵古树

杏树的故事。那是老老幼幼,其乐融融的一家子。比如,无相宝殿月台前面的两株为雄株是两兄弟,左前方的一株为雌株是妻子。三株同为明代永乐年间所植,距今已有600年历史,是银杏树家族中的第一代。右前方的一株树龄400年,为明代万历年间所植,是第二代;还有一株树龄115年,系清代光绪年间所植,是第三代;再加上前面院落的几株,为20世纪80年代初所植,是第四代。可谓曾祖、祖父、父亲和儿子,同居健在的"四世同堂"。

  除了这些,让我来数数散落在寻常巷陌里的老树,它们是:西大街孔庙灵星门前有两株银杏树,报恩寺里有两株柏圆树,西大寺巷与北梁家拐巷交口有一株榆树,木头牌坊巷有一株刺槐,马营巷有一株楝树,农机巷、老县委大院和留犊祠巷回民小学各有一株泡桐树,曹家巷尽头和观巷古井旁各有一株椿树,等等。它们是散居在巷道里的孤独的老人,在寂寞的春秋炎凉中度着余生。我这么不厌其烦地记录,目的是立此存照,如果你哪天路过,请给予关照。春天的时候,人们倾城而出,跑到八公山中去看灿烂炫目的桃花、梨花,而我更喜欢在城中游走街巷,看那一株又一株零星寂寞的杂花生树。深秋来临,经霜的银杏叶由绿而淡黄、而橙黄、而金黄,看银杏叶成为一种盛事雅事。我曾经写过报恩寺里的银杏叶飘落的情景:"进得山门,过二佛殿,抬头一望,突然,一阵风过,耀眼的咆哮的金黄耸立在面前,我如入幻境,又好像置身于黄河壶口瀑布之下。对面大雄宝殿的屋脊犹如悬崖上的壶口,月台上香炉之烟犹如袅袅水汽,黄叶婆娑,纷披而下,凌厉跌宕,黄浆倾泻,溅得我满头满身都是。"

我到寿州也已经三十多年了,人生能有几个三十多年呢?我由原来的一棵乡野小树苗长成了今天的城中大树,又慢慢变老。这些古树穿越空间和时间,承载着我的记忆。我不怕老,不要看我浑身结疤,屈干虬枝犹如钢筋铁骨。我虽老矣,犹有初心,不要怀疑我不知春不报春,当春温上升,足以撬动我灵魂的毛孔,我会突然在一夜之间,爆出新芽和花蕾。

郑以禄和他的寿州香草传承

高 峰

一

去年的年里年外,东园白菜卖到了四块钱一斤。

腊月的时候,我在三步两桥附近遇到郑家庄的郑以禄老人,要他帮我弄两蛇皮袋的黄芯乌白菜送人,他把一颗花白的头颅摇得跟拨浪鼓似的对我说:"政府贴出告示,东北拐塘清淤,造湿地公园。菜地征收,钱已打到各家的账号,一律不准再种菜,以免影响施工。"我一听急了,忙问香草地怎么办?老郑说:"我们打了报告,政府重视香草传承,特将报恩寺后面的那片香草地保留下来了。"

二

中国的上古时代,人们认为万物有灵,花草树木、山川雷电等等,被赋予灵魂之后,既可感应上天,获得生命力量,又能佩饰自身,消灾避祸,护佑众生。提起香草,我们会想到2000多年前楚国的士大夫、伟大的爱国主义诗人屈原,在千古传诵的《离骚》中,他用"香草美人"构筑了一个庞大而又隐秘的比喻系统,表达他高洁的精神品质和忧国忧民的家国情怀。南楚之地,草木有灵。"朝饮木兰之坠露兮,夕餐秋菊之落英。"《离骚》中有种类繁多的香草,江蓠、蕙、杜若、荃、茝、留夷、薜荔、芰荷、白芷、秋兰、菊等等,"扈江蓠与辟芷兮,纫秋兰以为佩"。这里所说的"江蓠",即是寿州香草。

关于寿州香草的溯源之考,目前我们看到的乡帮文献中,嘉靖《寿州志》不载,光绪《寿州志》只把它列为《食货志·草类》的最后一位。清朝雍正年间,从寿州析出凤台县,同城划境而治。嘉庆十三年(1808年),来了一位大清名宦李兆洛先生做凤台知县,后又兼理寿州,他在《凤台县志·食货志》里经过考证,指出:"江蓠,土人谓之离乡草,惟报恩寺后产之。或种以为业,十月布子,四月而刈,镬汤煮之,纳诸坎,蹈以出汁,经宿而暴之,气类苏荏,妇女以渍油膏发,远方多来售之者。其草出境乃香,故谓之离乡草云。"在这段文字中,李兆洛先生从香草产地、种植、收割、加工、售卖以及离乡草之名的得来,更有深加工开发产品"渍油膏发"等等,可以说后世有关寿州香草的一

寿州香草

切之说,皆滥觞于此。

三

  关于寿州香草的由来源自传说。其一是乡愁忠魂说:这是一则凄凉的故国挽歌。楚国从长江汉水再到淮河岸边,在郢都寿春过完了最后的十八年。公元前223年,秦将王翦率60万大军倾国而来,楚将项燕率60万大军迎战,双方在平舆爆发了先秦史上规模最大的一次战争。楚败。秦军夺取了淮河两岸的大部分地区,攻拔寿春,杀楚将项燕,俘楚王负刍,楚国灭亡。寿春都城,万千宫殿化为乌有,唯有一枝香草在风中不屈不折地摇曳。楚国将士,流血牺牲,忠魂所凝,化为香草。亡国的背井离乡的楚人,不会忘记长眠故土的将士。他们携带故国的香草去流浪,离开家乡愈远,其香益浓也,愈能勾起他们的乡愁,而且每逢阴雨,其味越香。因为离乡后的思乡之故,"离香(乡)草"因此得名。

  其二是战马助驾说:"赵匡胤困南唐"的故事在寿州大地家喻户晓,妇孺皆知。在本地流传甚广的"芋头的故事""大救驾故事"等皆衍生于此。现在,又将一枝小

小的寿州香草与大宋王朝的开国皇帝扯上了关系。相传在五代十国末期,后周大将赵匡胤率军攻打南唐寿州,夺城之后,他的战马挣脱缰绳,径直跑到东禅寺边上的一块草地吃草,打不跑,牵不走。赵匡胤闻知后,便来实地察看,摘了一枝野草嗅嗅,连声说道:"是香草、是香草。"吃了香草的战马,犹如神助,铁蹄征伐,所向披靡。寿州香草以此得名。

其三是佛法开示说:传说早在1300多年前的唐代贞观年间,玄奘法师受皇帝敕令来到寿州报恩寺传授佛法,一天晚上,忽然闻到有一阵阵淡淡的清香扑鼻而来,玄奘自知佛法已显,立即和住持僧面北跪拜。次日清晨来到寺庙后院一看,青草一片,白花朵朵,幽幽奇香散发开来。这个传说有着浓郁宗教意味,一方面说明寿州香草气是受了佛法的开示和香火的熏陶,另一方面道出寿州香草有一种认土归宗的执拗劲,也进一步表明它的稀缺和珍贵。无论哪个朝代,也无论疆域多么广大,它只认城内报恩寺周边的一小块地儿。

但现实中的寿州香草是怎样的呢?2016年,古老的"寿州香草"获权威定名。当年有报道称:"寿州香草为濒危物种,是两年生草本植物,茎圆中空,高一米左右,叶对生,花柄长,形似芝麻秸,每年九月下种,次年四月收割。目前仅在寿县古城报恩寺东菜园有数亩种植。"

为了保护安徽寿县芍陂(安丰塘)及灌区农业系统生物多样性,寿县农业技术推广中心曾在堰口镇开展了寿州香草保护性繁殖,同时申报了中央财政农业技术推广项目。后又邀请安徽中医药大学副教授、硕士生导师俞年军,安徽省种子协会主席许正嘉等植物学专家,实地考察寿州香草东菜园种植区、堰口镇保护性繁殖区,并将香草植株标本带回安徽中医药科学院详加考证,得出权威鉴定,寿州香草被定名为白花草木樨,系植物界、被子植物门、双子叶植物纲、蔷薇目、蝶形花科、草木樨属,白花草木樨种,否定了以前网络流传的堇菜目、报春花科、珍珠菜属的说法。

四

在郑家庄,郑以禄老人领我来到巷道深处的一口老井旁。他告诉我,此井已有200多年的历史了,是郑氏家族迁居寿州城内报恩寺附近的见证。郑氏家族于清代咸丰九年(1859年)由凤台县顾桥迁徙而来,家人未到之前,先打一口井来"定定根",谓之"家井",从此围绕井栏,聚族而居,代有人才,逐步兴旺发达起来。到清代光绪年间,祖、父辈虽然没有博得大的功名,也出了数名秀才,或从政,或经商,或从医,或农耕,其中先祖父郑辉斋先生秀才出身,在东菜园旁的火神庙设馆办学,培养众多弟子,声名远播。到解放前,历经九代200多年,郑氏家族始终没有离开过东菜园这个大本营,郑家庄由此而得名。

郑以禄老先生生于1948年,1965年初中毕业后即参加生产队集体劳动,从那时起,他就开始在东菜园从事香草耕种。幼年的耳濡目染,先辈的传授,成年后田间地头的操劳,几十年来的坚守和探索,使他对寿州香草从耕种到收割,尤其是土地的翻耕、种子的保管、成熟期的收割及一系列复杂加工技艺过程,直到做出香荷包等产品,都了如指掌,成竹在胸。

20世纪70年代末80年代初,大队集体劳动,每到香草收割之时,郑以禄就派上了用场。他必须时时观察天象,又要天天察看草色,判断成熟程度,以便在香草成熟恰当、天气晴好之时收割。香草的收、烫、窖、晒,必须一气呵成,不能间断。郑以禄带头指挥,大家从头天下午要一直忙到第二天五更头天快亮。最难的还是香草的售卖,那时没有运输工具,全靠徒步拉车。两人一组,带上咸菜馒头,郑以禄每年都到霍山、肥西、湖北英山等地销售香草。"文革"期间,有一阵子把香草视为"资产阶级毒草",不准耕种。这可急坏了老郑。他心里清楚,香草是两年生植物,必须是当年留好种子,如果隔年,或不发苗,或植株变异,或没有香味。这样的话,寿州香草将面临绝种的危险。老郑想,香草是老祖宗传下来的东西,不能在我们的手上断绝。那几年,他悄悄垒高围墙,又喂条凶狗,偷偷在自家院中种植,不是为卖钱,而是为了保存香草的种子。

采集

制作

　　1981年包产到户，老郑家分得报恩寺后面的几亩土地，他如鱼得水，甩开膀子种香草。凭着从小就了然于胸的种植经验和秘不授人的种植诀窍，老郑使出了种植香草的绝招，他种出的香草声名日隆，每到端午时节，往往供不应求。但那些年也仅仅是以卖草为主，小打小闹，不做产品，收入不高，仅是补贴家用。

　　寿州城内的东北隅，是一块神奇的风水宝地。在这个狭小的区域内，聚集了众多的寺庙庵观，如报恩寺、东岳庙、准提庵、八腊庙、三圣庵、火神庙等等，是古时候人们重要的祭祀的地方。有的庙宇不在了，沦为住宅或菜地，它的地气还保留着。但寿州城内属盐硝地，过去产硝，土质板结，加之城东北地势低洼，整个东半城的雨水从马营塘、洒金塘、傅家塘经三步两桥汇集到东北拐角塘，再经"崇墉障流"涵洞流到城外。每次涨水，最先受涝的是东菜园。但是，就是这样的土地，却种出了神奇的寿州香草。老郑说，讲寿州城内是"筛子地"，水会自动渗下，不会水淹，那是鬼话。听老人们说，解放初时，每涨大水，如临大敌。县委书记赵子厚曾拎着盒子枪在城墙上巡逻。有一年大水，涵洞渗漏，是我冒死下去堵的木头塞子。后来公社规定，东北涵洞"崇墉障流"归东园村管，西北涵洞"金汤巩固"归西园村管，都派有

敬香

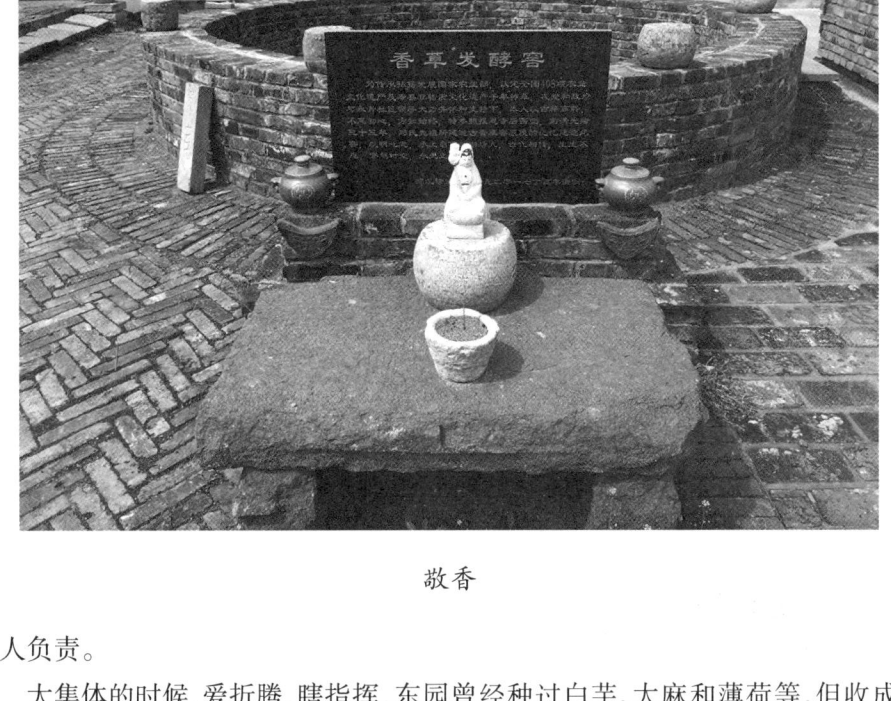

专人负责。

  大集体的时候,爱折腾,瞎指挥,东园曾经种过白芋、大麻和薄荷等,但收成不好,品质不高。"赵匡胤困南唐"的传说故事里,就有遇见"芋(遇)头"一说,但东园种出来的芋头,奇大奇丑,疙里疙瘩,外皮开裂,肉质粗糙,吃下去味同木屑,最后只好拿去喂猪。几经折腾,后来终于又回到种菜上,但种出来的黄芯乌白菜就不一样了,梗短叶肥,少筋多肉,赛比羊肉。种香草是祖传之技,非"报恩寺周边土地"莫属。郑以禄老人凭着几十年来对东园土壤、水质、气候、日照、施肥、耕种时节、收割时期(其中秋季播种、冬季看护、春季观察、夏季收割)以及收割后通过水烫、窖焖、晾晒,直到做出产品的深刻了解,凭着对先祖香草草窖的复原及窖焖技术的掌握,郑以禄一跃成为寿州香草种植能手。

  郑老还发明了一种套种方法,香草秋季下籽后,冬季寒冷,香草种子蛰伏在土地里没有发芽,套种白菜,白菜顶雪,抗寒防冻,等到春暖,铲白菜连带松土,香草即冒出芽了。至于白菜与香草在东园相遇,有没有其他秘密物语,吾辈就不敢妄猜了。但有一点是确定的,香草绝不可以异地种植,如果离开此地,虽枝叶照发,然空茎变为实心,香气尽失。

郑老时常跟我开玩笑说,我可不是一个单纯会种香草的农民,我小时上过私塾,初中毕业,成绩尚好,因为家里是小土地出租者成分,升学无望,又不给当兵,只好务农。种香草既是热爱,也是命中注定。小时候听大人讲,寿州状元孙家鼐回乡省亲,曾将香草带到京师,敬献给他的学生光绪皇帝。民国时期的淮上名士、革命先驱柏文蔚先生,在见到他敬仰的导师孙中山先生时,送的就是寿州香草。20世纪80年代的一天,一个老先生突然找上门来。原来是郑家过去的雇工周小山从台湾回来了。周家清贫,帮郑家种地为生,主要是种蔬菜和香草。那次到淮南田家庵去卖香草,被国民党抓了壮丁,后来到了台湾。他回来找"老东家",除了给父母上坟,主要念想的还是自己曾经种植过的香草。那一缕浓郁的陈香拂过,将漂泊的游子揽入故土的怀抱,令他在香草地号啕大哭,从此至死,须臾不离。

五

中国之大,习俗之广,寿州为何能被文化部公布为全国35个端午习俗集中分布区?安徽省仅此一处。端午节是我国四大传统节日之一。它源自上古人民的天象崇拜和龙图腾祭祀。在漫长的历史进程中,它兼收并蓄,将多种民俗融为一体,逐渐形成了赛龙舟、吃粽子两大礼俗主题,并和纪念爱国诗人屈原紧密联系在一起。寿县作为楚国之都,文化底蕴深厚,自有独特的端午节民俗。与江淮大多数地区一样,寿县端午节主要有包粽子、吃咸蛋、炸"鬼腿"、挂艾草、赛龙舟、饮酒吟诗等习俗,还有一个重要习俗,就是佩戴用当地种植的香草制作的香囊。端午节小孩佩香囊,传说有避邪驱瘟之意,实际是用于祛臭、驱虫、避汗气和点缀装饰。香囊以五色丝线弦扣成索,形形色色,玲珑可爱,清香四溢。《寿县志·风俗类》记曰:"端阳节,孩童胸前佩戴当地特产香草碾成细末配以其他香料缝制的香荷包,以作驱疫免灾之用,此俗至今尚行。"端午节佩戴香囊成为最具楚文化仪式性的特征习俗,孟堃先生编著的《古寿春漫话》里说:"农历五月初五端午节,在寿县别有一番情趣,就是人们佩戴香荷包的风俗,至今不衰。香荷包主要原料是香草。香荷包的制作方法,是把香草剪成米粒大小的碎末,再放入同样大小的碎艾草、艾茎,喷以少量白酒,捂盖片刻,香气四溢,装入彩色小布头缝成的小袋即成。香荷包有各种形状,因人而异。老奶奶、老爹爹(寿县方言:约为北方的爷爷)们多佩团形,布色宜素;新媳妇、大姑娘们,多佩红色、绿色、彩色;小毛丫、小毛孩,佩戴的式样和色彩均大大超过前者,有做成瓜形、葫芦形、椒子形、石榴形、桃子形、小猫形、小狗形、娃娃形的,还有用'男红''女绿'分之。"

如今,郑以禄成立了寿县楚都香草科技有限公司,在老东园村村部内投资30余万元建楚都香草传承馆,仿古门楼、仿古香草窖池、产品展示厅、生产加工车间等,香草产品开发已初具规模。其中的香草荷包,制作程序复杂,有几十道工序,技术性强,保密程度高。郑氏家族为农耕世家,种植香草,家族传承,制作荷包,代代相传。楚都香草系列产品已列入非物质文化名录。目前投入市场的有以寿州香草为原料的香包、香袋、香囊、线香、倒流香、手工香等等。2017年11月,郑以禄老人成为县级非物质文化项目——寿州香草传统制作技艺传承人。他总结了离香草的作用:

进门香——挂在门上,做招福、辟邪、镇宅之用。
凝神香——置于枕边,有安神、助眠、除瘴之效。
护身香——戴在胸前,防病害、驱百害、祈洪福。
平安香——悬于车内,可凝神醒脑,保一路平安。
养心香——放在屋内,灭菌驱虫,净化美化居室。

六

正是春草葳蕤、春花烂漫的时节,漫步城垣,远望则淝水汤汤、八公苍苍,近观则菜园青青、城塘澹澹。今年东菜园遇到历史从没有过的大变局。大型挖掘机掀起了城河的淤泥,园里被弄了个底朝天。不久的将来,昔日的菜园将变身居民休闲的湿地公园。但是,香草不会消失,规划中这里还将会出现一个古色古香的"寿州香草文化园"。时值农历三月十五日,报恩寺里梵音阵阵,一年一度的水陆法会才刚刚开始。而更远的苍茫的八公山上,三月十五古庙会的万千香客,正沿着曲折的盘山之路,潮水般拥向山顶辉煌的帝母宫。

郑以禄老人不为所动,他坐在香草地的小马扎上。春天万物萌生,杂草尤盛,他在给香草除草。去年秋冬寒冷,阴雨过甚,加上清沟沥水不及时,香草种子发芽不多,今年只够留种。我们正说着话,忽然从田埂的那头飘然而至一位美少年,是郑老先生的孙子。这位刚刚接到中国舞蹈学院研究生录取通知书的文艺高才生,目前也是寿州香草文化创意产品的主要设计者之一。郑氏家族的香草传承有了这位时尚新潮的新生力量,在与古老的碰撞中,又将会是一种怎样的情形?此刻,少年正在手机里玩着《仙剑奇侠传》的大型游戏,其中人情跌宕,生死别离,令人唏嘘。戏中有这么一出:女儿梦璃在离家行走天下前,养父突然赠送来自古寿州的

"离乡草"香囊一枚,让她无论走到哪里,身边都有家的味道。结果女儿为了家族的命运留在冥界,天人永隔之际,她又把香草香囊托人带回给守在故土的父母,以表达今生不能赡养之恩和永世的思乡之情。这正是:

  一株草
  只记住扎根的一小块土地
  一株草
  慢慢进入种植人家族姓氏
  一株草
  香气拂过口鼻进入我们的身体
  一株草
  有了很强的归属感和方向感
  端午节的时候
  从长江到汉水,再到淮河……
  乘风破浪,往回赶
  避开瘟疫、虫豸、蚊蝇
  赶回在楚国基因里已经注册的故乡

张士宏和玛瑙泉豆腐宴

赵鸿冰

豆腐古称"黎祁""来其"。寿县在西汉时为淮南国国都,是豆腐的发源地。明代李时珍《本草纲目》记载:"豆腐之法,始于汉淮南王刘安。"在民间,淮南王刘安于八公山炼丹不成却发明豆腐的传说已流传千年。

寿县八公山豆腐为淮南一带产品之正宗,集中制于玛瑙泉、大泉、珍珠泉一带。八公山豆腐制作方法精良,用当地出产的黄豆,配以玛瑙泉等处的泉水,所制的豆腐色白如玉,晶莹有光泽,质细嫩而富韧性,味道鲜美绝伦。两千年来,当地劳动人民不断提升豆腐制作技艺,逐渐积累了许多风味各异的豆腐菜肴的制作经验,并凭借他们的聪明才智和高超的烹饪技巧,研制出独具地方特色的豆腐宴席,备受中外食客的好评。

如今,豆腐的养生理论早已深入人心。游客来寿县古城游玩时,享受一餐正宗的豆腐宴席已是行程的主要内容。古城西南内环上的美味厨酒店推出的玛瑙泉豆腐宴,以其菜肴的口味正宗,品色丰富,往往是人们的不二选择。

美味厨经理张士宏拥有"中国烹饪大师"称号,是玛瑙泉豆腐宴非遗项目的传承人。他注册的玛瑙泉豆腐宴商标已获批准。

张士宏是出生于寿县双桥镇的农家子弟,因为兄弟姊妹多,十三四岁时,瘦小单薄的他就辍学离家外出打工,一开始在工地搬砖、扛水泥,饱尝了生活的艰辛。姑姑看他心灵手巧,善于学习,就动员他学习厨艺。于是张士宏就来到合肥厨师学校,学习烹饪技艺。他从基础学起,勤奋钻研,无论是热盘、冷盘、红案、白案、配菜、雕刻,一样不落,悉心琢磨。为学习菜肴雕刻技术,他的手上经常被刀划伤,疤痕累累。

后来,他学满出师,先后在合肥、淮南等地的宾馆当过大厨。让张士宏难忘的是,90年代初,他在一家酒店当大厨的头一个月,发了360元工资,他回去交给父亲,劳累了一辈子的父亲高兴地说,这么多钱,都可以买头牛了。2012年,张士宏创办了属于自己的美味厨酒店。他凭着农家人的诚实和质朴,从乡村购进绿色无污染的原材料,诚信经营,生意越来越红火。

多年前,他在研发菜品时,从一粒小小的黄豆中获得灵感,决定发挥自己精湛的厨艺,把八公山豆腐美食发扬光大,做到极致。他深入玛瑙泉一带,拜访豆腐菜肴制作的名师,虚心请教传统技艺。在此基础上,他结合菜品制作的需要,完善玛瑙泉豆腐的配方,以求食材与厨艺的完美融合。他所研发和改进的玛瑙泉豆腐菜肴,以汆、熬、烩、炖、焖、煨、煮、烧、扒、炸、煸、熘、爆、炒、贴、煎、烹、蒸、烤、熏、卤、酱、拌、拔丝、蜜汁、挂霜等三十多种方法烹调,把菜肴品种从传统的几十种提升到上千种,能满足不同层次消费者的需求。著名楹联家魏艳鸣为美味厨题联:"美誉世名播远近,味参厨道立春秋。"

古城楼上豆腐宴

2018年,张士宏和他的玛瑙泉豆腐宴两次入镜安徽电视台和央视10频道,让海内外的观众感受豆腐之乡的魅力与神奇。

2018年,安徽电视台和安徽新媒体集团打造的改革开放40周年献礼片《皖美发现·大美寿县》于9月18日在寿县开机。开机仪式后,重头戏之一的"宜品"节目主要集中在张士宏制作的玛瑙泉豆腐宴上。

2018年9月22日12时许,古城宾阳楼上,淝水之战古战场记事碑前,金风送爽,旌旗猎猎。经过一个上午精心准备,寓意深刻的玛瑙泉豆腐宴被搬到了宾阳楼上。县委书记从维德同志和安徽电视台著名节目主持人周群、常怡秋、金星谈笑风生,畅谈寿县改革开放以来发生的巨大变化。三位主持人聊起了最能代表寿县的名片。常怡秋取出一只精致的鱼钩告诉观众,这是丰庄镇的群众送给她的。位于淮河岸边的丰庄镇是行蓄洪区,通过脱贫攻坚,实行搬迁扶贫,群众住上旱涝无虞的美丽庄台,这就是授人以鱼不如授人以渔。金星则取出从八公山带回来的精致的小石磨。他的说法是,寿县是豆腐的故乡,沐浴着改革开放的春风,当地群众通过磨豆腐脱贫致富,这就是"时来运转"呀。周群则指着眼前一桌丰盛的豆腐宴说,我的名片就是它了。

站在一旁的张士宏大厨不失时机地介绍起玛瑙泉豆腐宴的命名和寓意。一架牛车上放着豆腐,叫作"时苗留犊",比喻清廉为官,清白做人;楚鼎生香,选择楚大鼎造型的器物盛放香气扑鼻的豆腐羹;花开富贵,寓意寿县人民都能脱贫致富共圆小康梦,是用精细的刀功把豆腐雕刻成牡丹花的造型;菊花豆腐,是张士宏的成名之作,嫩豆腐直接用刀切成纤细若发的豆腐丝,浸在高汤中恰如白菊盛开,曾作为国宴菜品招待德国总理默克尔;楚币生辉,就是用豆腐和木耳做成楚金币郢爱的造型……张士宏大厨的介绍赢得了县领导和三位主持人的一致鼓掌和点赞。

俗话说,台上一分钟,台下十年功。张士宏大厨短短的几个豆腐菜肴的介绍,看似简单,却融汇了他 20 多年的心血和磨砺。

一份汗水,一份收获。2000 年,张士宏率队参加全国首届豆腐菜肴大赛获团体银奖、个人金奖;2007 年,参加庆祝香港回归 10 周年"港顺杯"荣获全国豆腐菜肴大赛团体金奖、个人特金奖;2009 年,获迎世博海峡两岸烹饪艺术大赛金奖;2017 年,安徽省餐饮行业协会授予张士宏"安徽省餐饮业金匠奖";2018 年 10 月,中国烹饪协会授予张士宏"中国烹饪大师"称号……中央电视台经济频道、台湾电视台、香港亚洲卫视先后邀请张士宏做豆腐宴现场专访。他的《现代餐饮新秘籍》先后刊登在《中国徽菜》《华夏美食》《安徽烹饪》等专业刊物上。

张士宏从寿县底蕴丰厚的历史文化中汲取营养,丰富和发展了寿县的豆腐文化,让玛瑙泉豆腐宴走向全国,走向世界。相信张士宏和他的玛瑙泉豆腐宴在日新月异的新时代里会传递更多美食的芬芳。

宗教民俗

寿县近代资产阶级革命者宗教观点略说

王建国

中国近代史上有一突出现象,一些探索救国救民道路的资产阶级革命者,往往到宗教世界去寻找思想武器。寿县孙少侯(毓筠)、柏文蔚(烈武)、张树侯(之屏)、袁子金(家声)、洪晓兰(人纪)、段云(子祥)、权道涵(养之)、王松斋(荣懋)等人,都是这些虚幻的追求者。作者在此略说的孙少侯、柏文蔚、张树侯的宗教观点即是实例。

孙少侯(1870—1924年),寿州孙氏传晋之子,少习阳明之学,后归佛乘。孙氏宗教观的特征,是抑禅宗而扬法相宗。强调"禅宗末流之弊非法相宗之不能挽救"是他的基本观点。这种抑扬是它的内在根据的、禅宗"基本上不是社会政治哲学",而"只是某种人格——心灵哲学"的表现。它之所以在封建后期士大夫阶层中产生那么大的影响,是"由于(它)对人生采取超脱的审美态度",它"教人们去忘怀得失,摆脱利害,超越种种庸俗无聊的现实计较和生活束缚,或高举远慕,或怡然自适","使个体自我获得启悟,不被淹没",即使个体人的心灵在错综复杂的世俗矛盾与思想负担面前,获得一种暂时的主观上的平衡与解脱,而并不关乎社会群体人的苦难。孙

王建国(寿县县志办原副主任)

少侯从他济世救民的社会政治理想出发,对禅宗这种个体人心灵自我完善的宗教形态自然不感兴趣而有所贬斥了。

法相宗则不然,它不是偏重于个体人心灵痛苦的自我完善,而是以"慈恩",以"普度众生"为重心,认为人们经过修炼,可以从生死轮回、灾难困扰中走出来,进入极乐世界。这虽然是一种幻想或欺骗,但其中包含的为社会群体人"指出"摆脱

苦难的成分,对正在探索挽救世民的孙少侯来说,显然极有吸引力。所以他信奉法相宗而扬弃禅宗。

孙氏的门生段云、权道涵在为其《夬庵集》作序时说:"先生观察宇宙人生之真理","得法相宗理论为之证佐"。所谓"证佐",无非是说孙氏信奉法相宗从属于他的社会政治观点与探索活动,他们看出这样一点:孙氏抑禅宗而扬法相宗不是简单的对佛学内部派别的亲疏舍从问题,而是同他探索拯救民族的社会改良道路,从事政治革命活动联系在一起的。

柏文蔚(1876—1947年),寿县柏家寨人,12岁读完四子书,14岁七经皆可背,21岁中秀才,曾任皖督、军长和民国中执委等职,56岁起学佛。柏文蔚和孙少侯一样,信奉佛教也是为了取佛法以治世。所谓"救国家,度众生,佛法世法,一而二,二而一"。但在具体观点上则大不同于孙氏。他在阐发佛理对社会的进步作用时,仍是本源于一些儒家的基本思想。这就使得他的佛学观点不太有出世的色彩,相反带上了很强的儒学的"经世致用"的倾向。具体说来有如下两点:其一,他信奉佛学的思想起点是个体人格的自我塑造。他说他"应当闭门思过,不再干涉政治,时时忏悔,或可于盖棺之时不为国家社会之罪人"。这与其说是学佛(或自我完善自己的佛性),不如说更近于儒家的"修身""成仁"。其二,柏氏佛学思想从个体人格完善化这一命题引申到社会群体人相互关系的完善化问题。要求每个个体人都应从自我佛性的磨炼(人格完善)做起,"真诚而不欺妄,抱牺牲一己主义,与自私自利群魔做斗争",以期整个社会人伦关系乃至国家秩序的臻善。这里的"真诚",看起来似指佛家的虔心修戒,自省自责,但实际上已经融会了《中庸》《孟子》中儒家的"诚"的观念(儒家讲"诚"是指一种个体人独自反省的内在修养状态,它决定着外在社会伦常秩序。他们认为有了"诚",君臣间才有和,父子间才有亲,兄弟间才有悌,朋友间才有义,如此等等),把儒家那种由个体人格修养而实现社会群体人关系秩序化的社会道德模式,同佛家通过个体人"佛性圆满"而达成个体人自我与外在诸事物相和谐的社会主张捏合在一起了。所以说,柏氏的佛学观点实是以儒学为内核的。

张树侯(1866—1935年),寿县瓦埠人,早年参加反清斗争,入同盟会。他的政见虽多受柏文蔚思想影响,但更多的是受西学的影响,信奉耶教。这反映在他的《皈依耶教发愿文》中。张氏根本的宗教观点是认为宗教能够净化人们的道德观念,使人际关系趋于和睦亲善。所谓:"人类既未能悉具纯洁高尚之德义,势必有以范图买心志,始能以相安而不敢肆,则宗教尚矣。"但张氏对中国传统宗教的多神教形式又持批判态度。他说:"吾国之习惯,固多神教也,山川有神,风雨有神,雷电罔不有神。降而家宅坟墓,悉兴替之攸关;鹊噪鸦鸣,亦吉凶之朕兆……神之名多于尘沙,神之灵见于鸡犬……虽学士大夫未能破除迷惑也。"他认为这种多神教的宗教形态对于"人心"来说,非但不能起"拯救"作用,而且还是一种"障碍"。于是他认为长期流行在中国土地上的传统的诸宗教形态已不再适应近代社会的现实需要,"佛持出世法,回教多诡秘",儒教虽为大宗,然"一坏于疏,再坏于制艺,加以国体演变,至今已无发展之余地"了。在他看来,近代中国需要一种新的外来宗教,那就是"实行救世之事业"的耶稣教。"耶教以上帝为体,以耶稣为用,主惟一之真宰,纳万有于皇天",况"传教者极为热心,尤重人格",故能"变鸱枭为鸾凤,进獉狂以衣冠",进而清社会风尚,改造道德观念。

马克思说,"宗教只是幻想的太阳",人们必须抛弃这种"关于自己处境的幻想",去"摘取真实的花朵"。孙少侯、柏文蔚、张树侯等,想通过宗教来改造社会,淳化人们的观点,实质上是一种天真的幻想,一种根本找不到出路的、虚幻的追求。这种追求与从洪秀全"拜上帝会"开始,一直到章太炎"用宗教增进国民道德"等等社会文化背景都是分不开的。

八公山上"洗山雨"

楚仁君

雨作为一种自然降水现象,被上至帝王将相、下至黎民百姓赋予了太多的情感色彩。借雨抒情、借雨言志是古典诗词中的一个重要意象。尤其在民间,久旱无雨时,人们都要举行庄重神圣的祈雨仪式,对于以农耕为主的古代社会来说,这是一个由来已久、根深蒂固的习俗。到了近代,一些已进入现代社会的民族中,祈雨活动仍然存在,所以绝不能把祈雨活动简单地看作巫术和迷信,而是一种习俗和文化。

天降甘露洗山青。当一种自然现象与一项民俗不期而遇时,异乎寻常的联想和自然物态的意向便浑然一体,借物抒情成为人们表露心迹、祈福求安的一种直白朴素的表达方式。在国家历史文化名城寿县,自然的雨和天然的山有着割舍不断的情缘,被人们赋予了某种特殊含义,"洗山雨"成为当地一种独特的文化现象。

山不在高,有仙则名。位于寿州古城城北的八公山,南临淝水,北濒淮河,一脉四十余座山峰,方圆二百余平方公里。山虽不高峻,但峰峦起伏,谷幽林茂,景色优美,风光秀丽,李白、韩愈、白居易、刘禹锡、王安石等历代诗人都写下大量吟咏的诗篇。天下奇书《淮南子》、古代著名战役淝水之战、中国豆腐发祥地等众多历史人物、事件和特产,成就了八公山在中国历史文化名山中的地位,蜚声海内外。

八公山群山中,有一座四顶山,山上建有帝母宫,主殿为"碧霞祠",又称"泰山奶奶庙",是专祀大圣大慈、至教至仁的天仙圣母碧霞元君。相传,元君前身为玉女,是东岳大帝的女儿,每年农历三月十五是其诞辰日和换袍日。八公山自汉唐时期建庙以来,每年三月十五这一天,当地和邻近地方的善男信女都云集于此,帝母宫内人流滚滚,香雾腾腾,众多虔诚的香客来此敬香、祈祷,使这一古老的宫观更加焕发了昔日的灵光。有些奇妙的是,来庙里求子求嗣者特别多。但凡想生男生女者,纷纷前来烧香求子,且时常灵验。一传十,十传百,帝母宫内香火十分旺盛,被誉为"淮上第一庙观"。

与山上帝母宫内驾肩接迹、沸沸扬扬的繁盛场景相呼应,山雨也会不失时机地

苍苍八公山

来"凑热闹"。在农历三月十五日前后某一时间段,一场期盼已久的山雨会如期而至,把包括四顶山在内的八公山群山浇了个透。初时偶有山雨出现,并未引起人们的注意,时间一长,人们渐渐发现山雨的规律,几乎每年的这一时段都会降下一场雨来。于是,富于想象的人便把山雨与广灵慈惠、恭顺溥济的圣母碧霞元君联系起来,认为是圣母神灵显圣,感动天庭降下甘霖,在八公山上普施福瑞吉祥,为众生造福如其所愿。久而久之,渐成共识。每年农历三月十五日前后的这场山雨,被当地人称作"洗山雨"或"刷山雨"。

"洗山雨"过后,八公山上满目苍翠,云雾缭绕,林木清幽,枝繁叶茂。山光塔影,苍松翠柏,给人以骀荡春风的精神陶冶;高山流水,梵钟悠韵,给人以甘之如饴的精神享受;轻寒翦翦,微风阵阵,给人以高略黄昏的精神自由。"洗山雨"把八公山涤濯成出浴美人,风姿绰约,风月无边,是那般清新、幽静、安详。山与雨相融,雨与山相亲,八公山成为人们心目中的神山,"洗山雨"化作人们心灵的神雨,成为当地人们的精神寄托和灵魂皈依。

八公山"洗山雨"文化现象,一方面体现了佛教文化"诸恶莫作、众善奉行、大慈大悲、普度众生"的精髓深入人心,另一方面也反映了当地民众对平安幸福生活的向往和追求。从现代气象学的角度去考证和探究,八公山农历三月十五期间的"洗山雨",其实是"一场美丽的邂逅",是天上自然降水与人间民俗活动的一种不期而遇,很大程度上带有巧合的成分。每年4月19日至21日,当太阳到达黄径30°时为谷雨时节,此时正值农历三月十五期间。雨生百谷,播谷降雨,气温逐渐回升,雨量开始增多,寿县三月十五庙会期间"雨洗山"的几率增大,降下"洗山雨"是意料中之事,并非像民间传说的那般神秘。尽管有些虚幻,但这并不影响"洗山雨"成为当地的一种文化现象。

　　天地相合,以降甘霖。随着八公山绿色植被的恢复和生态环境的改善,山体自我修复和蓄水能力大幅提升,南朝梁文学家吴均在《八公山赋》中所描绘的"袖以华阆,带以潜淮;文星乱石,藻日流阶"的美景得以再现。再随着一批文化遗产和历史遗迹的恢复保护、有碍观瞻现代设施的逐步拆除,八公山将逐步恢复历史文化名山的本来面目。天时、地利、人和,造就了更多的"洗山雨",八公山这座历史文化名山的明天,将会山更青、水更绿、人更神。

家乡的流水席

时洪平

近段时间,见老乡微信群发正阳关名菜"鸡海"的图片,垂涎欲滴之时,勾起我对往事的回忆。

1980年的腊月二十六,父母为我娶了一个漂亮的媳妇。按照老礼会亲——就是在婚礼之后不久,男方宴请女方亲戚。方式也是祖辈上流传下来的流水席,自然要比喜期时的流水席档次要高些。

何谓流水席?吃完一道菜上一道菜,如行云流水,所以称作流水席。据说流水席是隋唐时代的僧尼为了款待有地位的施主而精心研究出来的素食斋饭。由于最初是把木制的条盘漂在水渠上,使香客便于就餐而得名,后来被摆阔气的百姓搬到了民间宴席上成为传统酒席,距今已有1000多年的历史。还有另一种说法,在一些地方,鸡鱼肉蛋(不吃鸭子,忌讳,不吉利)一起上,等一拨客人吃完了,抹嘴走人,换另外一拨人再吃,也称作流水席。我们那农村也时兴这样。

那个年代,办喜事不像现在这样,提前到饭店、酒楼包下若干桌酒席完事,而是请厨师在自家做酒席。一家办喜事,邻里一起上。在院里搭起棚子,垒起灶台,架起案板,好要得开些。炊具、碗筷、桌椅哪家有那么多?都要从邻居家借,还要在邻居家堂屋摆桌。邻居们可真是把互帮互助的中华美德发挥得淋漓尽致,不然哪有"远亲不如近邻"的说法呢?

这种习俗虽然从古延续至今,但也会千差万别,菜品全由东家做主,自然也有高低之分。在我的家乡正阳关,这种流水席一般分为三个层次,即"笨菜席""蹄筋席"和"海参席"。

"笨菜席",也没见有文字记载,也不知道是哪几个字,光听老人们这样说。这"笨"字是我的理解,可能有点牵强附会,是基于另两种宴席而言。流水的先后是:先上几个冷热、荤素搭配的盘子,冷盘通常六个左右,热盘两个以上;接下来是"主打"——几个碗(类似荷叶的大碗——"海碗"),头碗鸡(吉祥如意)、二碗鱼(年年有余),三碗圆子(团团圆圆),四碗鸡蛋糕(步步高升),五碗虾米汤或甜汤(幸福美满);汤上来后,就可散喜糖和糕点(大救驾或麻饼等);最后,不多不少上四碗下饭菜,即"后四道子",寓"事事如意",一般两荤两素,其中必有青菜豆腐(保平安),十分有讲究。

"蹄筋席",顾名思义,是在"笨菜席"的基础上,多了一个头碗——蹄筋;"海参席"则是头碗用海参替换了蹄筋,档次又有了提高。值得注意的是,不仅头碗菜有了变化,其他几个碗也有相应变化,使得"流水席"的档次越来越高。

在我记忆中,"笨菜席"的冷盘常有:糖醋藕、拌花生米(煮五香花生米加调料,不用油炸花生)、菠菜(芹菜)拌香干(大美兴)、荤拼(有白斩鸡、牛脯、蹄膀、肚片、糖醋排骨丁、咸水虾、变蛋)等,冬季会有腊味。冷盘上齐后,就可开席饮酒。接着上两个以上的热盘:常见的有炸肉枣,炒鳝丝、肉丝、鸡蛋、猪肝、肚片、腰花等,随时令配以韭黄、蒿薹子、蒜薹、香椿头、春笋、蚕豆米等新鲜蔬菜做俏头。而主打菜的头碗鸡,是将炖好的母鸡,片成一片片,摆放在碗底,衬上瘦肉和笋子上蒸笼,而后用海碗扣过来,浇上热鸡汤、撒上蒜花上桌。一只鸡可以做几碗,不但经济,与全鸡相比,吃起来还更方便。而最后上的"后四道子",其中必有腊菜烧肉这道菜,肉切的和农村不一样,不是"梳头块"(八大块),而是方方正正,更显精致。

"蹄筋席"的二碗鸡,有的换成全鸡;三碗鱼换成红烧或糖醋鲤鱼,与先前用鲶子、混子(草鱼)或鲤鱼切块用油酥不同,一斤多点、筷子长的整条红尾巴鲤鱼,用猪油酥,冰糖熬汁,寓"鲤鱼跳龙门";最后的汤,也可用甜汤代替用干虾米、肉丁和鸡汤煮的虾米汤,而用白果、百合、桂圆仁、莲子、小元宵、米酒、桂花、橘饼、红枣、枸杞、青红丝、冰糖、白糖做成的甜汤,更显档次。

"海参席"不仅是用海鲜海参替换了蹄筋,二碗鸡也换成前面提到的"鸡海"。

那时我在正阳中学工作,学校的肖师傅可是享誉正阳关的名厨,解放前拜名师,学了一手好手艺。当时,正阳关有一怪,名厨都不在饮食业,而在学校、粮站等单位工作。我请他为我烹制会亲的"海参席"。

海参在那个年代我的家乡可是个稀罕物,是二姐夫从山东部队带回的。肖师傅选了上好的老母鸡,宰杀后洗净,用庖丁解牛的方法剔骨,连皮切成块,吻上蛋清和调料,将鸡块卷成团,浇上鸡汤上蒸笼,出笼后晶莹剔透,香气四溢,作为第二碗菜。这是我第一次见"鸡海"的做法,时间久了,其中细节也记不清了。这道菜比起片片鸡和全鸡,色香味美,吃起来也方便,因而远近闻名。不过,这道菜不仅成本高,且因费时费力,一般厨师不会做,即使会做嫌麻烦也不轻易做,当时正阳关已没几人会做了,也没见过镇上高档饭店端出这道菜来。而与之相配套的圆子则用"四喜圆子",又叫"大烧狮子头",是用上好的肥瘦肉,加上"地梨"(马蹄、荸荠),用油酥出来,用鸡汤煮,代替米花圆子,格外鲜嫩可口。

在沿淮流域,做圆子不用馍馍、煎饼或挂面,用糯米炸出的米花,独正阳关一地,能蒸、能熘,汤煮而不散。鸡蛋糕的做法也是独树一帜,是蒸而不是煎,不沾油,和鸡汤一起煮不"闹味",更加鲜美。鸡底不用荬瓜丝、瓜干、辣萝卜丝衬底,用不老不嫩的干笋,切片,用水浸泡,煮后用面盘,去除涩味,用清水泡上,加入鸡汤,既入味,又不影响鸡汤的鲜美。

有时我在想,家乡的流水席的场面,上了电视一样不推盘(亚于)我们见过的长街宴之类。这倒不是"谁不说俺家乡好""爱屋及乌",其实,好坏还是可以比较的。家乡的流水席,分层次,有绝招,随时令有变化,不仅在沿淮流域远近闻名,相比其他地方更精致讲究,值得传承弘扬。

如今想起这些,就产生了"望梅止渴"的感觉。月是故乡明,菜是家乡美。追忆家乡的风俗民情,寄托自己的乡愁,就从流水席这个美好的事物开始。

寿县老盐鹅

老玩童

过去寿县农村的家庭主妇每年大概从二十四节气之一的小雪开始,就有人家开始腌咸货了。之所以选择从这个时候开始,是因为腌咸货对气温有要求,如果气温不够低,咸货浸泡在水里,容易发酵、腐坏,故有"时节不对腌不住"的说法。寿县人非常爱吃咸货,也爱腌咸货,更爱交流腌咸货的经验。如果年夜饭上少了盘咸鹅,那就不是正宗的年夜饭。很多人家年货从腊月能吃到来年夏天,但是如果保存不好就会出现"哈拉"味道了。

寿县咸货的味道以咸香为主,腌制的动物不限,有鸡、鸭、鹅、鱼、猪肉、猪蹄、猪耳朵、猪头肉等,但是主要还是以猪肉、鹅为主。宰杀完的鸡鸭鹅要用清水浸泡一段时间,把动物体内的血水过滤干净,浸泡好的动物肉,先挂起来晾干外表水分,然后用大粒盐使劲搓揉腌制动物身体每一部分,动物的内部也要搓揉到,皮下也要塞盐粒进去,以防止因动物的肉太厚盐抹不到,影响腌制效果,那也就影响了口感。抹好盐的动物肉放在农村的大缸里面,码一层撒一层盐,大概腌制半个月之后就拿出来放在太阳底下晾晒了,在晾晒的过程中,还要"回卤"。所谓"回卤"是寿县本地人的叫法,其实就是把腌制动物的盐血水舀入大铁锅内放入干辣椒段等调味料烧开,再把烧开后的盐血水均匀地淋在表皮风干的咸货上面,就这样晒几天回一次卤,大概要回三次卤,咸货腌制才算完成。

寿县腌制的咸货又因肉质和烹饪方法的不同而各具滋味。咸货的食用方法大多都是浸泡一段时间后,放入清水中炖煮,为了减少咸货中盐味,过去农村都是把咸鹅和泡制好的大豆一起炖煮,用大豆吸收咸鹅里面过多的盐分,这样咸鹅也不咸了,大豆又有了味道。现在人们为了减少咸物体内过多盐分,一般煮开后第一道水倒了,然后放水再炖煮。刚煮出来的咸鹅、咸鸡,肉质密而不柴,富有弹性,清香爽口。

冬季里腌制的咸货,是寿县人钟爱的家乡味道。入冬以后,寿县的乡村及沿街店铺门口挂满了咸鸡、咸鹅等腌制品,在太阳的照耀下,晒得滴下清油,走在路边都能闻到阵阵咸香。腊月里,只要遇到有阳光的好天气,就会见到一幅幅壮观的咸货大展示——晾衣绳上挂满了一串一串腌制的鸡、鹅、鱼肉,树丫上也挂满一挂挂香肠。各种咸味在冬日的阳光里沐浴,看得人们心里暖暖的,觉得年的气息也近了。

咸货也是脸面,寿县人讲究排场、面子,哪怕家境再穷,也不能在咸货上太寒酸。咸货晒得越多,说明日子过得越好,主人脸上越有光。据老一辈们讲,以前条件艰苦,难得吃上肉,但到了腊月,日子再难,每家每户也要腌上一点肉,留着过年招待亲友、供奉祭拜,因此那时家家户户的门口总挂着咸货。

寿州老盐鹅

在过去的寿县农村,因物资不充裕,虽然每家每户都腌制一点咸货,除了大年三十每个人可吃几口咸肉和咸鹅外,基本都是过年待客用的。炖煮好的咸货会被家庭主妇切好整齐地码放在碗里,正月里有亲朋好友过来拜年,家庭主妇会把这些装盘的咸货上锅蒸热后端上桌子,然后再炒几样素菜。咸货通常被人们称为"充碗头"。虽然东家会很客气地招呼大家夹菜,但是大人们都明白咸货是待客做样子的,不会夹吃的,但是嘴馋小孩子们不了解情况,不管三七二十一逮到就吃,这样东家下次待客就拿不出像样的菜了。为了自己的脸面,少留下一点尴尬,有的家庭主妇会到邻居家借咸货"充碗头",为了便于归还,一般会在咸鹅腿留个记号:用红头绳系上面。记得小时候我家隔壁邻居的亲戚的女儿远嫁到外地,新姑爷来老丈人的亲戚家拜年,隔壁邻居就借咸货"充碗头",远道而来的新姑爷搞不清寿县本地习俗,只管大快朵颐,系了红头绳咸鹅腿也给他吃了。最后隔壁邻居因为归还不了借来咸货,留下了一辈子的尴尬!

咸鸭和咸鹅的肉质偏红，煮好后油脂渗出来，表皮油光诱人，入口香滑，味道好似金华火腿。另外，咸鸡或咸鸭还可剁块红烧。咸鹅煮好切块后，也可以放进干笋、千张、老豆腐等辅料做成咸味火锅。

一方水土养一方人，也造就一方的饮食文化。清代《真州竹枝词引》中这样记载："腌肉鸡鱼鸭曰年肴，煮以迎岁……"如果说早年人们腌渍食物是为了更长久地保存蔬菜和肉禽，用盐锁住新鲜，但到了物质条件极为丰富的今天，寿县人依然保留了这一习惯，腌制咸货成了一种食品加工方法乃至风俗，它已深深地烙印在寿县的饮食文化中。这种被时间赋予的特殊咸香，区别于腊味、卤味、烧味，是寿县人精心烹制的家乡味道。

先有古刹庵　后有正阳关

熊文田

"先有古刹庵,后有正阳关"吗？正阳关的名字是如何来的？

正阳关,驰名江淮之间。它为什么会有这么大的名声？它起源于何时？又为什么叫正阳关？许多人都想探讨个究竟。有人认为"先有古刹庵,后有正阳关",还有人认为"正阳"一名源于玄帝庙的"正阳井",又有人考证到正阳关原唤作"来远镇"……众说纷纭,谜团重重。现将收集资料整理如下,至于结论,待有识之士进一步考证。

一、是"先有古刹庵,后有正阳关"吗？

古刹庵,一座庙宇。正阳关民间传说："先有古刹庵,后有正阳关。"也就是说,正阳关土地上最早出现了古刹庵,或因庵庙香火鼎盛,聚集人气,因庙聚居,逐渐成了一个小镇,就是正阳关。这为正阳关的来历蒙上了一层神秘的宗教色彩。是这样吗？

据考证,正阳关确有古刹庵这座庙宇,约为唐贞观年间(627—649年)所建,是专门供奉幽冥教主地藏王佛像的,坐落在正阳关南头淮河岸边的董家码头附近。庙门朝东,五间房子,嗣后,历代无人修葺,倒塌毁尽,1920年还隐约可见石砌基础,成为茶棚,供旅客渡淮休憩之所,今已消失。看来,"先有古刹庵,后有正阳关"的说法是没有根据的。

二、"正阳关"为什么又叫作"羊石"呢？

这里有个传说,元杂剧中有一出名剧《邱胡戏妻》,后来在京剧中多有演绎。故事说的是邱胡外出多年未归,思念家乡,思念老婆孩子,夜不能寐。这年春天,他告假归乡。当路过乱石成堆、牧羊成群的"桑园口"时,发现在羊群和石堆中,有个中年妇女,手持铁杖,正在采摘桑叶。

他留心观察,才发现那女人就是他的妻子罗氏。邱胡想到自己离家二十多年,未通音讯,不知罗氏是否改嫁？为了弄清虚实,他想了一个试探的方法。邱胡把马拴好,整整衣冠,潇洒地来到罗氏面前,意欲交谈。罗氏一见此人行为轻佻,一句不

答,收拾铁杖,提起竹篮,飞也似的跑回家中,牢牢地把门闩上,背靠大门,大声叫骂起来。邱胡一见此景,肃然起敬,伫立门外,低声慢语地向罗氏讲述自己就是邱胡,乞求谅解桑园之戏。罗氏听了,半信半疑,从门缝中自头至脚仔细观察,结合邱胡的口音,方辨认出确实是自己的丈夫回来了。

但一时之气,怎能顷刻顿消,又碍于面子,不好开门相见,而是轻轻地把门闩拉开,偷偷地躲到房内去了。邱胡听听屋里没有动静,还只当罗氏不开,使劲一推,由于用力过猛,一下子摔倒在门槛上。罗氏急忙从房内出来,觉得内心惭愧,立即搀扶邱胡起来,从此夫妇重归旧好。传说罗氏采桑地方,当时叫作"桑园口",后来因为谐音,叫成了"三元口"。而在《寿县概况》中介绍正阳的起源说:南北朝时,镇中心的三元街附近乱石垒垒,杂草丛生,是个牧羊场,因名"羊石"。这和《邱胡戏妻》中牧羊成群、乱石成堆的"桑园口"基本吻合。

实际上,《邱胡戏妻》又叫《秋胡戏妻》,这个故事源自汉代刘向《列女传》,唐代则有《秋胡变文》,是个流传颇广的民间故事。是不是发生在"羊石"?《魏书》上为什么还记载为"阳石",这与二百多年后的"羊石"是不是一个地方? 这又是一个谜。

三、何时才叫"正阳"?

这还有一个故事,传说在明永乐年间,有一年淮河两岸大旱,沟塘干涸,羊石许多口井都汲不出水,而位于羊石北端玄帝庙里的有口井,井水却异常旺盛,不论有多少人汲水,水面总不见下降,且井水清洌,甘甜可口,一时成为许多人的饮用水。更奇的是这口井还能祛邪驱病,据说是玄帝老爷为普救众生特赐的圣水,经商的人用井水洗过手后,就能生意兴隆,财源广进,四季安泰;一些得中暑暴症的病人若喝了井水,就能病愈。因此,这口井又成为一些人心目中的"圣井"。

当时玄帝庙里的住持是一个德高望重、不妄虚言、说话灵验的张道长,其时已年届花甲。张道长是个慈心人,为方便过路行人及一些香客饮用水,在庙门口放口大缸,每天都叫庙里干杂活的道人汲水倒入缸中供他人饮用。

有一天,干杂活的道人与其他道人都去外面办事去了,庙里只有张道长一人忙前忙后,招呼来往香客,快到午时,张道长见放在庙门口的缸里水没了,就自己拿着水桶去井边汲水。这时骄阳似火,万里无云,张道长到井边刚要汲水,往井下一望,见井里有个太阳,这可是张道长几十年来第一次见到的奇事,老道长心想只有"井中捞月"的典故,哪有"井中捞日"的呢? 想到这,忙大声喊来一些人观看。众人一见井里出现这等奇事,议论纷纷,不知是凶是吉。众人忙请教张道长,让其破解其中的凶吉奥秘。张道长一捋长髯,掐指一算,正色道:"贫道以为,烈日落井,羊石更名,若不更名,人要遭瘟。"众人一听大惊,因张道长一向说话极灵验,从不妄言,吓得众人赶忙跪下,请求道长快给羊石更改个名字,好救救羊石众苍生。

老道长沉思片刻心想:此时正好太阳照在井里,给羊石更改个何名好呢?忽然灵机一动,回想去年到山东访道友登临泰山,拜谒岱庙时曾见岱庙大门叫"正阳门",何不把羊石更名为"正阳"呢?一来"正阳"二字暗含正好太阳照在井里之义;二来借助岱庙诸神的法力,必能禳去羊石的人瘟之灾。羊石若避过此灾,后来必将人旺财旺,此乃"大难不死,必有后福"之谓也。想到这,道长微微一笑,对众人说:"诸位快请起,现在正好太阳照在井里,贫道以为,若把'羊石'更名为'正阳',非但可免遭人瘟之灾,不久家家还可人旺财旺。"众人一听,都很高兴,于是一传十,十传百,"正阳"这个名字就叫开了。

张道长将羊石更名为"正阳"的第三天,就下了场大暴雨,人们都觉得身体比以前舒服多了,淮河两岸的旱情也得以缓解。后来正阳四周乡村连续多年风调雨顺,五谷丰登,正阳街上生意也一天天兴隆繁荣起来,商贾云集,行人接踵,茶舍酒肆林立,店铺货物丰盈,街面上通宵喧闹,叫卖声在几里外的地方都能听到,每天河边停泊的船只有上千只之多,真可谓:道长更名逢盛世,人旺财旺归正阳。

如果这个故事属实,那么"正阳"更名应该是在明永乐年间。然而,与历史记载却又有出入:

据《中国历史大事年表》(上海辞书出版社1983年版)318页记载:"李谷等于正阳(今安徽寿县西南)渡淮攻唐。"杨国宜在《安徽古战场》(安徽教育出版社1982年版)89页还详细记载了这次行军路线:"后周显德二年(955年)十一月初一日,周世宗任命李谷为淮南道前军行营都部署,王彦超为副,率领侍卫军将领韩令坤等,进攻南唐的寿州。李谷率领周军沿着颍水顺流而下,到达正阳(寿县西六十里)建造浮桥,渡过淮河,直抵寿州城下。"这里,正阳的名字已经直接指出来了。但是,这里边还有一个比较突出的矛盾,那就是当时正阳的地理位置在淮河北岸,因为渡了淮水,搭了浮桥才能直攻寿县,说明正阳原来的恰当位置应该是今正阳对河的"小寺台"。

"正阳"的名字真正出现在史书上是从周世宗攻打南唐时开始的。根据《安徽古战场》87页《周世宗伐南唐寿州之战形势图》的行军路线示意追索,"小寺台"这地方署有两个名字,即"来远镇"和"正阳",说明"正阳"的位置当时确在淮河北岸。但如何在南岸又出现"正阳"这个名字的呢?《寿县概况》一书做了这样的解释:正阳旧址原先在淮河北岸,因为"山南水北谓之阳"的缘故,正阳因此得名。这样的解释,虽有依据,但很不全面。应该说,正阳原址位于淮河北岸,周世宗渡淮以后,认为现在正阳的地理位置(即羊石)不论从行军路线、水运交通,还是从商贸发展前途等等,都比正阳(即小寺台)便利得多,故而将"羊石"改为正阳是合乎"山南水北谓之阳"的道理,并废除"羊石"和"来远镇"的称呼,改为"小寺台",这样,就顺应了易名的情理,叫人信以接受。如果依照这个定义,那么,正阳来源的正式时间距今已有900多年的历史了。

这和明永乐年间的传说时间上大相径庭。明嘉靖《寿州志》记载:"东正阳镇,州南六十里,古名羊市,汉昭烈帝筑城屯兵于此。东接淮颍,西通关陕,商贩辐辏,利有鱼盐,淮南第一镇也,今设有收钞关。"明嘉靖《寿州志》的记载,只能确定在明嘉靖时,"正阳"确定叫作"正阳",至于是明永乐更名,还是周世宗时就已更名,不得而知。而且又出现了"羊市"的古名,这更是一个谜。

四、正阳为什么变成了"正阳关"?

正阳由于居淮(水)跨颍(水),南引沛水之利,向有"七十二道(水)归正阳"之称的得天独厚优势,历来为兵家水上行军的主要军事路线。历代封建王朝,为了扩充实力,争夺地盘,不止一次发动了大规模的军事战争。夏朝的征伐淮夷,秦晋的淝水之战,后周的南唐之役,都是利用淮水之利,率军直入,而正阳则是必经之道,成为扼控江淮的咽喉之地。随着战争的连续不断,水上交通无疑有所推进,市面也不再是乱石垒垒、荒芜漫际。

清同治十三年(1874年)在修建正阳城垣时,留下一块石碑,对正阳的概况做了基本介绍:"……州之西六十里,为正阳据淮流之上游,盘车四达,物盛人众。……乾嘉盛时,户口殷繁,市廛饶富,列屋而居者,倚纷而绣错栉比,而云连,而估帆,市舶出入于洪涛颓浪烟之杳霭之中。"通过这段记载,说明正阳当时不但能够"市舶出入于洪涛",有了水运事业的发展,同时,也看出正阳市面还是"绣错栉比",连住的房子都是比较整齐的。乾、嘉距五代900年左右,两期相比,正阳较前发展得多了。正因为如此,正阳被历代封建统治阶级所重视,认为这里是征赋船民银两的最好场所。

明成化元年(1465年)在这里建关,即凤阳府正阳税关,正阳关由此得名。同治年间,在这里置通判、巡检、把总官驻之,并又设立一个"淮北督销正阳盐厘督销总局",地址在今天的正阳第一小学,增加盐税收入。他们采取拦河设卡,拉缆拦河,设置炮船(类似趸船),动用水警司等各种手段,向过往船只征赋银两。据有关资料统计:从同治四年到宣统三年(1865—1911年)的47年间,总共榷征银税大约80万两,平均每年均征1.7万两。由于船民承受力太大,纷纷不满,觉得这道"关"非常难过,无意中,遂把正阳的"关"字连在一起喊出来了,于是以一传百,大家都叫起正阳关这个名字了。

由于现实的存在,正阳关这个无文确定的地名,从船民中流传到官民之间,流传到沿淮苏沪一带,名声越来越大,有些国外商旅,也知道"正阳关"这个地名了。于是,应运而生的正阳外驻机关大都冠之正阳关这个字眼。

也就是说,从"正阳"到"正阳关",经历了从明成化到清宣统这400多年的时间,而且是民间言传,没有官方认定,是约定俗成。至于正阳关具体何时出于何人之口,政府何时认定,这又是一个谜。

古都庙会称"双绝"

佚 名

具有2000多年历史的寿县城古称寿春、寿阳、寿州,曾是楚国都城,现为国务院公布的国家历史文化名城。寿县传统的城隍庙会也颇气派,其规模的宏大以及曲艺的独特的参与方式堪称庙会"双绝"。

寿县城隍庙庙会,每年3次,分别在清明节、农历七月十五和十月初一,采取"出会"的形式,即抬城隍塑像巡游。

庙会前一个月,城隍庙门便挂出头牌,牌文:"军民人等,为了赈济大地孤魂,查善恶,赎报分明,城隍老爷出宫巡抚。"县衙也张贴告示,列出庙会期间管理条例。各大商贾富绅也都在紧张地进行庙会各种所需品的准备工作。

会期日清晨,知县及各大缙绅会长到城隍神位前焚香叩拜,燃烧牒文,然后到城隍寝宫,将木胎城隍爷抬上没有帷幔的轿子,名曰"显轿"。三声炮响后锣鼓齐鸣,鞭炮大作,8人抬着城隍起驾。庞大的出巡队伍异常复杂,但井然有序。排列顺序为:最前面是4对"肃静""回避"牌。牌后是12面各色龙旗。龙旗后是两盏方形灯笼,灯贴金字:"查善恶,赎报分明。"灯后是10个"跪文",即传送牒文的人,身着彩衣,足蹬草鞋,系铜铃,手持鞭子,身背文袋,从城隍起驾始,10人循环给各庙庵跪送牒文。跪文后是坐在四抬显轿里的木胎土地神,为城隍开道。土地神后面是"东大炉会",由4人抬一铜香炉,炉内香烟缭绕。东大炉会后是"十大恶",即10人身穿红色短衣,用纸板做菜刀,直立粘在身体有关部位,成砍头、断臂、断腿等形态,表现对十大恶人的惩罚。十大恶后面是"西大炉会"。接着是8人抬的"抬阁",阁上扎着庙宇、亭阁、山水、花鸟等。抬阁后是"香亭",亭用紫檀木雕成,高6尺,由4人抬着,香亭内焚烧满炉檀香。香亭后是"秋千架",4人抬,架上出"唐僧取经"的故事场面。秋千架后是"肘阁",每架肘阁一般由8至10人组成,表演《水母娘娘沉泗州》《西游记》等故事。肘阁后是"马叉会",10个人光背饰面,边走边舞。马叉会后是"六大神",即穿花袍的土地神、穿黑袍的歪头乡保、穿紫龙袍的文武两财神、穿蓝袍的莫溜鬼、穿白袍的吊死鬼,均高约丈余,边走边舞。六大神后是

"葡萄架",专作曲艺表演,架3尺见方,6尺高,4人抬。架上方四周挂满葡萄,下方用绣满各类图案的红缎布围着,内有8人对坐,演奏丝竹管笛,1名艺人站立中间唱民间曲艺小调。葡萄架后是"锣鼓棚子"。锣鼓棚子后面是"持卫会",4个彪形大汉,身穿白色武衣,腰系板带,手持刀、枪、剑、戟。持刀会后是"签筒会",4人着彩衣,各抱1个大签筒。后是马队,1匹马负城隍爷印盒,12匹马分负12支会箭。马队后是一对大灯笼,贴"寿春临右五"金字官衔。灯笼后才是城隍爷的"显轿"。城隍神粉面黑发,头戴乌纱,着绣花龙袍,系玉带,蹬粉底皂靴。接着后面是丝竹管乐班子、花鼓灯班子、锣鼓班子,各类杂耍、高跷、花车、狮子灯、蛤蜊舞等。最后面是鼓手班子。出巡队伍所到之处,人们燃放鞭炮迎接。有的为消除孩子和自己的病魔,抱着小孩从显轿前横闯,轿夫问:"干什么的?"闯者答:"闯关的。"轿夫高声道:"过关!"便视为消除了疾病。出巡队伍行动缓慢,等巡罢三街六巷,午时才达北门外行宫。将城隍神抬进行宫落座,人们焚香放炮三拜九叩。掌灯时分,再将城隍神抬进显轿内,点燃灯笼火把,三声炮响后按白天的阵势返回。这时整个城关灯火通明,鞭炮声大作。大约在次日寅时城隍爷才能回到寝宫就位。

  清明节的庙会到此可告结束,而七月十五和十月初一的庙会除上述活动外,还要在当天晚上"放焰口",即请和尚在当街搭起的台子上做法事,赈济孤魂野鬼,俗称"放鬼"。坐在台上的3个和尚称"掌坛师",两边各立6个和尚,演奏铜铃、木鱼、笙箫笛管等。掌坛师先念正经,再唱古老曲种"宝卷",曲目有《叹骷髅》《大悲咒》《解怨咒》等。彼时,台上台下灯火明亮,街上人头攒动,热闹异常。

寿春岁时纪

佚 名

正月初一日，鸡初鸣即起，栉沐焚香，拜天地家堂，燃爆竹于门前，插桃符于门旁，以驱恶鬼。

正月初四日，接财神，具三牲肴蔌，谓之财神请酒。内设鱼头、茹菇、芋艿等物，以取吉兆。鱼头曰余头，茹菇曰时至，芋艿曰运来。又群以香火灼神面，谓之火财神，不知何意。或曰，火财神犹言"活财神"也。

正月初五日，俗谓是日为五忙日，不许动土，动土必有灾害。

正月初七日，以饴糖掇炒米成团，谓之太平团，食之，一岁人口太平。且以馈饷他人，谓之饷太平，俗以为"享太平"之意。

正月初九日，妇女相聚迎九娘神，卜将来蚕桑及一切杂事。或曰九娘神即紫姑神也。

正月十四、十五、十六三日，皆谓灯夕。悬灯彩于门前，喧鼓乐于庭际，谓之闹元宵。城乡男女，皆空户出游，谓之走百病。

正月十九日，妇女以炒米撒墙壁隐僻之处，呼蜈蚣、蛇、蝎等毒虫咒之，谓之咒百虫。

二月初二日，焚香水畔以祭龙神。谚曰："二月二，龙抬头。"农谚每以是日之阴晴，占岁之涝旱。

清明日，家家门插新柳，俗意谓可祛疫鬼。挂纸钱于墓树，谓之赒野鬼。

三月初三日，士女多携酒饮于水滨，以禊袚不祥。妇女小孩，头插荠菜花，俗谓可免一岁头痛头晕之病。

三月十五日，烧四顶山香。山在八公山东北，离城厢七里余。山上庙宇数十间，塑女神曰碧霞元君，俗谓泰山奶奶。奶奶殿侧有一殿，亦塑一女神，俗呼曰送子娘娘。庙祝多买泥孩置佛座上，供人抱取，使香火道人守之，凡见抱取泥孩者，必向之索钱，谓之喜钱。抱泥孩者，谓之偷子，若偷子主人果以神助而得子，则须更买泥孩为之披红挂彩，鼓乐而送之原处，谓之还子。

四月初四日,做豆腐糜,加油膏其上,和之以水泥,埋置门前隙地。俗谓可免疟疾,盖俗谓疟有疟鬼也。

四月间,有鸟曰布谷,自呼其名。农氓呼之曰阿哥,多焚香祝之。谚曰:"阿哥唤,犁耙上岸;阿哥呼,犁耙出土。"

五月初五日,家家贴天师符,俗谓可避鬼怪。妇人簪艾虎,小孩系五色缕,俗谓可免病瘟。

五月俗称恶月,忌盖屋造灶。又,曝床荐席,俗谓犯之不利。

立夏日,秤人,俗谓秤者不瘦夏。

夏至日,取野菊为灰,以止麦蠹。

六月初六日,家家晒衣服,俗谓是日晒衣可免霉渍鼠啮。又,是日落雨,恐有水灾。谚曰:"湿了龙袍,淋破蓑衣。"

六月伏日,家家吃汤饼,俗谓可免暑疫。

七月七日,相传为牵牛织女聚会之期。女子陈瓜果祭织女,穿针以乞巧。若有蟢子网于瓜果之上,则大喜,俗意以为将来必贵。

七月十五日,俗谓鬼节,僧道沿街搭台念经,谓之盂兰会。谓广施佛力,以追荐孤魂,而为饿鬼施食。

八月十四日,妇女小孩以朱水点头额,谓之天灾,以厌疾。

八月十五夜,妇人设瓜果团饼于庭院拜月。小儿执火炬,相与结队走田野,以摘取果豆等物,谓之模模。

九月初九日,蒸枣糕,插菊相馈遗。

十月初一日,天气近寒,家家扫墓焚纸钱,俗谓之送寒衣。

十二月初八日,曰腊八,取五谷杂枣栗菜豆为粥,谓之腊八粥,意祝次岁丰登。又各乡人击鼓扮神,神曰金刚力士,舞流星以逐疫。《论语》曰"乡人傩",此盖傩之流派也。

十二月二十三日,家家具酒果饴糖,送灶神上天。置刍豆于灶前,以秣神马。其置饴糖者,俗意为塞满其口,使之上天不得多言也。

十二月二十九日或三十日,家家易门神,换桃符。家人相聚,彻夜不眠,谓之守岁。又以此夕为诸神下降之夕,禁恶声谩语及弃污水于地。

后　记

《寿县文史资料》(第五辑)如期和大家见面了。

本辑围绕我县"南工北旅生态县"建设,强力推进文化旅游特色化战略目标,县政协发挥自身优势,将文史资料的编纂列入年度重点工作任务,县财政给予经费保障。

作为编者,面对寿县浩瀚丰厚的文化积淀和绵延千年的历史传承,面对当今快捷的自媒体时代,面对泛滥网络真伪莫辨的大量信息,既要在史料中"大海捞针",又要在史实中"穿针引线"。我们诚惶诚恐,去伪存真,确实下了一番苦功夫。在县政协的领导下,我们认真做着挖掘、抢救、收集、整理、保护、编纂等工作。好在我们有一批寿州文史的忠实研究者和铁杆爱好者,我们坚持"三亲"原则,坚持"原创"原则,广泛征集稿源,深入寻访考证,打造重点文章,反复送审核校,以确保第五辑的质量和权威性。

本辑编纂完成,县政协主席孙业成亲自作序。一年来,分管副主席戴龙和秘书长孙纯珠分别多次带队考察,反复听取意见和指导,办公室的同志们给予大力协助和支持,专此表示感谢。由于水平和能力所限,错误和不足之处,希望提出批评指正。

编者

2019 年 10 月